Matthew Fox

Ratzinger und sein Kreuzzug

Ein engagiertes Plädoyer für Schöpfungsspiritualität statt Dogmenmacht

Arun

Eine Auswahl anderer Titel von Matthew Fox:

- *Die verborgene Spiritualität des Mannes: Zehn Anregungen zum Erwecken der eigenen Männlichkeit*
- *Die Seele ist ein Feld: Der Dialog zwischen Wissenschaft und Spiritualität* (mit Rupert Sheldrake)
- *Revolution der Arbeit: Damit alle sinnvoll leben und arbeiten können*
- *Schöpfungsspiritualität: Heilung und Befreiung für die Erste Welt*
- *Freundschaft mit dem Leben: Die vier Pfade der Schöpfungsspiritualität*
- *Der Weg der Verwandlung: Geist und Kosmos*
- *Vision vom kosmischen Christus: Aufbruch ins dritte Jahrtausend*
- *Mitfühlen, Mitdenken, Mitfreuen*
- *Der große Segen: Umarmt von der Schöpfung. Eine spirituelle Reise auf vier Pfaden durch 26 Themen mit zwei Fragen*

Copyright © 2011 by Arun-Verlag für die deutsche Ausgabe.
Arun-Verlag, Engerda 28, D-07407 Uhlstädt-Kirchhasel,
Tel.: 036743-23311, Fax: 036743-23317
info-@arun-verlag.de, www.arun-verlag.de
Titel der amerikanischen Originalausgabe: *The Pope's War: Why Ratzinger's Secret Crusade Has Imperiled the Church and How It Can Be Saved.*
Copyright © 2011 by Matthew Fox. Originally published in the U.S. under the title *The Pope's War* by Sterling Ethos, an imprint of Sterling Publishing Co., Inc., 387 Park Avenue South, New York, NY 10016, USA.
Übersetzerin: Vicky Gabriel.
Umschlagmotiv: © Alessandra Benedetti/Corbis.
Buchgestaltung: Stephan Pockrandt.
Gesamtherstellung: GGP Media GmbH, Pößneck.

ISBN 978-3-86663-065-9

Dieses Buch ist all jenen großen Geistern gewidmet, den mutigen und guten Seelen in Lateinamerika, von denen viele Märtyrer unserer Zeit geworden sind, die sich tapfer geschlagen und oft den allerhöchsten Preis dafür gezahlt haben, die Botschaft Christi von Liebe und Gerechtigkeit zu verkünden und in der heutigen Kultur wie auch Gesellschaft zu verkörpern sowie auf diese Weise eine neue Art des Kirche-Seins hervorzubringen. Mein besonderer Dank gilt Oscar Romero, Schwester Dorothy Stang, Penny Lernoux, Bischof Casaldáliga, Kardinal Arns, Leonardo Boff und Tausenden weiteren bekannten wie auch unbekannten Menschen, die uns alle an die Verbindung erinnern, die zwischen Mut und Geist besteht.

Den Tyrannen sind immer die Tüchtigen verdächtiger als die Untüchtigen.
  Thomas von Aquin

Große Geister haben stets heftige Gegnerschaft in den Mittelmäßigen gefunden.
  Albert Einstein

Jeden Tag habe ich Angst
dass er umsonst gestorben ist
weil wir ihn in unseren Kirchen begraben
und seine Revolution verraten haben
mit unserem Gehorsam für und unserer Furcht vor Autorität.*
  Dorothee Sölle

---

*) © Dorothee Sölle, *Meditationen und Gebrauchstexte*, Berlin 1969

Inhaltsverzeichnis

Vorwort

Prophetenschaft bedeutet immer, sowohl Schmerz als auch Schönheit zu begegnen, und beides gilt ebenso für den Propheten wie für den aufmerksamen Zuhörer. Matthew Fox ist seit nunmehr 40 Jahren der bedeutendste Prophet der römisch-katholischen Kirche.

Herkömmliche Autoritäten haben noch nie viel Gefallen an Propheten gefunden; üblicherweise versuchen sie eher, diese mit allen dem Zweck dienenden Mitteln zum Schweigen zu bringen. Matthew Fox ist zum Schweigen gebracht worden. Er fügte sich der Anordnung, ein Jahr lang weder zu sprechen noch zu lehren, was schließlich auf vierzehn Monate ausgedehnt wurde. Dann begann er einen Vortrag auf einer Konferenz mit den Worten: „Wie ich vor vierzehn Monaten gerade sagte, als ich auf so rüde Art unterbrochen wurde…“ Daraufhin stieß ihn sein vom Vatikan unter Druck gesetzter Dominikanerorden aus.

Zurückweisungen dieser Art führen zu Einsamkeit, vor allem, wenn sich Freundschaften aufgrund der Befürchtung auflösen, es könne negative Auswirkungen für einen selbst haben, wenn man Sorge um einen zum Schweigen gebrachten Kollegen zum Ausdruck bringt. Doch Matthew Fox' stete Konzentration auf seine Vision hat es ihm möglich gemacht, Tausende von Anhängern und Zehntausende von Lesern anzuziehen, einem der produktivsten theologischen Programme der letzten Jahre den Weg zu bereiten und einen treuen Kreis von Freunden und Sympathisanten zu entwickeln und zu erhalten.

Was ruft diese extreme Reaktion auf Propheten hervor? Warum können sie nicht einfach sagen, was sie zu sagen haben, um sich dann wieder um ihre eigenen Angelegenheiten zu kümmern – und die Zuhörer um die ihren? Der Prophet Jeremia sagte, dass er versucht habe, seine Botschaft nicht auszusprechen, doch das Wort Gottes habe ihn von innen heraus wie eine Flamme verzehrt (Jeremia 20,9). Matthew Fox hat in gutem Glauben versucht, seinen Vorgesetzten zu gehorchen, was jedoch lediglich dazu führte, dass sich sein Engagement für die Botschaft, die sie nicht hören wollten, noch mehr vertiefte.

Vor 3.000 Jahren bestand der Prophet Elija darauf, dass Gottes Entscheidung, ein gesamtes Volk als das seine zu erwählen, unvereinbar mit der Herrschaft von Führern sei, die sich königliche Macht anmaßen. Entweder wären die Schafe für die Schäfer da, wie die Könige und ihre Gefolge glaubten, oder die Schäfer wären unter der Führung Gottes, des wahren Hirten, für die Schafe da. Jeder Prophet und jede Prophetin, der bzw. die darauf bestanden hat, dass Gottes Meinung in dieser

Frage völlig klar ist, hat sich bald in Schwierigkeiten befunden – und manchmal in großen Schwierigkeiten. Jeremia sprach vom Feuer in seinem Inneren, nachdem er von Pashur, dem für den Tempel verantwortlichen Priester, abgesondert und an den Pranger gestellt worden war. Auch die Stimme von Matthew Fox brach mit gesteigerter prophetischer Klarheit aus ihm hervor, nachdem er von Kardinal Joseph Ratzinger zum Schweigen gebracht worden war, der zu dieser Zeit das Amt des Präfekten der Kongregation für die Glaubenslehre inne hatte, das bis vor noch gar nicht langer Zeit als die Römische und Universale Inquisition bekannt gewesen war.

Wie allgemein bekannt, wurde Kardinal Ratzinger zu Papst Benedikt XVI., und wie bereits der Titel des Buchs von Matthew Fox nahelegt, nimmt die Frage nach der Absicht, mit der Joseph Ratzinger während seines Aufstiegs in der Hierarchie des Vatikans seine verschiedenen Aufgaben wahrgenommen hat, darin großen Raum ein. Es wird die Geschichte der Unterdrückung der Befreiungstheologie erzählt, mit vielen Beispielen dafür, wie deren Vertreter von Rom mundtot gemacht worden und manchmal von den örtlichen paramilitärischen Einheiten drangsaliert, gefoltert und getötet worden sind. Fox geht es dabei nicht um Joseph Ratzinger selbst, sondern darum, wie die gegenwärtige Führung der römisch-katholischen Kirche eine ganz bestimmte Stimmung begünstigt.

In vielen Bürokratien bevorzugen die Bürokraten aus Sorge um die eigene Sicherheit Kollegen, die die Mannschaft zusammenhalten und keine drastischen Forderungen stellen. Je mehr eine solche Bürokratie in sich eingeschlossen ist, umso eher wird sie Mittelmäßigkeit und Konventionalismus befürworten. Was sollen wir also vom kurialen System des Vatikans erwarten, wo von Päpsten gewählte Kardinäle wiederum neue Päpste wählen, ohne Laien und Priester, ja nicht einmal Bischöfe anzuhören und ihre Meinung zu berücksichtigen? Dieses System ist auf keinster Weise in seiner Basis verankert.

Das Regelsystem, mit dem die Wahl von Päpsten und die Position der Kardinäle kontrolliert wird, ist vergleichsweise jung und wurde in der Vergangenheit durchaus von Zeit zu Zeit verändert. Möglicherweise hat es dadurch eine fortgeschrittenere Form erhalten, und das von Papst Johannes XXIII – dem guten Papst, wie er von Matthew Fox gesehen wird – einberufene Zweite Vatikanische Konzil hat diesbezüglich durchaus Anlass zur Hoffnung gegeben. Doch stattdessen schien Papst Paul VI. dem Impuls dieses Konzils eher zwiespältig gegenüberzustehen. Papst Johannes Paul I. lebte nicht lange genug, um seine fortschrittlichen Prinzipien in die Praxis umzusetzen, und Papst Johannes Paul II. machte sich bewusst daran, zu einem vorkonziliarischen Modell des Papsttums zurückzukehren. In Bezug auf diese Sicht des Papstamtes als einer Monarchie fand er in Kardinal Ratzinger (der damals den Spitznamen „des Papstes Rottweiler" hatte) einen aktiven Kollaborateur, der auch heute als Papst Benedikt XVI. nach wie vor die Aushöhlung der Kernpunkte des Konzils vorantreibt.

Bisher mag es danach klingen, dass es sich bei dieser Machtverschiebung von einem demokratischen zu einem monarchischen Autoritätsanspruch nur um eine politische Angelegenheit handelt, und natürlich ist auch Politik darin involviert. Aber diesen Ereignissen liegt ein Einfluss zugrunde, der weitaus grimmiger und beunruhigender ist und von Matthew Fox ans Licht gebracht wird. So ist der dogmatische Anspruch auf Unfehlbarkeit des Papstes eine vergleichsweise junge Erfindung. Dem Oberhaupt einer Bürokratie Unfehlbarkeit zuzuschreiben bedeutet jedoch, den gesamten Vorgang von jeglicher Kritik und Selbstprüfung abzuschotten.

Matthew Fox sieht die außergewöhnliche Kraft der Leugnung beim Pädophilie-Skandal wirken und auch im Skandal darum, wie dieses Verhalten vom Vatikan – einschließlich Joseph Ratzingers – verschleiert und sogar ermöglicht worden ist. So lange Matthew Fox' Analyse dieser Leugnung nicht akzeptiert wird, ist das Spektakel nur schwer zu verstehen, mit dem die Kongregation für die Glaubenslehre einerseits Theologen aufgrund ihrer Ansichten zum Schweigen bringt, während sie andererseits der Pädophilie beschuldigte Priester die Verantwortung für Kinder überträgt. Fox vergleicht das Verhalten der Bürokraten des Vatikans mit dem von abhängigen Menschen, die Macht als Suchtmittel missbrauchen.

Doch die Analogie zwischen den monarchischen Anmaßungen des Vatikans und einer Abhängigkeit geht noch tiefer. Matthew Fox sieht, dass wir in einem Zeitalter leben, in dem Verhaltensweisen wie Sucht und Co-Abhängigkeit stetig zunehmen. Der eigentliche Substanzmissbrauch ist nur ein Beispiel dafür, doch nach kritischer Beurteilung ergibt sich dieselbe Schlussfolgerung in Bezug auf die Zunahme des Faschismus und dessen Reproduktion in neo-konservativen Bewegungen, auf den Anstieg des Fundamentalismus in der protestantischen Theologie und auf die wachsende Gewalt der muslimischen Jihads. In all diesen Fällen beanspruchen Gruppierungen, die sich selbst in Spitzenpositionen gewählt haben, die alleinige Autorität der Führung ihrer Gemeinschaften und der Unterdrückung aller Andersdenkenden. Sie sind von einer eigennützigen ideologischen Definition ihrer Gemeinschaften abhängig und finden Mittel und Wege zur Abweisung und Verbannung eines jeden, der ihnen nicht zustimmt. Matthew Fox identifiziert dieses von ihm als „Integralismus" bezeichnete Verhalten als die Krankheit unserer Zeit.

Aber diese Krankheit muss keinen tödlichen Ausgang haben. Fox ist nicht nur ein Experte, der sich mit der kritischen Betrachtung der Schwere unserer misslichen Lage zufrieden gibt, aber darüber hinaus nichts zu bieten hat. Als Prophet sieht und beschreibt er auch einen Weg, der uns weiterführt. Schließlich hat die Bürokratie des Vatikans mit ihrer Leugnungstaktik nicht nur die politische Alternative zu dieser Form der Herrschaft unterdrückt, sondern auch den Geist, von dem jene Männer und Frauen durchdrungen sind, die aus freien Stücken den Preis dafür gezahlt haben, im Namen ihrer Vision eines wahrhaftig apostolischen Christentums zu sprechen und zu handeln – eines Christentums, in dem die Fürsorge für die Armen und eine annehmende Einstellung zur Vielfalt wieder Tugenden sind.

Das Wort „apostolisch" bedeutet von Gott „gesandt"; jeder Mensch, der schon einmal eine Begegnung mit dem Göttlichen gehabt hat, kennt das daraus entstehende Gefühl für einen Sinn und Zweck dieser Welt. Für Matthew Fox ist die mystische Verbindung mit Gott keine ungewöhnliche oder geheimnisvolle Aktivität, sondern etwas, das jedem Menschen buchstäblich im Blut liegt, denn in seiner Theologie geht der Ursünde ein Ursegen voraus: nämlich Gottes liebende Gemeinschaft mit Mann und Frau, die als Abbild des Göttlichen gemacht sind. Weil Fox dieses grundlegende, von der Bibel (Genesis 1,27) abgeleitete Prinzip erforschte und zur Anwendung brachte, versuchte Kardinal Ratzinger, ihn zum Schweigen zu bringen. Doch damit ist er gescheitert. Alle Bemühungen in dieser Richtung müssen auf Dauer scheitern, denn zur Schönheit der Prophetenschaft gehört auch, dass seine Quellen trotz all des Schmerzes, den es erdulden muss, viel tieferen Ursprungs als alle menschlichen Machtanmaßungen sind.

Bruce Chilton,
Professor für Theologie
Inhaber des Bernard Iddings Bell-Lehrstuhls am Bard College

Einleitung

Einstürzen ...
so wie die Berliner Mauer

Der verstorbene Pater Bede Griffiths war ein englischer Benediktinermönch, der viele Jahre in Südindien gelebt hat. Dort leitete er einen Ashram, in dem christliche und hinduistische Wege miteinander vereinigt wurden. Er hat viele tiefgründige Bücher verfasst und sagte kurz vor seinem Tod zu mir: „Mache dir wegen des Vatikans keine Sorgen. Denke nicht einmal an ihn. Fahre einfach fort mit dem, was du tust – neue Triebe für ein neues Christentum zu pflanzen. Eines Nachts wird der Vatikan einfach einstürzen, so wie die Berliner Mauer."

Diese weisen Worte eines heiligen christlichen Mönches scheinen nun direkt vor unseren Augen in Erfüllung zu gehen. Die Mythologien, die den römischen Katholizismus viele Jahrhunderte lang aufrecht erhalten haben– einschließlich des priesterlichen Zölibats, aber nicht auf diesen beschränkt – lösen sich nun vor unseren Augen auf, wo immer mehr Fakten nicht nur bezüglich einer pädophilen Geistlichkeit, sondern vor allem auch über die Hierarchie zum Vorschein kommen, die es diesen Sexualtätern überhaupt erst ermöglichte, von Gemeinde zu Gemeinde und von einer Diözese zur nächsten zu ziehen. Doch die Neuigkeiten vom sexuellen Kindesmissbrauch sind nur die Spitze jenes Speers, den Papst Benedikt XVI. und sein Vorgänger, Papst Johannes Paul II., seit Jahrzehnten im Krieg gegen die Seele der Kirche führen.

Seit beinahe 40 Jahren vollzieht sich mitten unter uns ein religiöser Zusammenbruch. Die römisch-katholische Kirche, eine mindestens 1800 Jahre alte westliche Institution, hat heftig bluten müssen. Diese Vorgänge sind von der Presse größtenteils ignoriert worden, weil sie es wie so oft vorgezogen hat, sich auf Päpste in hübscher Kleidung zu konzentrieren („Trägt er Schuhe und Sonnenbrillen von Prada?") und zu zählen, wie viele Säuglinge sie vor der Kamera küssen. Sie haben der Versuchung, aus dem Papst einen Star zu machen, nicht widerstehen können. Doch seit Kurzem erhebt sich die pädophile Krise, die amerikanische und kanadische Kirchen vor acht Jahren derartig ruiniert hat, auch in Irland, in der Schweiz, in Italien, in Belgien – und in Deutschland, dem Heimatland des Papstes. Er befindet sich tatsächlich im Herzen der Krise.

Doch es ist wichtig, zu wissen, dass der sexuelle Missbrauch von Minderjährigen durch Geistliche nur ein Symptom eines noch tiefer gehenden Kampfes, einer strukturellen Veränderung, eines coup d'eglise ist, der sich seit 40 Jahren ereignet. Den größten Denkern in der Kirche zufolge hat sich eine Spaltung vollzogen. Die Kirche selbst zerfällt vor unseren Augen, und es gibt einen Mann, der mit der vollen Unterstützung des vorangegangenen Papstes Johannes Paul II. mehr als jeder andere zu diesem Zerfall beigetragen hat. Sein Name ist Joseph Ratzinger.

Ratzinger war während der 24 Jahre, bevor er Papst wurde (1981-2005), unter Papst Johannes Paul II. der Oberste Inquisitor, denn er diente als Präfekt oder Haupt der Kongregation für die Glaubenslehre (die früher als das Heilige Amt oder die Inquisition bekannt war). Ihm oblag es, über Geistliche zu befinden, die sich des Missbrauchs schuldig gemacht hatten, denn seine Kongregation war für den Umgang mit fehlgeleiteten Angehörigen des Klerus verantwortlich. Zu Beginn seiner theologischen Karriere schien er eher reformorientiert zu sein. Von seiner Ernennung zum Erzbischof von München und Freising durch Papst Paul VI. im Jahr 1977 an stieg Ratzinger in den hierarchischen Rängen kontinuierlich weiter auf und wurde 2002 schließlich zum Kardinaldekan, also zum Vorsitzenden des Kardinalskollegiums, gemacht. Manche behaupten noch immer, Ratzinger habe die Regeln gebrochen, um Papst zu werden, weil er dafür einen Wahlkampf betrieben hat – indem er kurz vor der Wahl Vorträge hielt und ein Buch veröffentlichte – was das Kirchenrecht, ein archaisches Rechtssystem und der einzige Kodex, anhand dessen sich diese gewaltige weltweite Institution selbst regiert, verbietet. Interessanterweise hätte er diese Mühe gar nicht auf sich nehmen müssen, weil er bei der Ernennung von 113 der 115 Kardinäle, die in der Wahl abstimmten, klar die Hand mit im Spiel hatte. Er unternahm alle Anstrengungen, um sicherzustellen, dass er vom Konklave, das ihn zum Papst wählen sollte, nicht vergessen werden konnte.

Die Geschichte wird als denkwürdigste Leistung Joseph Ratzingers den Umstand festhalten, dass er die Inquisition wieder ins Leben gerufen hat. Und das ist in keinster Weise übertrieben. Ich erinnere mich daran, wie zu jener Zeit, als ich ein Jugendlicher und bezüglich meines katholischen Glaubens noch recht selbstbewusst war, in der öffentlichen High School in Madison (Wisconsin), die ich besuchte, Fragen bezüglich der Kreuzzüge und der Inquisition nicht sehr willkommen waren (damals sprach noch niemand von den Hexenverbrennungen, aber dieser Teil der Geschichte sollte von weiblichen Gelehrten ebenfalls bald Stück für Stück aufgedeckt werden). Also ging ich zum Priester meiner Gemeinde und fragte dort nach der Inquisition, da meine katholische Erziehung mir nichts zu diesem Thema beigebracht hatte. Der Priester sagte: „Oh, das ist alles längst Vergangenheit." Ich glaubte ihm tatsächlich. Und als der gute Papst Johannes XXIII. 1958 wie ein Blitz vom Himmel herabkam und das Zweite Vatikanische Konzil einberief (1962-1965), um die Kirche auf den neuesten Stand zu bringen und jene Theologen zu rehabilitieren, die unter dem vorangegangenen Papst Pius XII. misshandelt und zum Schweigen gebracht worden waren, jubelte ich ebenso wie Millionen anderer Menschen, als wir hörten, dass der Index der verbotenen Bücher und andere Überreste des Geistes der Inquisition aufgelöst und durch das Licht kritischen Denkens und eines aufrichtigen Dialogs der Unterschiede ersetzt werden sollte. Selbst Pater Joseph Ratzinger wurde von dieser machtvollen Erneuerungsbewegung mitgerissen. So schrieb er 1962 zum Beispiel, die Bedeutung der Prophetenschaft liege „im prophetischen Protest gegen die Selbstgerechtigkeit der Institutionen ... Gott ist in der gesamten Geschichte nie auf Seiten der Institutionen, sondern der Leidenden und Verfolgten gewesen.“[1]

Doch hier und heute sehen die Dinge anders aus. Nach Papst Johannes XXIII. kam Papst Paul VI. (1963-1978), der versuchte, das Zweite Vatikanische Konzil in diesem Geiste weiterzuführen und es schließlich zum Abschluss brachte. Papst Paul VI. nahm sich persönlich des Themas des priesterlichen Zölibats an und wiederholte die dazu bereits bekannten Lehren in seiner Enzyklika *Sacerdotalis Caelibatus*. Als sein größter Schachzug stellte sich jedoch seine scharfe Verurteilung der Empfängnisverhütung heraus, wie er sie in seiner beklagenswerten Enzyklika *Humanae Vitae* darlegte, die selbst in diesen Zeiten der Bevölkerungsexplosion jede Form der Verhütung untersagte. Im Gegensatz zu dem Ausschuss, den er zu dieser Frage zusammengestellt hatte und dem auch Laien und sogar Frauen angehörten, die für eine Erleichterung der Einschränkungen waren, denen Katholiken bezüglich der Empfängnisverhütung unterliegen, sorgte Papst Paul VI. am Ende doch dafür, dass die alten Grundsätze bewahrt blieben. Es folgte ein Aufruhr. Der katholische Historiker Garry Wills kommentiert: „Der Papst war sprachlos. Die verbleibenden zehn Jahre seines Pontifikats verbrachte er wie ein Schlafwandler ... Er wurde zunehmend melancholischer und war immer öfter den Tränen nahe.“[2] Papst Paul VI. beschwerte sich darüber, ein „Gefangener“ des Vatikans zu sein und verfasste nie wieder eine Enzyklika. Diese beiden Enzykliken wurden für viele weitere Jahre für die kurialen Kräfte innerhalb des Vatikans zur Kriegsflagge und zur Gretchenfrage: Entweder bezog man für das priesterliche Zölibat und gegen die Empfängnisverhütung Stellung, oder man war kein echtes Mitglied der Kirche.

Auf Paul VI. folgte ein weiterer fortschrittlich denkender Papst, Kardinal Luciani oder Papst Johannes Paul I. (im August 1978 gewählt), der diesen Job nur einen Monat lang innehatte, bevor er eines Nachts sehr plötzlich starb. Die seriöseste Untersuchung zu diesem vorzeitigen Tod[3] legt den Schluss nahe, dass er ermordet worden ist und dieser Mord zumindest teilweise ein Insiderjob gewesen sein dürfte. Derselbe Ermittler geht auch davon aus, dass einige Kardinäle involviert gewesen sein müssen. Bezeichnenderweise war Papst Johannes Paul I. zum Zeitpunkt seines plötzlichen Ablebens gerade dabei, eine Untersuchung der finanziellen Situation der

---

1) Zitiert aus John Allen, *Pope Benedict XVI: A Biography of Joseph Ratzinger* (Continuum, New York 2005)

2) Gary Wills, *Papal Sin: Structures of Deceit* (Doubleday, New York 2000)

3) Dabei handelt es sich um David A. Yallop, *In God's Name: An Investigation into the Murder of Pope John Paul I* (Bantam, New York 1984).

katholischen Kirche in Gang zu setzen. Darüber hinaus war er Mitglied des Ausschusses zur Empfängnisverhütung gewesen und hatte mit der Mehrheit gestimmt – einer Mehrheit, die Papst Paul VI. dann ignorierte – und es wurde weithin erwartet, dass er bezüglich dieses Themas einen neuen Kurs einschlagen würde. Tatsächlich gratulierte Johannes Paul I. während seiner kurzen Amtszeit als Papst dem ersten Paar, das ein Retortenbaby zur Welt gebracht hatte, obwohl *Humanae Vitae* die In-Vitro-Fertilisation klar verurteilte. Wills kommentiert: „Für diese Art der warmen päpstlichen Stellungnahme war bereits Johannes XXIII. bekannt gewesen, und Luciani beunruhigte damit manche Kurienmitglieder, die nun ein weiteres johanninisches Pontifikat befürchteten."[4] Überdies verkündete Luciani kurz vor seinem Tod in einer öffentlichen Erklärung, „Gott ist Vater, aber mehr noch Mutter."

Der nun folgende Papst Johannes Paul II. neigte nicht dazu, die männlichen und weiblichen Seiten der Natur Gottes ins Gleichgewicht zu bringen. Bei all seiner Frömmigkeit der Jungfrau Maria und der Mutter des Jesus von Nazareth gegenüber war er doch kaum ein Kämpfer für die Frauen oder für die weibliche Seite Gottes. Anscheinend wurde er von Geistlichen des rechten Flügels und vom CIA in aller Eile auf den päpstlichen Thron gesetzt (ein ehemaliger CIA-Agent hat mir erzählt, Johannes Paul II., ehemals Karol Wojtyla, der Erzbischof von Krakau, sei seit Jahrzehnten „ihr Mann" in Polen gewesen). Der zweite Johannes Paul führte die Tradition des Zweiten Vatikanischen Konzils oder von Papst Paul VI. bzw. Johannes Paul I. nicht fort. Eine der ersten Handlungen von Johannes Paul II. nach Antritt des Pontifikats bestand darin, Kardinal Ratzinger zum Oberhaupt des Heiligen Amts bzw. der Inquisition zu erheben – heute als Kongregation für die Glaubenslehre bekannt.

Rein fachlich betrachtet begann die Geschichte der historischen Inquisition 1232 mit der Ernennung dominikanischer und franziskanischer Inquisitoren – Ermittler und Vollstrecker des katholischen Glaubens – doch erst mit der Spanischen Inquisition unter Torquemada erreichte sie den Höhepunkt der Schamlosigkeit. Ich behaupte, dass sie in unserer Zeit unter der Leitung von Kardinal Ratzinger, dem jetzigen Papst Benedikt XVI. (der dieses Amt am 19. April 2005 erhielt), zu einem weiteren Höhepunkt aufgelaufen ist.

Inquisitoren sind bisher nur äußerst selten Papst geworden. Ein Beispiel dafür ist Gian Pietro Carafa, der von 1555-1559 Papst Paul IV. war. Zu seinen Leistungen gehört auch die Ratifizierung der Statuten von Toledo, die Personen mit jüdischem Blut die Übernahme eines Amtes untersagten. Dieser Papst verbot den Juden, andere religiöse Bücher als die Bibel zu besitzen und schuf die Drucklegung hebräischer Schriften in Rom ab, das in der Renaissance zu einem Zentrum des hebräischen Druckerhandwerks geworden war. Er untersagte den Juden den Eigentum von Grundbesitz, den Besuch von christlichen Universitäten oder die Einstellung von christlichen Bediensteten. Er erhöhte die Steuern für Juden und bestand dar-

---

4) Wills, *Papal Sin*

auf, dass sie deutlich erkennbare Abzeichen tragen und Christen mit „Herr" ansprechen mussten. Er setzte den Talmud auf den Index der verbotenen Bücher und schuf vor allem das ursprüngliche jüdische Ghetto in Rom, eine Meile vom Vatikan entfernt. Binnen eines Monats wurden alle Juden zusammengetrieben und in ein Gebiet verlegt, das gerade mal eineinhalb Quadratkilometer groß war und nur einen einzigen Eingang hatte. Die Juden mussten den Bau der Umzäunung bezahlen, innerhalb derer bis zu zehntausend Menschen zugleich lebten. Kardinal Cassidy sagte dazu: „Das 1555 infolge einer päpstlichen Bulle entstandene Ghetto wurde im Nazi-Deutschland zur Vorkammer der Vernichtung."[5]

In Torquemadas Tagen war Rom auf die Macht eifersüchtig, die er in Spanien aufgrund seiner Nähe zu Ferdinand und Isabella innehatte. Aber Rom konnte nichts dagegen tun, außer ihn auf Armeslänge Abstand vom Vatikan selbst zu halten. Interessanterweise versuchten Ratzinger und Papst Johannes Paul II. tatsächlich, Königin Isabella, die Schutzherrin Torquemadas, heilig zu sprechen. Da Torquemada und Isabella unter anderem mindestens 80.000 Juden aus Spanien verbannt und deren Hab und Gut konfisziert sowie mehr als 2.000 Menschen auf dem Scheiterhaufen verbrannt hatten, führten diese Bemühungen für eine Heiligsprechung nie ganz zu dem von Ratzinger und Johannes Paul II. angestrebten Ergebnis.

Dennoch fuhren die beiden im Verlauf von 24 Jahren damit fort, all die von Papst Johannes XXIII. in der Kirche entfesselte Kreativität und Ansichten zu demontieren – Ansichten, die auch die Befreiungstheologie und die Kreativität der Basisgemeinden in Lateinamerika mit ihren lebendigen Gottesdiensten, ihren reichhaltigen theologischen Forschungen und ihrem mutigen Widerstand gegen Ungerechtigkeit umfassten. In den letzten Tagen des Kalten Kriegs kam die Befreiungstheologie als politisches Zielobjekt sehr gelegen. In den Niederlanden folgte dem Konzil eine wahre Renaissance der liturgischen Kreativität. Ich erinnere mich daran, wie ich bei einem Besuch Hollands im Jahr 1969 an Gottesdiensten teilnahm, bei denen das Credo auf Niederländisch zu Gospelmusik gesungen wurde, oder an die „Beatles-Messe", in der man zum Trommeln und Tanzen ermuntert wurde und für die von Priestern Lieder und Gedichte geschrieben wurden. All diese Lebendigkeit wurde von Rom ausgelöscht. Darüber hinaus gaben sich der Papst und Kardinal Ratzinger alle Mühe, die Bewegung der Schöpfungsspiritualität in Nordamerika und anderenorts zum Stillstand zu bringen.

In seiner Position als Oberhaupt der wieder eingeführten Inquisition brachte Ratzinger mehr als 99 Theologen oder pastorale Führer zum Schweigen und entließ sie in vielen Fällen[6]. Auch ich gehörte nach einem zwölfjährigen Streit mit Ratzinger, der im Jahr 1983 seinen Anfang genommen hatte, dazu. Die Aufgabe eines Theologen besteht darin, zu denken – das übernommene Erbe des christlichen

---

5) James Carrol, *Constantine's Sword: The Church and the Jews* (Houghton Mifflin, New York 2002)

6) Das ist eine sehr vorsichtige Schätzung – sie entspricht den im Anhang genannten Namen. Es gibt jedoch noch viele weitere, und natürlich nimmt ihre Zahl ständig zu, da immer noch Menschen zum Schweigen gebracht und entlassen werden.

Glaubens zu durchdenken und zu versuchen, es auf gegenwärtige Anliegen anzuwenden. Aber Joseph Ratzinger war versessen darauf, derart kritischem und kreativem Denken in der Kirche ein Ende zu setzen. Eine Professorin meiner Alma Mater, dem Institut Catholique du Paris, kam zu einem Dialog, den ich vor einigen Jahren im Mittleren Westen mit einem Wissenschaftler führte, und sagte hinterher zu mir: „In Europa geschieht nichts in dieser Art. Papst Johannes Paul II. und Ratzinger haben allem Denken in den theologischen Fakultäten auf dem Kontinent ein Ende gesetzt. Die Theologie ist dort tot." Wenn man alles Denken beendet, alle Theologen zum Schweigen bringt, Bücher verdammt und die Gläubigen dazu ermuntert, lieber Parolen auszusprechen als zu denken, sind Probleme geradezu vorprogrammiert.

Und die katholische Kirche hat durchaus Probleme. Das Kirchenrecht, dessen höchster Gebieter der Papst ist, hat sich zu lange einer mittelalterlichen Verfolgung der Ketzerei zugewandt und währenddessen das Übel in den eigenen Reihen ignoriert. Zu den Problemen, die entstehen, wenn man über drei Jahrzehnte hinweg stetig die Verdummung einer Organisation betreibt, gehört auch, dass schließlich dumme Menschen Machtpositionen inne haben und Entscheidungsprozesse kontrollieren, ohne dafür jemals verantwortlich gemacht zu werden. Ich erinnere mich, wie mein dominikanischer Ordensmeister mir im Verlaufe der Prüfungen, die ich durch den Vatikan erlebte, einmal sagte: „Jedermann in Rom weiß, dass in der Kongregation für die Glaubenslehre nur drittklassige Theologen sitzen." Und doch hat dieses Amt im Gegensatz zu den Aussagen in den Dokumenten des Zweiten Vatikanischen Konzils eine Schlüsselstellung bei der Verurteilung von Theologen und theologischen Bewegungen inne. Der Mann, der dies zu mir gesagt hatte, verwies mich zu dem Zeitpunkt, als er sein Amt als Ordensmeister aufgab, aus dem Orden, indem er meine Entlassungspapiere mit dem Schiff von Rom nach Chicago schickte, um auf diese Weise sicherzustellen, dass die Nachricht von meinem Verweis erst lange nach dem Ende der Kapitelversammlung der Dominikaner in Mexiko City eintreffen würde. Dieser Mann – ein irischer Dominikaner – wird nicht für seinen Mut in Erinnerung bleiben. Aber das ist eine andere Geschichte.

Die Welt wird sich langsam der Probleme innerhalb der katholischen Kirche bewusst – insbesondere des Problems der Pädophilie vieler Priester. Diese Schwierigkeiten sowie die alten Seilschaften, die alles durchdringen und jedem Versuch einer Reformierung Widerstand leisten – einschließlich dem, Frauen in dieses dicht geschlossene, rein männliche System hineinzubringen – haben, seit sie in den neunziger Jahren erstmals vom Schriftsteller Jason Berry und anderen umfassend behandelt wurden und dann 2002 mit Kardinal Bernard Francis Fiasko auf erbarmungslose Weise wieder ans Tageslicht kamen, nur noch zugenommen. Damals kämpfte Kardinal Law Tag für Tag gegen den Staat, gegen Medien und Staatsanwälte, um zu verhindern, dass die Wahrheit dieser hässlichen und schäbigen Geschichte herauskam, in die auch er verwickelt war, weil er Priester, die bereits mehrfach Kinder missbraucht hatten, von einer Gemeinde zur nächsten und von einer Diözese zur anderen weitergab, obwohl er ganz genau wusste, was auf dem Spiel stand. Er versteckte Unterlagen im Umfang von 11.000 Seiten vor den Ermittlern. Befindet sich Law für diese Verbrechen heute im Gefängnis? Nein. Nachdem er zweieinhalb Jahre lang nur Ausflüchte gemacht hatte, wurde er in die vornehme Position eines Erzpriesters erhoben – und zwar in Rom, von wo aus er nicht ausgeliefert werden kann. Dort blickt er auf eine heiter wirkende Basilika aus dem 4. Jahrhundert, während die Kirche aufgrund von Nachlässigkeit am Rande der Katastrophe entlang wankt.

An dem Tag, als zum ersten Mal bekannt wurde, dass es in Boston pädophile Priester gab, deren Treiben von einem Kardinal gebilligt wurde, unterrichtete ich im kalifornischen Oakland einen Kurs in einem Studiengang, der zu einem geistlichen Doktortitel führte, und wir diskutierten die Ereignisse. Eine Frau nahm kein Blatt vor den Mund und sagte: „Als Geschäftsführerin kann ich Ihnen eines sagen: Wenn so etwas in einem Unternehmen passiert, ist der Vorstandsvorsitzende ohne jede Frage binnen 24 Stunden weg vom Fenster." Das war ein ziemlich aussagekräftiger Kommentar. Zum einen sagt er uns, dass solche Dinge in der Geschäftswelt geschehen. Sie geschehen überall. Wo immer sich Menschen versammeln, besteht die Möglichkeit eines Missbrauchs. Aber die andere Lektion lautet: Anführer müssen führen, und wenn Unternehmensführer darin versagen, verschwinden sie, und zwar sofort. Man fragt sich, warum die katholische Kirche und ihre Führer nicht denselben ethischen Standards genügen müssen, wie Vorsitzende eines Unternehmens. Immerhin ist ein Bischof der Vorsitzende der örtlichen Kirchengemeinschaft. Doch nur selten hat ein Bischof, der von Pädophilie in der Priesterschaft erfahren hat, die Wahrheit gesagt, den betroffenen Priester abberufen und ihm Hilfe vermittelt oder ihn ins Gefängnis gebracht – oder seinen eigenen Posten verlassen, so ihm das nicht gelungen sein sollte. Wieder einmal scheinen Seilschaften und Beziehungen eine derartige Ehrlichkeit zu verhindern.

Die Opfer des Missbrauchs durch Priester kommen niemals wirklich darüber hinweg. Das ist bei Sexualstraftaten nun einmal so. Sie führen zu Narben auf der Seele, die nur sehr schwer auszulöschen sind und die man bestenfalls für eine lange Zeit behandeln kann. Ich habe die Geschichten von Menschen gehört, die sexuell missbraucht worden sind und weiß, wie schwerwiegend dieses Verbrechen sein kann. Die daraus entstehenden Wunden sind sehr tief. Manche Opfer werden Trinker, nehmen Drogen oder fallen Abhängigkeiten vielerlei Art zum Opfer, während ihre Seelen verloren umherwandern. Oft wird es ihnen unmöglich, ihre Ehen oder Beziehungen aufrecht zu erhalten. Ein weiteres häufiges Ergebnis von Kindesmissbrauch ist Selbstmord. Im Rahmen der jüngsten Enthüllungen der Sexualtaten von Geistlichen in Belgien, zu denen auch die schmutzige Geschichte eines bekannten Kirchenmannes namens Bischof Roger Vangheluwe gehört, der seinen Neffen viele Jahre lang missbraucht hat, haben wir erfahren, dass 13 junge Menschen Selbstmord begangen haben, weil sie von Geistlichen missbraucht worden waren.

Es besteht eine tiefgehende Beziehung zwischen der Verdummung der Kirche und der Pädophilie-Krise, denn nur ein Kirchenmann, der ignorant oder gewissenlos oder beides ist, kann Straftäter von einer Gemeinde oder Diözese zur nächsten bzw. von einem Land an ein anderes weiterreichen. Ein zusätzlicher, wenn auch weniger offensichtlicher Aspekt dabei ist die Sanktionierung von pyramidenförmigen Machtstrukturen, die sicherstellen, dass nicht nur das einzelne Opfer, sondern die ganze Gemeinschaft und schlussendlich die gesamte Kirche missbraucht wird. Die Unterstützung von anti-intellektuellen und ultrarechten Bewegungen wie *Opus Dei*, den *Legionären Christi* oder *Gemeinschaft und Befreiung* sind Kernstücke der Strategie von Papst Johannes Paul II. und Ratzinger zur Verdrängung der traditionellen religiösen Orden durch sogenannte Laiengruppen, in denen man die Ideologie – „der Papst hat immer Recht, gehorche dem Papst" – der Theologie und den Werten der Evangelien vorzieht. Eine verdummte Kirche ist eine Kirche der Ja-Sager. Jede Form des intellektuellen Hinterfragens oder eines Gewissens wird beim ersten Anzeichen dafür niedergeschlagen. Eine verdummte Kirche wird zu einer unmoralischen Kirche, deren einzige Tugenden Loyalität und Gehorsam sind und die für die Gerechtigkeit blind ist.

Genau das ist unter der Aufsicht des Obersten Inquisitors Kardinal Ratzinger geschehen.

An dem Tag, als die Nachrichten die pädophilen Vorgänge in Boston enthüllten, waren mein 28 Jahre alter Neffe und seine Frau gerade in ihrem Auto auf dem Weg von ihrem Zuhause in Salem (Massachusetts) zu der katholischen Kirche vor Ort. Als sie die Nachrichten im Radio hörten, waren sie gerade unterwegs, um ihr neugeborenes Baby taufen zu lassen. Salem gehört zur Diözese von Boston, und als sie die Neuigkeiten hörten, hielten sie den Wagen an und fragten sich: „Was tun wir hier eigentlich gerade? Wir bringen unser Baby zur Taufe in eine katholische Kirche, die pädophile Priester weiterreicht, aber Befreiungstheologen und prophetische Priester wie unseren Onkel verurteilt." Und damit drehten sie ihr Auto um und fuhren wieder nach Hause.

Diese Geschichte ist von großer Bedeutung, denn sie erzählt von einer Generation, die der Kirche den Mythos vom Zölibat nicht länger abkauft. Sie kauft ihr die Lügen und Heucheleien der organisierten Religion nicht mehr ab. Diese Geschichte hilft auch, eine Situation zu erklären, in die ich einige Jahre später kam, als ich im Norden des Staates New York (einer im allgemeinen sehr konservativen Gegend) eine Klausur leitete. Während unserer ersten Versammlung am Freitagabend fragte ich die Teilnehmer, aus welcher religiösen Tradition sie kommen. Von den 150 Teilnehmern waren etwa 100 römisch-katholisch. „Gut", sagte ich, „und wie viele von Ihnen üben diesen Glauben auch praktisch aus?" Etwa 60 Hände hoben sich. „Und nun", fragte ich, „wie viele von ihnen haben Kinder, die diesen Glauben leben?" Jede Hand senkte sich wieder. Einhundert Prozent der jüngeren Generation hatte die Kirche verlassen – und das im konservativen Hinterland des Staates New

York. Ich habe kürzlich einen Brief von einem sehr intelligenten Iren erhalten, der darin von der Einstellung der jüngeren Generation zur Religion in Irland sprach. Er schrieb: „Die jüngere Generation ... sieht die Religion als etwas an, das vollständig von alten Männern geleitet wird, die gänzlich von der Wirklichkeit abgelöst sind und einer geheimen Bruderschaft angehören, in der man Kindesmissbrauch toleriert und begünstigt."

Willkommen in der Kirche der wiederbelebten Inquisition. Das ist die Kirche von Papst Benedikt XVI.

Kardinal Joseph Ratzinger hat sich eine kleinere Kirche vorgestellt, die aus „scheinbar bedeutungslosen, geringen Gruppen [besteht], die aber doch intensiv gegen das Böse anleben."[7] Als Papst Benedikt leitet er eine schrumpfende Kirche. Sei es nun durch die Unterstützung der von mir im dritten Teil dieses Buches beschriebenen Kirchensekten, durch den energischen Ausschluss von Theologen wie mir (ich werde seit sechzehn Jahren von der anglikanischen Gemeinschaft auf herzlichste Weise angenommen) oder indem er zulässt, dass ungehindert die abscheulichsten Fälle von sexuellem Missbrauch stattfinden können, wodurch er junge Erwachsene wie meinen Neffen und seine Frau verprellt – immer bewirkt Ratzinger eine Verkleinerung der Kirche.

Doch nicht nur die Opfer pädophiler Handlungen sind heutzutage in der katholischen Kirche schwer getroffen. Auch viele Laien, Kirchenmitarbeiter und gute Priester leiden sehr. Die Leere der katholischen Kirche ist in den westlichen Ländern klar und offenkundig. Während der Herrschaft von Johannes Paul II. wurden alleine in San Francisco dreizehn Kirchen geschlossen. Jemand schrieb der Zeitung *San Francisco Chronicle*: „Dieses Unternehmen wird schlecht verwaltet. Anstatt ihre Aktivposten zu verkaufen und ihre Kirchen zu schließen, sollten sie sich fragen, warum niemand das, was sie verkaufen, noch haben will." Eine Diözese an der Ostküste war dieses Jahr damit beschäftigt, 42 Gemeinden zu schließen.

In diesem Buch nenne ich das, was dem Katholizismus passiert, eine „Tragödie" und verwende den Begriff wohlüberlegt. Merriam-Webster's *Collegiate Dictionary* definiert „Tragödie" als „eine mittelalterliche poetische Erzählung oder Geschichte, die üblicherweise den Niedergang eines großen Mannes beschreibt." Wir sprechen hier vom Niedergang einer großen Institution, einer großen historischen Bewegung, die zugegebenermaßen zu vielen negativen Ereignissen wie der Inquisition, den Kreuzzügen, den Hexenverbrennungen, zum Aufbau von Imperien, zu Rassismus, Sexismus und Homophobie beigetragen hat. Aber es ist auch die Institution, die uns in ihren besseren Zeiten die Mönchsorden gegeben hat, die während vieler Jahrhunderte der kulturellen Dunkelheit Forschung und Gelehrsamkeit am Leben erhalten haben. Es ist die Institution, die immer wieder die Armen auf-

---

7) Peter Seewald und Joseph Kardinal Ratzinger, *Salz der Erde: Christentum und katholische Kirche im 21. Jahrhundert* (Deutsche Verlags-Anstalt 1996)

gerichtet und ihnen Bildung geboten hat, die große Künstler und Musiker wie da Vinci, Michelangelo, Mozart und Beethoven inspiriert und uns mit Menschen wie Franz von Assisi, Hildegard von Bingen, Thomas von Aquin, Dorothy Day, Oscar Romero, Teilhard de Chardin, Papst Johannes XXIII., Thomas Berry und unzähligen anderen Vorbilder von großer spiritueller wie auch intellektueller Tiefe und Helden hinterlassen hat. Es ist tragisch, zu sehen, wie dieses Erbe vor unseren Augen dahinschwindet.

Eine andere Definition für „Tragödie" ist „eine Katastrophe oder ein verheerendes Ereignis". Und Ratzingers/Benedikts „Neue Inquisition" hat sowohl in der Geschichte als auch in der katholischen Kirche zu einer Katastrophe geführt. Heute, wo wir in allen möglichen Bereichen, von der Umweltzerstörung, dem Klimawandel über Krieg und Frieden, der Kontrolle des Bevölkerungswachstums, der Erfüllung des Bildungsbedarfs, der Befriedung einander bekriegender Religionen bis hin zum Aufrütteln der Menschen für das Vorhandensein von Sexismus und Homophobie dringend einer klaren Führung bedürfen, hat die katholische Kirche den größten Teil ihrer Glaubwürdigkeit und ihrer intellektuellen Ressourcen verloren. In ihrer gegenwärtigen Form hat sie in dieser kritischen Periode der Geschichte nur wenig zu bieten.

Doch das ist nicht immer so gewesen. Die reichhaltigen und vielfältigen Traditionen des Katholizismus beinhalten viele weise, herausfordernde, erhebende und sogar abenteuerliche Aspekte. Aber die Seelen der heutigen Bewohner der Paläste des Vatikans und der Ja-Sager, die von ihnen mit der Ausführung ihrer visionslosen Absichten beauftragt werden, sind von Abenteuern nicht sehr begeistert. Weder die Zerstörung der Basisgemeinden in Lateinamerika noch die „Erhebung" kleiner Männer in einflussreiche Machtpositionen stellen einen Beitrag zur Geschichte dar. Ich kenne einen Erzbischof, der sein ganzes beispielhaftes Leben dem Kampf um Gerechtigkeit gewidmet hat und eines Tages buchstäblich weinend den Kopf in den Schoß eines Freundes von mir legte und sagte: „In den letzten 20 Jahren ist nicht ein einziger Bischof ernannt worden, den ich bewundern könnte." Das große Vorhaben der Verdummung der Kirche hat sich als erfolgreich erwiesen – vielleicht sogar weit über die kühnsten Erwartungen ihres Großinquisitors hinaus.

In diesem Buch werde ich die Geschichte dessen erzählen, was hier im Gange ist und auch die Geschichte der Hauptdarsteller dieser Katastrophe/Tragödie. Ich tue das in der Hoffnung, dass wir aus all diesen traurigen historischen Entwicklungen werden lernen können. Wir sollten die Macht des Geistes zur Erneuerung, zum Neubeginn und zur Hervorbringung einer wahrhaftig Neuen Schöpfung nicht unterschätzen – wenn das ganze Totholz erst einmal beseitigt worden ist. Die Entblößung der Kirche, die sich gegenwärtig vollzieht, die Abtrennung so vieler junger Menschen von ihren Traditionen wird nicht lange andauern. Ein bestehendes Vakuum wird gerne vom Geist der Kreativität gefüllt. Der angemessene nächste Schritt für die Menschheit besteht in der Tiefenökumene und darin, aus den Brunnen aller spirituellen Traditionen der Welt zu trinken. Nach der Dekonstruktion folgt die Rekonstruktion.

Dennoch muss die Geschichte erzählt werden, damit wir verstehen, was uns antreibt und wer uns für das neue spirituelle Zeitalter inspirieren kann (oder auch wer nicht), zu dem die Menschheit gerufen wird – einem Zeitalter, in dem sich blinde Institutionen verändern oder großes Leid ertragen und wahrhaftig „sterben" müssen (um die Worte Jesu zu verwenden), so wie der Samen in der Erde stirbt, damit aus ihm neues Leben hervortreten kann. Ja, die Geschichte muss erzählt werden, damit etwas wirklich Neues geschehen kann.

Der Skandal, den wir hier betrachten und dessen Geheimnisse nun enthüllt werden sollen, ruht auf drei Säulen: Da ist zum einen der einstmals geheime, aber mittlerweile größtenteils aufgedeckte Sexualskandal und dessen Vertuschung; dann der Finanzskandal, der dem Ämterkauf eine ganz neue Bedeutung gibt und sich gerade in der Aufdeckung befindet; und schließlich der theologische Skandal – manche würden ihn als Kirchenspaltung bezeichnen – der alle Entscheidungen des Zeiten Vatikanischen Konzils demontiert hat, weshalb es keine Kollegialität mehr gibt, Theologen geknebelt werden und nur noch der Papst, seine Kurie und all jene übrig sind, die geschworen haben, nur dem Papst sowie der Kurie zu gehorchen und nur deren Gedanken zu denken. Was hat all das mit Jesus zu tun?

Ich erzähle diese Geschichte in vier Teilen.

Teil I beschäftigt sich mit Ratzingers Lebensgeschichte als jungem Menschen sowie aufstrebendem Theologen während des Zweiten Vatikanischen Konzils und der darauf erfolgten „Wandlung" vom fortschrittlichen Denker zum kirchlichen Aufsteiger und Obersten Inquisitor.

Der zweite Teil handelt von den Feinden, die er sich gewählt hat und die ich „die zum Schweigen Gebrachten" nenne. Natürlich kann ich in einem Buch dieses Umfangs nur auf einige der Theologen und Aktivisten eingehen, die er verurteilt und mundtot gemacht hat (im Anhang finden Sie eine umfassendere Liste). Es ist wichtig, die zum Schweigen Gebrachten zu Wort kommen zu lassen. Welche Weisheit tragen sie in ihren Herzen verborgen? Warum weckte ihr Denken und Handeln so viel Furcht und Schrecken in den Seelen der Menschen im Vatikan?

Teil III handelt von Ratzingers Verbündeten. So, wie wir anhand der Feinde einer Person einiges über diese Person selbst erfahren können, sagen auch ihre Freunde und Verbündeten viel über sie aus. Hier haben wir es mit *Opus Dei*, mit den *Legionären Christi* und mit *Gemeinschaft und Befreiung* zu tun, drei von jenen besonderen Gruppierungen, die Ratzinger beschützt und gerühmt hat, während er zugleich jene Theologen und spirituellen Bewegungen attackierte, die seinen Kriterien einer extrem rechten Politik und Religiosität nicht entsprachen. Die Tatsache, dass so schäbige Gestalten wie Pater Josemaría Escrivá, Pater Marcial Maciel und Kardinal Bernard Law Verfechter genau dieser Bewegungen waren, darf nicht unbeachtet bleiben.

Teil IV beschäftigt sich mit dem Silberstreif am Horizont und der frohen Botschaft im Kern dieser traurigen Geschichte, denn hier werfen wir einen Blick auf die von den vergangenen zwei Päpsten (über mehr als 30 Jahre hinweg) angerichtete Verwüstung und erkennen, dass der Heilige Geist mit all dieser Zerstörung vielleicht eine bestimmte Absicht verfolgt hat. Unter Umständen müssen die Formen der Religion und des Katholizismus, auf die wir uns im modernen Zeitalter zu verlassen gelernt haben, sterben und einstürzen – so wie die Berliner Mauer.

Wenn das zutrifft, stellen sich offensichtlich folgende Fragen: Wohin gehen wir von hier aus? Worin besteht die Zukunft des Christentums und des Katholizismus, wie wir ihn kennen? In diesen Kapiteln erforsche ich die Notwendigkeit, bestimmte Mythen aufzugeben und andere zu vertiefen. Dann rette ich Schätze aus dem brennenden Haus der institutionalisierten katholischen Kirche und zeige auf, wie eine wahrhaft katholische Christenheit und ein bodenständigerer, post-vatikanischer Katholizismus aussehen könnten. Kurz gesagt nehmen wir die Herausforderung an, den Neustart-Knopf des oft mangelhaften, zweitausendjährigen Versuchs zu drücken, den Geist und die Lehren des Jesus von Nazareth weiterzugeben.

Als ich im Jahr 2005 kurz nach der Wahl Ratzingers zum Papst 95 Thesen an die Tür der Schlosskirche Wittenberg hämmerte, tat ich das in dem Wissen, wie gefährlich es war, diesem Mann und seinen Günstlingen die Kirche zu überlassen. Damals war mir das volle Ausmaß der dortigen Perversität noch nicht bekannt – wie zum Beispiel die ganze Breite und Tiefe der Pädophilie-Skandale oder der extremen Sekten, für die diese Leute sich einsetzen. Ich hatte die Schriften Jason Berrys noch nicht gelesen und noch nichts von Pater Maciel oder Schwester Jane gehört. Ich wusste von einem Teil des theologischen und finanziellen Missbrauchs und der sexuellen Lügen, die hinter den Kulissen aufgeführt wurden. Viele Medien werden mit ihrer großen Macht und lauten Stimme versuchen, von den Themen abzulenken, die in diesem Buch auf dem Spiel stehen, indem sie mich als unvollkommenen Boten darstellen (was ich auch bin). In diesem Buch geht es nicht um mich, sondern um die Geschichte des Christentums (und in der Tat der Religion), wie sie uns heute vorgespielt wird. Doch der Kummer und die Untröstlichkeit, die Abscheu und die moralische Entrüstung der „treuen Gläubigen", einschließlich guter Laien und Priester, wegen der skandalösen „Führung" der Kirche in den vergangenen 40 Jahren sind noch größer. Ihr Zorn und ihre Bereitschaft zählen, die Kirche wieder in ihre Gewalt zu bringen und in anderer Gestalt neu zu erschaffen. Es ist wichtig, sich über die Leugnung hinaus zu erheben. Ihre Bereitschaft, Basisgemeinden aufzubauen, ein weltweites ökumenisches Laienkonzil zu schaffen und die Neubildung der Kirche erneut zu erfinden, ist wichtig. Ich hoffe, dass dieses Buch diesen überaus wichtigen Prozess unterstützen kann. So dass der Geist das letzte Wort haben möge, so wie er am Anfang das erste gehabt hatte.

TEIL I

DIE ENTSTEHUNG EINES INQUISITORS:
RATZINGERS LEBENSGESCHICHTE

*„Als erstes müssen Sie über Kardinal Ratzinger wissen, dass er kein Christ ist."
Diese Worte sagte ein weißhaariger Priester und geachteter Kirchenjurist zu mir,
der während des Pontifikats von Johannes Paul II. viele Jahre lang in Rom gearbeitet hatte. (Es ist die Aufgabe eines Kirchenjuristen, sich mit den Feinheiten des
Kirchenrechts auszukennen. Kirchenjuristen sind meist eher konservative Menschen – so eine Art juristischer Buchhalter.) Nachdem dieser Mann Rom verlassen
hatte, zog er in eine große amerikanische Stadt, wo er als Kirchenjurist der Diözese arbeitete. Ich hatte mich von ihm während der zwölf Jahre beraten lassen, in
denen ich von Ratzinger in dem Bestreben angegriffen wurde, meinen Masterstu-
diengang im Holy Names College in Oakland schließen zu lassen und mich dazu
zu bringen, mit dem Verfassen von theologischen Schriften aufzuhören. Es gelang
ihm, einen Studiengang zu beenden, der für seine Tiefenökumene, die Verbindung von Wissenschaft und Spiritualität, seine ernsthaften Studenten aus aller
Welt und die Wiederentdeckung unserer eigenen westlichen Mysterientradition
mit besonderer Betonung der Werke von Meister Eckhart, Hildegard von Bingen,
Thomas von Aquin und zeitgenössischer Mystiker-Propheten, Befreiungstheologen
und feministischer Autoren war.*

*Was machte Ratzinger – Papst Benedikt XVI. – zu dem, was er heute ist? Und
was für eine Art von Mensch ist er genau? Kürzlich stellte mir ein vierzigjähriger,
römisch-katholischer Mann im Lichte der aufkommen Skandale um Pädophilie
bei Priestern und die Vertuschung derselben durch die Hierarchie die folgende
Frage: „Wie konnte ein Mann wie Ratzinger an die Spitze der Kirche gelangen?"
Vielleicht wird dieser Teil des Buchs etwas Licht auf seine Reise werfen.*

I – Der junge Ratzinger

Joseph Ratzinger kam am 16. April 1927 in der bayerischen Kleinstadt Marktl am Inn zur Welt und wuchs in Bayern in verschiedenen kleinen Dörfern auf. Er war das dritte Kind eines Polizisten und seiner Frau, einer nicht berufstätigen Mutter. Das städtische Leben gehörte nicht zu seiner Erfahrungswelt. Als schmächtiges Kind verübelte er es anderen, wenn sie sportlich aktiv waren oder einen robusteren Körperbau hatten. 1939 trat er ins erzbischöfliche Studienseminar ein, lebte aber nicht gerne in der Schule, denn „er wurde gezwungen, jeden Tag zwei Stunden auf dem Spielfeld zu verbringen. Ratzinger, der kein guter Sportler und kleiner und schwächer als die meisten anderen, älteren Jungen war, sagte, er sei es schließlich leid gewesen, Tag für Tag der Klotz am Bein seiner Mannschaft zu sein."[1] Ratzinger hatte zwar eine Abneigung gegen den Sport, fühlte sich jedoch zur Musik, den Künsten und zu Naturerfahrungen im beeindruckenden Vorgebirge der Alpen hingezogen. Und er liebte den katholischen Gottesdienst mit seinen gregorianischen Gesängen, seinem Sinn für das Antike und Geheimnisvolle und dem Duft von Bienenwachs in der Luft. Ratzinger schreibt: „Es war ein fesselndes Abenteuer, sich nach und nach in die geheimnisvolle Welt des Gottesdienstes hineinzubegeben, die vor uns und für uns auf dem Altar aufgeführt wurde."[2]

Der katholische Journalist John Allen, der Ratzinger mehrfach interviewt hat, bemerkt, dass „Ratzinger immer dann, wenn er biografische Töne anschlagen will, auf seine frühen Jahre in einem von vier kleinen bayerischen Orten zurückblickt. Es sind Erinnerungen an vertrauliche Momente, die er mit seiner Familie geteilt hat, an den felsenfesten katholischen Ethos, wie er im Gottesdienst und im einfachen Glauben der Menschen bezüglich des Gottesdienstes zum Ausdruck kam." Derselbe Journalist fügt hinzu: „Seine Kindheitserinnerungen sind am stärksten mit seinem Verständnis dessen verbunden, wer er ist und woran er glaubt. Wenn man ihm heute zuhört oder seine Werke liest, erstaunt es, dass sich Ratzinger kaum auf die Zeit zwischen seinem 25. und 45. Lebensjahr bezieht, jenen Jahren, in denen er als Theologe umfassende Berühmtheit erlangte."[3]

---

1) Allen, *Pope Benedict XVI.*
2) Ebenda
3) Ebenda

Doch Ratzingers Erzählung seiner eigenen Geschichte weist eine Fülle solcher Lakunen[4] auf. Rupert Shortt, der die Literaturbeilage der *Times* schreibt, bemerkt zu den im Jahr 1998 erschienen Memoiren des Kardinals mit dem Titel „Aus meinem Leben": „Dieses Buch hinterlässt einen sauren Geschmack im Mund, denn es erwähnt weder die Juden noch den Holocaust auch nur ein einziges Mal. Er hatte hier die hervorragende Chance, eine Katastrophe zu verurteilen, deren unschuldiger Beobachter er war, doch stattdessen entschied sich der Kardinal dazu, die Verfolgung von Katholiken durch Hitler zu betonen. ... [Seine] Auseinandersetzung ignoriert die größtenteils gleichgültige Reaktion sowohl der Geistlichkeit als auch der Laien auf die Nazis. Zweitens zog er daraus die überaus umstrittene Schlussfolgerung, dass die Kirche einer Diktatur nur dann wirksam Widerstand leisten könne, wenn man die Kirche als Organisation sehr fest im Griff habe. Aufmerksame Rezensenten von *Aus meinem Leben* haben darauf hingewiesen, dass deutsche Katholiken während der dreißiger Jahre ganz im Gegenteil von einer Tradition widerstandslosen Gehorsams den Autoritäten gegenüber gelähmt waren und nur das protestantische Dänemark eine weitgehend unbefleckte Geschichte des Widerstands gegen den Nationalsozialismus aufweisen kann."[5]

Ratzingers Onkel war ein wohlbekannter Priester, den man bezüglich seines Widerstands gegen den übermäßigen römischen Einfluss in der Kirche als fortschrittlich bezeichnen könnte, aber er war auch ein notorischer Antisemit. Ratzinger hat immer wieder Stolz auf seinen Onkel zum Ausdruck gebracht, ihn jedoch nie wegen seines Antisemitismus kritisiert.

Im Alter von 14 Jahren trat Ratzinger der Hitlerjugend bei und wurde später zum Wehrdienst eingezogen. Der Beitritt junger Menschen zur Hitlerjugend war 1941 bereits zwingend vorgeschrieben.

1943 wurde Ratzinger in die Luftabwehr einberufen, danach gehörte er zur deutschen Infanterie. 1945 desertierte er und kehrte nach Hause zurück, wurde jedoch von den vorrückenden Truppen der Alliierten gefangengenommen und einige Monate lang in ein Kriegsgefangenenlager gesteckt. Nach dem Kriegsende trat er gemeinsam mit seinem älteren Bruder in das Seminar ein und wurde 1951 zum Priester geweiht.

Ein Vergleich der Schlussfolgerungen, die Ratzinger aus den Kriegsjahren gezogen hat, mit jenen von zum Beispiel Pater Bernhard Häring ist durchaus verblüffend. Auch Häring war in die deutsche Armee eingezogen worden und hatte einige Zeit in einem russischen Konzentrationslager verbracht. Häring, der später ein Moraltheologe von großem Format wurde, erklärte, die wichtigste Lektion, die er aus dem Erleben des Krieges gezogen habe, sei jene des Widerstands und der Notwendigkeit

---

4) Eine Lakune ist in der Philologie eine Lücke im Text, eine Verstehenslücke [A.d.Ü.].

5) Rupert Shortt, *A Layman's Guide to the Pope: Help and Hindrance to Understanding Benedict XVI on His Visit to Britain*, aus der Literaturbeilage der *Times* vom 8. September 2010

des zivilen Ungehorsams. Er bringt Bedauern darüber zum Ausdruck, dass so viele Christen im nationalsozialistischen Deutschland einfach aufgrund von Gehorsam zugestimmt hätten. In der Tat sagt er uns sogar, dass er seine gesamte Moraltheologie auf dem Thema der „Verantwortung" im Gegensatz zu jenem blinden Gehorsam aufgebaut habe, den so viele Christen damals zeigten. (Häring ist, wie wir später sehen werden, einer der vielen von Ratzinger attackierten Theologen.)

Andererseits „lässt Ratzingers Deutung des Krieges genau das aus, was viele Menschen als seine wichtigste Lektion betrachten würden, nämlich die Gefahren, die mit blindem Gehorsam einhergehen. Millionen von Deutschen wie die Ratzingers gingen auf dem Weg zur Schule oder zur Arbeit an den Gefängnissen der Nazis vorbei, sahen, wie Juden aus ihren Gemeinden vertrieben wurden und wussten, dass politische Gegner der Nazis wie Hans Braxethaler für ihren Widerstand sterben mussten und taten dennoch kaum etwas, um die Ereignisse zu verhindern."[6] Je weiter Ratzinger die kirchliche Karriereleiter hinaufstieg, umso mehr baute er seine Theologie auf Gehorsam auf.

Merkwürdigerweise scheint Ratzinger bis heute der Ansicht zu sein, die katholische Kirche habe beim Widerstand gegen Hitler gute Arbeit geleistet. Doch angesichts all der Dokumente, die zunehmend zutage treten – wie zum Beispiel in der Studie von John Cornwell namens *Pius XII.: Der Papst, der geschwiegen hat* oder James Carrolls *Constantine's Sword: The Church and the Jews. A History* – wird diese Position immer befremdlicher und schwerer zu verteidigen. Das Ghetto, in das die Nazis 1943 in Rom kamen, um die dortigen Juden zu ergreifen, befand sich in Sichtweite des Vatikans, und Papst Pius XII. hat offenkundig nichts getan, um seine Bewohner zu retten. Doch es besteht eine große Wahrscheinlichkeit dafür, dass Hitler sich zurückgezogen hätte, wenn der Papst sich klar geäußert und entschieden gehandelt hätte, denn ein Widerspruch gegen Hitler wäre der Beginn einer ganz Italien umfassenden Bewegung gewesen, „welche die Kriegsbemühungen der Nazis ernsthaft hätte behindern können. Und so erkannte sogar Hitler an, was Pacelli scheinbar ignorierte: dass die katholische Kirche im Herbst des Jahres 1943 die stärkste soziale wie auch politische Macht war und es absolut im Rahmen ihrer Möglichkeiten lag, die Vorgänge zu stören oder sich ihnen zu widersetzen."[7] Der Papst protestierte nicht.

Nur eine einzige römische Jüdin überlebte die Deportation und sagte 1995 in einem Interview mit dem Fernsehsender BBC: „Als ich aus Auschwitz zurückkam, war ich vollkommen auf mich selbst angewiesen. Ich hatte meine Mutter, zwei Schwestern, eine Nichte und einen Bruder verloren. Pius XII. hätte uns vor dem, was geschehen sollte, warnen können. Vielleicht wäre es uns möglich gewesen, aus Rom zu fliehen und uns dem Untergrund anzuschließen. Aber er spielte den Deutschen direkt in die Hände. All das geschah direkt vor seinen Augen. Aber er war

---

6) Allen, *Pope Benedict XVI.*
7) John Cornwell, *Pius XII.: Der Papst, der geschwiegen hat* (C.H. Beck 1999)

ein antisemitischer Papst und auf der Seite der Deutschen. Er ist nicht das geringste Risiko eingegangen. Wer sagt, der Papst sei wie Jesus Christus, hat Unrecht. Er hat nicht ein einziges Kind gerettet. Niemanden."[8] ·

John Allen weist in seiner gut recherchierten Studie zu Ratzingers Deutschland darauf hin, dass sich die deutschen Bischöfe nicht gegen Hitler erhoben, wie es zum Beispiel die niederländischen getan hatten, als sie im Mai des Jahres 1943 katholischen Polizisten die Verfolgung von Juden untersagten, selbst wenn sie dadurch ihren Arbeitsplatz verlieren würden. Manche der deutschen Bischöfe, wie zum Beispiel Konrad Grober in Freiburg, waren enthusiastische Unterstützer der Nazis. Und er war keineswegs alleine. Vor kurzem sah ich die Dokumentation *Constantine's Sword*, in der eine Massenkundgebung der Nazis gezeigt wurde. Ein katholischer Bischof stand darin mit Hitler auf einer Bühne, applaudierte voller Begeisterung und vollführte enthusiastisch den Nazi-Gruß. Es war schockierend. Auch nach dem Krieg half die Geistlichkeit dabei, viele Nazis nach Argentinien und in andere Länder zu schmuggeln. Allen bemerkt dazu: „In diesem Licht betrachtet erscheint Ratzingers Einschätzung mit ihrer Betonung des moralischen Mutes der Kirche auf Kosten einer ehrlichen Abrechnung mit den von ihr gemachten Fehlern als sehr einseitig und sogar verfälschend."[9] Gegenwärtig besteht eines der Ziele von Ratzinger in seiner Funktion als Papst darin, dafür zu sorgen, dass Pius XII. heiliggesprochen wird.

Viele Menschen in der katholischen Hierarchie waren stolz auf Hitler und für seine Ideen offen (bzw. in Italien für Mussolini und in Spanien für Franco). Wir wissen, dass der Apostolische Nuntius[10] in Berlin während des Krieges, Erzbischof Cesare Orsenigo, ein Nazi-Sympathisant war – ebenso wie der Rektor des Deutschen Collegiums in Rom, auch ein Erzbischof. Viele Mitglieder von Hitlers Regierung, wie zum Beispiel Ernst von Weizsäcker, der deutsche Botschafter im Vatikan, gaben vor, gute Katholiken zu sein. Er prahlte sogar damit, dass sich an der päpstlichen Limousine, die ihn 1943 zu einer Audienz bei seinem langjährigen Bekannten, dem Papst Pius XII. brachte, die päpstliche Flagge und die Swastika Seite an Seite „in friedlicher Harmonie" befanden.[11]

Die Frage, welche Rolle die katholische Kirche unter Hitler gespielt hat, ist für die Art und Weise, wie Ratzinger denkt, keineswegs unwichtig. Warum? Weil, wie ich glaube, darin die Motivation für seinen gegenwärtigen Zwang zur Zentralisierung der Kirche im Vatikan besteht. Es ist der Grund, den er dafür angibt, dass er keinerlei Kreativität oder „Widerspruch" von Seiten seiner Theologen zulässt – weil

---

8) Ebenda

9) Allen, *Pope Benedict XVI.*

10) Der „päpstliche Botschafter" und ständige Vertreter des Vatikans bei der Regierung eines Staates [A.d.Ü.].

11) Wills, *Papal Sin*

die katholische Kirche in seinem Weltbild „ein Bollwerk gegen die totalitäre Geistesstörung" sein muss.

Allen schreibt: „Nachdem er aktiven Faschismus erlebt hat, glaubt Ratzinger heute, das beste Gegenmittel für politischen Totalitarismus sei kirchlicher Totalitarismus. Anders ausgedrückt glaubt er, die katholische Kirche diene der menschlichen Freiheit, indem sie die Freiheit ihres eigenen Innenlebens beschränkt und so Klarheit bezüglich dessen bewahrt, was sie lehrt und glaubt. Diese Position verteidigt er geschickt, aber sie unterscheidet sich himmelweit von der vieler theologischer Standesgenossen Ratzingers in Deutschland, die ebenfalls in der Nazizeit gelebt haben."[12] Und was ist, wenn die Kirche in diesem Prozess selbst zu einer totalitären Geistesstörung wird? Dieser Frage widmet sich Ratzinger nicht. Auch sein steter Aufruf zum Widerstand gegen den „Relativismus" ist ein Symbol für seine geliebte Zentralisierung. Wenn das eher den Beigeschmack von Hitler als von Jesus hat, könnte es daran liegen, dass Ratzinger während der Ereignisse um 1968 herum – in den Jahren, in denen er lehrte – von marxistischen Aktivisten traumatisiert worden ist. Und auch sein Dorf erlitt zur Zeit seiner Kindheit eine Art marxistisches Trauma.

Im Jahr 1919 schuf ein kommunistischer Aufruhr die kurzlebige Bayerische bzw. Münchner Räterepublik, die einzige Räterepublik, die jemals in Westeuropa errichtet wurde. Zwar unterdrückte die deutsche Armee sie auf brutale Weise, aber die blutigen Tage von 1919 „türmten sich in der politischen Vorstellungskraft der Bewohner Bayerns noch viele Jahre lang mächtig auf."[13] Ratzinger wurde acht Jahre nach diesem Aufstand geboren. Heute ist Bayern als „eine der kulturell traditionellsten und politisch konservativsten Ecken des Landes" bekannt. Das Maß der Verstädterung ist gering – selbst heute noch wohnen mehr als die Hälfte aller dort lebenden Menschen in Städten mit weniger als 5.000 Einwohnern. Bayerische Katholiken lehnten nicht nur den Kommunismus auf das Heftigste ab, sondern nährten ein gerütteltes Maß an Feindseligkeit gegenüber Deutschland als Ganzem und der modernen Welt mit ihrer Kultur der Aufklärung. Der Grund dafür war Bismarck, der im 19. Jahrhundert in seinem Kulturkampf versucht hatte, den Katholizismus auszulöschen, weil er ihn als eine Bedrohung für die Stabilität des Preußischen Staates ansah. Dabei unterdrückte er religiöse Orden, übernahm katholische Schulen und entzog katholischen Institutionen die öffentlichen Förderungen. Das Ergebnis war „eine starke katholische Reaktion gegen die moderne säkulare Kultur" in Deutschland. Da man auch den Juden die Schuld für Bismarcks Handlungen zuschrieb, fachte das ganze Vorhaben zudem den Antisemitismus in Bayern an.[14] Dieses Motiv der antisäkularen Kultur durchzieht heute Ratzingers gesamtes Welt-

---

12) Allen, *Pope Benedict XVI*
13) Ebenda, wie auch alle anderen Zitate dieses Absatzes.
14) Ebenda

bild, ob er nun die Befreiungstheologie, den Feminismus oder die Homosexualität angreift.

Wenn Ratzinger heute von seiner Jugendzeit spricht, kann man oft viel Sentimentales darüber hören, wie schön es doch gewesen sei, damals in seiner Heimatstadt, dem bayerischen Traunstein, aufzuwachsen. Aber etwas anderes, das sich zu dieser Zeit in Deutschland im Allgemeinen und in seinem geliebten „von felsenfestem, katholischem Ethos erfüllten Bayern"[15] ereignet hat, lässt er außen vor. Er spricht nie darüber, wie die Nazis in Bayern willkommen geheißen worden sind. Es gab noch mehr im Leben, als große Literatur zu lesen, Mozarts Musik zu spielen, mit der Familie nach Salzburg zu reisen, der Messe beizuwohnen und sich auf die Prüfungen vorzubereiten – alles Erfahrungen, an die er sich gerne erinnert. „In Wahrheit befanden sich die Schrecken des Dritten Reichs genau dort in Traunstein, wo sie Ratzinger gleich außerhalb der Tore des Gymnasiums oder auf dem Sportplatz des Seminars direkt ins Gesicht starrten."[16] Ein lokaler Historiker schrieb: „Das war einst ein ruhiges, kleines Städtchen im malerischen Vorarlberg am Fuße der Bayerischen Alpen. Der Krieg und seine Folgen verwandelten es in einen überbevölkerten, wahnwitzigen Zufluchtsort hoffnungsloser Bewohner."[17] Einschließlich eines heftigen Anti-Judaismus.

Am 9. November 1939 attackierten Braunhemden in der Reichskristallnacht die Wohnungen der wenigen jüdischen Bürger Traunheims. Sie schlugen Fenster ein und drohten den Juden mit Deportation, falls sie nicht von selbst gehen würden. Die bestbekannte jüdische Familie der Stadt, die Hozers, verließ den Ort am nächsten Tag in Richtung München. 1941 wurden sie gefangen genommen und nach Dachau geschickt. Jüdische Häuser wurden konfisziert. Manche Menschen versuchten, den Juden zu helfen. Eine jüdische Frau tötete sich lieber selbst, als sich der Deportation auszuliefern. Drei Tage später – am 12. November 1939 – wurde Traunstein für judenfrei erklärt. Vielleicht war der felsenfeste Katholizismus, den Ratzinger bis zum heutigen Tage liebt, doch nicht so gesund, wie man denkt. Vielleicht ist seine Erinnerung einfach übermäßig selektiv.

Wenn sich Ratzinger an diese Zeit erinnert, legt er immer großen Wert darauf, zu betonen, dass sein Vater gegen die Nazis gewesen sei, weil er der katholischen Deutschen Zentrumspartei und nicht der NSDAP angehörte. Man fragt sich, ob sein Vater gegen die Ereignisse während der Reichskristallnacht protestierte und jemanden von den dafür Verantwortlichen verhaftet hat. Ratzinger räumt jedoch ein, dass sein Vater keine offenen Schritte unternommen habe, um gegen die Nazis zu opponieren. „Er leistete keinen öffentlichen Widerstand; das wäre selbst in die-

---

15) Ebenda
16) Ebenda
17) Ebenda

sem Städtchen nicht möglich gewesen."[18] Tatsächlich aber war Widerstand durchaus möglich. Auch in Traunstein gab es Beispiele dafür, und zwar Menschen, die Ratzinger und seiner Familie persönlich bekannt waren. Das war zugegebenermaßen eine riskante Angelegenheit, und einige Traunsteiner zahlten den ultimativen Preis dafür. Deshalb ist Ratzingers Erklärung, dies sei nicht möglich gewesen, überaus vielsagend. Eine verbreitete Reaktion auf die Nazis bestand darin, unbemerkt zu bleiben, so unpolitisch wie möglich zu sein und in Kunst, Literatur, Wissenschaft oder Literatur einzutauchen. Die meisten Deutschen, die gegen die Nazis waren, wählten diese Möglichkeit. Doch die Kommunisten in Ratzingers Heimatstadt leisteten Widerstand. John Allen bemerkt, dass „es in Anbetracht von Ratzingers späteren Schlussfolgerungen bezüglich der spezifischen Verbindung zwischen dem Katholizismus und dem Widerstand gegen die Nazis sehr interessant ist, dass die eindrucksvollsten Akte des Widerstands in seiner Heimatstadt von Kommunisten und nicht von Katholiken durchgeführt wurden."[19] Und wie sah es im Rest des Landes aus? Viele Priester erhoben sich gegen Hitler. Alleine in Dachau wurden 1.000 Geistliche hingerichtet.

Auch einige Bischöfe leisteten Widerstand, aber das traf auf keinen Fall auf die gesamte katholische Kirche zu, wie Ratzinger behauptet, wenn er sagt, der Katholizismus habe die einzige wirkliche Herausforderung für die Autorität des deutschen Nationalsozialismus dargestellt. Eine solche Behauptung – die Ratzinger bis zum heutigen Tag aufstellt – ist nach Allens Ansicht „auf einer sehr selektiven Auslegung der historischen Belege begründet. In Wahrheit war der Katholizismus im Dritten Reich ebenso eine Gefolgschaft von Sündern wie auch eine Gemeinschaft der Heiligen."[20]

Hitler kam ursprünglich mit katholischer Unterstützung an die Macht. Die katholische Führung hat das Weimarer Demokratie-Experiment nie befürwortet, weil sie es als das Erbe der Aufklärung und des Kulturkampfes ansah. Das Ermächtigungsgesetz, das Hitler die Machtübernahme ermöglichte, wurde 1933 mit Hilfe der katholischen Zentrumspartei und der Bischöfe erlassen, und vier Tage nach seiner Unterzeichnung hoben die deutschen Bischöfe das von ihnen zuvor erklärte Beitrittsverbot zur NSDAP wieder auf. Das von Pacelli (dem zukünftigen Papst Pius XII.) ausgehandelte Reichskonkordat war äußerst vielsagend für die Gläubigen – lag ihm doch ein Foto bei, auf dem Hitler und der Apostolische Nuntius einander zulächelten. Es zeigte, dass eine Koexistenz möglich war und von den höchsten Ebenen der katholischen Hierarchie befürwortet wurde. Hitler sagte, das Konkordat bedeute, „dass die Reichsbürger römisch-katholischer Konfession dem neuen natio-

---

18) Ebenda
19) Ebenda
20) Ebenda

nalsozialistischen Staat von nun an vorbehaltlos dienen werden."[21] Ein Kommentator bemerkt, das Konkordat habe die katholische Kirche in Deutschland „dazu verpflichtet, zu den Freveltaten an den Juden" und „zu jedem Thema, das von den Nazis für politisch gehalten wurde, zu schweigen."[22]

Den Angehörigen der katholischen Berufsgenossenschaften in Traunstein war es bisher verboten gewesen, Maifeiern durchzuführen, weil diese einen kommunistischen Beigeschmack hatten. Doch nun waren sie wieder vertretbar. Katholiken konnten Seite an Seite mit den Nazis marschieren, weil diese keine Kommunisten waren. Im Katholizismus gab es eine Menge offenen Antisemitismus, und auch eine Reihe von „Braunhemd-Bischöfen" ließen Hitler ihre volle Unterstützung zukommen.

Gegen Ende des Krieges, als die Alliierten am 2. Mai 1945 anrückten, leerte die SS die Konzentrationslager und trieb die Opfer nach Hufschlag, in jenes Dorf, in das Ratzinger mit seiner Familie gezogen war. Dort exekutierte die SS am Waldrand 61 Häftlinge. Nur eine einzige Person überlebte, indem sie sich totstellte. Dorfkinder fanden die Körper schließlich. Allen bemerkt dazu: „Es ist auffallend, dass Ratzinger diese Unruhen in keinster Weise erwähnt. In einer Stadt mit weniger als 12.000 Einwohnern muss er selbst bei all dem Chaos und Durcheinander gewusst haben, was da geschah … Man gewinnt den Eindruck, dass das Dritte Reich für Ratzinger heute nur noch als Lehrbeispiel für Kirche und Kultur Bedeutung hat und nur jene Einzelheiten, die mit diesem Argument übereinstimmen, durch den Filter seiner Erinnerung gelangen konnten."[23] Ratzinger scheint von einer Art Erinnerungsverlust und einer Romantisierung seiner Kindheit betroffen zu sein – und von der Romantisierung dessen, was die katholische Kirche in Hinsicht auf Hitler tatsächlich getan oder nicht getan hat.

Aus dieser Nacherzählung der Geschichte Ratzingers kann ich sieben wichtige Schlussfolgerungen über ihn ziehen.

Er ist ein Verfechter der Leugnung und überaus fähig darin. Er hat sich dazu entschieden, sich nur an jene Dinge zu erinnern, an die er sich erinnern möchte und den Rest bequemerweise zu unterdrücken oder zu vergessen – zum Beispiel seine jüdischen Nachbarn bzw. wie diese von den Nazis behandelt worden sind und die Tatsache, dass das katholische Bayern gerne mit den vielen aus seinen Reihen stammenden Nazis angegeben und seine Heimatstadt an der Reichskristallnacht teilgenommen hat. Man fragt sich, wie viele dieser Teilnehmer an jenem Sonntag zur Messe gegangen sind.

---

21) Ebenda
22) John Cornwell, *Pius XII.*
23) Wills, *Papal Sin*

Diese Leugnung wird von Lügen und Verzerrungen bezüglich der Rolle der Kirche und des Katholizismus genährt. Lüge und Verleugnung ergeben eine explosive Mischung – wie zum Beispiel als Papst Benedikt nach Südamerika reiste und dort in einer Rede tatsächlich sagte, die südamerikanischen Indianer hätten die christlichen Missionare Spaniens willkommen geheißen. Er wurde praktisch von der Bühne gebuht und am nächsten Tag auf den Titelseiten der Zeitungen verspottet. Es ist, als wenn er über die Geschichte glauben könne, was immer er will. Verleugnung führt zu einer solchen Denkart und Wahrheitskontrolle.

Ein wesentlicher Teil von Ratzingers spirituellem Temperament ist sentimentale Rührseligkeit. Aber wie Ann Douglas in ihrer gewichtigen Untersuchung zu diesem Thema enthüllt hat, besteht das Wesen der Rührseligkeit in einem „ranzigen politischen Bewusstsein".[24] Rührseligkeit ist nichts anderes als Gefühle ohne jeglichen Bezug zur Gerechtigkeit. So folterten hochrangige Leiter der Konzentrationslager tagsüber ihre Gefangenen, um abends nach Hause zu kommen und Tränen zur Musik Beethovens zu vergießen. Schon C.G. Jung warnte: „Unter der Oberfläche eines sentimentalen Menschen befindet sich eine brutale Person." Unter der Rührseligkeit lauert aufgestauter Zorn. Ratzinger ersetzt das Wort „Gerechtigkeit" wo immer möglich durch „Barmherzigkeit".

Nun wird klar, warum Ratzinger die sexuellen Übergriffe pädophiler Priester so einfach ausblenden zu können scheint, einschließlich derer des Mannes, der sowohl sein eigener Vertreter in Lateinamerika wie auch der des letzten Papstes war bzw. ist: Pater Maciel von den *Legionären Christi*, dessen Verhalten zu untersuchen sich Ratzinger jahrelang weigerte, obwohl ihm neun Ex-Seminaristen Belege für den Missbrauch durch dessen Hand übersandt hatten. Weil Maciel sich kräftig für die Parteilinie der rechten Aktivisten eingesetzt hatte, „förderte er die Kirche zu sehr", um kritisiert werden zu können. Es erklärt auch Ratzingers Unterstützung für Kardinal Bernard Law in Boston, den Streiter für die pädophilen Priester Amerikas, der jetzt in einem sicheren Versteck in Rom sitzt. Verleugnung ist ja so bequem.

Es ist etwas überaus Banales an Ratzinger. Dort, wo seine theologischen Schriften nicht sentimental sind, weisen sie eine Fülle persönlicher Interpretationen früherer Theologen auf. Aber sie sagen nichts aus. Meiner Auffassung nach mangelt es ihnen an jederlei Kreativität oder Originalität. Das könnte gemeinsam mit einem gewissen akademischen Neid seine Angriffe auf Theologen erklären, die allesamt weitaus kreativer sind als er. Neid, Hass und Krieg bilden ein gutes Gespann, wie ich in meinem Buch über das Böse *Sins of the Spirit, Blessings of the Flesh* dargelegt habe.

---

24) Ann Douglas, *The Feminization of American Culture* (Knopf, New York 1977). Douglas zeigt darin eine ernstzunehmende Verbindung zwischen den populären Medien und der Neigung zur Sentimentalisierung auf. Siehe auch Matthew Fox, „On Desentimentalizing Spirituality" in *Wrestling with the Prophets* (Tarcher/Putnam, New York 1995).

Welche Rolle spielen Frauen in Ratzingers Leben? Klar ist, dass er große Angst vor der Frauenbewegung hat (er nennt sie die „radikal feministische und lesbische" Bewegung). Aber was bedeutet eine Frau für Ratzinger? In seiner Kirchenhierarchie ist sie jemand, der nicht genug wert ist, um angehört zu werden oder eine Geistliche sein zu können. Die einzige Frau, die Ratzinger in seiner Biografie außer seiner Mutter erwähnt, ist seine Schwester. Und was hat sie aus ihrem Leben gemacht? Sie war seinem Bruder, ebenfalls ein Priester, eine hingebungsvolle Haushälterin.

Ich suche in Ratzingers Geschichte vergeblich nach irgendeinem Zeichen von Zivilcourage. Es gab keines, als seine jüdischen Nachbarn deportiert wurden, sein Beitritt zur Hitlerjugend als junger Mann war keines, und auch seine Kriegsgeschichte weist keines auf. Nichts davon ist in seinen theologischen Arbeiten zu finden. Rührseligkeit hat nichts mit Zivilcourage zu tun. Ebenso wenig wie Mobbing, bei dem es nur darum geht, einen Kampf auszutragen, während man sich hinter der Macht anderer Menschen oder Institutionen verbirgt.

Ich finde es erschütternd, wie viel von Ratzingers Lebensgeschichte aus Bändern besteht, die er während seines ganzen Lebens wieder und wieder abgespielt hat. Ob es bewusst geschehen ist oder nicht – wir beobachten bei ihm von Kindheit an einen Mangel an Mitgefühl, die Abwendung von den Armen und Leidenden (was eine notwendige Eigenschaft für einen Inquisitor ist, der sich entschieden hat, Helden wie Oscar Romero, Bischof Pedro Casadáliga, Leonardo Boff und andere anzugreifen, die die Armen in Lateinamerika unterstützen), Gewalt, Macht um ihrer selbst willen, Verleugnung (und die Schaffung eines illusorischen heldenhaften Katholizismus, der sich gegen Hitler „erhoben" hat), Furcht vor Frauen, Furcht vor Schwulen, Furcht vor Theologen, Furcht vor Ideen. Wo hört das auf?

Ratzinger ist kein Mann des Friedens, sondern des Krieges. Er ist von Zorn erfüllt, und das schon seit langer Zeit vor den Ereignissen von 1968. Ein junger Priester, der in den frühen sechziger Jahren in Rom Bibelwissenschaft studierte, erzählte in seinem Studienhaus bei Tisch in Ratzingers Gegenwart eine Geschichte. Scheinbar hatte Kardinal Bea, einer seiner Professoren, eine Anekdote wiedergegeben, in der man Papst Johannes XXIII. mit Ergebnissen der Bibelforschung konfrontiert hatte, die nahelegten, dass Jesus niemals gesagt hatte: „Du bist Petrus, und auf diesen Felsen will ich meine Kirche bauen." Daraufhin sprang Papst Johannes von seinem Papstthron hinab und sagte scherzend: „Ich schätze, dann tragt ihr diesen Thron mal besser fort." „Jedermann bei Tisch lachte – außer Pater Ratzinger. Er sah mich mit stählernem Blick an und sagte kein Wort. Das musste er auch nicht … Papst Johannes konnte darüber lachen, weil er in seinem Glauben so sicher war; für ihn hatte es keine Bedeutung, ob Jesus diese Worte nun gesagt hatte oder nicht. Joe Ratzinger konnte nicht darüber lachen. Er blickte mich starr an, und ich wusste, was er dachte. Der Rest des Raums schien irgendwie zu verblassen, und der Klang des Lachens und des Gläserklirrens wirkte plötzlich wie gedämpft."[25]

Viele Menschen sehen im Inquisitoren Ratzinger einen Tyrannen am Werk. Ein Freund von mir, der Jurist und praktizierender Katholik ist, nennt Ratzinger den „bayerischen Tyrann". Man fragt sich, ob diese Eigenschaft vielleicht auf seine frustrierende Jugendzeit zurückgeht, in der er nur zusehen konnte, wenn andere Jungs wilde Sportarten ausführten und er ständig von ihren Spielen ausgeschlossen war oder sich wünschte, ausgeschlossen zu werden. Ratzingers Bruder, der ebenfalls Priester ist, hat kürzlich gestanden, Jungen in seinem Chor körperlich misshandelt zu haben. Vielleicht sind die beiden in einem Haushalt aufgewachsen, in dem es ein gewisses Maß an Misshandlung durch ihren Polizistenvater gab. Und sicher muss das Aufwachsen in Zeiten des Nationalsozialismus auch ohne derartige Schikanen schon schwer genug gewesen sein. Wie viele Jungs, die auf dem Schulhof missachtet oder niedergemacht worden sind und nie in die Mannschaft gewählt wurden, wuchs Joseph zu einem Tyrannen heran. (Das erinnert mich sogar an die Jugendlichen an der Highschool von Columbia, die 1999, nachdem sie wie Ratzinger von den Sportskanonen ausgeschlossen worden waren, in extremen Gewaltakten gegen ihre Klassenkameraden ihr Heil suchten. Wirft das ein Licht auf Ratzingers Wandlung vom Theologen zum Mörder von Theologie und Theologen?)

Der Psychologe Dan Olweus begann in den siebziger Jahren, das Phänomen des Mobbings bei norwegischen Schulkindern zu untersuchen. Damals führte Mobbing dort ebenso wie heute in den Vereinigten Staaten oft zum Suizid. „Tyrannen haben es auf Bewunderung, auf Status und Dominanz abgesehen", erklärt René Veenstra, Soziologe an der niederländischen Universität von Groningen.[26] Mobbing ist mehr als nur Hänselei, sondern bezeichnet unerwünschte, über einen längeren Zeitraum hinweg stattfindende Einschüchterungsversuche, die selten zwischen sozial Gleichrangigen stattfinden. Es ist gut möglich, dass Ratzinger von den Altlasten seiner Jugendtage dazu motiviert wird, mehr als sozial gleichrangig zu sein – und die Zugehörigkeit zu den obersten Ebenen der Kirchenhierarchie garantiert dafür, dass er eine Dominanzposition innehat. Doch Tyrannen streben trotz ihres aggressiven Verhaltens nach Zustimmung und Zuneigung – und zwar von Menschen aus der Gruppe, der sie selbst angehören.[27] Vielleicht ist das einer der Gründe dafür, warum Ratzinger in seinem rein männlichen, zölibatären Club der Geistlichen so viel Wert auf Treue und Verschwiegenheit legt. Dort, wo man innerhalb der Kurie unter sich ist, sammelt er seine tägliche Bestätigung. Wenn er da Frauen zuließe, wäre das Mobbing nicht mehr ergiebig genug.

---

25) Bill Cummings, *Monk Talk: Faith is Sanctified Imagination* (unveröffentlicht, Maryland 2010)

26) Siehe Stephanie Papas, *Behind Bullying: Why Kids Are So Cruel* (http://www.livescience.com/6325-bullying-kids-cruel.html, Zugriff vom 9. April 2010)

27) Ebenda. Die Autorin stellt fest: „Auch Tyrannen werden zum Opfer ihres eigenen Verhaltens. In ihrer Gruppe ist die Wahrscheinlichkeit der Straffälligkeit, des Substanzmissbrauchs und psychologischer Probleme höher."

Und damit wären wir auch schon beim nächsten Teil dieser Geschichte: seine theologische und berufliche Reise vom Priester und Theologen zum Anti-Theologen und, wie ich postuliere, zum „Mörder" der Theologie.

II – Ratzingers Wandlung

1962 fand ein großes Kirchenereignis statt; tatsächlich ist es als „das bedeutendste religiöse Ereignis des 20. Jahrhunderts" bezeichnet worden.[1] Es war das Jahr, in dem unter Papst Johannes XXIII. das Zweite Vatikanische Konzil begann. Er hatte das Konzil dazu aufgerufen, „die Fenster der Kirche weit zu öffnen" – Fenster, die lange Zeit unter dem langwierigen und verdrießlichen Pontifikat von Pius XII. vernagelt gewesen waren. In diesen Jahren hatte man viele der besten Theologen misstrauisch beobachtet oder zum Schweigen gebracht, darunter den französischen Pater M.D. Chenu, der nach dem Krieg in der Arbeiterpriester-Bewegung aktiv gewesen war; Pater Teilhard de Chardin, Dichter, Wissenschaftler und Priester; den deutschen Jesuiten Karl Rahner; Pater Bernhard Häring; den niederländischen Dominikanerpater Edward Schillebeeckx und den Jesuitenpater John Courtney Murray aus den Vereinigten Staaten. Das Konzil sollte sich als Moment der Versöhnung und Befreiung für die eingepferchten Denker in der katholischen Kirche erweisen, die in den folgenden Konzilsdebatten und -dokumenten fast alle verteidigt wurden. Mehr als 2.500 Bischöfe aus der ganzen Welt nahmen daran teil, und man lud sie ein, auch ihre *Periti* (ihre theologischen Berater) mitzubringen.

Joseph Ratzinger wurde aufgefordert, als *Peritus* oder Theologe des Kölner Kardinals Joseph Frings teilzunehmen, der von Beobachtern des Konzils als nicht unbedingt fortschrittlich, aber doch gemäßigt eingeschätzt wurde. Zum Zeitpunkt der Eröffnung des Zweiten Vatikanischen Konzils war Joseph Ratzinger gerade einmal 35 Jahre alt.

Frings war ein versierter Bibelwissenschaftler und hatte enge Verbindungen zu den Bischöfen der Dritten Welt, weil seine reiche Diözese die Kirche in der Dritten Welt regelmäßig förderte. Aufgrund seines hohen Alters von 76 Jahren und seiner nachlassenden Sehkraft war er darauf angewiesen, sich viele Dokumente von seinem *Peritus* vorlesen lassen zu müssen. Dennoch erlangte er im Konzil einen beachtlichen Bekanntheitsgrad, weil er der Anführer der deutschen Bischöfe war und die Gruppe der deutschsprachigen Bischöfe „zweifelsohne den einflussreichsten Block innerhalb des Konzils darstellten".[2]

---

1) John W. O'Malley, *What Happened at Vatican II* (Harvard University Press, Cambridge, MA 2010)

2) Allen, *Pope Benedikt XVI*

Ratzinger fungierte mehr als einmal als Sprecher der deutschen Bischöfe, was ihm trotz seiner Jugend oft viel Aufmerksamkeit brachte. Am meisten trug Ratzinger zu jenem Dokument bei, dass sich der Offenbarung widmete. Er arbeitete gemeinsam mit dem wesentlich älteren Karl Rahner daran. (Viele Jahre später schrieb Rahner wenige Monate vor seinem Tod im Jahr 1984 einen vernichtenden Brief an Ratzinger, weil dieser Johann Metz die Lehrerlaubnis an der Universität verweigert hatte. Doch das war ein älterer Ratzinger – „Ratzinger II" – und nicht der jüngere, „Ratzinger I", der 1962 vor dem Konzil stand.)

Kardinal Frings selbst erntete während des Konzils eines Tages stürmischen Beifall für einen Angriff auf das Heilige Offizium, in dem er es „einen Grund für Skandale in der Welt" nannte. Er fügte hinzu: „Niemand sollte verurteilt und gerichtet werden, ohne zuvor gehört worden zu sein, ohne zu wissen, was es ist, dessen er beschuldigt wird, und ohne die Möglichkeit zu haben, wiedergutzumachen, was man ihm in vernünftiger Weise vorwerfen kann." Die Bischöfe brachen in lauten Applaus aus (was gegen die Regeln war), und dieser Moment wurde als „ein entscheidender Augenblick des Konzils" bekannt. 1964 sagte Ratzinger selbst, das Heilige Offizium könne von den säkularen Demokratien etwas über den Schutz individueller Rechte lernen. „Das Offizium hat seine Regeln vom Zeitalter des Absolutismus erhalten …", meinte er.[3] Wie sehr unterschied sich das doch von den Ansichten, die er später verkünden sollte, als er das Amt des Präfekten des Heiligen Offiziums übernahm, jetzt umbenannt in die Kongregation für die Glaubenslehre.

Das erste Dokument, das aus dem Zweiten Vatikanischen Konzil hervorging, war die Konstitution über die heilige Liturgie (*Sacrosanctum Concilium*). Zu den Veränderungen gehörte Folgendes: Der Altar wurde umgedreht, damit der Priester mit dem Gesicht zu den Menschen stehen konnte; der Abbau des Kommunionsgeländers; die Entgegennahme des Abendmahls im Stehen und nicht im Knien; das Latein wurde durch die Landessprache ersetzt; der Gottesdienst wurde mit Themen der sozialen Gerechtigkeit verbunden und es wurde Aktivismus jenseits des Kirchengebäudes erlaubt. Ein Kommentator drückte es folgendermaßen aus: „Für den durchschnittlichen Kirchgänger war vielleicht am wichtigsten, dass von nun an jeder ein Teilnehmer und nicht nur passiver Beobachter der Eucharistiefeier wurde." Oder in den Worten des Benediktinerpaters Godfrey Diekmann von der St. John's Abbey in Collegeville, Minnesota (er war einer von 55 internationalen Liturgikern, die das Dokument gemeinsam erstellt hatten): „Es war eine Magna Charta für den Laienstand."[4]

Zu diesem Zeitpunkt engagierte sich Ratzinger in hohem Maße für diese Reform und schrieb positiv über die „Dezentralisierung der liturgischen Entscheidungsfindung".[5] Darüber hinaus erklärte er, das erste Kapitel des Dokuments über

---

3) Ebenda

4) Zitiert aus Tom Roberts, *Battle Lines in the Liturgy Wars* in *National Catholic Reporter*, 19. Februar 2010

5) Ebenda

die Liturgie enthalte „eine Aussage, die für die Lateinische Kirche eine grundlegende Neuerung darstellt." Worin bestand diese Neuerung? In einer neuen, unabhängigen Autorität der nationalen Bischofskonferenzen. Er fuhr fort: „Vielleicht könnte man sagen, dass dieser kleine Absatz, der den Bischofskonferenzen erstmals eine eigene kirchenrechtliche Autorität überträgt, für die Theologie der bischöflichen Verfassung und für die lang ersehnte Stärkung der bischöflichen Macht eine größere Bedeutung hat, als alles in der Verfassung der Kirche selbst."

Weder Papst Johannes Paul II. noch Papst Benedikt XVI. haben diese Lehren umgesetzt. Das ist einer der Gründe, warum viele Denker innerhalb der Kirche davon sprechen, dass sie sich in einer schismatischen Spaltung zu jener Kirche befindet, die im Zweiten Vatikanischen Konzil zum Ausdruck gekommen ist. Das Konzil hat eine bestimmte Vorgehensweise zur Übersetzung von heiligen Texten zur Gottesverehrung aufgestellt, die 30 Jahre lang von Übersetzern und Gelehrten angewendet worden ist. Doch 1997 wurde im Vatikan geheim eine Reform der Reform eingeleitet. Elf Männer trafen sich zu einer Generalüberholung der Bibellesungen für den Gottesdienst. Sie verpassten einer bereits sechs Jahre andauernden Debatte für einen auch Frauen einschließenden Sprachgebrauch einen Kurzschluss und sorgten für die Beibehaltung eines rein maskulinen Vokabulars. Ein Beobachter drückte es so aus: „Die Mächte und Gewalten in Rom wählten eine kleine, handverlesene Gruppe von Männern aus, die in zwei Wochen die Arbeit dutzender Jahre zunichte machte."[6] Ein Professor der Universität Georgetown sah darin einen „parteiischen" Angriff auf Liturgiker und Gemeinden. „Man hört weder den Liturgikern noch den örtlichen Gemeinden zu."[7]

1968 setzte Ratzinger selbst seine Unterschrift unter ein Dokument, das von 1.360 Theologen aus 53 Ländern unterzeichnet wurde. Die Erklärung von Nijmegen besagte: „Jede Form der Inquisition, wie subtil auch immer, schadet nicht nur der Entwicklung einer intakten Theologie, sondern verursacht auch eine nicht wiedergutzumachende Beschädigung der Glaubwürdigkeit der Kirche als Gemeinschaft in der modernen Welt."[8] Dasselbe Dokument stellte klar, dass das Lehramt des Papstes und der Bischöfe „die Lehraufgabe der Theologen als Wissenschaftler nicht ersetzen, behindern oder aufhalten kann und darf."

Im Konzil stellte die deutlich von der Arbeit des amerikanischen Jesuiten John Courtney Murray beeinflusste Erklärung über die Religionsfreiheit (*Dignitatis humanae*) in Paragraph 2 folgendes fest:

„Das Vatikanische Konzil erklärt, dass die menschliche Person das Recht auf religiöse Freiheit hat. Diese Freiheit besteht darin, dass alle Menschen frei sein müssen von jedem Zwang sowohl von Seiten Einzelner wie gesellschaft-

---

6) Ebenda, Zitat von John Allen
7) Ebenda
8) Allen, *Pope Benedict XVI*

licher Gruppen, wie jeglicher menschlichen Gewalt, so dass in religiösen Dingen niemand gezwungen wird, gegen sein Gewissen zu handeln, noch daran gehindert wird, privat und öffentlich, als einzelner oder in Verbindung mit anderen – innerhalb der gebührenden Grenzen – nach seinem Gewissen zu handeln."

Ratzinger I hat diese Erklärung unterschrieben. Ratzinger II wollte nichts mehr damit zu tun haben.

Wenn man die Arbeit Pater Ratzingers während des Konzils betrachtet – einschließlich der von ihm 1968 unterzeichneten Erklärung von Nijmegen – und mit seinen Aussagen und Handlungen seit 1968 vergleicht, kann man eine bemerkenswerte Veränderung erkennen. Der Ratzinger des Konzils und jener der Jahre nach 1968 scheinen zwei unterschiedliche Personen zu sein. Theologisch waren sie das jedenfalls. Wie lässt sich dieser Unterschied erklären? Hatten ihn die Ereignisse von 1968 derart traumatisiert, dass er sich in seine illusorische Version des katholischen Glaubens im pastoralen Alpenvorland zurückziehen musste? Hatte er sich erneut mit „Braunhemd"-Bischöfen und Sektengründern wie Josemaría Escrivá verbunden, um seine wahre Gemeinschaft zu finden? War in ihm die Entscheidung gefallen, den Pfad zur Macht und nicht den Pfad zur inneren Transformation zu beschreiten?

Das Jahr 1968 war auf der ganzen Welt eine ziemlich stürmische Angelegenheit. Die Vereinigten Staaten wurden von zwei Mordanschlägen in Aufruhr versetzt – dem auf Reverend Dr. Martin Luther King Jr. im April, der überall im urbanen Amerika zu Aufständen führte, und dann den Schüssen auf Senator Robert F. Kennedy am Tag, als er die Präsidentschaftsvorwahlen in Kalifornien gewonnen hatte. In Vietnam wütete der Krieg, und die Studenten, die in Europa wie in den Vereinigten Staaten zu Protestmärschen dagegen zusammenkamen, waren ebenfalls wütend. Im Frühling des Jahres 1968 gruben randalierende Studenten auf dem Boulevard St. Michel Pflastersteine aus und benutzten sie als Waffen, die sie auf Polizisten schleuderten. Überall wurde Tränengas eingesetzt. Studenten bauten Barrieren aus Autos und gefällten Bäumen, um sich vor der Polizei zu schützen. Während Streiks das öffentliche Verkehrssystem lahmlegten und Tankstellen, Lebensmittelmärkte und andere Geschäfte dichtgemacht wurden, brachte der Studentenaufstand die Regierung von Präsident Charles de Gaulle zu Fall. Ich war dort. Ich habe das machtvolle Spiel der Kräfte selbst miterlebt.

Und ich erhielt Briefe von Freunden, die in Chicago während der turbulenten Parteiversammlung der Demokraten im Grant Park zusammengeschlagen worden waren. Die Demokraten brauchten Jahrzehnte, um sich von dieser Versammlung zu erholen, die zur Folge hatte, dass Richard Nixon im selben Jahr die Präsidentschaftswahl gewann. Mein dominikanischer Provinzial wohnte der Versammlung in der Loge des Chicagoer Bürgermeisters Daley bei, während dessen Polizisten auf

Protestierende einschlugen, zu denen auch meine aktivistischen dominikanischen Ordensbrüder im Grant Park gehörten. Das Thema Vietnam spaltete Väter und Söhne voneinander. Aber dasselbe traf auch auf das Bildungs- und Erziehungssystem selbst zu.

In der katholischen Kirche wird 1968 als das Jahr in Erinnerung bleiben, in dem Papst Paul VI. seine berüchtigte Enzyklika veröffentlichte, die das Verbot von empfängnisverhütenden Maßnahmen bekräftigte – *Humanae Vitae*. Seitdem verläuft eine klare Trennlinie zwischen den konservativen Katholiken, die diese Enzyklika unterstützen, und den progressiveren Angehörigen der katholischen Kirche, die sie ablehnen. Es entstanden theologische Protesterklärungen, von Tausenden von Theologen unterzeichnete Petitionen wurden verbreitet und überall auf dem Planeten brachen quasi-religiöse Aufstände aus. (Ein brasilianischer Busfahrer sagte, nachdem er von der Enzyklika erfahren hatte: „Warum hat sich überhaupt jemand die Mühe gemacht, dem Papst zu sagen, dass es Kondome gibt?")

In Deutschland protestierten die Studenten ebenso wie in Berkeley, in Madison und in Paris. Das deutsche Bildungssystem, gegen dass sie sich 1968 auflehnten, ließ viel zu wünschen übrig. Damals erlangten nur sieben Prozent der jungen Deutschen die Zulassung zur Universität, und nur drei Prozent schrieben sich tatsächlich ein. Dennoch kamen in Deutschland dreimal so viele Studenten auf einen Lehrer wie in den Vereinigten Staaten und viermal so viele wie in England. Die Generation des Baby-Booms wuchs sprunghaft an.

„An vielen Orten brach der Universitätsbetrieb unter der Belastung zusammen, was allgemein zu einer frustrierten Stimmung führte … Studentische Aktivisten in Deutschland beschrieben das dort übliche Beziehungsverhältnis als dem zwischen einem Feudalherren und seinen Leibeigenen ähnlich; zwischen dem herrschaftlichen Professor und den niederen Studenten bestand ein nahezu unüberbrückbarer Abstand. Auch das entfachte den Zorn einer Generation, die bereits in der Stimmung war, die Rechtschaffenheit der Älteren in Frage zu stellen."[9] Tatsächlich aber wurde der größte Teil der Gewalt in den Straßen von Tübingen, wo Joseph Ratzinger zum damaligen Zeitpunkt lehrte, nicht von den protestierenden Studenten, sondern von der Polizei verübt. Auch der marxistische Philosoph Ernst Bloch lehrte an der Universität Tübingen, und die protestantischen Theologen Jürgen Moltmann und Ernst Käsemann vermittelten dort eine „Theologie der Hoffnung", welche die Rolle der politischen Verantwortung betonte. Käsemanns Tochter war 1977 von der argentinischen Militärjunta aufgrund ihres politischen Engagements ermordet worden.

Einige Studenten der Universität Tübingen übernahmen während der Vorlesungen von Theologen das Rednerpult. Eines Tages platzte eine Gruppe von Studenten in ein Treffen der theologischen Fakultät hinein und verlangte, angehört zu werden. Während die anderen Fakultätsmitglieder geduldig blieben und zuhör-

---

9) Ebenda

ten, stand einer der Professoren auf und stolzierte hinaus. Es war Ratzinger. Einige der dabei anwesenden Personen sagten, als er am nächsten Tag zurückkam, sei er ein anderer Mensch gewesen. Ein Theologe meinte: „Ein junger, freundlicher und kommunikativer Gelehrter verwandelte sich in sein Gegenteil und wurde überaus dogmatisch. Natürlich wollten ihn manche Leute noch immer als ein Bild der Liebenswürdigkeit sehen, denn er schien ein Mensch zu sein, der sich anderen wirklich öffnet, wenn er den Eindruck hat, dass diese auf derselben Wellenlänge sind wie er, der aber mit einer größeren charakterlichen Bandbreite nicht so gut zurechtkommt.“[10] Beobachter sahen „eine Charakterveränderung. Die frühere Offenheit wurde durch Schwermut und Intoleranz ersetzt.“[11] Ein ehemaliger Student Ratzingers in Tübingen namens Wolfgang Beinert sagte dem *Time Magazin* 1993, die Ereignisse des Jahres 1968 hätten „eine außerordentlich starke Wirkung“ auf Ratzinger gehabt.[12] Vorher war er „sehr offen und zutiefst bereit, Neues in sich aufzunehmen. Doch plötzlich sah er, dass dieses Neue mit Zerstörung der Ordnung, die zuvor geherrscht hatte, verbunden war. Er konnte das einfach nicht länger ertragen.“[13] Es war zu viel für ihn.

Doch sollten wir nicht die bereits angesprochene Geschichte von dem Bibelstudenten vergessen, der die Petrus-Anekdote erzählte und von Ratzinger dafür einen stählernen Blick erntete. Das mag ein Vorzeichen einer anderen Persönlichkeit gewesen sein, die sich bedroht fühlte und schon vor den Studentenaufständen von 1968 in ihm lauerte.

1969 verließ Ratzinger Tübingen und trat der Fakultät der Universität Regensburg bei, die in seinem heimatlichen Bundesland Bayern gerade aufgebaut wurde. Die Schule in Regensburg entstand gerade erst, weshalb Ratzingers Entscheidung recht dramatischer Natur war, oder wie Allen es ausdrückte: „Es war, als wenn der Chefredakteur der *New York Times* auf dem Höhepunkt seiner Karriere den Abschied nehmen würde, um in Albanien eine kleine Zeitung aufzubauen.“ Eine Reihe von Ratzingers Studenten waren über seine offensichtliche Furcht und seinen Perspektivwechsel bestürzt und brachen ihre Studien bei ihm ab, um sie bei Hans Küng oder Johann Metz weiterzuführen (die beide später von Ratzinger angegriffen wurden, nachdem dieser zum Obersten Inquisitor geworden war). Ratzingers eigene Worte über seine Erfahrungen in Tübingen erzählen uns von seinen Ängsten, wenn er sagt, sie hätten ihn „eine Instrumentalisierung von Ideologien“ gelehrt, „die tyrannisch, brutal und grausam war. Diese Erfahrung machte mir klar, dass man einem Missbrauch des Glaubens Widerstand leisten muss, gerade dann, wenn man den Willen des Konzils aufrechterhalten will ... Ich sah, wie in brutaler Form ech-

---

10) Zitiert in Shortt, *A Layman's Guide*
11) Ebenda
12) Allen, *Pope Benedict XVI*
13) Ebenda

te Tyrannei ausgeübt wurde … Jeder, der in diesem Zusammenhang fortschrittlich bleiben wollte, musste seine Rechtschaffenheit aufgeben."[14]

Warum konnte Ratzinger so schlecht mit dem Chaos umgehen? Warum fürchtete er die Vorgänge an der Universität so sehr? Im Gegensatz dazu hat der französische Dominikaner M.D. Chenu, einer meiner Professoren, der beim Zweiten Vatikanischen Konzil eine bedeutsame Rolle innehatte und insbesondere an der Gestaltung der Pastoralkonstitution *Über die Kirche in der Welt von heute (Gaudium et Spes)* beteiligt war, die Ereignisse von 1968 mit einer ganz anderen Einstellung durchlebt als Ratzinger. Obwohl weitaus älter als Ratzinger, war er weit davon entfernt, sich von der Stilllegung der Pariser Universität durch die Studenten oder von den Aufständen in den Straßen gegen de Gaulles Bereitschaftspolizei Furcht einjagen zu lassen. Eines Tages kam Chenu in den Unterricht und führte uns in eine Diskussion über die kirchliche Renaissance des 12. Jahrhunderts. Er beendete den Unterricht mit den Worten: „Bisher haben wir über Geschichte diskutiert. Jetzt habt ihr die Chance, dazu beizutragen. Geht raus, nehmt an der Revolution teil und kommt nächste Woche nicht wieder. Kommt in zwei Wochen zurück und sagt mir dann, was ihr beigetragen habt." Zu diesem Zeitpunkt war Chenu 75 Jahre alt. Sein Pfad zur Theologie unterschied sich deutlich von dem Ratzingers.

War Ratzingers Pfad ein Weg des persönlichen Willens zur Macht? Jene Menschen, die ihn am besten kennen, scheinen dieser Ansicht zu sein. Hans Küng, auf dessen Einladung hin Ratzinger ursprünglich nach Tübingen gekommen war, sagt schlicht, „er hat seine Seele für Macht verkauft."[15] Ein ehemaliger Student von ihm – ein Amerikaner, der in den neunziger Jahren nach Rom ging, um Ratzinger dort zur Rede zu stellen, kam zum selben Schluss. „Alles dreht sich nur um sein Streben nach dem Purpur", berichtete er, nachdem er einige Stunden mit Ratzinger verbracht hatte.[16] Es heißt, Ratzinger habe in der kurzen Zeit, in der er Erzbischof von München war, „schwierige Beziehungen zu den Priestern in seiner Erzdiözese" gehabt. Man empfand ihn dort als sehr schlechten Zuhörer. Drei Jahre, nachdem er die Leiter zu seinem Posten in Rom hinaufgestiegen war, schrieben diese Priester, dass sich „jene, die sich wie Ratzinger auf derart triumphierende Weise über alles erheben … als Gesprächspartner selbst disqualifizieren."[17] Allen drückt es folgendermaßen aus: „Nachdem Ratzinger eine zunehmend konservative Haltung eingenommen hatte, wurde er mit einem größeren Zugang zu Macht und Privilegien belohnt, was 1997 in seiner Ernennung zum Erzbischof von München kumulierte. Ratzingers veränderte Einstellung befand sich mit Gewissheit in Übereinstimmung mit dem politischen Wind in der deutschen Bischofskonferenz während der siebziger Jahre – einer Zeit, in welcher der stramm konservative Kölner Kardinal Joseph

---

14) Ebenda
15) Ebenda
16) persönlicher Briefwechsel
17) Allen, *Pope Benedict XVI*

Höffner den gemäßigten, aber alternden Kardinal Julius Döpfner überstrahlte, der damals Erzbischof von München war. Ebenso unumstritten ist, dass Ratzingers revidierte Einstellung zur Kollegialität, zum theologischen Status der Bischofskonferenz, zur Rolle der Glaubenskongregation und zur Entwicklung der Tradition nach seiner Berufung nach Rom allesamt deutlich seiner Karriere zugute gekommen sind."[18] Allen nimmt dann beträchtliche Mühen in Kauf, um darzustellen, wie sich Ratzingers Haltung in all diesen Bereichen einschließlich des Gottesdienstes und des Ökumenismus verändert hatte – eine offenkundige Wende um 180 Grad.

Das Konzil hatte zu einem horizontaleren Katholizismus aufgerufen, in dem die Bischöfe und ihre Konferenzen eine wichtige Rolle dabei spielten, die Macht des Papstes auszugleichen, die vom Ersten Vatikanischen Konzil (1869-1870) noch betont worden war. Die Dogmatische Konstitution über die Kirche (*Lumen Gentium*) versuchte, das Erste Vatikanische Konzil und das Dogma der Unfehlbarkeit des Papstes durch die Bischöfe und die Kollegialität auszubalancieren. Aber Ratzinger II wies ab, was Ratzinger I noch bestätigt hatte. Ratzinger I bezeichnete die Bischofskonferenzen als „das beste Mittel einer konkreten Pluralität in Einheit."[19] Ratzinger II sagte: „Die Wahrheit erlangt man nicht durch Stimmenmehrheit"[20] und fuhr fort, zugunsten von allem, was Rom wie immer und wann immer zu sagen hat, überall auf der Welt Bischofskonferenzen auszugrenzen und unschädlich zu machen. Allen stellt fest, dass „die meisten Reformen, die er 1968 vorangetrieben hatte, während seiner zwanzigjährigen Amtszeit [als Präfekt der Kongregation für die Glaubenslehre] gänzlich von ihm ignoriert worden sind."[21]

Die schizophrene Veränderung vom alten zum neuen Ratzinger zeigt sich auch bei seinen Studenten. In Bonn und Münster bildete er von 1959 bis 1966 „Theologen aus, die reformfreudig und an der Erweiterung der Grenzen theologischer Nachforschung interessiert waren; nach 1969 brachte er in Regensburg Theologen hervor, die eine orthodoxe Strenggläubigkeit, Unterwürfigkeit und die Bewahrung der Grenzen zwischen Kirche und Welt betonen."[22]

Heute, mehrere Jahrzehnte nach dem Zweiten Vatikanischen Konzil, bedient sich Ratzinger als Papst Benedikt XVI. in seiner Erinnerung daran oft der Verleugnung und widerspricht sogar dem, was er damals geschrieben hat. Ein Biograf bemerkte zu Ratzingers Memoiren *Aus meinem Leben*: „Sein Versuch, sein Denken als ein nahtloses Gewand darzustellen, ist möglicherweise der größte Akt des Schwindels in diesen Memoiren."[23] Sein Leugnen sind so umfassend, dass sie in dem so treffend

---

18) Ebenda
19) Ebenda
20) Ebenda
21) Ebenda
22) Ebenda
23) Shortt, *A Layman's Guide*

betitelten Buch *Papal Sin: Structures of Deceit*[24] von Garry Wills ein ganzes weiteres Kapitel füllen.

Um den Aufstieg Kardinal Ratzingers zur Berühmtheit nachvollziehen zu können, ist es wichtig, die deutsche katholische Kirche und ihre Unterschiede zu anderen europäischen Kirchen oder der Kirche in Nordamerika zu verstehen. Penny Lernoux stellt fest: „Zwar praktiziert nur eine Minderheit der deutschen Katholiken auch tatsächlich ihren Glauben, aber alle von ihnen sind gezwungen, als Teil ihrer Steuern einen religiösen Zehnten zu entrichten."[25] Als Ergebnis dessen verfügt die katholische Kirche in Deutschland über beachtliche finanzielle Ressourcen, die nur von der amerikanischen katholischen Kirche noch übertroffen werden. Doch weil die Kirchenhierarchie ihr Geld in Deutschland vom Staat erhält, hat sie es nur selten nötig, den Katholiken zuzuhören, die auf der Kirchenbank sitzen. Lernoux' Ansicht nach hilft das, „die Einstellung von Kardinal Joseph Ratzinger, dem Oberhaupt der Kongregation für die Glaubenslehre, und anderer deutscher Bischöfe zu erklären, für die Zahlen weniger wichtig sind als absoluter Gehorsam. Solange das Geld weiterhin fließt, können sie es sich leisten, die Statistiken zu ignorieren, die den Niedergang der Kirche zeigen."[26] Diese Situation unterscheidet sich deutlich von der in Frankreich, wo die Kirche nicht vom Staat unterstützt wird und in keinster Weise fett und faul ist. Die deutsche Kirche hingegen ist sehr gut betucht.

Eine andere Dimension des deutschen Katholizismus, die mir auffiel, als ich in den späten sechziger Jahren ein Semester lang in Münster studierte, war der große Unterschied zwischen der deutschen Theologie einerseits und dem, was in den Gemeinden gepredigt wurde andererseits. Für mein Empfinden waren die Predigten größtenteils ziemlich sentimental und realitätsfremd. Karl Rahner, Johannes Metz und die Bibelforschung schienen fast überhaupt nicht bis zur Kanzel vordringen zu können – ganz im Gegensatz zur französischen Kirche, wo selbst arme Gemeindepriester oft solide Kanzelreden hielten, die auf respektablen biblischen und theologischen Quellen beruhten. Dieser Unterschied zwischen Theologie und Gemeinde kann sich durchaus auch auf Ratzinger ausgewirkt haben, der ja so oft von den „kleinen Leuten" und dem „einfachen Gläubigen" spricht, dessen Glauben er nicht erschüttern möchte. So gab er in seiner Predigt vom 31. Dezember 1979 folgenden Grund für die Verurteilung der Theologie von Hans Küng an (der einmal sein Kollege gewesen war und ihn überhaupt erst an die Universität von Tübingen gebracht hatte): „Der gläubige Christ ist ein einfacher Mensch: Bischöfe sollten den Glauben dieser kleinen Leute vor der Macht der Intellektuellen beschützen."[27] Hier wird eine

---

24) Etwa: *Päpstliche Sünden: Strukturen der Irreführung* [A.d.Ü.]
25) Penny Lernoux, *People of God: The Struggle for World Catholizism* (Viking, New York 1989)
26) Ebenda
27) Allen, *Pope Benedict XVI*

zutiefst herablassende, wenn nicht sogar beleidigende Meinung über die Intelligenz von Laien enthüllt.

Doch die deutsche katholische Kirche unterscheidet sich noch auf andere Weise von ihrem amerikanischen Gegenstück. „Die Deutschen wissen, wie sie ihre finanziellen Muskeln Rom gegenüber spielen lassen können", zeigt Lernoux auf und sagt weiter, Geld sei „eine wesentliche Quelle der deutschen Macht in Rom."[28] Im Gegensatz dazu geben amerikanische Bischöfe dem Heiligen Stuhl jedes Jahr mehrere Millionen Dollar, „ohne eine Anrechnung zu erwarten oder einen gelegentlichen Gefallen dafür zu erbitten." Es war ein deutscher Kardinal, nämlich Höffner aus Köln – ein überaus konservativer Mann, der Ratzinger sehr nahe stand – der bis zu seinem Tod im Jahr 1987 die Finanzen des Vatikans überwachte. Die deutsche Kirche finanziert ihre eigenen Hilfsorganisationen, Adveniat und Misereor, die vor allem in Lateinamerika großen Einfluss haben. Dort leisteten sie heftigen Widerstand gegen die Befreiungstheologie und die Basisgemeinden. „Höffner und Ratzinger waren die schweren Geschütze in der deutschen Hierarchie"[29], und sie schlossen sich zusammen, um Theologen wie Hans Küng oder Johann Baptist Metz zu verurteilen, dessen Berufung in den Lehrstuhl für Theologie der Münchner Universität von ihnen verhindert wurde. Sie verfolgten auch den Jesuiten Karl Rahner, der seine beiden Bruder-Theologen verteidigte und als einer der größten katholischen Denker des 20. Jahrhunderts gilt.

Kardinal Höffner verbündete sich auch mit dem Weißen Haus unter Ronald Reagan, um sowohl brasilianische als auch amerikanische Bischöfe anzugreifen, als diese in einem Hirtenbrief zum Thema nukleare Kriegsführung die Aufrüstung der Reagan-Administration in Frage stellten. 1982 schrieb Höffner an den Vorsitzenden der nationalen Bischofskonferenz und unterstellte den amerikanischen Bischöfen, sich an die Russen verkauft zu haben. Bei einer von Ratzinger organisierten Versammlung in Rom nahmen die katholischen Bischöfe dies schweigend hin, und „die katholische Führung eines der machtvollsten Länder der Welt beugte sich der deutsch-polnischen Außenpolitik."[30]

Zwischenzeitlich griff Höffner auch die brasilianische Kirche an. Er reiste nach São Paulo, um gegen die theologische Fakultät zu ermitteln, an der die meisten brasilianischen Seminaristen ausgebildet wurden. Nach seiner Rückkehr nach Europa schrieb er eine „heftige Verurteilung der theologischen Fakultät."[31] Die brasilianischen Bischöfe hielten zusammen. 1986 trafen sie sich mit dem Papst und erreichten, dass die Angriffe auf ihre Theologen wieder ausgesetzt wurden – zumindest für eine Weile. „Den brasilianischen Bischöfen gelang es besser, ihre Überzeugungen

---

28) Lernoux, *People of God*
29) Ebenda
30) Ebenda
31) Ebenda

zu verteidigen – sei es, weil sie die Gepflogenheiten des Vatikans besser kannten oder weil sie mutiger waren."[32]

Die konservativen Mitglieder der deutschen Kirchenhierarchie waren bereits lange vom Denken des Papstes beeinflusst, bevor dieser Papst wurde. Johannes Pauls Einstellung zum Kommunismus wurde von den deutschen Bischöfen genährt, die schon vor Kardinal Karol Wojtylas Aufstieg vehement gegen die „sozialistischen" Tendenzen einiger südamerikanischer Kirchen waren. Die Deutschen zogen Regierungen vor, die dem rechten Flügel angehörten sowie eindeutig antikommunistisch und pro-kapitalistisch waren, auch wenn solche Regierungen immer wieder die katholischen Kirchen vor Ort verfolgten. Da sie nicht verstehen konnten, dass der Kapitalismus in Deutschland einen ganz anderen Lebensstil hervorgebracht hatte als in Südamerika, waren sie entsetzt, als einige südamerikanische Bischöfe – vor allem aus den peruanischen und brasilianischen Hierarchien – die Gier und Unersättlichkeit des ausländischen Kapitalismus bloßstellten. Man gab der Befreiungstheologie und den christlichen Basisgemeinden die Schuld für diesen Radikalismus, obwohl die Gemeinden nichts anderes taten, als dieselben Grundrechte anzustreben, die in Deutschland als selbstverständlich galten. Das deutsch-polnische Bündnis im Vatikan interpretierte die Proteste gegen rechte Regime und ihre ausländischen, multinationalen Verbündeten als Beweis für marxistische Tendenzen in den Kirchen.

Auch das arbeitete Washington in die Hände. Rom und Washington waren bezüglich ihres Widerstands gegen die Befreiungstheologie Südamerikas auf derselben Seite. Im Juni 1982 traf sich Ronald Reagan in Rom mit Papst Johannes Paul II. Ihre Diskussion drehte sich im Wesentlichen um Polen und Osteuropa. Zehn Jahre später schrieb Carl Bernstein für das *Times Magazin* eine Titelgeschichte mit der kühnen Schlagzeile: „Heilige Allianz: Wie sich Reagan und der Papst verschworen haben, um Polens Solidaritätsbewegung zu fördern und den Niedergang des Kommunismus zu beschleunigen."[33] Vor dieser Begegnung im Jahr 1982 trafen sich Berater von Reagan in Santa Fe, um eine dringende Frage zu diskutieren: Was sollte man gegen die Befreiungstheologie in Südamerika tun? Sie produzierten ein Papier, das als das Santa-Fe-Dokument bekannt wurde und erklärten darin: „Die amerikanische Außenpolitik muss mit Gegenangriffen (und nicht nur Reaktionen) auf die Befreiungstheologie beginnen."[34] Sie begriffen auch, dass sie die Basisgemeinden nicht einfach eliminieren konnten, weil diese zu stark waren, zu viel Unterstützung

---

32) Ebenda

33) Carl Bernstein, *The Holy Alliance* in *Times Magazine* vom 25. Februar 1992. Bernstein schrieb: „Die Spieler in den Schlüsselpositionen der Regierung waren allesamt fromme Angehörige der römisch-katholischen Kirche – der CIA-Chef William Casey, Allen, Clark, Haig, Walters und William Wilson, Reagans erster Botschafter im Vatikan. Sie betrachteten die Beziehung zwischen den Vereinigten Staaten und dem Vatikan als eine heilige Allianz ... eine Verbindung der Lehren ihrer Kirche mit ihrem heftigen Antikommunismus ..."

34) Leonardo Boff und Clodovis Boff, *Wie treibt man Theologie der Befreiung?* (Patmos 1990)

von den Bischöfen erfuhren und zu sehr von den vielen Fällen von Märtyrertum inspiriert wurden, die sich im Zuge des Kampfes für soziale Gerechtigkeit ereignet hatten. Doch was sie tun konnten war, die Kirche zu spalten.

Die Ereignisse im Iran und in Nicaragua überzeugte die Reagan-Administration davon, wie wichtig es war, den religiösen Faktor nicht außer Acht zu lassen. Ein Gegenangriff des Institute for Religion and Democracy (IRD) auf die Befreiungstheologie wurde arrangiert. Der bald darauf folgende Angriff Ratzingers auf die Befreiungstheologen war höchstwahrscheinlich eine Gegenleistung für die Unterstützung, welche die CIA der polnischen Solidaritätsbewegung zukommen ließ. Die Lehren des Zweiten Vatikanischen Konzils hatten die lateinamerikanischen Katholiken dazu veranlasst, sich im Kampf für Gerechtigkeit zu engagieren, und die Kirche war in Lateinamerika die stärkste Institution mit der höchsten Glaubwürdigkeit. Lernoux sagt: „Die Saat der Volksdemokratie verbreitete sich immer weiter – egal, wie viele Priester und Nonnen ermordet oder wie oft die Bischöfe bedroht wurden. Nur Rom konnte Einfluss auf eine katholische Rebellion haben, weshalb es Kardinal Ratzinger zufiel, mit der Hauptquelle des Problems fertig zu werden – den lateinamerikanischen Theologen."[35]

Auch bezüglich der Philippinen waren sich Reagan und der Papst einig. Sowohl Rom als auch Washington unterstützen die Marcos-Diktatur bis zum bitteren Ende – obwohl es Priester, Nonnen und Befreiungstheologen waren, die auf den Philippinen jene gewaltlosen Proteste förderten, welche die verhasste Diktatur von Ferdinand Marcos schließlich zu Fall brachten. Ronald Reagan und Papst Johannes Paul II. hatten vieles gemeinsam. Beide waren überaus sture Männer, und beide „offenbarten eine beschränkte Sichtweise der verschiedenen Kulturen und der Geschichte der Welt."[36] Johannes Pauls politische Vision „steckte im Kalten Krieg der fünfziger Jahre fest", und das war auch die Zeit, in der Reagans Politik geprägt worden war. „Keiner der beiden Männer konnte die nationalistischen Sehnsüchte der Dritten Welt verstehen, die unweigerlich marxistischen Einflüssen zugeschrieben wurden." Beide waren „geschickte Darsteller", Schauspieler oder Schauspieleraspiranten, die Menschenmengen und Fernsehkameras zu ihrem Vorteil zu nutzen wussten.

Penny Lernoux sagte in einem persönlichen Gespräch zu mir, die „deutsche Mafia" würde im Vatikan die Entscheidungen treffen, und der damalige Kardinal Ratzin-

---

35) Lernoux, *People of God*

36) Ebenda. In einem persönlichen Gespräch erzählte mir Lernoux bei unserer letzten Begegnung (sie starb 1989 ein halbes Jahr später an Krebs) eine weitere, sehr erschreckende Geschichte. Sie sagte zu mir, dass sie gerade an einem Artikel über den Kardinal von Kolumbien und seine Verbindung mit den dortigen Drogenkartellen geschrieben habe, als sie einen Anruf vom Sekretär des Kardinals erhielt. Man erklärte ihr: „Wir wissen, wann Ihre Tochter zur Schule geht und auch, wann sie wieder nach Hause kommt." Daraufhin packten Penny und ihr Mann ihre Sachen und verließen mit ihrer Tochter Kolumbien, nachdem sie zwanzig Jahre lang in Südamerika gelebt hatten. Der Name des Kardinals war Alfonso Lopez Trujillo. 1990 wurde er zum Präsidenten des Päpstlichen Rats für die Familie im Vatikan erhoben.

ger sei deren „Frontmann". Ratzinger loszuwerden würde daran jedoch nichts ändern, meinte sie. Dann zeigte sie auf einen benachbarten Tisch des Hotelrestaurants
in Oakland, in dem wir uns getroffen hatten. „Sehen Sie diese drei Männer dort?
Die gehören zum CIA", sagte sie. „Die und Leute wie sie folgen mir, wohin ich auch
gehe. Aber sie sind so dumm – ich kann sie abhängen, wann immer ich will. Irgendwie ist es beleidigend, dass sie mich von so dummen Männern verfolgen lassen", bemerkte sie mit einem Lachen.

Menschen, die Joseph Ratzinger über einen längeren Zeitraum hinweg kannten,
sagen, dass sich sein Leben 1968 für immer verändert habe. Bezüglich seiner Ernennung zum Präfekten der Kongregation für die Glaubenslehre durch Papst Johannes Paul II. merkte ein ehemaliger Kollege Ratzingers an: „Dieser polnische
Papst beschloss, sich bei der Interpretation modernen Denkens in hohem Maße
auf einen wohlbekannten deutschen Theologen zu verlassen, der dies für ihn tat. Er
traf diese Wahl jedoch zu einem Zeitpunkt, an dem sich Ratzinger weitgehend aus
dem modernen Denken zurückgezogen hatte."[37] Er hatte sich jedoch nicht nur zum
„Rückzug" daraus entschieden, sondern es zu bekriegen beschlossen. Und der größte
dieser Kriege, die er unbedingt zu initiieren beabsichtigte, war der gegen die Befreiungstheologie in Lateinamerika.

Außer den Ereignissen im Jahr 1968, die wir bereits betrachtet haben, gab es in diesem Jahr noch eine weitere bedeutsame Versammlung, die im kolumbianischen Medellín stattfand. Die lateinamerikanischen Bischöfe kamen dort zusammen, um die
Bewegung der Befreiungstheologie zu erörtern und ihr ihren Segen zu geben. Ratzinger „muss Medellín wie ein weiterer Effekt der großen Welle des Linksradikalis-
mus erschienen sein, der die Welt in diesem Jahr im Griff hatte."[38] Seine Einwände
gegen diese Volksbewegung, die als Antwort auf die Armut und die jahrhunderte-
lange Unterdrückung in Lateinamerika entstanden war, gingen weit zurück: „Seine Bestrebungen zur Zerschlagung der Bewegung der Befreiungstheologie waren
keine Vorgehensweise, die er erst nach der Übernahme seines Amtes festgelegt hat,
sondern etwas, das er bereits erreichen wollte, als er in das Amt eintrat."[39]
    1984 attackierte Ratzinger die Befreiungstheologie in einer Zeitschrift, die von
der Bewegung *Gemeinschaft und Befreiung* publiziert wurde (die wir später noch näher betrachten werden). Der Fakt, dass er diese Gruppe wählte, um seinen Krieg gegen die Befreiungstheologie zu führen, ist bereits für sich sehr vielsagend und zeigt,
wie sehr er *Gemeinschaft und Befreiung* zustimmt. (Es war auch eine der Gruppen,
vor denen er sprach, als er sich nach dem Tod von Johannes Paul II. um dessen Job

---

37) Zitiert in Allen, *Pope Benedict XVI*
38) Ebenda
39) Ebenda

bewarb. Das Kirchengesetz verbietet die Führung eines derartigen Wahlkampfes, aber das hat ihn nicht davon abgehalten, es doch zu tun.)

Ratzinger bezeichnet die Befreiungstheologie als eine neue Form der Ketzerei. „Die Abhandlung lief auf eine formelle Kriegserklärung Ratzingers hinaus, denn nun war seine Einschätzung klar – die Befreiungstheologie ist nicht nur gefährlich oder unorthodox, sondern ketzerisch … Er warnte davor, dass das ‚Volk Gottes' im Befreiungsdenken gegen die ‚Hierarchie' sei und somit einen Klassenkampf innerhalb der Kirche auslöse."[40] Er benutzte die Befreiungstheologie als Gegenpart zu seiner eigenen Agenda: die Kirche und den Vatikan als einzigen Lehrer des Glaubens voranzubringen. Und das tut er noch immer. Er nennt die Befreiungstheologie „eine Perversion der christlichen Botschaft, wie sie Gott Seiner Kirche anvertraut hat."

Eine Flutwelle an Reaktionen folgte. „Viele katholische Führer überall auf der Welt reagierten mit Zorn. Der englische Dominikaner-Theologe Nicholas Lash sagte, Ratzinger habe ‚ein System erfunden, das gar nicht existiert.'"[41] Der niederländische Pater Edward Schillebeeckx bemerkte: „Die Diktatoren Lateinamerikas werden das mit Freude hören, denn es dient ihren Zwecken."[42] Im Umfeld dieser Ereignisse hatte Pater Leonardo Boff nur wenige Tage später seine Begegnung mit Ratzinger im Hauptquartier des ehemaligen Heiligen Offiziums der Inquisition (mehr dazu im nächsten Kapitel).

Zwar unterstützten viele lateinamerikanische Bischöfe und Kardinäle damals die Befreiungstheologie, doch im Laufe der Zeit ernannte Ratzinger eine Hierarchie, die sie mit Zähnen und Klauen bekämpfte. Der den Franziskanern angehörende Kardinal Juan Landazuri unterstützte die Befreiungstheologie in Peru, aber 1989 ernannte Ratzinger den Jesuiten Vargas Alzamora, der enge Verbindungen zu Opus Dei hatte, zum Erzbischof von Lima. Das war ein Teil der Gesamtstrategie, die wir bereits betrachtet haben. Solange der Vatikan die Hierarchie bestimmt, kann er jede Bewegung überdauern, indem er sie als verdächtig bezeichnet und dafür sorgt, dass dieses Misstrauen so lange bestehen bleibt, bis die Sponsoren der Bewegung abspringen. Dann schreitet er selbst ein und ernennt dem Vatikan genehme Kirchenführer. „Dieser Übergang zeigt, dass es so lange, wie die Ernennung von Bischöfen ausschließlich durch Amtsträger des Vatikans erfolgt, keine Niederlage gibt, die man dort nicht schlussendlich in ihr Gegenteil wenden könnte."[43]

Dasselbe gilt für die Angriffe des Vatikans auf Theologen. Indem man deren Bücher zensiert, zur Hysterie gegen sie aufpeitscht und sie so dazu zwingt, ihre Zeit damit zu verbringen, sich gegen ungerechte Angriffe und ignorante Angreifer zu

---

40) Ebenda
41) Ebenda
42) Zitiert in ebenda
43) Ebenda

verteidigen, sorgt man dafür, dass die betroffenen Theologen weder Zeit noch Konzentration für Studien, Recherchen und das Schreiben haben. Allen bemerkt: „Als sich die soziale Wirklichkeit in Lateinamerika veränderte, hätten sich die Liberationisten dem kreativen Denken widmen müssen, doch stattdessen wurde ihre Zeit größtenteils davon beansprucht, sich gegen Ratzingers Untersuchungen zu verteidigen oder mit Hilfe von Selbstzensur eine neue Serie von Ermittlungen gegen sie abzuwenden."[44]

Manche Theologen ziehen sich aus der Öffentlichkeit zurück oder kauern sich an sittsam-stillen Orten zusammen, während Zeit und Kultur an ihnen vorübergehen. Einige haben unter dem Druck durch Herzanfälle den Tod gefunden, und einige sind buchstäblich an Depression gestorben. Die Theologie ist immer weniger ein Dialog mit der Kultur, sondern wird immer mehr zu einem innerhalb der Begrenzungen der Kirche ausgetragenen Streit. Auf diese Weise stirbt die Theologie, um durch Ideologie ersetzt zu werden. Nicht nur der Ruf der Theologen wird so beschmutzt, sondern die Aufgabe der Theologie selbst erhält einen sauren Beigeschmack, weil sie zunehmend an Relevanz verliert. Dann kommt nur noch in die Medien, was die Kirchenhierarchie als ihre religiöse Agenda betrachtet. Theologen wie auch die Theologie selbst schwinden dahin. Schließlich sterben beide.

Wie bedeutsam waren Ratzingers Angriffe auf die Befreiungstheologie? „Schlussendlich verfügte nur er sowohl über die Macht als auch die Überzeugung, die nötig waren, um die Bewegung zum Stillstand zu bringen", bemerkt Allen.[45] Bis 1980 waren in Lateinamerika mehr als 800 Priester und Nonnen zu Märtyrern geworden, doch anstatt sich von der Tapferkeit dieser prophetischen Zeugen zu Mut und Inspiration anregen zu lassen, verfolgten Ratzinger und die von ihm präferierten, dem rechten Flügel angehörenden Gruppierungen in Lateinamerika genau die Werte der sozialen und wirtschaftlichen Gerechtigkeit, die von den Christen vor Ort buchstäblich bis aufs Blut verteidigt worden waren. Allen räumt ein: „Der Kern von Ratzingers Erbe ist sein Kampf gegen die Befreiungstheologie."[46] Der Schlüssel zu Ratzingers Einstellung gegen die Befreiungstheologie war sein Versuch, sie mit dem staatlichen Terror in Osteuropa in Verbindung zu bringen – wofür er sich ganz schön strecken musste, weil die Befreiungstheologie dem Armutserleben Lateinamerikas und nicht der osteuropäischen Sowjet-Ideologie entsprang. Außerdem bezieht sie sich auf die prophetische Tradition der hebräischen Bibel und auf die Lehren Jesu in den Evangelien.

Ratzinger schrieb 1984, Millionen von Menschen hinter dem Eisernen Vorhang hätten ihre „Grundfreiheiten wegen totalitärer und atheistischer Regime verloren, die im Namen der Befreiung dieser Völker mit Hilfe gewalttätiger und revolutio-

---

44) Ebenda
45) Ebenda
46) Ebenda

närer Mittel an die Macht gekommen sind."[47] Dann überträgt er das auf die Basisgemeinden in Lateinamerika – was in der Tat ein großer Sprung ist – indem er fortfährt: „Jene, die sich vielleicht unbeabsichtigterweise zu Komplizen einer ähnlichen Verknechtung machen, verraten die Armen, denen sie helfen wollen." Es ist schwer, dieser Logik zu folgen – es sei denn natürlich, Ratzinger habe hier seine Seele entblößt und uns gezeigt, was ihm 1968 während der Studentenbewegung an seiner Universität widerfahren war und welche Knöpfe der Angst vor dem Chaos dadurch bei ihm gedrückt wurden. Tatsächlich hat Ratzinger den Begründern der Befreiungstheologie nie Anerkennung für ihre Leistungen gezollt, was seiner herablassenden Haltung Lateinamerika gegenüber entspricht. Er glaubt, selbst die Befreiungstheologie sei nicht in Lateinamerika entstanden, sondern habe ihren Ursprung in Deutschland bei Theologen wie Johann Metz gehabt. Kolonialdenken? Ein lateinamerikanischer Bischof beschwerte sich Jahre später, der Vatikan könne „nicht akzeptieren, dass aus der Dritten Welt irgendetwas Neues oder Einfallsreiches kommen könnte."[48]

Tatsächlich hat die Befreiungstheologie ihre ursprüngliche Inspiration vom Zweiten Vatikanischen Konzil erhalten, das darauf beharrte, mit der pastoralen Konstitution über die Kirche in der modernen Welt (zu der Pater M.D. Chenu mehr als jeder andere einzelne Theologe beigetragen hat) zum Kampf für soziale Gerechtigkeit beizutragen. Ihre eigentliche Geburtsstunde aber hatte sie 1968 während der Versammlung der lateinamerikanischen Bischöfe im kolumbianischen Medellín, auf der diese eine „bevorzugte Option für die Armen" durch die Kirche in Lateinamerika befürworteten.[49] Einer der bei dieser Konferenz anwesenden theologischen Berater war Gustavo Gutiérrez (der in Paris bei Chenu studiert hatte); in seinem 1971 veröffentlichten Buch *Theologie der Befreiung* wurde dieser Begriff, der unter Ratzinger und Papst Johannes Paul II. in Rom so in Verruf geraten sollte, erstmals verwendet.

Oscar Romero, der Erzbischof von San Salvador in El Salvador, war dem Vatikan ein ganz besonderer Dorn im Auge, denn er bezog klar für die Armen in seinem Land Position. Im Januar 1979 exkommunizierte er den Präsidenten von El Salvador, weil dieser die Ermordung von Priestern und Laien nicht beendet hatte. In Rom nannte man Romero einen „subversiven Marxisten". Romero schreibt in seinem Tagebuch, tatsächlich sei es darum gegangen, dass die Priester sich bemühten, einem „auf die Bedürfnisse Lateinamerikas durch Medellín und Puebla umge-

---

47) Ebenda
48) Ebenda
49) Nelson Rockefeller, Vizepräsident der USA, informierte Richard Nixon, den damaligen Präsidenten der Vereinigten Staaten, kurz nach der Konferenz von Medellín über deren Ergebnisse und fasste seine Schlussfolgerungen im sogenannten Rockefeller-Bericht wie folgt zusammen: „Wenn die lateinamerikanische Kirche die Vereinbarungen von Medellín verwirklicht, sind die Interessen der USA in Gefahr." [A.d.Ü.]

legten" Zweiten Vatikanischen Konzil treu zu bleiben. (In Puebla fand eine weitere Versammlung lateinamerikanischer Bischöfe statt, auf der man sich ebenfalls für eine „bevorzugte Option für die Armen" aussprach.) Man hatte in Rom bereits vor, ihm das Amt des Erzbischofs zu entziehen, doch die Armee kam dem Vatikan zuvor, denn Romero wurde am 24. März 1979 von rechten militärischen Handlangern in einer Kirche in der Innenstadt von San Salvador niedergeschossen, als er dort die Messe zelebrierte. Bis zum heutigen Tag hat Rom sich nicht die Mühe gemacht, ihn heiligzusprechen, obwohl die katholische Theologie lehrt, dass jeder Märtyrer für den Glauben ein Heiliger ist. Stattdessen drängen Ratzinger und andere auf die Heiligsprechung von extrem rechten Fanatikern wie Josemaría Escrivá, dem Begründer von Opus Dei, dem wir später noch begegnen werden.

Im Jahr 1981 tat Johannes Paul II. etwas ziemlich Ungewöhnliches: Er griff in die Verfassung des Jesuitenordens ein, um ihm seine Führung aufzuzwingen. Der Papst war mit der Leitung von Pater Pedro Arrupe nicht einverstanden, weil dieser die Jesuiten dazu ermutigte, die Befreiungstheologie und die Basisgemeinden anzunehmen. Als Arrupe im Jahr 1981 einen Schlaganfall erlitt, setzte der Papst seinen eigenen Mann als Ordensleiter ein und verbot den Jesuiten für zwei Jahre, einen eigenen Führer zu wählen.

1984 griff Ratzinger die Befreiungstheologie in einem Artikel an, den er in *30 Giorni*, einer Zeitschrift von *Gemeinschaft und Befreiung* veröffentlichte. Darin beklagte er sich darüber, dass die Befreiungstheologie „nicht in die allgemein anerkannten Kategorien der Ketzerei passt, weil sie die bereits bestehende Sprache nutzt, ihr aber eine neue Bedeutung gibt."[50] Im März entsandte Ratzinger eine Delegation aus seinem Inquisitionsbüro im kolumbianischen Bogotá, die auf eine Verurteilung der Befreiungstheologie durch die lateinamerikanische Bischofskonferenz CELAM drängte. Aber am 16. März schrieb der altehrwürdige deutsche Theologe Karl Rahner zwei Wochen vor seinem Tod als wahrscheinlich letzte öffentliche Handlung einen Brief an Kardinal Landazuri von Lima, in dem er die Befreiungstheologie unterstützte. Er sagte darin: „Die von ihm [Gustavo Gutiérrez] repräsentierte Theologie der Befreiung ist vollkommen orthodox. Eine Verurteilung von Gustavo Gutiérrez hätte meiner vollsten Überzeugung nach sehr negative Folgen für das Klima, welches die Voraussetzung für eine Theologie im Dienste der Evangelisierung ist."[51] Dieser Brief wurde vielen Bischöfen bekannt und trug so dazu bei, eine Zensur der Befreiungstheologie zu verhindern. Diese Runde hatte Ratzinger verloren.
Am 15. Mai 1984 wandte sich Ratzinger gegen Leonardo Boff in Brasilien und seine Schriften über die Befreiungstheologie, die, wie er behauptete, ein „erbarmungsloser und radikaler Anschlag" auf die Kirche (sprich: die Hierarchie) seien,

50) Ebenda
51) Zitiert in ebenda.

weil sie die „Kirche des Volkes" betone (diese aus dem Zweiten Vatikanischen Konzil aufgegriffene Formulierung hob das Verständnis der Kirche als „Volk Gottes" im Gegensatz zu einem rein hierarchischen Verständnis hervor). In den letzten Augusttagen griff Ratzinger erneut mit einer „Unterweisung in bestimmte Aspekte der Befreiungstheologie" an. Darin warnte er, dass daraus „neue Miserien und neue Arten der Sklaverei" resultieren würden und erklärte, dass „dieses System eine Perversion der christlichen Botschaft ist, wie Gott sie Seiner Kirche anvertraut hat."

Ein Befreiungstheologe, der Jesuit Juan Luis Segundo in Uruguay, antwortete, tatsächlich verneine Ratzinger damit jene Lehre des Zweiten Vatikanischen Konzils, die besagt, dass Gottes Gnade weltumfassend ist und wir uns mit anderen im Dienste der sozialen Befreiung zusammenschließen müssen. Beim hier zur Diskussion stehenden Problem handele es sich um das Kirchenverständnis und nicht um den Marxismus, wie er bemerkte.[52]

Im September traf sich Ratzinger mit Bischöfen aus Peru, die gerade in Rom zusammengekommen waren. Er hatte vor, sie zu einer Verurteilung von Gutiérrez zu überreden, aber stattdessen sprachen die Bischöfe diesem ihre Unterstützung aus und brachten in einem Dokument vom 26. November ihre Wertschätzung für die „spirituelle Vertiefung" zum Ausdruck, die mit der Befreiungstheologie in Bezug auf soziale Sünde, den Fakt des Klassenkampfes und die Notwendigkeit zur Schaffung einer umfassenderen Verteilungsgerechtigkeit einhergehe. Das Dokument strich heraus, dass die Befreiungstheologie „auf unserem Boden geboren" worden ist – was Ratzinger bestimmt nicht gefallen hat, denn wie wir bereits gesehen haben, glaubte er ja, sie sei in Deutschland entstanden.

1987 kam eine Gruppe zusammen, die sich die Konferenz der amerikanischen Armeen nannte, um die Befreiungstheologie zu diskutieren. Sie bestand aus Repräsentanten der Armeen von 15 westlichen Nationen, darunter auch der USA und El Salvador. Die Konferenz verurteilte die Befreiungstheologie und unterstellte ihren Führern, eifernde Marxisten zu sein und „die Ziele der kommunistischen Revolution" zu unterstützen. Auf der Liste dieser sogenannten „Hardcore-Marxisten" war auch der Jesuitenpater Ignacio Ellacuria, einer der sechs Jesuiten, die 1989 an der Universität von Zentralamerika gemeinsam mit ihrer Haushälterin ermordet werden sollten.

1988 zerstückelte der Vatikan die Diözese von São Paulo in Brasilien, die von Kardinal Arns, einem der größten Unterstützer Boffs, geleitet wurde. (Arns war ein Nationalheld, weil er sich fast alleine gegen die seit beinahe 14 Jahren herrschende Militärjunta Brasiliens gestellt hatte, aber sein Mut und sein Zeugnis gegen das Militärregime waren für den Vatikan nicht von Bedeutung.) Die Bischöfe, die als Leiter der vier neuen Diözesen ernannt wurden, waren keine Unterstützer der Befreiungstheologie, und Arns ließ man die Aufsicht über das reiche Zentrum von São Paulo. „Dieser Schritt signalisierte, dass die Unterstützer der Befreiungstheo-

---

52) Ebenda

logie nicht einmal auf den höchsten Ebenen davor gefeit waren, vom Vatikan unter Druck gesetzt zu werden."[53]

Im September tat Ratzinger etwas sehr Ungewöhnliches: Er brachte einen Bischof zum Schweigen, und zwar Bischof Pedro Casaldáliga von der Diözese São Felix im amazonischen Regenwald. Wir werden diesen mutigen und heiligen Mann sowie die „Sünden", für die er von Ratzinger verurteilt worden ist, später näher betrachten.

Es gibt viele naive Journalisten, die Ratzinger gerne als „großen Theologen" preisen. Meiner Meinung nach hat er jedoch in dem Augenblick, als er die Position des Obersten Inquisitors übernahm und von seinem Ehrgeiz und möglicherweise auch intellektuellen Neid getrieben seine Mitbrüder gnadenlos zu attackieren begann, jedes Recht verloren, sich als Theologe zu bezeichnen. Ratzinger hat sowohl Theologen als auch die Theologie selbst umgebracht. War Torquemada ein Theologe? Wie Ratzinger war auch er ein Polizist, der nicht als Theologe, sondern als Anti-Theologe in Erinnerung bleiben wird.

Allen spricht von der „Zerstörung der Befreiungstheologie" durch Ratzinger und auch von der „gemeinen Ader", die Ratzinger offenbart habe, als er Gutiérrez und Casaldáliga angriff, weil sie den Hungerstreik ihres Freundes Miguel D'Escoto unterstützen. Ich denke, dass Mobbing immer mit Scham und Aggression einhergeht – Themen, die typisch für eine kranke Männlichkeit sind.[54] Bei der Scham geht es darum, sich ausgeschlossen zu fühlen, und es ist durchaus möglich, dass Ratzinger in seinen jungen Jahren Scham empfand, als er im Seminar vom Sport mit seinen Kameraden ausgeschlossen war und vielleicht auch, während er im Nachkriegsdeutschland aufwuchs – einem Land, das von seiner eigenen Schuld und seiner Scham anderen Nationen gegenüber besessen war. Doch wer sich schämt, wird andere beschämen (und ausschließen), was oft unbewusst und daher überaggressiv geschieht. Wie wir bereits gesehen haben, suchen sich mobbende Tyrannen ihren eigenen kleinen Verein, zu dem sie gehören, in dem sie zu Hause sein und von dem sie sich umschlossen fühlen können. Um das zu erreichen, grenzen sie andere aus. Ratzinger scheint sich in seinen sektiererischen Clubs sehr zu Hause zu fühlen, sei es nun in der Glaubenskongregation oder in *Gemeinschaft und Befreiung*, wie wir später noch sehen werden. Dieser dunkle Tanz der Scham und Aggression und des tyrannischen Mobbings könnte viel zum Verständnis des Denkens der Kurie während der letzten zwei Pontifikate beitragen. Diese Menschen fühlten sich vom Zweiten Vatikanischen Konzil ausgeschlossen, also holten sie sich von Rachegefühlen erfüllt „ihre Kirche" zurück und erklärten alle „Außenseiter" zu Aussätzigen. Und sie bekommen ihre Rache.

---

53) Ebenda

54) Ich habe die Themen Scham und Aggression zwangsläufig in allen Einzelheiten in meinem Buch *Die verborgene Spiritualität des Mannes: Zehn Anregungen zum Erwecken der eigenen Männlichkeit* (Arun 2011) erörtert.

Zwar lebt etwa die Hälfte der einen Milliarde Katholiken auf der Welt in Lateinamerika, wo sich auch die beiden größten katholischen Länder der Welt befinden – nämlich Brasilien und Mexiko – doch die Angriffe auf die Befreiungstheologie haben dort jeden Versuch einer Vermittlung der biblischen Werte durch die Kirche zunichte gemacht. John Allen drückt es so aus: „Wenn man das Evangelium mit der Gesellschaft in Berührung bringt, sollte es sich anfühlen, als würde man ein Strom führendes Kabel in einen Teich werfen. Jede Ecke davon sollte den Schock spüren können. Dass der lateinamerikanische Katholizismus in den neunziger Jahren keine derartige Wirkung hatte, hat größtenteils Joseph Ratzinger zu verantworten."[55]

---

55) Allen, *Pope Benedict XVI*

Teil 2

Ratzingers erwählte Feinde

Die spanische Inquisition beschränkte sich zunächst auf das Land selbst und wur-
de dann in die spanischen Kolonien in der Neuen Welt exportiert – insbesondere
nach Chile und Mexiko. Die römische Inquisition wiederum beschränkte sich
größtenteils auf den Vatikanstaat oder auf das, was wir heute als Italien kennen.
Aber Kardinal Ratzingers Inquisition ist in der Tat weltumspannend – zum Teil
aufgrund der modernen Kommunikationsmittel, mit deren Hilfe unbekannte
Ankläger Rom in Rekordzeit per Fax oder E-Mail erreichen können. Außer der
Antarktis ist kein Kontinent von den Angriffen der Ketzerjäger aus Ratzingers Of-
fizium verschont geblieben. Viele dieser Ankläger sind während seiner langen
Amtszeit zum Bischof, Erzbischof und in Kardinalspositionen erhoben worden.
Die 99 Theologen, die gejagt, verurteilt, verhöhnt, oft bespuckt und ihres Lebens-
unterhalts beraubt wurden, stammen von allen Kontinenten.

Diesen Theologen und Aktivisten gebühren Ehre und Dank für ihren Mut und
ihre Hingabe beim Versuch, in unserer Zeit zu dienen – und nicht etwa Scham,
Ausschluss aus der Gemeinde, Angriffe, Verurteilungen und die ständige Ablen-
kung von ihrer überaus fordernden Arbeit. Ein Theologe bemerkte, es sei fast
schon „lächerlich", wie viel Zeit er damit verschwendet habe, seine Lehren bezüg-
lich belangloser Dinge wie der Masturbation oder dem Recht zur Verwendung
von Kondomen im Zeitalter von Aids zu verteidigen, während es überall viel ern-
stere Themen wie Krieg und Frieden, Armut und Überleben zu bearbeiten gilt.
Doch wie bereits erwähnt, könnte das durchaus zu der Strategie gehören, mit der
Theologen von ihrer eigentlichen Arbeit abgelenkt werden sollen – indem man
rechte Fanatiker zu wilden Attacken anstachelt und auf sie hetzt. Solche Attacken
haben Leben verkürzt, Theologen verarmen lassen (ein ehemaliger französischer
Dominikanerbruder von mir ist zuletzt gesehen worden, wie er in Paris Taxi fuhr,
um seinen Lebensunterhalt zu bestreiten) und sie buchstäblich auf der Straße lan-
den lassen.

Im Folgenden schildere ich die Geschichte einiger dieser Menschen, die angegrif-
fen, zum Schweigen gebracht, ausgegrenzt oder ihrer Arbeit als Theologen und oft
genug auch ihres Lebens, ihres Lebensunterhalts, und als Priester oder religiöse
Menschen ihrer Gemeinschaften beraubt worden sind. Man wird sehen, dass sie
aus allen möglichen Ländern kommen, weil die moderne Inquisition nicht regio-
nal, sondern global ist. Und nachdem Sie diese Geschichten gelesen und vom Mut
und von den Lehren dieser Opfer erfahren haben, werde ich Ihnen, lieber Leser,
die folgende Frage stellen: An wen wird sich die Geschichte als jemanden erinnern,
der nach dem Bilde Christi zu leben versucht hat – Kardinal Ratzinger mit all
der ihm zur Verfügung stehenden kirchlichen Macht, oder Pater Bernhard Hä-
ring? Kardinal Ratzinger oder Pater Leonardo Boff? Kardinal Ratzinger oder
Schwester Jane? Das soll die Geschichte entscheiden – und der Leser selbst.

III – Die Feinde des Inquisitors: Häring und Boff

Pater Bernhard Häring

Pater Bernhard Häring war ein Angehöriger des Redemptoristen-Ordens. Er ist als „größter Moraltheologe des 20. Jahrhunderts" bezeichnet worden, was für viele Menschen keineswegs eine Übertreibung darstellt. 1940 hat ihn die deutsche Armee als jungen Priester eingezogen und nach Frankreich in den medizinischen Dienst versetzt. Im Mai 1941 wurde seine Einheit nach Polen in die Nähe der russischen Grenze verlegt, wo er begann, Bibelunterricht für die katholischen und protestantischen Soldaten sowie für die polnischen Bürger durchzuführen. Deshalb wurde er von den Nazis auf brutalste Weise verhört. Gemeinsam mit einigen deutschen Soldaten befreite er eine Reihe von Juden und russischen Kriegsgefangenen. Schließlich wurde er von den Russen gefangengenommen, aber von einer Gruppe von Polen wieder befreit, die ihn zu ihrem Pastor machten.

Was hat er aus all dem gelernt? „Die im Namen des Gehorsams geschehenen teuflischen Handlungen christlicher deutscher Soldaten während des Kriegs sollten sich für immer auf Härings Denken als Moraltheologe auswirken. Er war entschlossen, nicht Gehorsamkeit, sondern Verantwortung zur Kernidee seiner Moraltheologie zu machen – den Mut, Verantwortung zu übernehmen, was wahrer Gehorsam ist."[1]

Pater Häring hat mehr als 3.000 Studenten in Theologie unterrichtet, darunter auch den amerikanischen Theologen Pater Charles Curran, der ebenfalls vom Vatikan zum Schweigen gebracht wurde. Es ist gesagt worden, dass „niemand mehr dafür getan hat, katholische Morallehren von einem starren Legalismus in Richtung einer Verwurzelung in Liebe und Mitgefühl zu bringen" als Pater Häring.[2] Er hat mehr als achtzig in unzählige Sprachen übersetzte Bücher und mehr als 1.000 wissenschaftliche Artikel geschrieben. Seine gesamte Arbeit galt dem Bestreben, moderne moralische Anliegen im Licht der Lehren der Evangelien zu betrachten. Obwohl er ein stiller Mann mit einem gelassenen Auftreten war, stand er klar und mutig zu seinen Ansichten.

---

1) Ruth Bertels *Father Bernard Haring – Part One* (http://www.takingfive.com/fatherbernardharing.htm)

2) Ebenda

Als die von Papst Paul VI. verfasste Enzyklika zur Empfängnisverhütung 1968 wie eine Bombe in der Welt einschlug, befand sich Häring gerade auf einer Vortragsreise in den Vereinigten Staaten. Er gab die folgende Stellungnahme dazu ab, die auf der Titelseite der *New York Times* veröffentlicht und weltweit nachgedruckt wurde: „Wer sich überzeugen lassen kann, dass das von ,Humanae Vitae' absolut ausgesprochene Verbot künstlicher Mittel der Empfängnisregelung die zutreffende Auslegung des göttlichen Gesetzes sei, muss sich ernst bemühen, dieser Überzeugung gemäß zu leben. Wer aber nach ernster Überlegung und Gebet überzeugt ist, dass in seinem Fall ein solches Verbot nicht der Wille Gottes sein könne, soll in innerem Frieden seinem Gewissen folgen und sich dabei nicht als Zweiter-Klasse-Katholik fühlen."[3]

Sechs Wochen, bevor er im Alter von 86 Jahren starb, bekundete er „Stolz und Freude" darüber, unter den allerersten gewesen zu sein, die das deutsche *Kirchenvolksbegehren* unterzeichnet hatten – ein Dokument, das unter anderem mehr Demokratie in der Kirche und die Zulassung von Frauen in das Priesteramt forderte. Der pensionierte Bischof von Innsbruck, Reinhold Stecher, sprach voller Liebe von Häring. „Sowohl Stecher als auch Häring sind leidenschaftliche Gegner blinden Gehorsams den Autoritäten gegenüber, denn sie haben in der Zeit des Nationalsozialismus die dunkle Seite gedankenloser Unterordnung unter eine Macht erlebt", erläutert Dr. Ingrid Shafer, eine Biografin von Häring. Häring hatte seine Lektion aus dem Nationalsozialismus gelernt. Ratzinger nicht.

Häring warnte die Theologen davor, in den oberen Rängen der Kirchenverwaltung zu arbeiten, als er schrieb:

„Theologen müssen genauso wie die Inhaber des Lehramtes und ihre unmittelbaren Mitarbeiter ständig über die Reinheit ihrer Motive wachen: ,alles zur größeren Ehre Gottes und zum Heil der Menschen.'... Sie können schwer sündigen und Theologie beschmutzen durch Feigheit ebenso wie durch Arroganz. Sie können den Zugang zur Wahrheit für sich und andere verstellen durch Streben nach Ämtern, Ehrenstellen und Ehrentiteln, so radikal vom Herrn verboten. Solche Sünden können institutionalisiert werden, wie ja alle Sünden die Tendenz in sich tragen, sich in der Geschichte ,einzufleischen'. Ein Theologe oder Gruppen von Theologen werden unauthentisch, wenn sie sich einschüchtern lassen und lieber die Talente schöpferischer Freiheit und schöpferischer Treue zugunsten ,ungefährlicher' Wiederholung alter Formeln vergraben, als für die Wahrheit zu leiden."[4]

Man kann erkennen, dass Häring mit diesen Bemerkungen direkt auf Ratzinger und seine Gefolgsleute in der Glaubenskongregation abzielt. Die Bemerkung des

---

3) Bernhard Häring, *Meine Erfahrung mit der Kirche* (Herder 1989)
4) Häring, *Meine Erfahrung mit der Kirche*

„Strebens nach Ehrenstellen und Ehrentiteln" muss in Ratzingers Fall ziemlich gesessen haben. Ohne ein Blatt vor den Mund zu nehmen, fordert Häring sogenannte und echte Theologen dazu auf, sowohl Feigheit als auch den übertriebenen Drang zum Gehorsam abzustreifen, weil diese Dinge sie „unauthentisch" werden lassen.

Im November 1988 sprach Johannes Paul II. vor dem von Opus Dei organisierten Kongress der Moralisten, und Häring war von dem, was er da hörte, zutiefst schockiert. Die „überstrenge Auslegung von Humanae Vitae und der gesamten Sexualmoral", wie der Papst sie vollzog, verstörte ihn ebenso wie „Text und Tonart der päpstlichen Ansprache" mit ihrer harten Interpretation. Häring sagte: „Ich [habe] den mir bekannten und von mir so verehrten Karol Wojtyla nicht mehr erkannt. Wie viele andere war ich schockiert und zunächst sprachlos. Zahlreiche Telefonanrufe, Briefe, Begegnungen mit Religionslehrern, mit Priestern und Pastoralreferenten haben mich aus der Sprachlosigkeit aufgeweckt."[5]

Was waren das für „gefährliche" Lehren Härings, die Ratzinger wie weiland die Nazis am liebsten verbrannt und wie einst die Inquisition auf den berüchtigten Index verbotener Bücher gesetzt hätte (ein Index, der vom Zweiten Vatikanischen Konzil abgelehnt und verboten worden war, nur um dann in Form der Ächtung durch Ratzingers Inquisition wieder aufzutauchen)?

Wir könnten Härings Theologie mit folgendem Satz von seiner Hand zusammenfassen: „Wir stehen nicht unter nackter Gesetzlichkeit, sondern unter dem Walten der Gnade. Das muss in unserer ganzen Pastoral spürbar werden."[6] Leider stimmten die Mächtigen im Vatikan dem nicht zu. Häring betont die Rolle des Gewissens und des Mutes, auch danach zu leben, wenn er schreibt: „Trotz eines gewissen konservativen Trends in Teilen von Kirche und Gesellschaft bin ich davon überzeugt, dass wir uns in ein neues Zeitalter begeben haben, das von Menschen bestimmt werden wird, die ihrem eigenen Gewissen folgen und ganz besonders geeignet sind, als die scharfsichtigen Mitglieder von Gemeinde und Gesellschaft zu dienen … das Zeitalter, in dem fast jeder damit zufrieden war, als Mitglied einer bestimmten Kirche oder ‚organisierten Religion' geboren zu werden und zu leben, ist vorbei. Jene Menschen, die die Zukunft der Gläubigen aller Religionen gestalten werden, haben den Mut, ihre eigenen Entscheidungen zu treffen, wie schmerzhaft diese auch immer sein mögen, und dasselbe mit ihrer persönlichen Verantwortung zu tun."[7]

Er fordert eine Form der Verantwortung, die von „Freiheit, Redlichkeit und Kreativität" gekennzeichnet ist und dieses neue Zeitalter der Moralität einläuten wird. Und er ruft dazu auf, „eine Reihe von Doktrinen, Traditionen, Lehren und

---

5) Ebenda

6) Ebenda

7) Bernhard Häring, *Frei in Christus: Moraltheologie für die Praxis des christlichen Lebens* (Werder 1980). Häring betrachtete dieses Buch als seine bahnbrechendste Arbeit.

Praktiken neu zu überdenken und das Glaubensgut von Tabus, Ideologien und anderen verdunkelnden Faktoren zu lösen." Darüber hinaus unterscheidet er zwischen Moraltheologie und Moralisieren, weil sich die Moraltheologie „nicht zuallererst mit der Entscheidungsfindung oder mit einzelnen Handlungen beschäftigt. Ihre grundlegende Aufgabe und ihr Zweck bestehen darin, die richtige Vorstellung zu erhalten, die Hauptprinzipien zu bewerten und die Werte und Wahrheiten darzulegen, die jene Entscheidungen betreffen, die vor Gott gemacht werden."[8] Deshalb beginnt er sein Buch mit dem, was die biblische Vorstellung und Sichtweise ausmacht.

Häring begreift „die Geschichte der Propheten" als den „Höhepunkt" der Lehren in der hebräischen Bibel, weil sie „den Atheismus des Ritualismus und aller Formen der Religion entlarven, die keine Früchte der Liebe, Gnade und Gerechtigkeit tragen." Er zieht seine Lehren aus der Geschichte der Priester in Israel, eine Geschichte, die er als „eine große Tragödie" bezeichnet. Der Priesterstand „verführt und verleitet Israel dazu, die Religion als Symbol seiner Macht zu benutzen. Das wird immer dann geschehen, wenn der Priesterstand nach Macht, Status und Symbolen strebt (siehe auch Exodus 32,1-30).[9] Der Priesterstand muss von den Propheten gereinigt werden, denn „wo Priester als Mitglieder einer privilegierten Kaste denken und handeln, sind sie entfremdet; sie haben keine Gotteserfahrung, keine Weisheit und kein Urteilsvermögen. Durch ihren Ritualismus und Legalismus werden sie zu einer Quelle der Entfremdung für das gesamte Volk. Ihr Mangel an Redlichkeit und schöpferische Freiheit wird von den Propheten und ihrer eigenen Weigerung, diesen zuzuhören, entlarvt."[10]

Häring stellt fest, dass die „grundlegenden Tugenden oder Charaktereigenschaften des Jüngers Christi" im Neuen Testament in der „fortwährenden Danksagung für das, was der Herr getan hat" bestehen.[11] Und diese Taten haben mit Befreiung zu tun. „Nicht der Gehorsam einem äußeren Gesetz gegenüber, sondern sein [Jesu] Auftrag zur Manifestation der befreienden Liebe zum Vater und des Vertrauens in ihn (siehe auch Philipper 2,5-11). Für die christliche Moral bedeutet das: ‚Tragt und erduldet einander aus eurem Leben aus Christus heraus' (siehe auch Philipper 2,5)". Häring, ein steter Kritiker des Legalismus, stellt fest, dass „es kein gutes Zeichen ist, wenn Christen übertrieben genau mit dem wörtlichen Inhalt vieler Gesetze umgehen, aber keine Treue zum großen Gesetz des Mitgefühls und der Barmherzigkeit zeigen, wie es von Jesus durch sein Leben und Sterben verkündet worden ist. ‚Darum seid barmherzig, wie auch euer Vater barmherzig ist' (Lukas 6,36)."[12]

---

8) Ebenda
9) Ebenda
10) Ebenda
11) Ebenda
12) Ebenda

Häring fordert die Kirche auf, „eine noch bessere Verkörperung jener Freiheit und Redlichkeit zu sein und zu werden, zu der uns Christus befreit hat … Die Kirche darf niemals wie eine Sklavin wirken, deren Kinder in Leibeigenschaft geboren werden. Sie ist eine freigeborene Frau, die Braut Christi und als solche Liberatorin und verkörperte Befreiung."[13] Er räumt eindeutig das Versagen der Kirche in der Vergangenheit wie auch Gegenwart ein. „Wir begrüßen alles in der Kirche, das diesem Ruf treu ist, und wir leiden, wann immer wir sie darin versagen sehen. Doch wenn wir ‚Kirche' sagen, müssen wir immer zuerst uns selbst anschauen und beurteilen, ob wir ein verkörperter Beitrag zur Fortentwicklung der Kirche in ihrer Berufung sind, die freie und verkörperte Antwort auf Christus, den Befreier zu sein."[14] Wenn er sagt, dass wir zuerst auf uns selbst schauen müssen, beruft er sich damit auf die Lehren des Zweiten Vatikanischen Konzils, die besagen, dass die Kirche nicht in erster Linie aus der Hierarchie, sondern aus dem „Volk" besteht.

Häring fordert die Kirche zur Reue für ihre vielen Missetaten auf. „Die Folgen verzerrter Autoritätsstrukturen und die Untreue von Mitgliedern und Amtsinhabern haben innerhalb der Kirche viele Verkörperungen der Unfreiheit und eines fehlerhaften Verständnisses von Freiheit und Gesetz geschaffen. Sie hat durch ihre Liturgie, ihr Kirchenrecht, ihre aufgeblasene Verwaltung und ihre intolerante Haltung anderen gegenüber bewiesen, dass ‚Christen nicht immer tolerant und freiheitsorientiert waren, sondern oft furchtbare Gräueltaten begangen und Gesellschaftsformen heiliggesprochen haben, die alles, nur nicht frei waren.'"[15] Zur Freiheit gehört auch, sich diese Wahrheiten bewusst zu machen.

Für Häring „sollte die Kirche eine Gemeinschaft befreiter Menschen sein, die sich in Beantwortung der Sehnsucht der gesamten Schöpfung danach, die Freiheit der Kinder Gottes mit allen zu teilen, der Befreiung aller verschrieben haben. Sie sollte ein Sakrament der Geschichte der Befreiung sein, im Gottesdienst wie im Leben Gottes befreiende Liebe feiern, sich an alle Ereignisse erinnern, bei denen sie wahrhaftig ihrer Berufung gefolgt ist und sich in Demut und Reue auch jene Gelegenheiten erinnern, bei denen sie versagt hat."[16]

Er fordert die Kirche dazu auf, „durch den Aufbau von Modellgemeinden zur gesamten Gesellschaft beizutragen" und führt die Arbeit von Sankt Benedikt und Sankt Basil als Beispiel eines solchen Beitrags an. „Was eine Gemeinschaft wirklich von einer gemeinnützigen Organisation unterscheidet, ist das Maß an Freiheit, Redlichkeit und kreativer Mitverantwortung." Und er unterscheidet das von „Vermassung, deren treibende Kraft ‚seelische Ansteckung' ist. Für eine Infektion ist keine Spiritualität erforderlich."[17] Man spürt seine aus der Erfahrung von Hitlers

---

13) Ebenda
14) Ebenda
15) Ebenda
16) Ebenda
17) Ebenda

Pseudo-Sinn für Gemeinschaft im Namen der „Vermassung" entstandene Abscheu deutlich. In vielen der „Gemeinschaften", mit denen Ratzinger sich verbündet hat, würde er sich wohl kaum zu Hause fühlen.

Kurz vor seinem Tod wurde Häring vom italienischen Journalisten Gianni Licheri interviewt.

Licheri: Wie sehen Sie jetzt rückblickend Ihre Erfahrung mit der Kirche und Ihr Wirken in der Kirche und für die Kirche? Was überwiegt wohl: das Positive oder das Negative?

Häring: Würde ich Kirche identifizieren mit der Tradition von der Römischen Inquisition bis hin zur Glaubenskongregation, wie ich sie selbst und im Mitleiden mit anderen erfahren habe, so wäre für mich die Bilanz ziemlich negativ. Ich kann verstehen, dass Männer, die ihren Blick nur auf diese Institution fixieren, aus Enttäuschung die Kirche verließen. Aber eben eine solche Fixierung widerspricht unserem Glauben.

Ich sehe die Kirche verkörpert und dargestellt in vorbildlichen christlichen Familien, wie ich sie in meinem Elternhaus und vielerorts erlebt habe. Dort ist die Kirche greifbar. Im Russland der Stalinzeit erlebte ich Kirche in Familien und Nachbarschaftskreisen, die ihren Glauben und ihr Gottvertrauen lebendig gehalten haben in einer langen priesterlosen Zeit. Grund genug zur Freude! …

Kirche erlebte ich immer wieder in den Heiligen, durch das Lesen zeugnisstarker Hagiographien und noch mehr in der Begegnung mit kleinen, unscheinbaren Heiligen unserer Zeit wie auch mit imponierenden prophetischen Gestalten. …

In Afrika erlebte ich immer wieder dankbar, was lebendige Liturgie sein kann, Freude an Gott und Freude in Gemeinschaft. Die zahllosen Katechisten und ihre Familien, die ich in Afrika in vielen Ländern traf, haben mich tief beeindruckt. Sie erinnern mich an die Berichte der Apostelgeschichte über die erste Generation von Diakonen. Hier zeichnet sich eine neue Gestalt von ‚Klerus' ohne Klerikalismus ab.

Kirche erlebte ich in den Basisgemeinschaften Afrikas, der Philippinen und Brasiliens. Es ist die „Kirche von unten", demütige heilsgeschichtliche Kirche, die Kirche als das umfassende „Volk Gottes", die für die Zukunft hoffen lässt.

Licheri: Was würden Sie nun als das Bedeutsamste betrachten, das Sie aus den Erfahrungen in diesem absurden Krieg [er meint den Zweiten Weltkrieg] für Ihren Beruf mitbekommen haben?

Häring: Die Erfahrungen des Krieges, das Miterleben von sinnlosem Töten und Sterben, das Mitansehen der Verrohung vieler hat mich zu einem geschworenen Gegner des Krieges gemacht. Ich finde es geradezu lächerlich und zugleich ärgerlich, dass ich in meinem Alter noch so viel Kraft auf Fragen wie Flexibilität oder

Inflexibilität des Verbots von Kontrazeption und auf das Ankämpfen gegen Sexualrigorismus verwenden muss. Denn ich bin zutiefst überzeugt, dass meine Hauptberufung die eines unermüdlichen Friedensapostels für die Abschaffung des Krieges, für eine gewaltfreie Weltkultur zu sein, für eine radikale Liebe, die uns nicht zu Feinden werden lässt, für „Umrüstung" auf gewaltfreie Verteidigung ist und sein muss. Das ist das Wichtigste, was sich durch die Kriegserlebnisse meinem Gewissen eingeschrieben hat.

Licheri: Wussten Sie, als Sie vom Osten zurückkehrten, von den Vernichtungslagern der Nationalsozialisten?

Häring: Ich lernte, mich als Christ zu schämen, dass auch Christen und kirchliche Obrigkeiten sich am Antisemitismus auf vielfältige Weise schuldig gemacht hatten.

Aufgrund des Wissens um die Vernichtungslager wurde mir auch klar, wie wichtig und zugleich schwer die Versöhnung und das Heilen so schwerer, geschichtlich verschuldeter Wunden sein würde. Aber gerade darum muss Entfeindungsliebe, Versöhnung wie Gewaltfreiheit ein einzigartiges Grundanliegen katholischer Moraltheologie sein.

Licheri: Sie haben in Ihrem Buch Als es ums Überleben ging: Kriegserinnerungen eines Priesters *über Ihre Kriegserlebnisse nachgedacht und dabei eine Art narrativer Theologie geschrieben. Welche Bedeutung hatten diese Erlebnisse für Ihren Werdegang als Theologe?*

Häring: So lernte ich, mit dem Risiko umzugehen. Das war für mich später, als ich als Theologe mehr und mehr bekannt wurde, oft sehr notwendig. Ich lernte, das Fürchten zu überwinden, was mir stets ein Ansporn wurde, in der Kirche freimütig für meine Überzeugungen einzustehen.

… Ich lernte, wieder der göttlichen Vorsehung zu vertrauen, wiederum vielfach vermittelt durch gute Menschen. Meine Rückkehr aus dem Osten war nur durch eine ganze Kette von Besonderheiten und Fällen menschlicher Güte möglich. Ich habe zugleich das Gutsein von Menschen und das Wirken der göttlichen Vorsehung erfahren. Auch das ist entscheidend für meinen Beruf als Moraltheologe.

Ich habe jedoch – Gott sei es geklagt – den absurdesten Gehorsam von Christen gegenüber einem verbrecherischen Regime erlebt. Und das hat sich radikal auf mein Denken und Handeln als Moraltheologe ausgewirkt. Nach dem Krieg kehrte ich zur Moraltheologie zurück mit dem festen Entschluss, sie so zu lehren, dass ihr Kernbegriff nicht Gehorsam, sondern Verantwortungsbereitschaft, Mut zur Verantwortung heißt. Ich glaube, dass ich diesem Entschluss treu geblieben bin, sicherlich nicht zum Schaden von echtem Gehorsam, eben einem verantworteten Gehorsam, aber verbunden mit Freimut und kritischem Sinn.

Licheri: Ich weiß von anderen Theologen der Konzilsmehrheit, dass Sie mit dem Heiligen Offizium und später mit der Glaubenskongregation in Konflikt gerieten. Wie war das bei Ihnen?

Häring: Sie haben gespürt, wie schwer es mir fällt, über Dinge, die lange geheim waren und die mich zuinnerst berühren, öffentlich zu sprechen. ... Ich meine, wir sind an einem Punkte angelangt, an dem nicht mehr zu verhehlen ist, dass es sich um eine pathologische Situation handelt, die ihre lange Geschichte hat.

Licheri: Ist ein gewisser Triumphalismus, ein Verdecken und Vertuschen demütigender Zustände in der Kirche nicht ein größeres Ärgernis, ja ein Ärgernis im moralischen Sinn, als sachliches Aussprechen herber Wahrheiten?

Häring: In vollem Bewusstsein, dass wir selbst immer auf dem Weg fortschreitender Bekehrung bleiben müssen, wenn wir nach Reform der Kirche rufen, sehe ich aber auch, wie unecht Bekehrungspredigt auf individueller Ebene sein kann, wenn man sich nicht mitbeteiligen will an der beständigen Reform der Kirche und ihrer Strukturen. Es geht ja um die Treue zum Evangelium, um die Glaubwürdigkeit unseres Zeugnisses und der gesamten Verkündigung.

Licheri: Wie haben Sie die Leiden anderer Männer durch das Heilige Offizium miterlebt?

Häring: Vor dem Konzil wurde jeder, der vom Blitz des Heiligen Offiziums, von der Indizierung oder Verurteilung getroffen war, in seiner Umgebung wie ein Aussätziger behandelt. Er war einfachhin ausgegrenzt und gebrandmarkt. ...[18]

Aber auch nach dem Konzil befand sich die Kongregation für die Glaubenslehre wieder auf dem Kriegspfad und suchte nach Ketzern. Sie führte ein doktrinelles Verfahren gegen Pater Häring durch, dass sein Buch zum Thema Ethik in der Medizin zur Grundlage hatte. Man attackierte ihn sogar während der zwei Jahre, in denen er mit einem schweren Kehlkopfkrebs rang. Schließlich schrieb er der Kongregation einen Brief, in dem er darauf hinwies, im Zweiten Weltkrieg viermal von den Nazis verhört worden zu sein („und zweimal ging es dabei um Leben oder Tod"), doch selbst im Vergleich dazu seien die Vorwürfe der Glaubenskongregation „extrem demütigend und unwahr", obwohl sie vom höchsten Organ der Kirchenführung kämen. „Ich würde eher noch einmal vor einem Kriegsgericht Hitlers stehen wollen", erklärte er.[19]

---

18) Häring, *Meine Hoffnung*
19) Ebenda

Pater Leonardo Boff

Pater Leonardo Boff war ein brasilianischer Franziskanerbruder, der für seinen Doktorgrad auch in Deutschland unter Ratzinger studiert hatte. Er lehrte viele Jahre lang in einem Seminar im brasilianischen Petrópolis. Am 9. Mai 1985 wurde er von Ratzinger zum Schweigen gebracht und gezwungen, sein Amt als Herausgeber der *Revista Eclesiástica Brasileria*, der einflussreichsten theologischen Zeitschrift in Brasilien, zurückzutreten und jegliches Schreiben oder Lehren einzustellen. Boff wurde in Brasilien jedoch von drei Kardinälen und zehn Bischöfen sowie von einer ganzen Gemeinschaft von Befreiungstheologen aus ganz Lateinamerika unterstützt, die sich durchaus darüber im Klaren waren, dass auf diese Weise auch die gesamte Bewegung zum Schweigen gebracht werden sollte, die auf so lebendige Weise in den Basisgemeinden mit der Neuerfindung der Kirche beschäftigt war. Schließlich verließ Boff seinen Orden und beantragte offiziell seine Laisierung.

Für den protestantischen Theologen Harvey Cox von der Universität Harvard waren diese Vorgänge eine ernsthafte Untersuchung wert, die er in seinem Buch *The Silencing of Leonardo Boff: The Vatican and the Future of World Christianity* veröffentlichte. Darin identifiziert er drei grundlegende Themen, um die es bei Ratzingers Angriffen auf seinen ehemaligen Schüler geht:

> Das erste ist der spektakuläre Aufstieg der Befreiungstheologie und der heftige Widerstand, den sie erzeugt hat. (Erinnern Sie sich, dass dieser Widerstand nicht nur aus Richtung der extrem rechten katholischen Gruppen, sondern auch von der Regierung der Vereinigten Staaten und der CIA unter Präsident Reagan kam.)
>
> Das zweite Thema ist die Entstehung eines „Christentums der Dritten Welt" sowie die darauf folgende „Ent-Europäisierung" der Theologie. (Der strittige Punkt sind hier die kulturellen, rassischen und historischen Fragen, die eine wahrhaftig „katholische" Kirche betrachten muss. Schließlich kann „katholisch" zu sein nicht bedeuten, ein Römer werden zu müssen, oder?)
>
> Beim dritten Aspekt handelt es sich um die Beherrschung der gegenwärtig dominanten kirchlichen Institutionen angesichts der kraftvollen neuen spirituellen Basisbewegungen.

All das und mehr stand auf dem Spiel, als Ratzinger und Papst Johannes Paul II. Leonardo Boff in aller Öffentlichkeit mundtot machten. Und das ist auch anderen davon Betroffenen nicht entgangen, seien es Menschen, die sich insbesondere in Ländern der Dritten Welt für die Rechte der Armen einsetzten – oder solche, die sich an ihre privilegierte kirchliche oder zivile Stellung unter den Reichen in Drittweltländern klammerten bzw. Machtpositionen in Ländern der sogenannten Ersten Welt innehatten.

Im Gegensatz zu den Mythen, die von der CIA, von Reagans Außenministerium und vom rechten Flügel in Lateinamerika verbreitet wurden, der durch einen Erfolg der Befreiungstheologie alles verloren hätte, *war* diese in allererster Linie Theologie. Sie stellte eine bestimmte Art der Interpretation der Botschaft der Evangelien dar, der Worte Jesu und der Geschichte prophetischen Denkens von den Propheten Israels bis zu jenen der heutigen Zeit. Penny Lernoux, eine nordamerikanische Journalistin, die 20 Jahre lang in Lateinamerika gelebt hat sagt: „Die Befreiungstheologie war der Vorbote einer noch größeren Bewegung der Ausgeschlossenen – Frauen, Nicht-Weiße, Arme – auf der Bühne der Geschichte."[20]

Darüber hinaus bot sie die Möglichkeit, die katholische Kirche von innen heraus zu kritisieren. Penny Lernoux bemerkte von Südamerika aus: „Im Gegensatz zum hierarchischen Christentum des Kardinals [Ratzinger], war das Autoritätssymbol in der Kirche der Armen nicht etwa die Macht, sondern das Dienen … Doch Ratzingers Kirche versuchte, sich an ihre Stelle zu setzen, indem sie beanspruchte, die gesamte Wahrheit zu besitzen, denn Wahrheit bedeutet Macht. Boff wurde von Ratzinger nicht für irgendwelche marxistischen Ketzereien der Prozess gemacht – genauso wenig, wie Galileos wissenschaftliche Lehren der Grund für seine Verfolgung durch die Inquisition gewesen waren. Beide wurden verfolgt, weil sie politische Anstifter gegen den päpstlichen Allwissenheitsanspruch waren."[21] Die Befreiungstheologie stellte eine Bedrohung des kirchlichen Status Quo dar. Sie basierte auf den Prinzipien des Zweiten Vatikanischen Konzils, wandte diese Prinzipien aber auch auf die konkreten und furchtbaren Verhältnisse im Kampf um Gerechtigkeit und Gleichberechtigung in Lateinamerika an.

Die Befreiungstheologie wuchs als Antwort auf eine überaus kritische Situation heran. „Im Jahr 1973 befand sich die Kirche in vielen Teilen Lateinamerikas im Krieg mit dem Staat. Je mehr Priester und Nonnen der Verfolgung anheim fielen, umso zorniger wurden die Bischöfe, die aufgrund ihrer offen ausgesprochenen Kritik ebenfalls unterdrückt wurden. Mit dem Ende der siebziger Jahre hatten mehr als 850 Priester und Nonnen den Märtyrertod erlitten, und die Minderheit der Bischöfe, die sich der Erfüllung der Bedürfnisse der Armen verschrieben hatten, war zu einer Mehrheit geworden."[22] Man sollte meinen, dass der Vatikan Mitgefühl für die 850 Märtyrer hat, die ihr Leben für die von den Evangelien vermittelten Werte gegeben haben. Doch statt dessen attackierte Ratzinger den Versuch, einem Kontinent im Namen Christi Gerechtigkeit zu bringen, der so lange von Eroberung und Ausbeutung ausgeblutet worden ist – erst durch die Hand Europas und in jüngerer Zeit durch die Nordamerikas.

---

20) Lernoux, *People of God*
21) Ebenda
22) Ebenda

Doch wie Lernoux feststellt, „wusste Ratzinger nichts über Lateinamerika. Aufgrund seiner eurozentrischen Weltsicht war er unfähig, die Originalität der lateinamerikanischen Theologie als spezielle Reaktion auf einen bestimmten Sozialort zu begreifen … [Die Befreiungstheologie] war keine akademische Übung, sondern ein Erwachen, das aus dem tatsächlichen Zusammenleben mit den Armen resultierte – dem Hunger, dem Gestank, dem Lärm und den Krankheiten ausgesetzt zu sein, die in einem überbevölkerten Slum der Dritten Welt die Bedingungen für den täglichen Kampf ums Überleben darstellen."[23]

Das erste Buch über die Befreiungstheologie wurde im Jahr 1971 von Gustavo Gutiérrez veröffentlicht und hatte den Titel *An der Seite der Armen: Theologie der Befreiung.* Die Grundlage von Gutiérrez' „Analyse war nicht die marxistische Revolution, sondern der Exodus und die frohe Botschaft Christi für die Armen, die von der Befreiung von der Unterdrückung sprach. Darin bestand ihre Originalität, denn im Kontext des katholischen Lateinamerikas hatten der Gott des Exodus und der Christus der Armen eine weitaus radikalere Wirkung als die unverständliche Dialektik der marxistischen Intellektuellen. Gutiérrez interpretierte auch die klassische Glaubenslehre zum Thema Sünde neu und bezog nun die Sünden ganzer Gesellschaften mit ein, wie zum Beispiel das Verhalten der USA Lateinamerika gegenüber oder dass der peruanischen Oligarchie gegenüber den ländlichen Bauern."[24]

Als Ratzinger in den Jahren 1983 und 1984 Gutiérrez und die ihn unterstützende peruanische Kirche angriff, „wirkte er wie ein arroganter Deutscher, der glaubte, er könne den ‚Kolonien' sagen, wie sie sich benehmen müssen." Ein Bischof bemerkte angesichts Ratzingers theologischem Gequalme, die Kirchen Lateinamerikas hätte es mit anderen, weitaus dringlicheren Probleme zu tun, wie zum Beispiel „Millionen hungernder Menschen".[25] Kardinal Landázuri aus Lima flog nach Rom, um Ratzinger zur Rede zu stellen, traf sich aber zuerst mit dem Papst. „Als er von diesem Treffen zurückkam, strahlte er über das ganze Gesicht, was Ratzinger hätte warnen sollen … Daher musste Ratzinger alleine kämpfen, und jede weitere Runde ging an Landázuri."[26]

Ratzinger schrieb eine „Anleitung" zur Vernichtung der Basisgemeinden in Peru, verlor diese Schlacht aber. „Die Bischöfe brachten ihre Wertschätzung für die Arbeit jener zum Ausdruck, ‚die Befreiungstheologie praktizieren' und stellten fest, dass diese zu einem neuen Engagement für die Armen, einem Wiederaufleben religiöser Berufungen und einer spirituellen Vertiefung geführt habe. Sie wiederholten auch den Ruf nach ‚der korrekten Umsetzung der Verteilungsgerechtigkeit sowie dem Aufbau von Strukturen und Institutionen, die diese wahrhaftig verkörpern'

---

23) Ebenda
24) Ebenda
25) Ebenda
26) Ebenda

Sie sagten, dass guter Wille allein nicht ausreicht, um ungerechte Strukturen zu verändern, weshalb es notwendig ist, die Armen zu vereinen und als aktive Verhandlungsmacht zu organisieren." Gutiérrez meinte, dass „eine aus dem Blut von Märtyrern geborene Kirche nicht von einem Dokument aufgehalten werden kann."[27] In diesem Kontext verlor Ratzinger die erste Schlacht.

Lernoux glaubt, dass Ratzinger deshalb „ständig Niederlagen erlitt", weil er sich für kulturell überlegen hielt. „Seine Argumente gegen die Befreiungstheologie konnten von den Lateinamerikanern deshalb so leicht angefochten werden, weil sie genau wussten, was es hieß, eine Option für die Armen zu leben, während Ratzinger glaubte, die Armen in Lateinamerika seien dumm und leicht in die Irre zu führen."

Der Jesuit Juan Luis Segundo folgert: „Der Kardinal hatte alle losgeschickt, um dem Phantom der marxistischen Theologen nachzujagen, wo es doch in Wirklichkeit um das Zweite Vatikanische Konzil ging. Die Grundlage von Ratzingers Einwänden war die alte Forderung nach der Trennung des Religiösen vom Säkularen, der Kirche von der Welt, was vom Konzil abgelehnt worden war ... Ratzingers Theorie verleugnete einen entscheidenden Punkt – dass Strukturen viel mehr Elend über ganze Generationen menschlicher Wesen bringen können als individuelle sündhafte Handlungen. ‚Die schlimmste Art der Sünde, tatsächlich die einzige „Todsünde", die den Menschen während des größten Teils seiner Geschichte versklavt hat, ist die institutionalisierte Sünde', schrieb der afrikanische Befreiungstheologe Laurenti Magesa. Unter einer Institution scheint das Laster eine Tugend zu sein oder zu einer Tugend verdreht zu werden. Auf diese Weise wird Gleichgültigkeit für das Böse erzeugt."[28] Rom war vor allem wegen eines möglichen Machtverlusts besorgt – der Wandlung der kirchlichen Hierarchie zu einer demokratischeren Institution, in der die Menschen ihre Pastoren aufgrund ihres Mutes, ihrer Demut und ihrer Vision ehren bzw. ihnen folgen, und nicht, weil es von Rom so bestimmt wird.

1986 schrieb Ratzinger eine zweite „Anleitung über christliche Freiheit und Befreiung". Darin wurden die „spirituellen" Werte der Armut und Barmherzigkeit betont. Gerechtigkeit wurde darin nicht hervorgehoben. Ratzinger liebt es, die Liebe von der Gerechtigkeit auf wahrlich nichtbiblische Art voneinander zu trennen.

Die Phantomjagd fand in einer öffentlichen Einladung Ratzingers an Boff zu einem Treffen im Vatikan ihren Höhepunkt. Indem er Boff den Prozess machte, klagte Ratzinger in Wahrheit „die mächtigste Ketzerkirche der Dritten Welt" an. José Freire Falcão, Erzbischof von Brasilien und Opus-Dei-Sympathisant, gehörte ebenfalls zum Beratungsausschuss der Kongregation für die Glaubenslehre und sprach sich heftigst gegen Boff aus.[29]

---

27) Ebenda
28) Ebenda
29) Ebenda

Cox stellt die Frage: Warum betrachtet der Vatikan die lateinamerikanische Befreiungstheologie als derartige Bedrohung? Zum einen würde ich antworten, weil der Vatikan alle neuen und lebendigen Bewegungen innerhalb der Kirche sowie alle Formen der Theologie, die diese Bewegungen unterstützen, als bedrohlich empfindet. Alles, was der Vatikan nicht kontrollieren kann – seien es Frauen, Schwule und Lesben, Wissenschaftler, das „moderne Zeitalter", Empfängnisverhütung nutzende Eltern oder Liebende, die versuchen, weder AIDS noch Geschlechtskrankheiten zu bekommen – all das bedroht den gegenwärtigen Vatikan. Aber die Bedrohung durch die Befreiungstheologie war in vielerlei Hinsicht zuerst da.

Wie wir im nächsten Teil dieses Buches sehen werden, war der Vatikan unter Ratzinger und Johannes Paul II. eindeutig und fast ausschließlich an ultra-konservativen Bewegungen wie den *Legionären Christi*, *Opus Dei* oder *Gemeinschaft und Befreiung* interessiert. Man wollte den Gehorsam und das daraus resultierende orthodoxe Recht-und-Ordnungs-Denken fördern und nicht etwa Mut, Kreativität und die Suche nach Antworten auf dringliche Fragen. Man strebte Bündnisse mit Diktatoren wie Pinochet in Chile und Marcos auf den Philippinen an. Im Jahr 1968 (jenem kritischen Augenblick von Ratzingers „Wandel") erklärten die lateinamerikanischen Bischöfe im kolumbianischen Medellín, die Kirche stehe für eine „bevorzugte Option für die Armen". Das war eine Bloßstellung jener extrem rechten Bewegungen, die von Rom so begünstigt werden und für eine „bevorzugte Option für die Reichen" stehen. Die Befreiungstheologie engagiert sich für dieselbe Bevorzugung der Armen, indem sie versucht, die Geschichten der Armen anzuhören und sie in ihren Basisgemeinschaften zu feiern, während sie diese Geschichten zugleich mit den Lehren Jesu in den Evangelien in Verbindung bringt.

Die CIA hat den Gedanken verbreitet, die Befreiungstheologie sei eine Verkörperung des Marxismus, doch das trifft keineswegs zu. Marx war Jude, und als er im 19. Jahrhundert gegen den industriellen Kapitalismus protestierte, der Arbeiter, junge Menschen und die Umwelt gleichermaßen ausbeutete, schrieb er aus der Perspektive jüdischer Propheten heraus. Sein Zeitgenosse Charles Dickens schrieb über ähnliche Themen. Cox behauptet, dass die Befreiungstheologie „in keinerlei Hinsicht eine liberale oder modernistische theologische Abweichung darstellt. Vielmehr ist sie eine Methode, ein Versuch, das Leben und die Botschaft Jesu durch die Augen jener zu betrachten, die normalerweise ignoriert oder ausgeschlossen werden."[30] Diese Betonung der Armen, die sich in Basisgemeinden versammeln, um die Anwendung der biblischen Werte auf ihr Leben zu erörtern, stellt eine Bedrohung für den säkularen wie auch religiösen Status Quo dar.

Ich erinnere mich an eine Versammlung im brasilianischen Regenwald, an der ich 1990 während des erzwungenen „Sabbatjahrs" teilnahm, als ich vom Vatikan für 14 Monate zum Schweigen gebracht worden war. Der Bischof hatte etwa 150

---

30) Cox, *The Silencing*

kirchliche Mitarbeiter zusammengerufen, die den einheimischen Stämmen bei ihren Auseinandersetzungen mit Grundbesitzern und Unternehmensgewalten zur Seite standen, denn diese versuchten, den Regenwald niederzureißen, um ihren Profit steigern zu können. Eines Abends fand in einem Bürgerhaus eine einfache Messe statt, bei der jede Person gebeten wurde, eine Kerze anzuzünden und die Namen von drei Menschen zu nennen, die sie gekannt hatten und die für die Verteidigung des Regenwalds und seiner einheimischen Völker gefoltert und umgebracht worden waren. Jeder dort stand auf und nannte drei Namen. Danach sagte einer der Teilnehmer zu mir: „Das Schwierige daran war, es auf drei zu begrenzen. Ich hätte ohne Mühe zehn Menschen nennen können." Für diesen Mut, diese Hingabe und dieses Engagement für Gerechtigkeit legen die Befreiungstheologie und ihre Basisgemeinden Zeugnis ab.

Cox sieht die größte Bedrohung, die für den Vatikan von Boff und der Befreiungstheologie ausgeht, in der „religiösen Graswurzel-Energie, die überall an der Basis und an den Rändern der Gesellschaft hochkocht." Ein nicht-europäisches Christentum und der Glaube der Unterdrückten, Kolonisierten und Ausgebeuteten – das sind die gar nicht mal so verborgenen Motive, die von Ratzinger und Co. so gefürchtet werden.

Boff hat mehr als vierzig Bücher veröffentlicht, die fast alle ins Deutsche übersetzt worden sind. Zu den wichtigsten davon zählen: *Die Neuentdeckung der Kirche: Basisgemeinden in Lateinamerika* (1980), *Was kommt nachher?: Das Leben nach dem Tode* (1982), *Kirche: Charisma und Macht. Studien zu einer streitbaren Ekklesiologie* (1986), *Der Fall Boff: Eine Dokumentation* (1988), *Leben, Tod und Auferstehung: Betrachtungen zur Passions- und Osterzeit* (1988), *Jesus Christus, der Befreier* (1989), *Das mütterliche Antlitz Gottes* (1991), *Zärtlichkeit und Kraft: Franz von Assisi, mit den Augen der Armen gesehen* (1995), *Unser Haus, die Erde: Den Schrei der Unterdrückten hören* (1996), *Die Logik des Herzens: Wege zu neuer Achtsamkeit* (1999), *Schrei der Erde, Schrei der Armen* (2002), *Kleine Sakramentenlehre* (2003), *Haus aus Himmel und Erde: Erzählungen der brasilianischen Urvölker* (2003), *Gott erfahren: Die Transparenz aller Dinge* (2004), *Der Herr ist mein Hirte: Psalm 23 ausgelegt* (2005), *Fundamentalismus und Terrorismus* (2007), *Tugenden für eine bessere Welt* (2009), *Die Erde ist uns anvertraut: Eine ökologische Spiritualität* (2010) und *Sehnsucht nach dem Unendlichen: Spirituell leben* (2011).

Kardinal Paulo Evaristo Arns, ein Franziskaner, ist Absolvent der Universität Sorbonne, spricht sieben Sprachen flüssig und wird als Kämpfer bewundert, der sich viele Jahre lang gegen die Militärdiktatur in Brasilien erhoben hat. Für seinen furchtlosen Widerstand gegen das Militärregime, das 1985 nach 21 Jahren zu Ende ging, wird er immer einen Platz im Herzen der Brasilianer haben. Arns hat während der Diktatur so viele Todesdrohungen erhalten, dass er sie nicht mehr zählen kann.

Er unterstützte Boff hundertprozentig. Ein einflussreicher brasilianischer Kirchen-führer bemerkte zu Boffs Prozess: „Rom ist eifersüchtig auf die Resonanz, die unse-re Kirche erzeugt, lehnt unsere Theologie ab, weil sie nicht europäisch ist und fürch-tet uns, weil wir so viele sind. Das ist ein Machtkonflikt. Punkt."[31]

Drei brasilianische Kardinäle – einschließlich des Vorsitzenden der 400 Geist-liche zählenden brasilianischen Bischofskonferenz – boten ihre Unterstützung an und brachten die Bereitschaft zum Ausdruck, während Boffs „Dialog" mit Ratzin-ger anwesend zu sein. Keinem einzigen wurde jedoch erlaubt, Boff in Ratzingers Zimmer zu begleiten. Das alleine war bereits ein unheilvolles Zeichen, das von Rat-zinger und seinem Papst kam, denn es stellte einen Schlag ins Gesicht der Bischofs-synoden überall dar – die Demontage der Autorität bischöflicher Gruppen auf der ganzen Welt und ein Signal dafür, dass die Entscheidungen von nun an mehr und mehr ausschließlich in Rom getroffen werden sollten. All das stand in vollkomme-nem Gegensatz zum Geist und den Lehren des Zweiten Vatikanischen Konzils.

Harvey Cox zufolge berichtete Boff Folgendes über den Prozess, der ihm von seinem ehemaligen Professor Ratzinger gemacht wurde:

> Er sagte, als er hinging, habe er weitaus mehr Fairness und Offenheit erwartet, als man ihm dann tatsächlich entgegenbrachte. Der ‚Dialog', zu dem ihn Rat-zinger eingeladen hatte, stellte sich als ausgewachsenes Verhör heraus, ein von einem Urteil und einige Wochen später einer Strafe gefolgten Kirchen-gericht. Wie viele vorherige Besucher Roms erzählte auch Boff seinen Kolle-gen danach, er habe leider den Eindruck gewonnen, dass an einer derartig enormen Konzentration kirchlicher Macht etwas eindeutig Verzerrtes, viel-leicht sogar Übles sei … Leonardos Besuch in der Ewigen Stadt hatte seinen Widerstand gegen die Art und Weise, in der die katholische Kirche gegenwär-tig ihre sakrale Macht organisiert und ausübt, nur verstärkt.[32]

1985 wurde Boff Schweigsamkeit auferlegt. Das Schweigegebot wurde einige Mo-nate später nach einem Treffen mit der Kurie, den brasilianischen Bischöfen und dem Papst wieder aufgehoben.

Als ich Boff während meines erzwungenen, vierzehnmonatigen „Sabbatjahrs" traf, sagte er zu mir, ich solle niemals eine Einladung des Vatikans zu einem so-genannten „Dialog" annehmen. Das sei alles „im Vornherein entschieden", mein-te er. „Verschwenden Sie Ihre Zeit und Ihre Gesundheit nicht … weigern Sie sich einfach, hinzugehen." Wir stimmten auch darin überein, dass wir als menschliche Wesen mit Stimmen und einem Gewissen niemals wieder ein Schweigegebot befol-gen würden.

---

31) Lernoux, *People of God*
32) Cox, *The Silencing*

Lassen Sie uns nun einige von Boffs Lehren betrachten, die dem katholischen Bewusstsein seit seiner Entlassung fehlen oder die man zumindest klein zu halten versucht hat. Wir sollten bedenken, dass dann, wenn ein katholischer Theologe zum Schweigen gebracht, verbannt oder auf andere Weise ausgegrenzt wird, all seine oder ihre Schriften als verdorben und verdächtig, als irgendwie aus dem Hauptstrom katholischen Denkens fallend betrachtet werden. Das ist ein überaus wichtiger Punkt: Wie die Bücherverbrennungen unter Hitler oder der angeblich mit dem Zweiten Vatikanischen Konzil ein für alle Mal abgehandelte Index verbotener Bücher bedeutet die Ausgrenzung katholischer Denker schlicht, das katholische Bewusstsein seiner oft wichtigsten Köpfe und Ideen zu berauben. Der Denker wird sozusagen radioaktiv – seine oder ihre Bücher werden aus den Bibliotheken und katholischen Buchhandlungen der Gemeinden entfernt. Darüber hinaus hält der extreme rechte Flügel, der in katholischen Kreisen überaus fanatisch ist und sich als von oben ermächtigt betrachtet (was auch zutrifft) das Internet auf Trab, um sich miteinander sowie mit den machtvollen konservativen Kräften in Rom zu verbinden und die Rolle einer Gedankenpolizei zu übernehmen – selbst wenn sie von Theologie nicht mehr wissen, als in ihrem Kinderkatechismus stand. Sie werden über jede neue Idee (und viele alte) herfallen, um jeden Denker zu Fall zu bringen, den der Vatikan durch seine Ächtung in Misskredit gebracht hat.

Sein bisher nicht ins Deutsche, aber ins Englische übersetztes Buch *Way of the Cross – Way of Justice* (1980) besteht aus einer Reihe von Meditationen zu den Stationen des Kreuzwegs – eine traditionelle katholische Praxis, die von Boff hervorragend unserer Zeit angepasst worden ist. Der „Kreuzweg" konzentriert sich auf den historischen Jesus und auf das, was dieser durchgemacht hat, aber der „Weg der Gerechtigkeit" fokussiert sich auf den gläubigen Christen, „der seine Passion heute für seine Brüder und Schwestern fortführt, die für ihren Einsatz für die Gerechtigkeit verurteilt, gefoltert und umgebracht worden sind." In einem anderen Buch nimmt Boff ein vertrautes christliches Gebet auf – das Vaterunser – und gestaltet es für unsere Zeit neu. In seinem Buch *Vater unser: Das Gebet umfassender Befreiung* (1998) widerlegt Boff jene, die eine „spirituelle" Befreiung von der realen Welt des Hungers und der Armut trennen wollten. Gebete richten sich „an Gott" und „an uns", und wir können beides nicht voneinander trennen.

Im Folgenden finden Sie einige Auszüge aus Pater Leonardo Boffs Schriften, die zweifelsohne von den Verdächtigungen des Vatikans abgewertet worden sind.

Aus *Zärtlichkeit und Kraft: Franz von Assisi mit den Augen der Armen gesehen*:

Die Größe des heiligen Franziskus bestand darin, dass er die Armen mit den Augen der Armen sehen konnte, was ihm entsprechend ermöglichte, auch ihren Wert zu erkennen. Die Urkirche bestand bis zum 4. Jahrhundert und dem Beginn des Zeitalters von Konstantin (313 A.D.) primär aus Armen. Der Inhalt der Botschaft Jesu, die zuallererst das Königreich und die

Erlösung der Armen versprach, bezeichnet sie als selig (Lukas 6,20) und vom Vater bevorzugt (Matthäus 11,25-30). Sie reichte hinaus, um den religiösen und sozialen Forderungen der Armen zu entsprechen, was die Verbreitung des aufsteigenden Christentums förderte. Die folgenden Worte des Paulus sind eine historische Wahrheit: „Sehet an, liebe Brüder, eure Berufung: Nicht viele Weise nach dem Fleisch, nicht viel Gewaltige, nicht viel Edle sind berufen. Sondern was töricht ist vor der Welt, das hat Gott erwählt, dass er die Weisen zu Schanden mache; und was schwach ist vor der Welt, das hat Gott erwählt, dass er zu Schanden mache, was stark ist; und das Unedle vor der Welt und das Verachtete hat Gott erwählt, und das da nichts ist, dass er zunichte mache, was etwas ist, auf dass sich vor ihm keine Fleisch rühme." (1. Korinther 1,26-29) … Das Christentum hat damals keinen sozialen Wandel herbeigeführt und war auch gar nicht in der Position, das zu tun; aber es hat menschliche Beziehungen zutiefst humanisiert, den Armen Würde verliehen und ihnen Gleichheit und Respekt unter anderen Menschen verschafft …

Zwar war die Mehrheit der Menschen in der frühen Kirche arm (siehe Apostelgeschichte 2,42-46 und 4,32-37) und die Kirche wurde offen als eine Gemeinschaft der Armen dargestellt, doch wurde diese kollektive Armut durch Solidarität, gegenseitiges Mitgefühl und wohltätige Unterstützung gemildert.

Jeder, der nicht arm ist, kann es durch Solidarität und mehr noch durch die Identifikation mit den Armen werden. Man empfindet tiefe Freundlichkeit und Mitgefühl angesichts der unmenschlichen Situation der Armen und entscheidet durch Liebe, gemeinsam mit ihnen zu leben, indem man an ihren Hoffnungen und an ihrer Erbitterung teilnimmt. Diese Solidarität ist aus einem heiligen Zorn geboren und bringt einen Protest zum Ausdruck: Dieser Mangel, der verarmend und entmenschlichend ist, sollte nicht sein; die Armen werden allgemein verhöhnt und fallengelassen; so gut wie niemand außer Gott kümmert sich um sie … Das war der Weg von Jesus. „Ob er wohl reich ist, ward er doch arm um euretwillen" und hatte das Ziel, die Unterschiede zwischen den Menschen zu überwinden, manche im Leiden und andere im Trost, dass „es gleich sei" (2. Korinther 8,9-13). Wie alle, die von ihrer Arbeit existieren müssen, lebte auch er als Zimmermann dürftig (Lukas 6,3), er war immer arm und lebte wie jeder andere Wanderpriester auch von Almosen; er führte gemeinsam mit seinen Jüngern eine Gemeinschaftskasse und kam sogar noch Armen zu Hilfe (Johannes 13,29). Seine Passion und das Kreuz machten ihn mit den extremsten Formen der Armut vertraut.

Die Ernsthaftigkeit des Evangeliums ist bei Franziskus von Zauber und Leichtigkeit umgeben, denn sie ist von Freude, Läuterung, Liebenswürdigkeit und Humor durchdrungen. Ihm wohnt ein unbesiegbares Vertrauen in die Menschheit und in die barmherzige Güte des Vaters inne. Dadurch vertreibt er alle Ängste und Bedrohungen. Sein Glaube entfremdet ihn nicht von der Welt; und er führt ihn auch nicht in ein Jammertal ...[33]

Aus *Aus dem Tal der Tränen ins Gelobte Land: Der Weg der Kirche mit den Unterdrückten:*

Befreiung hat immer ihren Preis. Tod und Auferstehung müssen mit biblischer Heiterkeit und Gelassenheit akzeptiert werden. Opfer, Bedrohungen, ja selbst das Märtyrertum erwecken keine Furcht. Entbehrungen jeder Art werden als Teil der Nachfolge Jesu angenommen. Unsere Gemeinden hegen mächtige Gefühle für das Kreuz. Sie betrachten es als einen notwendigen Schritt auf dem Weg zum Sieg. Wenn die Gerechtigkeit triumphiert, wenn die Menschen ihren Kampf gewinnen und das Leben lebenswert wird, erfahren sie die Auferstehung. Historische Befreiung ist ein Teil der Auferstehung Jesu ... es ist die Kraft der Präsenz des Geistes im Herzen der Geschichte.

Der biblische Gott wird uns als Vater von unendlicher Güte offenbart. Das Recht, Jahwe Vater zu nennen, erlangt man nicht durch menschliche Bemühungen. Der Name des Vaters drückt die pure Wirklichkeit Gottes als kreative Quelle aller Dinge aus. Gott erhält und bewahrt alle Dinge mit Macht und Liebe, wie eine Mutter oder ein Vater ... Wenn wir mit Jesus „Abba" – „Papa" – sagen, bringen wir eine Überzeugung zum Ausdruck, welche die Frucht von Jesu eigener Erfahrung ist: dass dieses alles durchdringende, alles erhaltende Mysterium keine Furcht erregende Wirklichkeit, sondern der Eine ist, der uns von zu Hause aus, wo unsere Reise einst enden wird, zusieht und erwartet. Weit davon entfernt, uns mit schrecklichen Taten zu drohen, ist dieser unser Vater und unsere Mutter das einzige Wesen im Universum, das uns mit vollkommener und vollkommen persönlicher Liebe annimmt.[34]

Aus *Die Neuentdeckung der Kirche: Basisgemeinden in Lateinamerika:*

Die Urkirche war im Wesentlichen apostolischer Natur und erschuf Ämter als Antwort auf Bedürfnisse oder passte eine bereits vorhandene Form auf dieselbe Weise an, wie zum Beispiel das synagogale Konzept im Kollegium der Presbyterianer angepasst wurde. Es war nicht von Bedeutung, ob die Strukturen der Vergangenheit erhalten wurden oder nicht. Das damalige Hauptanliegen bestand darin, der Welt den Auferstandenen und seinen Geist zu verkünden, seiner befreienden Botschaft der Gnade, Vergebung und uneingeschränkten Liebe Gehör zu verschaffen und eine Antwort menschlicher

---

33) Leonardo Boff, *Zärtlichkeit und Kraft: Franz von Assisi mit den Augen der Armen gesehen* (Patmos 1995)

34) Leonardo Boff, *Aus dem Tal der Tränen ist Gelobte Land: Der Weg der Kirche mit den Unterdrückten* (Patmos 1984)

Wesen auf diesen Ruf zu erleichtern. Die Tradition zu bewahren bedeutet, wie die ersten Christen zu handeln. Sie waren aufmerksam für den Geist, für die Worte des historischen wie auch des auferstandenen Jesus und für die Belastungen in jeder Situation. Sie erschufen, wenn sie glaubten, erschaffen zu sollen und bewahrten, wenn sie glaubten, bewahren zu sollen, und bei all dem vergaßen sie vor allem nie den Triumph des Evangeliums und die Bekehrung menschlicher Wesen … Stets alt und neu zugleich, hat die Kirche doch nie ihre Identität verloren. Christus nutzte alle erreichbaren Vermittlungsinstrumente, um sich selbst gegenwärtig zu machen, um menschliche Wesen zu erreichen und zu erretten.

Der Weg der Kirche sollte sich davon nicht unterscheiden. Heute, wo wir die Möglichkeit einer Neuerfindung der Kirche sehen, tauchen Überlegungen wie diese von selbst auf und erweisen sich als erstaunlich befreiend.

Die Aufgabe der Theologie erschöpft sich nicht in der Darstellung und Erklärung der offiziellen Lehren der Kirche. Theologie hat auch die Funktion, angemessene Antworten auf neue und dringliche Probleme zu finden, indem sie auf das depositum fidei[35] zurückgreift. Dieses „Gut" fließt jedoch nicht nur in den Kanälen der offiziellen Glaubenslehre, und es ist auch keine abgestandene Zisterne. Es kann neue Pfade entlang strömen, ohne die offizielle Glaubenslehre zu verleugnen und den wahren Reichtum des christlichen „Sakraments", des christlichen Mysteriums aufzeigen – vor allem in Zeiten dringender Not. Das „Glaubensgut" ist eine Quelle lebendigen Wassers – und fließenden Wassers. Das ist der Dienst, den man von der Theologie erwartet. Sie sollte aus ihrem Schatz nicht nur das Alte, sondern auch das Neue hervor bringen (Matthäus 13,52).

Es genügt nicht, auf die Möglichkeit der Ordination von Frauen in die Priesterschaft hinzuweisen. In welche Art der Priesterschaft sollen Frauen ordiniert werden? Die reale Priesterschaft der heutigen katholischen Kirche trägt das Brandmal des männlichen Zölibats, und dieses Mal ist tief eingebrannt … Frauen können und sollen männliche Priester nicht einfach nur ersetzen. Sie sollten ihre Priesterschaft auf ihre eigene Weise zum Ausdruck bringen.[36]

---

35) „Depositum fidei" bezeichnet im Katholizismus das Glaubensgut, die „Glaubenshinterlage". Damit ist in erster Linie der vollständige Lehrgehalt der christlichen Offenbarung gemeint, so wie er nach katholischer Auffassung durch die apostolische Tradition von der Kirche weitergegeben wird. [A.d.Ü.]

36) Leonardo Boff, *Die Neuentdeckung der Kirche: Basisgemeinden in Lateinamerika* (Matthias-Grünewald-Verlag 1980)

Aus *Kirche: Charisma und Macht. Studien zu einer streitbaren Ekklesiologie*:

Die Institution der Kirche ist derart verabsolutiert, dass sie dazu neigt, Jesus Christus durch sich selbst zu ersetzen oder sich als ihm gleichwertig zu verstehen. Anstatt als das Sakrament der Erlösung zu dienen, macht sie sich unabhängig, ist selbstgefällig und zwingt sich auf unterdrückerische Weise anderen auf … Dogma ist eine Sache, Dogmatismus aber eine ganz andere, Gesetz kontra Legalismus, Tradition kontra Traditionalismus, Autorität kontra Autoritarismus. Das Christentum wurde im krankhaften katholischen Verständnis auf eine einfache Erlösungslehre reduziert; es wurde wichtiger, die „für die Erlösung erforderlichen Wahrheiten" zu kennen als sich zu einer Praxis als Nachfolger Jesu Christi zu bekehren …

Mit der extrem totalitären Ideologie des Nationalsozialismus konfrontiert, war die institutionalisierte Kirche nicht in der Lage, ihre Ideale und die Botschaft des Evangeliums von ihrem Überlebensinteresse zu trennen. Die deutschen Bischöfe … haben ihre Position verdeutlicht, dass ‚die katholische Religion der nationalsozialistischen Regierungsform nicht feindlicher gesinnt ist als jeder anderen auch', obwohl weithin bekannt war, dass der Völkermord einen festen Bestandteil der nationalsozialistischen Lehre darstellte. Die Kirche hat als Institution nie prophetisch gehandelt, wenn damit die Gefahr einherging, in einer speziellen Region ausgelöscht zu werden. Sie hat es vorgezogen, zu überleben, obwohl sie von der massiven Verletzung der Menschenrechte wie zum Beispiel in Form der Vernichtung von Millionen von Juden und tausender polnischer Intellektueller durchaus gewusst hat.

Es besteht ein großer Unterschied zwischen der Kirche der ersten drei Jahrhunderte und jener, die danach zur Macht aufstieg. Die Urkirche war prophetisch; freudig hat sie die Folter erlitten und mutig ihr Leben durch das Märtyrertum gegeben. Sie hat sich nicht ums Überleben gekümmert, weil sie an das Versprechen des Herrn glaubte, nicht scheitern zu können. Erfolg oder Misserfolg, Überleben oder Vernichtung waren für die Kirche nicht ihr Problem, sondern das Problem Gottes. Dabei standen die Bischöfe in der ersten Reihe und überzeugten ihre Brüder und Schwestern davon, auch für den Herrn zu sterben. Die spätere Kirche war opportunistisch …

Die Kirche [ist] auf beinahe neurotische Weise mit sich selbst beschäftigt, weshalb es ihr an echtem Interesse für die tatsächlichen Probleme fehlt, mit denen sich die Menschheit konfrontiert sieht.

Jesus hat nicht die Kirche, sondern vielmehr das Königreich Gottes verkündet. Er propagierte eine totale und globale Transformation der alten Welt, die mit Hilfe göttlicher Intervention eine neue Welt werden sollte, in der Sünde, Krankheit, Hass und all die entfremdenden Kräfte, die sich sowohl auf das menschliche Leben als auch auf den gesamten Kosmos auswir-

ken, besiegt waren … Wenn das von Christus propagierte Königreich verwirklicht worden wäre, gäbe es keine Notwendigkeit für die Kirche …

Die Begründer der Kirche vergaßen nie, dass es weitaus weniger wichtig
war, in die Vergangenheit zu blicken und zu wiederholen, was Christus gesagt und getan hatte, als die Gegenwart zu betrachten und sich vom Heiligen
Geist und dem auferstandenen Christus inspirieren zu lassen, um Entscheidungen zu treffen, die am ehesten zu Erlösung und zu einer Weiterführung
des Vorhabens von Christus führen würden … Weder Paulus noch Johannes
fielen einer dogmatischen Fixierung zum Opfer und behaupteten, Jesus habe
exakt dieses oder jenes gesagt, sondern sie übersetzten diese Worte dem Geist
Christi und seiner Botschaft getreu in Konzepte und Ausdrücke, die ihre Zuhörer verstehen und annehmen konnten, was wiederum zu ihrer Bekehrung
führte …"[37]

Es ist fast unmöglich, Boffs Schriften zu lesen und sein Leben sowie sein Engagement für die Armen zu betrachten – oft hat er die Messe in den Favelas, also den
Slums Brasiliens gefeiert – ohne zu sehen, wie zutiefst ungerecht er behandelt worden ist oder ohne den großen Verlust wahrzunehmen, den es bedeutet, dass wir nun
auf seine Führerschaft und seinen priesterlichen Dienst für die Kirche sowie darüber hinaus verzichten müssen. Boff arbeitet seit seinem erzwungenen Austritt aus
der Priesterschaft und dem Franziskanerorden als aktives Mitglied einer christlichen Basisgemeinde in Brasilien, wo es mehr als 100.000 solcher Gemeinden gibt.

Heute hat Boff eher die Möglichkeit, zu sagen, was er denkt, und er berichtet,
dass die katholische Kirche in Brasilien für die Armen zunehmend an Bedeutung
verliert. Die Menschen, mit denen er zusammenarbeitet, setzen sich nicht aufgrund
ihres Christentums für soziale Gerechtigkeit ein, sondern weil sie zutiefst huma-
nistisch eingestellt sind. Seiner Ansicht nach hat sich die Welt seit den Anfängen
der Befreiungstheologie vor 25 Jahren beachtlich verändert. Heute besteht das Problem weniger in einer Ausgrenzung der Armen als darin, dass sie vollkommen aus-
geklammert werden. Heute geht es ums pure Überleben, und Grundsatzthemen
wie Arbeit, Gesundheit, Nahrung und Unterkunft nehmen die Befreiungstheologie vollkommen in Anspruch. Auch hat Boff sein Denken um ökologische Anliegen erweitert: „Die Erde hat die Grenzen ihrer Tragfähigkeit erreicht. Unsere Aufgabe besteht nicht in der Schaffung einer nachhaltigen Entwicklung, sondern einer
nachhaltigen Gesellschaft – einer Gemeinsamkeit von Mensch und Natur."[38] Zur
Kirche sagt er: „Der Papst hat eine feudalistische Einstellung zur Welt. Er will eine
Kirche der Reichen für die Armen, aber nicht mit den Armen."[39]

---

37) Leonardo Boff, *Kirche: Charisma und Macht. Studien zu einer streitbaren Ekklesiologie* (Patmos 1985)

38) Leonardo Boff, *Von der Würde der Erde: Ökologie, Politik, Mystik* (Patmos 1994)

39) http://www.thirdworldtraveler.com/Heroes/Leonardo_Boff.html

IV – Die Feinde des Inquisitors: Casaldáliga, Javorová und Callan

Bischof Pedro Casaldáliga

Im Jahr 1979 ritzte ein Dichter tief im Dschungel des Amazonas die folgenden Zeilen in portugiesischer Sprache mit einem Taschenmesser auf die Rückseite eines Bananenblatts:

Wir sind das Volk der Nation.
Wir sind das Volk Gottes.
Wir wollen einen Platz auf Erden.
Im Himmel haben wir schon einen.

Er nannte sein Gedicht „Schrei der Seele", und heute stellen diese Zeilen in Brasilien eine landesweite Hymne und den Schlachtruf von zehn Millionen Bauern und Menschen ohne Grundbesitz dar.

Der Name des Dichters war Pedro Casaldáliga, ein Bischof aus dem Amazonasdschungel. Seine Diözese namens Sao Felix (bei der es sich technisch betrachtet um ein Prälat handelt) ist der Regenwald selbst, mit seinen Millionen von Armut geplagten Arbeitern und den vielen einheimischen Indios des Regenwalds, die gegen die Bestrebungen der Bergbauunternehmen kämpfen, die ohne Rücksicht auf den Preis für den Dschungel und zukünftige Generationen so viele Reichtümer wie nur möglich aus dem Wald zu gewinnen versuchen. Wie viele brasilianische Bischöfe des 20. Jahrhunderts hat sich auch Pedro Casaldáliga gegen die unheilige Allianz von Militärdiktatur und internationalen Konzernen erhoben.

Ich begegnete Dom Pedro während des Jahres, in dem ich unter Ratzingers Schweigegebot stand. Ich verbrachte eine Woche mit ihm und seinen Gefährten in seinem Haus und schlief in seinem Bett, das er mir großzügig angeboten hatte. Dom Pedro ist ein Mann mit sanfter und leiser Stimme, klein und geerdet, der durchdringende blaue Augen und ein wunderbares Lächeln hat. Niemand würde glauben, dass sich ein solcher Mann leicht Feinde macht. Penny Lernoux, nordamerikanische Journalistin und Lateinamerika-Expertin, beschreibt Bischof Casaldáliga so: „Als Mann ein Strich in der Landschaft, doch mit dem Mut eines Märtyrers, ist Dom Pedro der typische Vertreter des kämpfenden Bischofs in Brasilien", eine Gruppe, die sie als „die Führer der größten und in vielerlei Hinsicht fortschrittlichsten katholischen Kirche der Welt" betrachtet. Dom Pedro bezeichnet die brasilianische Kirche als „Katakomben-Kirche", denn während der 13 Jahre währenden Herrschaft des Militärregimes (das von vor jeder großen Stadt stationierten amerikanischen Kanonenbooten unterstützt wurde), sah sich die Kirche erbarmungsloser Verfolgung ausgesetzt. Sie verdient Anerkennung dafür, dass sie dem Militär auf unterschiedlichste Weise Widerstand geleistet und die aus dem Zweiten Vatikanischen Konzil hervorgegangene Kirche in bahnbrechende Experimente mit neuen Formen der Kommunikation und Gottesverehrung, mit gemeinschaftlichen Basisgruppen, von Laien durchgeführten Messen geführt und „das Ziel von Papst Johannes XXIII. und dem Zweiten Vatikanischen Konzil verwirklicht [hat], eine zugänglichere, demokratischere Kirche zu schaffen, eine wahre ‚Gemeinde Gottes' … Die brasilianische Kirche ist die Kirche der Zukunft."[1]

Die Wahrheit ist, dass Bischof Casaldáliga die einheimischen Völker des Regenwalds mit ganzer Kraft unterstützt, was natürlich jene machtvollen Kräfte verstimmt, die darauf abzielen, den Regenwald für ihren persönlichen Gewinn und den ihrer Konzerne auszuplündern. Er verfügt über echte Vorstellungskraft, was ich selbst bezeugen konnte, als ich sah, wie er an einer Versammlung teilnahm, bei der er nicht die traditionelle Bischofsmitra trug, sondern einen Köcher voller Pfeile auf dem Rücken hatte, der für das Volk stand, mit dem er lebte und arbeitete. Darüber hinaus ist er ein Dichter, ein authentischer Mystiker und ein Prophet – wie so viele in seiner Diözese. Über seinem Bett befand sich ein mit Kohlestiften gezeichnetes Portrait von ihm, das ein Priester aus São Félix angefertigt hatte, während er im Gefängnis saß. Man hatte diesen Priester im Gefängnis zu Tode gefoltert. Casaldáliga besaß eine Kiste, in der er eine große Zahl von Gegenständen aufbewahrte, die von Schwestern, mitarbeitenden Laien und Priestern stammten, die für ihre Unterstützung der Armen inhaftiert und gefoltert worden waren. Ihre „Kapelle" befand sich hinter dem Haus, in dem er und die anderen Kirchenführer lebten – die Gruppe versammelte sich im Freien um einen Baum herum, um zu beten und Gott zu verehren. Der Bischof und die Bewohner seines Hauses – ein Priester, einige Schwestern und ein paar Laienarbeiter – wurden vom brasilianischen Militärregime selbst einige Zeit lang in Haft gehalten.

Und solche Helden betrachteten Casaldáliga als ihren Führer – einen mutigen und heiligen Mann, der vom Vatikan mundtot gemacht wurde. Warum? Nach einem von Joseph Ratzinger und Kardinal Bernadin Gantin, dem damaligen Präfekten der Kongregation für die Bischöfe, durchgeführten Verhör befahl Kardinal Ratzinger ihm, nicht öffentlich zu sprechen oder zu schreiben und untersagte ihm, seine Diözese ohne ausdrückliche Erlaubnis zu verlassen („Diözesenarrest"?). Man brachte fünf Anklagepunkte gegen ihn vor. Erstens hatte er sich geweigert, die von Rom geforderten *ad limina*-Besuche zu machen, die ein Bischof dem Heiligen Stuhl alle fünf Jahre abzustatten hat. Er sagte mir, diese Besuche würden eine Men-

---

1) Penny Lernoux, *Brazil: The Church of Tomorrow* APF-Newsletter von Penny Lernoux, *The Nation*, 15. März 1977

ge Geld kosten, das auszugeben er vor seiner von Armut geplagten Diözese einfach nicht rechtfertigen könne, und abgesehen davon würde in Rom eh niemand auf das hören, was er über sein Volk zu sagen hätte. Der zweite Punkt waren seine die Befreiungstheologie befürwortenden Schriften. Der dritte seine Reise nach Nicaragua, wo er seinen Freund Miguel D'Escoto während dessen Hungerstreik unterstützte. Viertens war er an der Gestaltung einer Form des Gottesdienstes beteiligt, die sich auf die Indios und die Kultur der Schwarzen in Brasilien fokussierte. (Er zeigte mir stolz eine Aufzeichnung eines solchen Gottesdienstes, die mich zutiefst bewegte und wahrscheinlich nicht unwesentlichen Einfluss auf die zukünftigen kosmischen Techno-Messen hatte, die ich später als Angehöriger einer Episkopalkirche entwikkeln sollte.) Fünftens schließlich bezeichnete er Óscar Romero als einen „Märtyrer". Er weigerte sich, eine Erklärung zu unterzeichnen, in der er seinen Rückzug aus all diesen Aktivitäten versprach und wurde drei Monate später mit einem Schweigegebot belegt.

Die brasilianische Militärregierung hat damals viele Priester und kirchliche Mitarbeiter ermordet. Ein Priester, der gegen die Zerstörung einer von Bauern aufgebauten Gesundheitsklinik protestierte, wurde verhaftet und zu zehn Jahren Gefängnis verurteilt, weil er „das Volk zur Revolte aufgewiegelt" habe. Im Oktober des Jahres 1976 gingen Pater João Bosco Penido Burnier und Bischof Casaldáliga zur Polizeistation der Dschungelstadt Ribeirão Bonito im Süden des Amazonaslandes, um gegen die Folterung zweier Bauersfrauen zu protestieren, von denen eine gezwungen worden war, stundenlang auf Kronenkorken zu knien, während Nadeln in ihre Brüste und unter ihre Fingernägel gesteckt wurden. Ein Polizist schlug Pater Burnier ins Gesicht und erschoss ihn dann. Er starb auf der Stelle. Casaldáliga war während der gesamten Tortur an seiner Seite. Die Dorfbewohner waren über die Ermordung Burniers so erbost, dass sie die Polizeistation am Tag seiner Beerdigung Stein um Stein auseinander nahmen. Vor den Ruinen wurde ein Kreuz aufgerichtet, um die Stelle zu kennzeichnen, an der „die Polizei Pater João Bosco ermordete, als er die Freiheit verteidigte." Das ist die Welt, in der Dom Pedro lebt und für die er sorgt.

Ein weiterer Priester, Pater Rudolf Lunkenbein, wurde im Juli des Jahres 1976 von den Handlangern eines Großgrundbesitzers ermordet, weil er versucht hatte, die Landrechte der Bororo-Indianer zu schützen. Um 1900 lebten etwa eine Million Indios in Brasilien. 1980 war diese Zahl auf 110.000 zusammengeschrumpft. Lunkenbein hatte in 19 verschiedenen Fällen vor den Regierungsbehörden gegen die Feldzüge der Ranchbesitzer gegen die Indios protestiert. Im Gebiet der Bororo war allgemein bekannt, dass die Großgrundbesitzer es seit 1974 auf ihn abgesehen hatten. „Rudolf wusste, dass er sterben würde", sagte einer seiner Freunde.[2] Das

2) Ebenda

85

sind die Kämpfe, die Bischof Dom Pedro führt. Das sind seine Gemeinde und seine Diözese.

Doch Brasilien hat noch eine Fülle weiterer Probleme. In vielen Städten „werden verlassene Kinder als Schandflecken betrachtet und von den Straßen der Stadtzentren entfernt, was üblicherweise von Polizisten durchgeführt wird, welche die jungen Menschen zusammentreiben und in Lastwagen in ein anderes Land befördern, wo man sie zurücklässt, nachdem man sie davor gewarnt hat, jemals wieder zurückzukehren. Die dreieinhalb Millionen verlassener Kinder in Brasilien werden nicht als gesellschaftlicher Missstand, sondern als eine Statistik betrachtet, die es zu bereinigen gilt."[3] Solche Aktionen stellen in Brasilien die normale Vorgehensweise dar. Als sich die Bischöfe auf drastische Weise gegen diese Taktiken aussprachen, zerrte man einen von ihnen aus seinem Auto, zog ihn aus und bemalte ihn mit roter Farbe. Sein Auto wurde beschlagnahmt und vor dem Haus in die Luft gejagt, in dem sich in Rio de Janeiro die Bischöfe versammeln. Das alles geschah im Auftrag einer dem rechten Flügel angehörenden Gruppierung, die Verbindungen zur Militärdiktatur hatte.

Als Antwort auf diese Angriffe griff die Bischofsgemeinde die Regierung an und forderte eine Rückkehr zu Demokratie und Rechtsstaatlichkeit. Im November 1976 gaben die brasilianischen Bischöfe einen wütenden Brief heraus, in dem sie erklärten, dass sie sich nicht mundtot machen lassen und auch nicht damit aufhören würden, die Armen und Unterdrückten zu beschützen, egal, wie sehr man sie verfolge. Darüber hinaus sagten sie, die Kirche sei nicht mehr bereit, eine Situation zu akzeptieren, „in der die Menschen nur Brosamen vom Tische der Reichen bekommen, sondern sie fordert eine gerechte Verteilung des Reichtums [des Landes]. ‚Warum haben nur wenige Menschen genug zu essen, während die Mehrheit hungrig zu Bett geht?' fragten die Bischöfe. ‚Warum können manche Menschen, einschließlich vieler Ausländer, Millionen von Morgen Land für ihr Vieh und den Fleischexport ansammeln, während unseren Armen nicht einmal erlaubt wird, weiterhin das winzige Stück Land zu bebauen, auf dem sie geboren worden und aufgewachsen sind?' ‚Warum haben nur sehr wenige Menschen die gesamte Entscheidungsgewalt?"[4]

Sie fuhren fort: „Die organisierten Mächte des Bösen wollen mit den Armen und Niederen nicht teilen, die die Mehrheit des [brasilianischen] Volkes darstellen. Nur die Großen und Mächtigen haben Rechte. Den Niederen erlaubt man nur, das zu besitzen, was sie unbedingt brauchen, um den Mächtigen weiterhin dienen zu können. Diese Menschen zu misshandeln bedeutet, Christus zu misshandeln." Weil die Kirche wagte, sich zu erheben und gegen diese „organisierten Mächte des Bösen" zu protestieren, wurden mehr als einhundert Priester und Schwestern vertrieben, inhaftiert oder ermordet, während Drohungen und körperliche Gewalt gegen Bischöfe ein ungezügeltes Ausmaß annahmen. Das Regime zensierte die Medi-

---

3) Ebenda
4) Ebenda

en der Kirche oder machte sie einfach dicht, was auch Zeitungen und Radiosender einschloss. Doch die Kirche war zu machtvoll, um von der Macht des Militärs aufgerieben zu werden. Man sagt: „Je mehr Verfolgung die Kirche erleidet, umso mehr wird sie zu einer ‚Kirche der Gefängnisse‘ und umso größer ist ihr politischer wie auch moralischer Einfluss in Brasilien."[5]

1975 drohte die Militärherrschaft Bischof Casaldáliga mit der Ausweisung, doch als die Weltöffentlichkeit von der Drohung erfuhr und sich zu einem Aufschrei erhob, zog sich die Regierung wieder zurück. Einer der bekanntesten Kirchenmänner Lateinamerikas, Erzbischof Miguel Fenelon Câmara aus Teresina, war sicher, dass man ihn ermordet hätte, wenn er nicht für den Friedensnobelpreis nominiert worden und so von der Aufmerksamkeit der Weltpresse beschützt worden wäre. Aber Câmaras einzigartiges Seminar ist von Ratzinger aufgelöst worden.[6]

In Nordbrasilien war auf mindestens ein Dutzend Bischöfe ein Kopfgeld ausgesetzt. Man hat Vergeltungsschläge gegen Priester, Nonnen, Laienführer und Bauern ausgeführt. Die Bischöfe, die mehr im Licht der Öffentlichkeit standen und daraus einen gewissen Schutz bezogen, beschlossen, sich „an die vorderste Front der Schusslinie zu stellen, um den Rest zu decken", sagte einer von ihnen.[7]

Lernoux bemerkt, Bischof Casaldáliga habe „seit er die Großgrundbesitzer und die Militärbehörden der Amazonasregion um São Félix durch die Organisation von Bauern-Genossenschaften, Schulen und Gesundheitseinheiten sowie durch die moralische Unterstützung, die er den landlosen *Posseiros* zukommen ließ, zutiefst verärgert hatte, an der Spitze" dieser mutigen Kirchenführer gestanden.[8] Dom Pedro ermutigt die Menschen dazu, sich zusammenzuschließen und mehr über ihre Rechte zu erfahren. „Er ist auch ein Dorn im Auge der Föderalregierung, denn er schreibt nicht nur überaus beliebte Gedichte, sondern veröffentlicht auch Dokumente über die Latifundien[9] von Volkswagen, Rio Tinto Zinc, Swift Meat Packing Company

---

5) Ebenda

6) Dom Helder Câmara wurde „der Prophet der brasilianischen Kirche" genannt. 1952 baute er die brasilianische Nationale Bischofskonferenz auf (CNBB), die zum „Hauptmotor des sozialen Wandels in Brasilien und faktisch in ganz Lateinamerika wurde" (Lernoux, *People of God*). Câmara leistete dem brasilianischen Militär 21 Jahre lang Widerstand und stellte die Macht der Ersten Welt über die Dritte Welt kritisch in Frage. Er wurde wiederholt mit dem Tode bedroht, von der brasilianischen Presse auf die Schwarze Liste gesetzt und neun Jahre lang aus dem brasilianischen Radio und Fernsehen verbannt.

7) Lernoux, *Brasilien*

8) Ebenda

9) Latifundien sind große Landgüter in Portugal, Spanien und Lateinamerika. Der Grundeigentümer eines solchen landwirtschaftlichen Großbetriebs verteilt seinen Besitz auf mehrere Kleinpächter und erhält von diesen Pachtzinsen, die vom Ertrag der Pächter unabhängig sind, also auch bei schlechter Ernte anfallen. Damit trägt der Kleinpächter das gesamte Risiko. Zusätzlich fehlt dem Pächter meist das Kapital für Investitionen, weil diese vom Grundbesitzer nicht gefördert werden, da dieser unabhängig vom Zustand des Guts immer denselben Pachtzins erhält. [A.d.Ü.]

und anderen multinationalen Konzernen, die im Amazonasgebiet Viehzuchtbetriebe aufgebaut haben, um diese dann steuerlich abschreiben zu können.

Doch 1988 brachte der Vatikan Bischof Casaldáliga auf sehr ungewöhnliche Weise zum Schweigen. Drei Monate zuvor hatte sich Dom Pedro bei einer Begegnung mit Kardinal Ratzinger geweigert, ein Dokument zu unterzeichnen, das seine Arbeit sehr eingeschränkt hätte, weil es ihm untersagte, seinen Prozessionen eine politische Bedeutung zu verleihen und ihm die Erwähnung der Befreiungstheologie in Wort und Schrift verbot. Das nicht unterzeichnete Dokument untersagte ihm auch, ohne Zustimmung eines Bischofs vor Ort in anderen Ländern zu predigen oder das Hochamt zu feiern. Der *New York Times* zufolge war dies „das erste Mal, dass [von Rom] gegen einen brasilianischen Bischof Disziplinarmaßnahmen eingeleitet wurden." Von Seiten des Militärs war das bereits zuvor geschehen, aber nicht von Seiten Roms. Obwohl sowohl die Kurie in Rom als auch der apostolische Nuntius in Brasilien es abgelehnt hatten, einen öffentlichen Kommentar zu diesem Dokument abzugeben, wurde sein Inhalt irgendwie dem brasilianischen Fernsehen zugespielt. Dom Pedro sagte: „Ich kann dieses Dokument nicht unterzeichnen. Dadurch, dass es bekannt werden konnte, hat es seine Glaubwürdigkeit und Seriosität verloren, und es nimmt keine Rücksicht darauf, dass ich Zeit zur Beantwortung benötige. Soweit es mich betrifft, sind wir wieder ganz am Anfang."[10]

Bezüglich des ihm auferlegten Redeverbots bemerkte er: „Meine Einstellung spiegelt die Sicht der Kirche in vielen Teilen der Welt wider. Ich habe die Kurie wegen der Art, wie die Bischöfe gewählt werden kritisiert, und ebenso wegen dem geringen Raum, der Frauen gegeben wird, wegen ihrem Misstrauen der Befreiungstheologie und den Bischofskonferenzen gegenüber und wegen ihres übertriebenen Zentralismus. Das bedeutet keinen Bruch mit Rom. Wir müssen mit Hilfe des Dialogs mehr Raum in der Familie der Kirche schaffen."[11]

Im Frühling des Jahres 1997 schrieb Bischof Casaldáliga über die Ängste, die in der modernen Kirche kursieren, und über die Suche nach einer neuen Art, „Kirche zu sein". Er sagt:

> Es ist wichtig, klar darzulegen, dass wir nicht über „eine andere Kirche, sondern eine andere Art, Kirche zu sein" sprechen … Es ist möglich und notwendig, die Kirche Jesu zu sein, aber auf eine andere Weise. Die Kirche Jesu hat im Verlauf der Geschichte immer wieder andere Formen angenommen, und es gab immer verschiedene Möglichkeiten, darin Kirche zu sein … Wir haben es mit Angst und Unsicherheit zu tun, aber andererseits auch mit Erfordernissen, die immer eindeutiger und sogar kollektiv werden und Befreiungserfahrungen darstellen. Es hat in der Kirche Jesu noch nie eine so große

---

10) Alan Riding, *Vatican Acts to Discipline Cleric in Brazil* in *New York Times*, 27. September 1988
11) Ebenda

Vielfalt gegeben wie heute, besonders in Bezug auf den Laienstand. Das trifft nicht nur in Lateinamerika, sondern auch in Europa zu. So sind zum Beispiel die Basisgemeinden eine alternative Erfahrung zu jener der traditionellen Gemeinden.[12]

Dom Pedro nennt einige der Ängste, die in der heutigen Kirche existieren, und meiner Ansicht nach beschreibt er damit das Erbe Ratzingers und seiner modernen Inquisition. Zu diesen vom Vatikan produzierten Ängsten gehört „die Furcht vor der modernen, säkularen Welt, die die Kirche aus dem öffentlichen Raum verdrängt und in den privaten Bereich verbannt hat." Darüber hinaus sieht Dom Pedro eine Furcht vor dem „ökumenischen Dialog" wie auch dem interreligiösen Dialog. Er empfindet die Kirche als einen „vom Land umschlossenen Hafen", weil darin eine große Angst vor episkopaler Kollegialität herrscht.

„In der Kirche gibt es Zentralismus, und das müssen wir erkennen." Da ist die Furcht vor dem Laienstand und insbesondere „die Furcht vor Frauen, die eine der größten Ängste der Kirche darstellt ... Wenn Frauen den Männern in der Gesellschaft gleichberechtigt sein können und sollten, warum dann nicht auch in der Kirche?" Dann ist da noch die tiefe Furcht vor Theologen: „Viele Theologen haben Bücher geschrieben, die nie veröffentlicht worden sind und aus Furcht vor Zensur auch niemals zur Veröffentlichung gelangen werden. Ich selbst kenne mehrere solche Fälle." Und es gibt die Angst vor „liturgischen Veränderungen" (er ist selbst zensiert worden, weil er daran beteiligt war, eine interkulturelle Version des Gottesdienstes zu erschaffen, in der auch die Art der schwarzen Brasilianer, Dichtung, Musik und Tanz zu erleben, willkommen war), und „die Angst davor, über Dinge wie die ordinierte Geistlichkeit, ein optionales Zölibat oder Laien in geistlichen Ämtern nachzudenken – von der Priesterweihe für Frauen gar nicht zu reden." Und natürlich die sein eigenes Herz so bedrückende Angst vor „Basisgemeinden" und der lateinamerikanischen Befreiungstheologie.

Casaldáliga erzählt, wie Papst Johannes Paul II. während eines Besuchs in Zentralamerika gefragt wurde, ob es mit der Befreiungstheologie nun, nach dem Fall der Berliner Mauer, vorbei sei. Der Papst antwortete, die Befreiungstheologie sei kein Problem mehr. Dom Pedro sagt: „Bei allem gebührenden Respekt glaube ich, dass sie nie ein Problem war. Für uns hatte sie eine große Bedeutung. Sie war eine passende Lösung und ist es noch immer." Und nicht nur die lateinamerikanische Befreiungstheologie, sondern die in Afrika und Asien ebenfalls, wie er rasch hinzufügt.

Dom Pedro zitiert das Dokument „Wir sind Kirche", das aus Österreich kam und von Millionen von Menschen einschließlich einiger Bischöfe in Europa unterzeichnet wurde. Pedro Casaldáliga sagt dazu: „Es ruft die Kirche dazu auf, anstel-

---

12) Bischof Pedro Casaldáliga, *Another Way of Being Church* (http://www.sedos.org/english/20_10_97.htm, Juli/August 1997)

le ihrer Botschaft der Kontrolle, der Drohung und Beschränkungen eine Botschaft anzunehmen, die glücklicher und voller Hoffnung, wenn nicht sogar Zärtlichkeit ist." Er betrachtet das Dokument als eine Aussage zu den Rechten und Ideen der Laien und glaubt, dass „sich der Prozess nur beschleunigen kann. Die Kirche wird zunehmend weniger hierarchisch werden. Sie wird zwar weiterhin eine Hierarchie sein, aber nicht mehr in so hohem Maße. Der Laienstand wird mehr in den Vordergrund treten. Wir werden gemeinschaftlicher werden." Der „Gemeinschaftsgeist" ist hier der Kernpunkt – nicht als Demokratie, sondern eher als „eine brüderliche Gemeinschaft, an der alle Menschen aktiv teilhaben, jeder einzelne mit seinem oder ihrem Dienst oder geistlichen Amt, aber immer mit vollkommener Beteiligung."

Vor allem aber besteht er darauf, dass „wir kategorisch bestätigen müssen, dass wir genauso ‚Kirche‘ sind, wie jeder andere auch, einschließlich des Papstes. Je mehr wir Jesus nachfolgen, umso mehr sind wir Kirche … Dieses Bewusstsein dafür, Kirche zu sein, sollte uns mit Dankbarkeit, Verantwortung und einem freien Geist erfüllen, was uns ermöglicht, mit größerer Bewusstheit, mehr Freiheit und in einer umfassenderen Wirklichkeit zu leben." Er versteht die Kirche als „keusch und Hure zugleich", um eine frühkirchliche Redewendung zu zitieren. Und er feiert die Kirchenreformer, die „durch die Jahrhunderte hindurch gut für die Kirche gewesen sind, weil sie diese erschüttert und daran erinnert haben, dass sie sich mit dem Wandel der Zeiten verändern musste." Er hält es für wichtig, die Kirche zu kritisieren und „den Unsinn zu erkennen, den sie geschaffen hat, noch immer erschafft und auch weiterhin erschaffen wird." Und er empfiehlt, „für die Vergebung unserer Sünden zu beten: die Sklaverei, die Kreuzzüge, die Eroberung Amerikas." Er schlägt eine gute Buße als „guten Weg zur Wiederherstellung der Glaubwürdigkeit" vor und empfiehlt, nicht mehr von der „Kirche als Institution" zu sprechen, sondern vielmehr „über uns selbst und andere zu sprechen, und darüber, dass jeder von uns seine oder ihre Verantwortung übernimmt", da wir „an einer Priesterschaft teilhaben, die allen Gläubigen gemeinsam ist."

Wenn wir gestorben sind, sagt er, werden wir nie wieder über Kirche oder Religion sprechen müssen, sondern nur über das Königreich Gottes. Also sollten wir das schon hier unten üben. Er warnt uns: „Habt keine Angst. Ich habe meinen Gott verändert und werde meinen Gott immer verändern. Dafür danke ich Gott." Eine neue Ekklesiologie wird uns eine Kirche geben, die „gemeinschaftlicher ist, besser dienen kann, mehr auf dem Dialog basiert, sich besser in die Geschichte und in die Wirklichkeit der Armen, Dürstenden, Besorgten und Hoffnungsvollen einfügt und die hoffentlich, wie vom Konzil gefordert, eine Kirche in *Gaudium et Spes* ist." Dem Aufruf zu einer „Parallel-Kirche im negativen Sinne des Wortes" widersetzt er sich und sagt: „Wir müssen Kirche sein, und das hängt ganz von uns ab."

Das sind die Worte eines überaus mutigen und vernünftigen Mannes.

Nach dem Besuch von Johannes Paul II. in Nicaragua im Jahr 1983, bei dem Katholiken während seiner Predigt wegen seiner Angriffe auf die Basisgemeinden in aufgebrachte Rufe ausgebrochen waren, kam es unter den Katholiken dort zu einer weit verbreiteten Verstimmung. Man besuchte Dom Pedro und bat ihn um seine Sichtweise der Dinge. Er sagte: „Ihr möchtet, dass ich mit Euch über den Papst spreche … Man kann über die Art und Weise, wie der Papst historisch gelebt und gehandelt hat und es heute noch immer tut, durchaus diskutieren. Petrus ist eine Sache, der Vatikan aber eine ganz andere … Ihr Leute mögt den Vatikan nicht, und Fakt ist, ich mag ihn auch nicht. Doch das vermindert unseren Glauben in keinster Weise. Wir haben das Recht und die Pflicht, eine authentischere Kirche haben zu wollen – und sie dazu zu machen – die ein besseres Beispiel abgibt. Ihr seid ebenfalls ‚die‘ Kirche. Dem Papst und den Bischöfen zu gehorchen bedeutet nicht, wie kleine Kinder, die keine Verantwortung tragen, in ihrer Gegenwart den Mund zu halten und einfach alles zu akzeptieren, was sie sagen oder tun. In der Kirche sollten wir Erwachsene sein. Wir alle sind Kirche: sündig und heilig, ‚die keusche Hure‘, wie es einer der heiligen Urväter der Kirche ausgedrückt hat. Das Zweite Vatikanische Konzil hat wiederentdeckt, dass die Kirche das in Christus versammelte Volk Gottes ist. Ein Volk, das zur vollständigen Befreiung reist.“[13]

Bischof Casaldáliga betet dafür, dass „Theologie und Prophetenschaft den Teufel besiegen“ und fordert mit seiner Bemerkung, die Kirche sei „in eine Art von Aggression verwickelt, die ich nicht begreifen kann“, zu so etwas wie kirchlichem Ungehorsam auf. Er fordert die Kirche dazu auf, endlich aufzuwachen. „Auch wenn ein großer Teil der Kirche im alten und geliebten Europa nicht an ihre Grenzen gehen will – weil sie müde ist, weil sie zufrieden ist, weil sie vergessen hat, dass es auch noch andere Welten gibt, weil sie die Begeisterung des Kindes und des Christen für die Kreativität verloren hat … ist die Kirche doch wenigstens hier in Lateinamerika, in der Dritten Welt, bereit dazu, ihre Grenzen zu überschreiten …“ Er erinnert seine Zuhörer daran, dass „ein höheres Gesetz – das Evangelium selbst – und außergewöhnliche Umstände … eine kirchenrechtliche Ausnahme rechtfertigen. Tatsächlich sind solche Ausnahmen in der Gegenwart wie auch Vergangenheit der katholischen Kirche bereits Hunderte von Malen mit weitaus weniger Rechtfertigung gemacht worden.“[14]

Dom Pedro beendete seinen Besuch in Zentralamerika mit einer Pilgerreise zu Oscar Romeros Grab in El Salvador, weil Erzbischof Romero den Todesschwadronen des Militärs wie auch dem Vatikan Widerstand geleistet hatte, der ihn regelmäßig nach Rom rief, um ihn dafür zu schelten, dass er die armen Bauern unterstützte und sich nicht dem Militär ergab. Er wurde schließlich vom Militär ermordet, während er an einem öffentlichen Ort einen Gottesdienst abhielt. Einer der Gründe, die Ratzinger für das Redeverbot für Dom Pedro angab war, dass dieser Romero als einen „Heiligen“ bezeichnet hatte. (In der traditionellen katholischen Theologie wird

---

13) Bishop Pedro Casaldáliga, *Kampf und Prophetie: Aufzeichnungen einer Reise durch Nicaragua* (1990)
14) Ebenda

ein Märtyrer grundsätzlich als heilig betrachtet.) Dom Pedro kniete an Romeros Grab nieder und verfasste ein Gedicht, das wie folgt endet:

Du wusstest
den doppelten Kelch
des Altars und des Volkes zu trinken
mit einer einzigen, zum Dienen gesalbten Hand.
Heiliger Romero der Amerikas, unser Hirte und Märtyrer
niemand
wird deine letzte Predigt
je verstummen lassen können![15]

Ludmila Javorová

1996 wurde ein Priester, der seit über 25 Jahren in diesem Beruf war, in das Büro eines Bischofs im tschechischen Brno gerufen, wo man ihm mitteilte, dass Rom von ihm verlange, nicht mehr als katholischer Priester zu praktizieren. Tatsächlich erklärte man ihm sogar, seine vor einem Vierteljahrhundert durchgeführte Priesterordination sei „ungültig". Woran nahm Rom hier Anstoß? Woran nahm Ratzinger Anstoß?

Bei besagtem Priester handelte es sich um Ludmila Javorová. Ludmila war eine Frau. Sie hatte die Ordination 1971 während der grimmigen Zeit der Besetzung dieses größtenteils katholischen Landes durch die Sowjets, während der viele Bischöfe, Priester und andere inhaftiert, gefoltert oder ermordet wurden, im Geheimen von einem Bischof der tschechischen Untergrundkirche erhalten. Nun untersagte man ihr offiziell, über den Fakt ihrer fünfundzwanzigjährigen Priesterschaft zu sprechen. Sie sagt: „Es wurde ein Verbot ausgesprochen, und niemand dachte darüber nach, was dann geschehen sollte. Es gab keinerlei Anteilnahme an der Person selbst."[16] Ein junger, neuer Vikar, der gerade seine Ausbildung in Rom beendet hatte, kam stattdessen in ihre Gemeinde und machte es sich zur besonderen Aufgabe, sie zu verfolgen und zu schikanieren. Dabei hatte sie Papst Johannes Paul II. bereits im Jahr 1983 einen geheimen Brief geschrieben, in dem sie ihn von ihrer Ordination in Kenntnis setzte, aber nie eine Antwort darauf erhalten. Mit den Worten ihres Bischofs, der sie aufforderte, jede Form der Arbeit als Priesterin von nun an zu unterlassen und die Tatsache ihrer Priesterschaft zu verheimlichen, hörte sie in dieser Sache zum ersten Mal von Rom.

---

15) Ebenda

16) Miriam Therese Winter, *Out of the Depths: The Story of Ludmila Javorová, Ordained Roman Catholic Priest* (Crossroad, New York 2001), alle weiteren Zitate Javorovás ebenda.

Derselbe Mann, der Ludmila ordiniert hatte – Bischof Felix Maria Davídek – hatte zwischen 1967 und 1987 in der Untergrundkirche im Geheimen noch 67 weiteren Menschen die Priesterweihe gegeben (darunter sechs Frauen) und auch 16 Bischöfe geweiht. Unter allen objektiven Gesichtspunkten betrachtet hatte sich Davídek während des gewaltsamen Kampfes des Kommunismus gegen den Katholizismus in der sowjetisch besetzten Tschechoslowakei als Held mit enormen Mut und intellektueller Kraft erwiesen. Wie kam er also zu dem Schluss, es sei angemessen, Frauen die Priesterweihe der katholischen Kirche zu geben? Werfen wir einen kurzen Blick auf seine Geschichte.

Felix Maria Davídek wurde kurz nach dem Zweiten Weltkrieg am 29. Juni 1945 in Brno von Bischof Stanislav Zela, dem Weihbischof von Olomouc, zum Priester ordiniert. Er hielt seinen ersten Gottesdienst im Stadtteil Chrlice seiner Heimatstadt Brno ab, an dem auch ein dreizehnjähriges Mädchen teilnahm, das von all dem völlig fasziniert und in Ehrfurcht versetzt wurde. Felix war am 12. Januar 1921 zur Welt gekommen, entwickelte eine große Begabung für die Wissenschaften und das Klavierspiel und las leidenschaftlich gern. Seine nicht sehr religiösen Eltern waren ziemlich überrascht, als er ihnen als Jugendlicher von seinem Wunsch erzählte, in die Priesterschaft einzutreten. 1939 marschierten die Nationalsozialisten in sein Land ein und besetzten es. Von 1940 bis 1942 studierte er Theologie und plante gemeinsam mit anderen, irgendwann in der Zukunft in Mähren eine katholische Universität zu gründen. Mit Ludmilas Vater verband ihn aufgrund intellektueller Gemeinsamkeiten eine besondere Beziehung. Er war regelmäßig in dessen Haus zu Gast, um mit ihm bis in die späte Nacht hinein über Philosophie und Theologie zu diskutieren. Während seines Theologiestudiums vernachlässigte er auch sein Interesse an der Medizin nicht. Sein Geist und seine Vorstellungskraft waren beinahe unbezähmbar. Ludmila sagt: „Felix war wirklich nicht typisch – ein freier Geist, spontan, unberechenbar und mit einer charismatischen Freude am Leben."

Felix Davídek führte sein Medizinstudium fort und machte 1947 seinen Abschluss an der medizinischen Hochschule, um fortan ebenso als Arzt wie auch als Geistlicher zu arbeiten. 1948 verlieh man ihm darüber hinaus den Doktor in Psychologie. Im selben Jahr begann er mit der Umsetzung seines lang gehegten Traums vom Aufbau einer katholischen Universität. Sie erhielt den Namen „Katholisches Atheneum" und existierte von 1948 bis 1950 – dem Jahr, in dem Felix von der Geheimpolizei festgenommen wurde.

In der Tschechoslowakei hielt die Freude über das Ende des Krieges nicht lange an, denn die kriegsmüden Einwohner tauschten die Schrecken der Besetzung durch die Nationalsozialisten und des Zweiten Weltkriegs lediglich gegen jene der sowjetischen Besetzung ein. 1946 gewannen die Kommunisten die Wahl. 1949 erließ Papst Pius XII. eine Proklamation, die besagte, dass jeden römischen Katholiken, der den Kommunismus unterstützt, die Exkommunikation erwarte. Die mittlerweile kommunistische Regierung konterte, indem sie die Kontrolle über alle Seminare, theologischen Fakultäten und Schulen übernahm und das Friedenskomitee der katholischen Geistlichkeit aufbaute, um die Kirche von innen heraus zu spalten. Religiöse Orden wurden verboten; ihre Mitglieder steckte man in Arbeitssiedlungen. Bischöfe wurden inhaftiert oder unter Hausarrest gestellt. Die Mehrheit der Priester wurde in Armeelager gebracht, wo sie Schwerstarbeit leisten mussten. Viele Geistliche wurden ermordet.

Wie reagierte Felix auf diese Verfolgung? Er eröffnete ein Untergrundseminar und wurde dann 1950 festgenommen und in ein Hochsicherheitsgefängnis gebracht, eines der schärfsten des Landes. Er entfloh durch das Fenster der Toilette einer Polizeistation und schaffte es, sich sechs Monate lang vor der Staatssicherheit zu verbergen. Heimlich hielt er die Verbindung zu seiner Fakultät am Atheneum aufrecht und plante die Flucht ins Ausland. Doch dann wurde er von verdeckt arbeitenden kommunistischen Agenten verraten und erneut gefangengenommen. Man verurteilte ihn zu 24 Jahren Gefängnis und entzog ihm sein gesamtes Vermögen und seine Bürgerrechte. Darüber hinaus musste er eine Strafe zahlen. Die Polizei ging zum Gemeindehaus und beschlagnahmte alles einschließlich seiner Bücher.

Felix wurde nach Mirov verlegt, ein gefürchtetes mittelalterliches Gefängnis etwa 150 Kilometer nördlich von Brno. Dort verbrachte er die meiste Zeit in Isolationshaft – und überlebte trotzdem. Er wurde in einer unterirdischen, fensterlosen Zelle festgehalten und erhielt eine Mahlzeit am Tag, die aus einer Scheibe Brot und einer wässrig schmeckenden, heißen Flüssigkeit bestand. In dieser Situation legte er großen Wert darauf, zwölf Stunden pro Tag den Rand der Zelle abzulaufen. Er schlief auf einer Bettplanke und hatte nur eine einzige Decke, mit der er sich vor den strengen Wintern schützen konnte. „Diese Unterbringung hatte er sich mit dem verbalen Widerstand gegen ungerechte Wächter sowie mit der Verteidigung anderer Gefangener verdient – und auch damit, dass er sie von ihren Sünden lossprach. Wann immer er sich nicht in seiner Isolationszelle befand, sägte er auf irgendeine Weise am System, und das Ganze begann wieder von vorne. Er organisierte eine Universität – selbst dort, unter den Gefangenen." Er forderte andere gebildete Mitinsassen auf, ebenfalls Gefangene zu unterrichten, was oft geschah, während sie gemeinsam im Hof auf und ab gingen.

Felix schrieb im Gefängnis auch Gedichte – und zwar auf Papierfetzen. „Diese verborgenen Aktivitäten – das Lehren, Schreiben und der Besitz von verbotenen Gütern wie Stiften und Papierstücken – waren allesamt strengsten untersagt, was mit erklärt, wie er es schaffte, so lange in Isolationshaft zu bleiben. Eine ganze Reihe seiner Verstöße bestand darin, als Priester, als Arzt, als beteiligtes menschliches Wesen zu handeln. Es war nicht erlaubt, für andere Gottesdienste abzuhalten. Er nahm das Risiko in Kauf und bezahlte dafür mit monatelanger Einzelhaft. Wegen seinem unermüdlichen Geist und seinem mitfühlenden Herz war Davídek einfach unverbesserlich." Allen Regeln zum Trotz feierte er heimlich die Heilige Messe, wobei er in Wasser eingelegte Rosinen als Wein und einen Kaffeelöffel als

Kelch verwendete. Seine Mitgefangenen – Bischöfe, Priester, Professoren und ganz gewöhnliche Menschen – „vergaßen nie, was Davídek alles tat, um ihre Stimmung zu heben."

Da die Frauen im Gefängnis von den Männern getrennte Zellen bewohnten, versuchte er, ihnen durch die Wand hindurch seelsorgerisch zu Diensten zu sein. Und genau da dämmerte es ihm allmählich, dass die Frauen das für sich selbst tun könnten, wenn sie Priesterinnen wären.

Im Februar 1964 wurde er entlassen, nachdem er mehr als seine halbe Strafzeit verbüßt hatte (die Zeiten änderten sich langsam). Er hatte 14 Jahre im Gefängnis verbracht. Nach seiner Rückkehr suchte er seine alten Freunde auf, darunter auch Ludmila, die er von nun an in Philosophie unterrichtete. Darüber hinaus hatte er Schüler, die er im Verborgenen zu Priestern ausbildete. Und das, obwohl er sich für weitere zehn Jahre auf Bewährung befand – wenn man ihn erwischt hätte, wäre er sofort wieder ins Gefängnis gekommen, und diesmal wahrscheinlich für den Rest seines Lebens. Er wusste, dass er unter ständiger Beobachtung stand und brachte anderen bei, wie man mit einer solchen Situation umgeht. Ludmila wiederum hielt ihre Arbeit sogar vor ihren eigenen Eltern geheim, um diese nicht in Gefahr zu bringen.

Felix lehrte Gegenwartspolitik und gab die Weltnachrichten weiter. Seine Philosophie „betonte insbesondere die Bedeutung der Kreativität. Für Davídek war es äußerst wichtig, die Fähigkeit zu entwickeln, zu jeder gegebenen Zeit neue Formen des Lebens erkennen zu können." Er verteidigte die Evolutionstheorie und Teilhard de Chardin, der zu diesem Zeitpunkt in vielen katholischen Kreisen noch als sehr verdächtig galt. Weil das kommunistische Regime nach wie vor überaus wachsam war, gingen sie in den Untergrund und versammelten ihre Studenten nachts, wo sie heimlich Unterricht erhielten. Da sie am Tag arbeiten gingen, erhielten sie alle nicht gerade viel Schlaf. Anfangs wagten die Studenten es nicht, sich Notizen zu machen oder irgendetwas aufzuschreiben.

Sie bereiteten ihre Studenten zwar auf die Ordination vor, doch aus Angst vor dem Regime war kein Bischof bereit, diese auch durchzuführen. „Niemand wollte für uns ordinieren. Alle hielten es für zu riskant." Doch manche von ihnen hatten 20 Jahre darauf gewartet, zum Priester geweiht werden zu können. Schließlich gestattete Papst Paul VI. im Oktober 1967 in Deutschland die geheime Weihe von Jan Blaha zum Bischof. Am nächsten Tag weihte Bischof Blaha Felix Davídek ebenfalls zum Bischof. Felix sollte der (wenn auch geheime) vorsitzende Bischof von Brno werden. Sie wichen der Geheimpolizei aus, indem sie die Menschen im Haus des Bruders von Ludmila, in Davídeks Haus und an anderen geheimen Orten ordinierten. Die Neugeweihten schworen, aufgrund der Notwendigkeit zur Geheimhaltung niemandem davon zu erzählen, nicht einmal ihren eigenen Eltern. So bauten sie kleine, verborgene Gemeinden auf. Im Jahr 1989 weihte Davídek 21 neue Priester. So begann sich ein stets größer werdender Kreis kleiner Gemeinden zu bilden.

Als die sowjetische Armee 1968 einmarschierte, erhielt Davídek die Nachricht, dass Bischöfe und Priester gefangengenommen und in die Sowjetunion deportiert werden sollten. Da er davon ausging, ebenfalls dazuzugehören, weihte er andere zu Bischöfen – aber unter der Bedingung, dass sie ihr Bischofsamt nur im Fall ihrer Inhaftierung oder Deportation ausüben sollten. Gegen Ende des Jahres 1970 hatte er etwa vierzig Priester ordiniert. Und er arbeitete mit der Griechisch-Katholischen Kirche zusammen, indem er verheiratete Priester weihte. So zum Beispiel im Februar 1969 im Fall von Ludmilas jüngerem Bruder Josef, der seit sieben Jahren verheiratet war und zwei Kinder hatte.

Im Gegensatz zu vielen anderen Priestern fühlte sich Felix in der Gegenwart von Frauen wohl und sah nicht von oben auf sie herab. Ludmila sagt: „Er ging spontan mit Frauen um, was sehr untypisch war." Felix machte Ludmila zu seiner Generalvikarin, weil sie die damit verbundenen Aufgaben in Böhmen und Mähren sowieso bereits ausführte. Damit machte er eine klare Aussage zu Frauen in geistlichen Ämtern. Dessen war er sich durchaus bewusst; er betrachtete es als seinen Beitrag zur Ausbildung des Klerus. Bischof Davídek unternahm viele Besuche bei Schwestern, die in religiösen Gemeinschaften lebten. Viele von ihnen waren im Gefängnis gewesen und hatten dort keinen Zugang zu einem Priester gehabt. Davídek sagte: „Die Gesellschaft braucht den Dienst der Frauen als besonderes Werkzeug zur Heiligung der Menschheit." 1970 hielt er einen Vortrag darüber, wie und warum Frauen historisch von der Priesterschaft ausgeschlossen gewesen waren. „Seiner Ansicht nach gab es keine dogmatische Grundlage für die Fortführung dieser Praxis, vor allem wenn die Zeichen der Zeit auf ein derart dringliches Bedürfnis nach Frauen in geistlichen Ämtern hinwiesen. Er kritisierte das Frauen so abwertende ‚Steinzeitdenken' und machte deutlich, dass diese veraltete Tradition die gesamte Kirche benachteiligt."

Davídek hatte schon immer versucht, mit einem Kirchenrat zu arbeiten, und so rief er einen solchen Rat zusammen, um die Ordination von Frauen zu erörtern. Felix erklärte, aus Sicht der Sakramentenlehre gäbe es da kein Problem. Allerdings würde das Kirchenrecht hier Schwierigkeiten bereiten, doch „das Leben hat Vorrang vor einem Codex. Ich bin bereit, dieses Risiko einzugehen. Die Zeichen der Zeit kommen von Gott, und wir sind verpflichtet, uns damit zu beschäftigen … Die Menschen brauchen die Ordination von Frauen. Sie warten buchstäblich darauf, und die Kirche sollte das nicht verhindern. Wenn wir in allen anderen Bereichen zu den lebensspendenden Quellen des Urchristentums zurückkehren, dann auch in dieser Sache." Zwei Bischöfe ergriffen für ihn Partei, doch vier weitere stellten sich gegen ihn und versuchten, das Verfahren zu unterbrechen. Diese Prüfung erschöpfte sowohl Felix als auch Ludmila. Ludmila bemerkt: „Der unerwartete Verrat durch vier seiner Bischöfe, die er als Freunde und Kollegen betrachtete, und das geteilte Abstimmungsergebnis zur Frage der Ordination von Frauen hatten ihn bis ins Herz getroffen." Einen derart heftigen Widerstand hatte er nicht erwartet.

Doch mehr noch als sein Studium der frühen Kirche wurde Davídek von der seelsorgerischen Notwendigkeit motiviert – einer Notwendigkeit, die er in seinen 14 Jahren im Gefängnis und bei seinen Besuchen bei Religionsgemeinschaften von Frauen selbst und aus unmittelbarer Nähe hatte erkennen können. Schließlich entschied er sich, auf Grundlage der unsicheren Zeiten zu handeln, in denen man sich befand. Er glaubte, bald wieder inhaftiert zu werden. Er sagte, es sei „eine Gewissensfrage" und meinte: „Wenn wir auf die Zustimmung eines Mannes dazu warten, wird es nie passieren, also müssen wir ohne diese Zustimmung weitermachen." „Warum haben Sie mich gewählt?" fragte Ludmila. Er antwortete: „Es ist nur natürlich. Es ist eine Minute vor zwölf." Das Problem weiblicher Priester war dringend und konnte nicht mehr ignoriert werden. Er versprach, den Papst selbst zu informieren. Am 28. Dezember ging Ludmila gegen zehn Uhr abends zu Felix Haus, wo sie der Bischof mitten in der Nacht unter genauer Einhaltung des Ordinationsritus des römischen Pontifikats zur Priesterin weihte.

Insgesamt wurden in der Tschechoslowakei sieben Frauen ordiniert, doch weil es für dieses „Geheimnis in einer geheimen Kirche" so wenig Unterstützung gab, war Ludmila die einzige, die auch Priesterin blieb. Sie arbeitete in Krankenhäusern und ging auch zu einzelnen Menschen, aber all das notwendigerweise im Untergrund. Nicht einmal ihre Eltern wussten von ihrer Ordination. Davídek wollte den Papst persönlich von den von ihm durchgeführten Frauenweihen in Kenntnis setzen, wurde von der Regierung jedoch daran gehindert, das Land zu verlassen. Javorová erkannte, welche Stunde geschlagen hatte, als Davídeks Gesundheit zu schwinden begann, und so tat sie es selbst, nachdem sie Felix davon informiert hatte. Sie schrieb einfach einen Brief an Papst Johannes Paul II. in dem sie sagte: „Heiliger Vater, ich habe unter den folgenden Umständen die Priesterweihe erhalten … was ich hiermit mitteile." Sie brachte den Brief zu Kardinal František Tomášek, dem Erzbischof von Prag, damit dieser ihn dem Papst persönlich überreichen konnte. Dem Kardinal gestand sie, ordiniert zu sein. Dieser teilte ihr niemals mit, den Brief übergeben zu haben. Stattdessen hörte sie gerüchteweise, sie sei exkommuniziert worden, doch der Papst habe die Exkommunikation aufgehoben.

Im Herbst 1989 kam es zum Sturz des Kommunismus. Die Tschechoslowakei wurde befreit. Im April 1990 besuchte der Papst das Land, und 1992 kam er ein zweites Mal. Alle Bischöfe auf der Welt gehen einmal alle fünf Jahre nach Rom, um dem Papst ihren *ad limina*-Besuch abzustatten. Die tschechischen Bischöfe taten dies nun zum ersten Mal nach vierzig Jahren wieder. Es herrschte große Aufregung – jetzt, wo die Untergrundkirche wieder zum Vorschein treten konnte.

Doch stattdessen geschah etwas sehr Überraschendes. Jene Geistliche, die mit den Kommunisten zusammengearbeitet hatten, wurden „rasch wieder zusammengeführt". Zugleich enthielt Rom den Untergrundpriestern die offizielle Anerkennung vor und wartete auf einen Beweis für die Gültigkeit dieser Ordinationen, was jedoch aufgrund der strikten Geheimhaltungsrichtlinien, die während der Zeit der Verfolgung keinerlei schriftliche Dokumente erlaubten, so gut wie unmöglich war.

„Was von den Kräften des Kommunismus als rechtmäßig betrachtet worden war, wurde von Rom nun als eine Parallel-Priesterschaft wahrgenommen und als ein Problem, das es zu lösen galt."

1992 unterschrieb Kardinal Joseph Ratzinger als Präfekt der Kongregation für die Glaubenslehre einen Hirtenbrief des Vatikans, der für alle Untergrundpriester eine Ordination *sub conditione*[17] verlangte. „Die Priester selbst haben nie an der Gültigkeit ihrer Weihe gezweifelt. Das war ausschließlich Roms Problem", bemerkt Ludmila Javorová. Etwa fünfzig Priester unterzogen sich dieser neuerlichen Ordination. Auch die verheirateten Priester mussten nach dem Ritus der Griechisch-Katholischen Kirche ein zweites Mal geweiht werden. 22 von ihnen fügten sich. Aber einige der Priester, darunter sowohl verheiratete als auch zölibatäre, weigerten sich. „Sie nehmen die Implikation übel, dass ihre jahrelange priesterliche Seelsorge unter schwierigen und gefährlichen Bedingungen und ihre eigene persönliche Integrität nun in Frage gestellt werden … Im Zentrum des Streites um die Gültigkeit der Weihen und Ordinationen war und ist noch immer Bischof Felix Maria Davídek."

Heute fasst Ludmila die Rolle von Bischof Davídek wie folgt zusammen: „Er hat wegen meiner Ordination so viel erleiden müssen. Das war eine vollkommen neue Sache, ungewöhnlich und noch nie dagewesen. Ich verüble ihm nichts, was er in Bezug auf meine Ordination getan hat, denn es gab einfach keine andere Möglichkeit für ihn. Jetzt ist er mein Fürsprecher, und nicht nur meiner. Er ist der Fürsprecher aller Frauen, die priesterliche Wirkkraft haben."

Ludmila selbst wuchs während der schrecklichen Zeit des Zweiten Weltkriegs auf. Erst marschierten die Deutschen und dann die Russen in ihr Land ein. Nahrung war selten, nur den Tod gab es überall. Ihr ältester Bruder war gerade mal im Jugendlichenalter, als er von einer Bombenexplosion getötet wurde. Sie musste ihre Ausbildung abbrechen, und ihr Wunsch, in ein Kloster einzutreten, fiel der Kriegswirklichkeit zum Opfer. Sie arbeitete unermüdlich, selbstlos, mutig und ohne Pause, um Felix zu unterstützen, erst als frisch aus dem Gefängnis entlassenen Priester und später als Bischof, als er an vorderster Linie in der gefährlichen Situation einer geheimen Kirche im Inneren einer überwachten Kirche wirkte.

Um nicht den Verdacht der Obrigkeiten zu erregen, ging sie tagsüber einer geregelten Arbeit nach und widmete sich nachts ihren Aufgaben in der Kirche. Tag für Tag brachte sie ihr Leben in Gefahr, um die hervorragende Ausbildung, die sie von Felix erhalten hatte, auch an viele andere zukünftige Priester oder Bischöfe weiterzugeben. Man fragt sich, wie sie mit so wenig Schlaf und so viel Stress körperlich überleben konnte. Alles musste im Untergrund und mit Hilfe geheimer Mitteilun-

---

17) Die bedingungsweise Spendung eines Sakraments, die dann durchgeführt wird, wenn die Gültigkeit der Erstspendung in Zweifel steht. Die Formulierung wäre hier zum Beispiel: „So du noch nicht geweiht bist, weihe ich dich …". Der Grundgedanke besteht darin, dass Gott entscheiden soll, ob das Sakrament bereits gegeben bzw. empfangen wurde oder nicht. In diesem Zusammenhang wurde damit jedoch die Berechtigung Bischof Davídeks zur Priesterordination und somit die Rechtmäßigkeit aller von ihm durchgeführten Weihen in Zweifel gezogen. [A.d.Ü.]

gen erledigt werden. All das hat sie erfolgreich organisiert und durchgeführt. Sie hat Felix geholfen, die Kirche in ihrem verfolgten Land zusammenzuhalten.

Und der Lohn für all ihre Opfer der Liebe? Wie hat die Kirche ihre Großzügigkeit erwidert? Indem man ihr erklärte, ihre 25 Jahre als Priesterin seien „ungültig" gewesen und ihr verbot, jemals wieder darüber zu sprechen. Sie selbst sagt einige Jahre später dazu: „Ich bin [jetzt] seit 30 Jahren Priesterin, und niemand kann das auslöschen. Sie können nicht sagen, es sei nie so gewesen … Was mir passiert ist, geschah zu einem außergewöhnlichen Zeitpunkt in der Geschichte und an einem ganz besonderen Ort. In der Heilsgeschichte akzeptiert Gott zu bestimmten Zeiten Dinge, die zu anderen nicht erlaubt gewesen wären. Gott hat meine Ordination erlaubt."

Sie fährt fort: „Es war so unerwartet. Ich hatte nicht damit gerechnet, ordiniert zu werden. Ich nahm es als Geschenk Gottes an … Ich habe nie nach Macht gestrebt, ich habe es nicht getan, um mit anderen zu konkurrieren, ich wollte einfach nur dienen. Alles, was ich wollte war, anderen Menschen das Leben etwas leichter zu machen. Meiner Meinung nach besteht das Wesen des Evangeliums darin, anderen Menschen das Joch zu erleichtern, und dabei wollte ich helfen." Ludmila Javorová stellt fest: „Christus hat keinen Unterschied zwischen Männern und Frauen gemacht. Wenn eine Frau die Fähigkeit hat, diese Momente zu vermitteln oder anderen Menschen näherzubringen, warum sollte man sie dann davon abhalten, es zu tun?"

Und sie stellt folgende Fragen: „Sollten wir die Zukunft der Ordination von Frauen nur einer Hälfte der Menschheit überlassen? Ich glaube, dann wird es nie dazu kommen. Diese beiden Hälften, Männer und Frauen, müssen sich in dieser Sache irgendwo begegnen. Wir können den nächsten Schritt nur dann machen, wenn wir zusammenkommen und einander verstehen lernen." Ludmila selbst bezeugt die Tatsache, dass, wie sie sagt, „in Frauen priesterliche Wirkkraft vorhanden ist. Sie [ihre Geschichte] führt auch zu der Frage, ob der Geist Gottes in der priesterlichen Seelsorge systematisch durch eine gerichtliche Beschlussfassung ausgelöscht wird." Der gerichtliche Beschlussfasser war Kardinal Ratzinger, jetzt Papst Benedikt. Man fragt sich doch, warum er Ludmila und dem verstorbenen Bischof Davídek nicht das Lob einer dankbaren Kirche für ihren Mut und ihren Erfindungsreichtum inmitten von Gefahr und Verfolgung ausgesprochen hat, anstatt ihre Namen und ihre Persönlichkeit der Denunziation ihrer Arbeit auszusetzen. Wie seltsam es doch ist, denselben Ratzinger immer dann, wenn das Thema angesprochen wird, die Ordination von Frauen mit „Radikalfeminismus" gleichsetzen zu sehen. Ist er Ludmila Javorová je begegnet? Legt irgendetwas an ihrer Geschichte nahe, sie könne als „Radikalfeministin" gehandelt haben? Oder das Bischof Davídek ein „Radikalfeminist" war? Sie taten es, um eine verfolgte Kirche zu retten. Beide konnten die authentischen Zeichen der Zeit erkennen und begriffen, dass es für Sexismus und das Patriarchat in einer Organisation, die angeblich im Namen von Jesus, dem Befreier handelt, keinen Platz geben kann. Eines Tages wird die Geschichte sie so rühmen, wie sie es verdienen.

Pater Jim Callan

In Rochester im amerikanischen Bundesstaat New York gab es einmal eine sehr lebendige römisch-katholische Gemeinschaft, die sich Corpus-Christi-Gemeinde nannte.[18] 1977 wurde Pater Jim Callan zum Verwalter dieser Gemeinde ernannt. Eine seiner ersten Handlungen bestand darin, Schwester Margie Henninger damit zu beauftragen, in die Straßen hinauszugehen und herauszufinden, was das Viertel brauchte. Basierend auf ihrer Einschätzung bestand ihre erste gemeinsame Entscheidung darin, eine Anlaufstelle sowie ein Öffentlichkeitsprogramm zu erschaffen, die sich bald zu einem Gesundheitszentrum entwickelten, das Tausende von Menschen ohne Krankenversicherung versorgte, die medizinischer Behandlung bedurften.

Im nächsten Jahr begann die Gemeinde damit, zehn Prozent der Wochenend-Kollekte für die Armen zu reservieren sowie regelmäßige Besuche von Gemeindemitgliedern in den beiden lokalen Gefängnissen Monroe County Jail und Attica State Prison zu organisieren. 1979 sammelten sie für Schwester Isabel Lumpy in Port-au-Prince und unterstützen seitdem kontinuierlich ein Pfarramt auf Haiti. 1980 begannen sie mit der Speisung von Obdachlosen, die sie von ihrer Kirchenküche aus durchführten. In diesem Jahr eröffneten sie auch eine Kinderbetreuungseinrichtung für arbeitende arme Menschen und bauten Rogers House auf, ein Heim für männliche ehemalige Straftäter.

1982 schufen sie im Keller der Kirche eine Winter-Unterkunft für Obdachlose. Zwei Jahre später folgte in Zusammenarbeit mit der Vereinigten Presbyterianischen Kirche und anderen Glaubensgemeinschaften eine Zufluchtsstätte für illegale Flüchtlinge aus San Salvador. Einige Gemeindemitglieder reisten nach San Salvador, um dort mit zwei Partnerstädten in Verbindung zu treten.

1986 eröffnete die Gemeinde das Dimitry Recovery House für genesende Männer. Im nächsten Jahr kamen mit Isaiah House ein Heim für Sterbende und ein Restaurant hinzu, das ausschließlich dem Zweck diente, Menschen anzustellen, die gerade aus dem Gefängnis gekommen waren. Wiederum ein Jahr später erhöhte die Gemeinde den Anteil der Kollekte, der an die Armen ging, von zehn auf zwölf Prozent. 1990 bauten sie Mary's House auf, ein Heim für an AIDS erkrankte Frauen, das von der Diözese von Rochester geleitet wurde. 1991 wurde Matthew's Clothes eröffnet, in dem gebrauchte aber gut erhaltene Kleidung verkauft und an die Armen abgegeben wurde. Im nächsten Jahr begannen die Mission Possible Youth Retreats, die Jugendlichen ermöglichten, eine Woche lang an der Sozialarbeit teilzunehmen.

---

18) Mehr zu dieser Geschichte finden Sie unter http://www.spirituschristi.org.

1994 wurden ähnliche Retreats im mexikanischen Chiapas gefördert, und 1995 finanzierte die Gemeinde eine Reise nach Borgne auf Haiti, zu deren Ergebnissen der Aufbau einer Gesundheitsklinik, einer Getreidemühle, eines Wasserreinigungsprojekts und mehrerer Bildungsinitiativen gehörten. 1998 baute die Gemeinde Pearl House auf, ein Heim für ehemalige weibliche Strafgefangene.

So sah die Seelsorge der katholischen Corpus-Christi-Kirche unter der geistlichen Führung von Pater Jim Callan sowie anderen Führern und Gemeindemitgliedern der Kirche aus. Matthew Clark, der Bischof von Rochester, war ein fortschrittlicher und vorausdenkender Mann, der die Gemeinde mit aller Kraft unterstützte. Zu anderen Neuerungen, die ein solches Wirken möglich machten, gehörten die Veräußerung von Aktien und Obligationen sowie die Durchführung von Bingo-Veranstaltungen – alles im Jahr 1978. Ebenfalls in diesem Jahr wurde der Kirche das erste von 16 Häusern gespendet und mehr als einhundert Autos für die Belegschaft und freie Mitarbeiter gestiftet. 1988 stellten Gemeindemitglieder ein unverzinstes Darlehen von 100.000 Dollar für die Renovierung des Kircheninneren zur Verfügung. 1991 führte man Gottesdienste durch, um den Golfkrieg zu verurteilen und für die Menschen dort zu beten.

Es ist schwer, die Aktivitäten dieser Kirche zu betrachten und darin nicht den Geist des Evangeliums und der Lehren Jesu zu erkennen. Überall rings um Rochester reagierten die Menschen mit Begeisterung darauf. Tausende von Menschen nahmen an den Gottesdiensten teil, und Hunderte von ihnen engagierten sich ehrenamtlich auf unterschiedlichste Weise. So kam es, dass im Jahr 1988 tatsächlich mehr als siebzig bezahlte Angestellte in der Gemeinde arbeiteten und ihre verschiedenen Dienste aufrechterhielten.

Doch nicht alle waren davon beeindruckt. Die dem extremen rechten Flügel angehörenden Katholiken im Bundesstaat New York, Mitglieder von Catholics United for the Faith (CUFF) und CREDO, hassten Bischof Clark „mit aller Heftigkeit", wie ein lokaler Beobachter feststellte und denunzierten ihn wie auch die Gemeinde in einem ständigen Strom von Briefen an Rom. Als Clark 1997 seinen alle fünf Jahre fälligen *ad-limina*-Besuch in Rom absolvierte, „las man ihm die Leviten" und erklärte ihm, er müsse die Kirche schließen, weil er sonst ersetzt werden würde. Am 13. August 1998 setzte Bischof Matthew Clark Pater Jim Callan auf Befehl Roms nach 22 Jahren als Verwalter der Corpus-Christi-Kirche ab. Widerstrebend beschloss er, Callan in eine viel unauffälligere Gemeinde in Elmira im Bundesstaat New York zu versetzen und ernannte dann einen Priester zum Gemeindeverwalter, der jeden feuerte, der mit Corpus Christi und dessen umfassender Sozialfürsorge zu tun gehabt hatte.

Die Gemeindemitglieder protestierten gegen die Versetzung von Callan. Einige Tage nach seiner Rückkehr nach Rochester, wo er am ersten Dezember gemeinsam mit der Gemeinde den Gottesdienst feierte, die sich mittlerweile in einer anderen Kirche traf, wurde er von der Priesterschaft suspendiert. Am 14. Dezember wurden unvermittelt sechs Mitarbeiter gefeuert, darunter auch der Leiter der Gefängnisseelsorge, der Leiter des Dimitry Recovery House, der Familienseelsorger, der Leiter für Erwachsenenbildung, der Leiter der Abteilung, die sich um Besucher der Gemeinde kümmerte sowie ehrenamtliche Mitarbeiter der Seelsorge für ehemalige weibliche Gefängnisinsassen. Am folgenden Abend brachte die Gemeinde zusammen mehr als 30.000 Dollar zur Unterstützung der gefeuerten Mitarbeiter zusammen.

Pater Callan und seine rechte Hand Mary Ramerman gründeten „in katholischer Tradition" eine neue Gemeinde, der sie in Anlehnung an die vorherige Gemeinde Corpus Christi den Namen Spiritus Christi gaben. Die neue Kirche erblickte am Heiligen Abend des Jahres 1998 das Licht der Welt, und 1.300 Menschen versammelten sich zu ihrer Neubildung in der United Church of Christ in Salem. Jeder einzelne von ihnen hatte zur Corpus-Christi-Kirche gehört.

Am 30. Januar 1990 versammelten sich 500 Menschen zu einem Visionstag für die neue Gemeinde, und Mary Ramerman wurde Gemeindeverwalterin. Man stellte das ehemalige Personal der Corpus-Christi-Gemeinde wieder ein und mietete Räume in der United Church of Christ in Salem. Pater Jim Callan und Pater Enrique Cadena, der ebenfalls aus der vorherigen Gemeinde kam, waren auch jetzt wieder die Führer der Gemeinschaft. Am 13. und 14. Februar 1999 nahmen mehr als 1.100 Menschen am ersten Wochenend-Gottesdienst statt. Zehn Tage später erklärte die Diözese, die Gemeindemitglieder hätten sich selbst exkommuniziert. Die Gemeinde stimmte dafür, eine Identitätsaussage anzunehmen: „Wir sind eine christuszentrierte katholische Gemeinschaft, die über die Grenzen der institutionalisierten Kirche hinaus reicht, um alle einschließen zu können."

Bereits im September des Jahres 1999 war Spiritus Christi eine „Volldienstleistungskirche", die seitdem religiöse Bildung, Begräbnisse, Taufen, Hochzeiten, Verbindungszeremonien sowie tägliche und am Wochenende stattfindende Gottesdienste durchführt. Auch Verbindungen von Menschen gleichen Geschlechts werden von der Kirche zelebriert.

Auch das Engagement in der Armenseelsorge wurde fortgesetzt. Im Jahr 2000 bauten ehrenamtlich arbeitende Psychiater und Therapeuten gemeinsam das Spiritus Christi Mental Health Center auf. Heute arbeiten dort mehr als fünfzig Menschen ehrenamtlich, um Personen, die keine Krankenversicherung haben, psychiatrisch und psychotherapeutisch zu versorgen. 2002 wurde Jennifer House eröffnet, ein Heim für Frauen mit Kindern, die gerade aus dem Gefängnis entlassen worden sind. Auch weiterhin besuchen Dutzende von Freiwilligen jede Woche die Strafanstalten in der Umgebung. Man engagiert sich nach wie vor für die Menschen in Borgne auf Haiti, wo man eine Genossenschaftsbank für kleine Geschäftsdarlehen aufgebaut hat. Das Pfarramt im mexikanischen Chiapas wurde ebenfalls um eine Genossenschaftsbank und ein genossenschaftliches Kaffee-Unternehmen erweitert. Von Beginn an war die ökumenische Dimension eines der herausragendsten Charakteristika der Kirche. So feiern jetzt auch die Downtown United Presbyterian Church in Rochester, die Episcopal Church of the Ascension in Buffalo und die

Riverside United Methodist Church in Elmira regelmäßig Gottesdienste im Rahmen dieser Tradition.

Angesichts der erstaunlichen Dienste und der Öffentlichkeitsarbeit der Corpus-Christi-Kirche fragt man sich, worin die Probleme bestanden, die den Vatikan sowie Kardinal Ratzinger derart verärgerten. Was hat die Corpus-Christi-Kirche zu Fall gebracht? Dinge, bei denen es um das Einschließen von Menschen und Dingen geht, die vom Vatikan ausgegrenzt werden. Es gab drei Themen, bei denen weder die Führer der Gemeinde noch deren Mitglieder zu Kompromissen bereit waren. Eines davon war der Umgang mit Frauen. Bereits 1975 bot man Mädchen die Möglichkeit an, am Altar zu dienen. 1977 lud man Frauen dazu ein, die Sonntagspredigt zu halten. Von 1983 an wurden alle Gottesdienste in einer Sprachform abgehalten, die auch Frauen einschließt. 1988 bat man Mary Ramerman und Julie Rinella, während des Abendmahls den Kelch an die Lippen der Abendmahlsempfänger zu heben. 1993 überreichte das Komitee für den Gottesdienst Mary Ramerman Stola und Messgewand. 1993 feierte man die Vereinigung zweier schwuler Männer – nicht in den Räumlichkeiten der Kirche, sondern im Heim des Paares. Dinge wie die Rolle der Frauen, die Segnung homosexueller Verbindungen und die Gewohnheit, jeden, der danach hungerte oder dürstete, zum Abendmahl einzuladen, provozierten die dem rechten Flügel angehörenden Mitglieder von Catholics United for the Faith. Dieselbe Gruppe hat mich während eines Vortrags über Hildegard von Bingen in der Kathedrale von Seattle angespuckt und dann jene Unterlagen nach Rom geschickt, die den Beginn der Ermittlungen gegen mich einleiteten. Die Reaktion Roms auf das Gejaule der CUFF bestand darin, lieber die Kirche zu schließen, als solch einen „Schrecken aller Schrecken" wie eine Frau, die am Altar den Kelch erhebt zuzulassen.

Die neue Spiritus-Christi-Gemeinde ist all diesen einschließenden Elementen treu geblieben, und man hat auch das Thema der Ordination von Frauen aufgenommen, um zwei Jahre lang darüber nachzudenken. Im Anschluss an diese Analyse wurde Mary Ramerman am 17. November 2001 im Eastmann-Theater von einem Bischof der Ecumenical Catholic Church namens Peter Hickman ordiniert. Fast 3.000 Menschen nahmen daran teil, zu denen auch Katholiken und religionsübergreifende Geistliche aus der ganzen Welt gehörten. 2003 erhielt Denise Donato, die ein Jahr zuvor zur Diakonin geweiht worden war, die Priesterordination, und Enrique Cadena, ehemals Assistenzpfarrer in der Corpus-Christi-Gemeinde, verließ seinen Posten bei Spiritus Christi und wurde Bischofsvikar der Diözese Buffalo.

Es ist schwer, in der Energie, der Lebendigkeit und der dienenden Hingabe dieser christlichen Gemeinde nicht die biblischen Werte und die Zeichen des Geistes zu erkennen. Und es ist ebenso schwer, sich vorzustellen, warum Kardinal Ratzinger und andere in Rom eine derart lebensspendende Versammlung im Namen der kalten und starren Ideologien der männlichen Ausschließlichkeit, des Gehorsams und der Kontrolle zu vernichten versucht haben.

V – Die Feinde des Inquisitors:

Die Bewegung der Schöpfungsspiritualität

Seit 40 Jahren besteht mein ganzer Lebenszweck darin, jene zweite, alternative Weisheitstradition des Christentums lebendig werden zu lassen, die dessen mystisch-prophetische Seite darstellt und die viele Bibelwissenschaftler – Gott möge sie segnen – heute als die tatsächliche Tradition des historischen Jesus ansehen.[1] Die Traditionslinie, die ich während meines Studiums unter Pater M.D. Chenu in Paris entdeckte, nannte er „Schöpfungsspiritualität", um sie von der „Sündenfall-Erlösungs-Tradition" abzugrenzen, die mit der Idee der Erbsünde beginnt und so gut geeignet ist, jene kirchlichen und imperialen Strukturen zu nähren, die mit Hilfe von Schuld und Scham Kontrolle ausüben. Pater Chenu war einer jener großen Theologen, die vom Zweiten Vatikanischen Konzil wieder rehabilitiert wurden, nachdem Papst Pius XII. ihn zwölf Jahre lang verbannt und ihm ein Schreibverbot erteilt hatte. Sein besonderer Schwerpunkt war auch in jenem Dokument spürbar, das später als Pastoralkonstitution über die Kirche von heute (*Gaudium et Spes*) bekannt wurde, denn er war sich der prophetischen Dimension der Kirche immer bewusst. Der Papst hatte ihm ein Redeverbot erteilt, weil er die Arbeiterpriester-Bewegung in Frankreich unterstützt hatte, die nach dem Zweiten Weltkrieg entstanden war und deren Ziel darin bestand, die Kirche mehr mit den einfachen Arbeitern in diesem Land ins Gespräch zu bringen.

Ich habe meine Geschichte in meiner Autobiografie *Confessions: The Making of a Non-Denominational Priest* ausführlich geschildert, in der viel von Kardinal Ratzinger die Rede ist, weil er schon mindestens zwölf Jahre lang an meinem Fall arbeitete, als er mir zunächst ein vierzehnmonatiges Redeverbot erteilte und mich als Leiter des 19 Jahre zuvor von mir begründeten spirituellen Programms absetzte. Danach hat er mit Hilfe eines judasähnlichen Verrats meiner Person und 31 weiterer Fakultätsmitglieder durch den kanadischen Priester, der mein stellvertretender Direktor war, auf effektive Weise mein Programm am Holy Oaks College im kalifornischen Oakland vernichtet. (In Folge machte ich weiter und baute im Stadtzentrum von

---

1) Siehe zum Beispiel: Marcus J. Borg, *Jesus wiederbegegnen – zum ersten Mal* (Lembeck 2004). In diesem kleinen Buch widmet er Jesus und der Weisheitstradition nicht eines, sondern ganze zwei Kapitel.

Oakland die Universität für Schöpfungsspiritualität auf, die neun Jahre lang einen unglaublichen Ansturm erlebte.)

Unmittelbar nachdem man mir das Redeverbot erteilt hatte, ergriff ich die Gelegenheit zur Herausgabe eines öffentlichen Briefes an Kardinal Ratzinger. Obwohl das alles vor mehr als 20 Jahren geschehen ist, denke ich, nachdem ich den Brief kürzlich wieder gelesen habe, dass die darin geäußerte Kritik an dem Mann, der mittlerweile die Position des Papstes innehat, noch immer gerechtfertigt ist. Deswegen werde ich ihn weiter unten nochmals wiedergeben, nachdem ich den Zusammenhang geschildert habe, in dem er in Bezug auf die Schöpfungsspiritualität zu sehen ist.

Lassen Sie mich zunächst jene Teile meiner Arbeit zusammenfassen, die derart Ratzingers Zorn erregt haben. Sie stehen allesamt in Verbindung zur Erneuerung der Kirche, denn mich hat viele Jahre lang vor allem das spirituelle Leben von Christen interessiert.

Was können uns die Mystiker lehren? Gibt es einen Mystiker in jedem von uns? Wenn das der Fall sein sollte, warum schweigt die Religion dann dazu? Wie lehrt man Mystik – und ist das überhaupt möglich? Welche Verbindung – falls überhaupt – besteht zwischen der Mystik und sozialer, wirtschaftlicher, ökologischer und geschlechtlicher Gerechtigkeit? Was stellt ein Gebet wirklich dar, und wie erkennen wir, ob es authentisch ist? Wie können wir Leben in unsere in langweiliger Routine erstickenden Formen der Verehrung bringen? Was hat die moderne Wissenschaft über unser spirituelles Leben zu sagen? Wie nützlich ist es, dass wir gerade in diesem Augenblick der planetaren Geschichte eine neue Kosmologie erhalten, wo von der Hand von Menschen so viel Verwüstung auf der Erde – unter ihren Fischen und Gewässern, ihren Vögeln und Säugetieren, unter ihren Bäumen und auf ihrem Boden – angerichtet wird?

Wie kann eine bedeutungsvolle Spiritualität dazu beitragen, die Tendenz zu anthropozentrisch motivierten Angriffen auf die Erde umzukehren? Wo sind die großen Denker, Aktivisten und Seelen unserer eigenen westlichen Tradition, die unser spirituelles Bewusstsein vertiefen und uns gesunde wie auch tiefgehende Lebensweisen zeigen können? Was ist mit der gemeinschaftlichen Weisheit anderer spiritueller Traditionen der Welt? Welchen Einfluss können sie auf einen immer kleiner werdenden Planeten und die globale Mischung kultureller sowie religiöser Traditionen haben? Kann man im Rahmen eines europäischen Bildungsmodells Spiritualität lehren? Was können uns indigene Völker über die Verehrung des Göttlichen und über die Heiligkeit des Körpers und der Erde beibringen? Was können bisher nicht beachtete weibliche Führerinnen und Schriftstellerinnen ein übermäßig männlich dominiertes Bewusstsein lehren? Auf welche Weise durchdringt eine authentische Spiritualität unsere Arbeitswelt, und wie kann sie diese wieder zum Leben erwecken? Was haben Jesus sowie andere christliche Mystiker und Heilige zu diesen Fragen zu sagen? Und was bietet uns die jüdische Tradition dazu – die ja die Tradition Jesu war?

Das sind einige der grundlegenden Fragen, die mich im Verlauf der vergangenen 40 Jahre angetrieben sowie zu den 30 von mir veröffentlichten Büchern und den vielen von mir geförderten Vorträgen und Seminaren geführt haben. Sie haben auch eine 1976 von mir entwickelte Form der Pädagogik angeregt, bei der ich gemeinsam mit anderen Lehrern, die ich um mich versammelt hatte, Studenten des Master-Studiengangs und später auch Doktoranden in Schöpfungsspiritualität unterrichtete. Ich hatte die große Ehre, die großen Mystiker des Westens wie Meister Eckhart oder Hildegard von Bingen wieder zum Leben erwecken und die Beiträge des Heiligen Thomas von Aquin einer Neubewertung unterziehen zu können. Ich habe eine Hermeneutik erarbeitet, die es uns ermöglicht, unsere spirituelle Tradition auf ganz neue Weise mit den frischen und biblischen Augen der vier Pfade der Schöpfungsspiritualität zu betrachten, anstatt der ermüdenden drei Pfade der Läuterung, Erleuchtung und Vereinigung. Diese vier Pfade sind die Via Positiva (Freude, Entzücken und Ehrfurcht), die Via Negativa (Stille, Loslassen, Seinlassen und Leid), die Via Creativa (Kreativität) und die Via Transformativa (die Herbeiführung von Gerechtigkeit, Mitgefühl und das Feiern der Schöpfung).

Mein Ziel bestand darin, auf der Grundlage meines Buches *Revolution der Arbeit* eine authentische Spiritualität in unsere Berufe hineinzubringen und die Bildungserziehung selbst neu zu erfinden. Die Studenten und Fakultätsmitglieder, die wir 29 Jahre lang gewinnen konnten, waren mit einem außerordentlichen Verstand und Geist versehen. Zu unseren Absolventen zählt auch Dorothy Stang, die im Amazonasgebiet den Märtyrertod starb, als sie die Bauern gegen habgierige Grundbesitzer verteidigte. Ihre Mörder sind erst vor kurzem verhaftet und vor Gericht gestellt worden. Nachdem sie in unserer Universität für Schöpfungsspiritualität ihren Abschluss gemacht hatte, schrieb sie uns jeden Monat und erzählte uns, wie sehr ihr unser Programm und unsere Lehren bei ihrer Entscheidung halfen, trotz der Todesdrohungen weiterzumachen.

Ich denke auch an Bernard Amandi, einen Ingenieur, der 27 Jahre lang an der Universität von Colorado unterrichtet hatte. Als er zu uns kam, war er „ausgebrannt" und wollte sowohl seinen Ingenieursberuf als auch seine akademische Arbeit aufgeben. Nach zwei Wochen in unserem Programm kam er zu mir und sagte: „Ich habe meine Seele wieder." Und was tat er dann? Er ging zurück nach Colorado und baute die Organisation „Ingenieure ohne Grenzen" auf, die heute mehr als 10.000 Mitglieder hat, die mit Begeisterung daran arbeiten, solarbetriebene Bewässerungssysteme und andere Wunder der Technik nach Haiti, in das Amazonasgebiet, nach Afrika und nach Südostasien zu bringen. Eine andere Absolventin, Gina Halprin, startete ein sehr erfolgreiches Programm im Bereich überreligiöser Seelsorge und Heilung. Andere wiederum haben unzählige Bücher veröffentlicht, in verschiedenen Universitäten die Position des Dekans erlangt, neue Formen des

Gottesdienstes für Gefängnisinsassen erschaffen sowie religionsübergreifende Führungsformen, alternative Rituale und vieles mehr erstellt. Viele, viele Geschichten unserer Absolventen verdienen es, gefeiert zu werden.

Mein Bildungsprogramm wurde zunächst am Mundelein College in Chicago angeboten, und nach sieben kraftvollen Jahren dort zogen wir damit in das Holy Names College (HNC) im kalifornischen Oakland um. Als Kardinal Ratzinger uns dazu zwang, das Institut zu schließen und mir für mehr als ein Jahr lang ein Redeverbot erteilte, übte er damit auch massiven Druck auf bestimmte konservative Kuratoriumsmitglieder aus. Die Präsidentin, eine Schwester des Holy Names-Ordens mit einem Doktor in Soziologie, hat uns während der zehnjährigen Auseinandersetzung mit Ratzinger nachdrücklich unterstützt, und dasselbe traf während des größten Teils dieser Zeit auch auf meinen eigenen Dominikanerorden zu. (Zu Ehren des niederländischen Dominikanerordens ist zu sagen, dass mir dieser bis ganz zum Schluss seine volle Unterstützung hat zukommen lassen.) Aber dann ging die Präsidentin des HNC in Pension, das neue Collegepersonal war mir gegenüber nicht so offen eingestellt, und es begann eine systematische Zermürbung des Leiters meiner Ordensprovinz. All diese Dinge wirkten so zusammen, dass ich schließlich ein letztes Ultimatum von Rom erhielt, in dem man mich aufforderte, entweder Oakland und das Programm oder meinen Orden zu verlassen. Ich konnte beim besten Gewissen nicht gehen. Aber ich war auch nicht bereit, das Schiff kampflos aufzugeben. Schließlich bekam Ratzinger seinen Willen, und mit der Hilfe eines meiner ehemaligen Studenten, den ich als stellvertretenden Leiter des Programms angestellt hatte, entließ er mich mit der Begründung, ich habe meinem Vorgesetzten im Dominikanerorden Ungehorsam erwiesen.

Bei meinem Weggang ließ der Dekan des Holy Names College den 34 Mitgliedern meiner Fakultät die Wahl, in dem gekaperten Programm zu bleiben oder mit mir zu gehen (denn ich hatte beschlossen, im Stadtzentrum von Oakland die Universität für Schöpfungsspiritualität – UCS – zu gründen). 31 von ihnen entschieden sich dafür, zur UCS mitzukommen, wo wir neun reiche und produktive Jahre erlebten – Jahre, zu denen auch Studenten wie Schwester Dorothy, Bernard Amandi und viele andere gehörten. Unsere Fakultät umfasste jüdische Gelehrte, Wissenschaftler, Künstler jeden Couleurs, Buddhisten, Hindus, Christen, die Göttin verehrende Menschen, amerikanische Ureinwohner und viele andere mehr. Wir übten dort die Tiefenökumene auf praktische Weise aus, was Studenten wie Fakultätsmitglieder gleichermaßen neu belebte.

Im Folgenden lesen Sie den öffentlichen Brief, den ich Kardinal Ratzinger schrieb, nachdem er mir das Redeverbot erteilt hatte. Er wurde sofort vom *National Catholic Reporter* übernommen, der ihn in seiner gesamten Länge auf der Titelseite beginnend veröffentlichte. Später erzählte mir der Herausgeber, in seiner gesamten Geschichte habe kein Artikel jemals so viel Resonanz erhalten – und derart positive

Reaktionen. Sowohl europäische als auch lateinamerikanische Theologen sandten zustimmende Kommentare.[2]

8. August 1988 – am Fest des Heiligen Dominikus

An Kardinal Joseph Ratzinger
Kongregation für die Glaubenslehre
Vatikanstadt

Lieber Bruder Ratzinger,

seit vier Jahren zweifelt die Kongregation für Glaubensfragen (ehemals bekannt als „Heiliges Offizium der Inquisition") die theologische Orthodoxie meiner Arbeit an. Ihre Bedenken sind während dieser Zeit von meinen Ordensmeistern und den Leitern meiner Ordensprovinz an mich weitergegeben worden. Auf Ihr Ersuchen hin wurden vom Leiter meiner Ordensprovinz drei kompetente amerikanische Theologen aus dem Dominikanerorden mit der Untersuchung meiner Arbeit und insbesondere der drei folgenden meiner Bücher beauftragt: *Der große Segen: Umarmt von der Schöpfung*, *Whee! We, Wee All the Way Home: Toward a Sensual, Prophetic Spirituality* und *On Becoming a Musical, Mystical Bear: Spirituality American Style*. Dieser formelle Prozess, der sich über 18 Monate hinzog, führte im Ergebnis zu einem Dokument, das mich von jeglicher theologischen Ketzerei freisprach und in seiner Schlussfolgerung besagte, es solle „keine Verurteilung der Arbeit von Pater Fox erfolgen" und mich für meine „harte Arbeit und Kreativität" lobte. Die drei Dominikaner dieses Ausschusses verfügen alle über einen Doktorgrad in Theologie und waren für diese Aufgabe hervorragend qualifiziert. Zwei von ihnen wurden später zu Magistern in Sacra Theologia[3] ernannt und erhielten damit die höchste Auszeichnung, die vom Dominikanerorden verliehen wird.

Dennoch besteht Ihre Kongregation noch immer darauf, dass meine Arbeit unorthodox sei. Ihr Ansuchen, mein Provinzial möge eine neue Untersuchung vornehmen, ist von diesem abgelehnt worden, doch Sie bestehen noch immer auf der Forderung, ich müsse zum Schweigen gebracht und meine Arbeit am Institut für Kultur und Schöpfungsspiritualität „ausgelöscht werden", wie Sie es in Ihrer jüngsten Korrespondenz ausgedrückt haben. Da das Institut Teil einer geisteswissenschaftlichen Akademie ist, die in den elf Jah-

---

2) Pater Schillebeeckx sagte mir, er habe ihn drei Mal gelesen. „Er war respektvoll", sagte er. „Aber nur ein Amerikaner konnte etwas so Unverblümtes schreiben."

3) Der Magister in Sacra Theologia stellte einmal das höchste Ordensexamen dar. Heute wird der Titel vom Ordensmeister an Mitbrüder, die wissenschaftlich herausragend gearbeitet haben, als Ehrentitel verliehen. [A.d.Ü.]

ren ihrer lebendigen Existenz einem mannigfaltigen und ökumenischen Publikum aus der ganzen Welt zu Diensten gewesen ist, stellt Ihre Einmischung in deren Vorgehensweise eine schwerwiegende Angelegenheit dar und könnte ernste öffentliche Auswirkungen haben. In unserem Land wird eine Beschränkung der traditionellen akademischen Freiheit von geisteswissenschaftlichen Instituten nicht auf die leichte Schulter genommen. Dort, wo sich die ICCS befindet, hat nicht der Vatikan das Recht zur Anerkennung einer Schule, sondern der kalifornische Staat bzw. die WASC, die Western Association of Schools and Colleges, eine öffentliche Akkreditierungsinstitution.

Ich habe in dieser Sache nicht nur die volle und beständige Unterstützung des Dominikanerordens gehabt, sondern auch der Bischof der Diözese, in der ich arbeite, befürwortet wie Sie wissen meine Aktivitäten ebenso wie die Verwaltung des Holy Names College, einer Hochschule, die seit 120 Jahren der Kirche und Gesellschaft in Oakland zu Diensten steht.

Ich habe während der Jahre der Ermittlungen gegen mich jedem Ersuchen meiner Provinziale und Ordensmeister entsprochen und Stillschweigen über die Angelegenheit bewahrt, wie man mich zu tun bat. Ich bin jedoch der Ansicht, dass die Fragen, die wir an der ICCS bezüglich der spirituellen Krise unserer Zeit behandeln – die Frage des Überlebens von Mutter Erde, der Verzweiflung unserer jungen Menschen, der Unzulänglichkeit westlicher Formen der Verehrung, des Verlusts unserer mystischen Tradition, der Gerechtigkeit für Frauen, einheimische Völker und alle Geschöpfe Gottes und der Entstehung einer lebendigen Kosmologie auf Grundlage der neuen Physik unserer Zeit – von derart enormem moralischem wie auch spirituellem Interesse ist, dass ich die Zeit meines Schweigens bezüglich dieser Ermittlungen beende. „Gehorsam" bedeutet „zuhören". Mein Gehorsam muss dem Leid von Mutter Erde und all ihren Geschöpfen gelten; den vierbeinigen, den gefiederten und den mit Flossen versehenen; allen drei Völkern unseres Planeten und nicht nur dem zweibeinigen.

Deshalb schreibe ich diesen Hirtenbrief an Sie und an das Volk Gottes, dem ich meine theologische Arbeit gewidmet habe, um die zur Diskussion stehenden Probleme zu erörtern. Ich schreibe Ihnen als Menschenbruder und als Bruder in Christus. Ich hoffe, dass Ihr Herz offen ist, zu hören. Aus den Inhalten Ihrer Briefe der vergangenen Jahre wird deutlich, dass Ihr Anliegen nicht theologischer, sondern politischer und pastoraler Natur ist. All Ihren Mitteilungen liegen Herzensangelegenheiten zugrunde, die darin nie angesprochen werden. Ich hoffe, das hier zu tun. Ein amerikanischer Theologenkollege von mir, Leonardo Boff, spricht einige davon in seinem Buch *Kirche: Charisma und Macht* an, wenn er von der Pathologie einer Kirche spricht, die lehrt, ohne zuerst gelernt zu haben. Auch andere Theologen haben ihre bedeutsamen Überlegungen zur Frage der Freiheit der theologischen Untersuchung in der Kirche beigetragen. Man denke zum Beispiel an Luis Segundos

Theology and the Church: A Response to Cardinal Ratzinger and a Warning to the Whole Church, an Hans Küngs und Leonard Swidlers *The Church in Anguish: Has the Vatican Betrayed Vatican II?*, zu dem viele angesehene Theologen wie Bernhard Häring, Charles Curran, Leonardo Boff, Rosemary Ruether und David Tracy einen Beitrag geleistet haben, und an das Buch *The Silencing of Leonardo Boff: The Vatican and the Future of World Christianity* von Harvey Cox.

Mit diesem Brief und den Fragen, die darin erhoben werden, nehme ich meinen Platz unter meinen theologischen Brüdern und Schwestern ein, die seit langem angegriffen werden, weil sie danach streben, die Frohe Botschaft im Rahmen einer post-europäischen kulturellen Situation zu verkörpern. Meiner Ansicht nach – und ich denke, andere werden mir darin zustimmen, wenn ich unsere Korrespondenz veröffentliche – sind Ihre „Einwände" gegen meine Schriften unter theologischen Gesichtspunkten so dürftig, dass ich zu dem Schluss gekommen bin, dass die Probleme zwischen uns nicht theologischer, sondern pastoraler Natur sein müssen.

Ein Beispiel dafür, wie schwach Ihre Kritik an meiner Arbeit ist, findet sich in jenem Dokument, dass Ihre „Hauptbedenken gegen meine Arbeit an sich [sic]" aufzählt, nämlich die gegen das Konzept des Großen Segens von Anbeginn, das Sie als „gefährlich und abartig" bezeichnen. Sie erheben Einwände dagegen, dass ich Gott „Mutter" und „Kind" nenne. Lassen Sie mich Papst Johannes Paul I. zitieren – dessen Leben als Papst leider nach nur einem Monat dahingemäht wurde – der in einer offiziellen Erklärung sagte: „Gott ist sowohl Mutter als auch Vater, aber er ist mehr als Mutter und Vater." Meine Arbeit hat gezeigt, dass die großen Schöpfungsmystiker des Mittelalters wie Hildegard von Bingen, Franz von Assisi, Mechthild von Magdeburg, Meister Eckhart und Juliana von Norwich allesamt Gott auch „Mutter" nannten. Sie sprachen auch von Gott als „Spielgefährte" und als „Kind", um auf diese Weise das Kind oder den *Puer*[4] in jedem von uns zu feiern. Auch in den Schriften ist an mehreren Stellen von Gott als Mutter die Rede (siehe z.B. Jes 49[5]).

Im selben Dokument wird behauptet, ich würde „die Existenz der Erbsünde und der diesbezüglichen Lehren der Kirche leugnen." Diese Behauptung ist vollkommen unwahr, wie mein Provinzial bereits am 26. April 1986 in einem Brief an den Ordensmeister betont. Ich leugne die Lehre von der Erbsünde nicht (tatsächlich definiere ich sie als „Dualismus"), aber ich verurteile den Einfluss dieser Lehre und ihre Verwendung als Ausgangspunkt einer

---

4)   Puer aeternus, das ewige Kind [A.d.Ü.]

5)   Die Stelle ist in der englischen Übersetzung der *New English Bible*, aber auch in der *Jerusalem-Bibel* und in verschiedenen griechischen Bibelfassungen zu finden. Luther hat sie in seiner Übersetzung verfälscht. [A.d.Ü.]

Religion. Sünde ist anthropozentrisch – eine menschliche Erfindung. Gottes Schöpfung jedoch ist seit [13,7] Milliarden Jahren ein Großer Segen gewesen und ist es immer noch für all jene, die Augen und Ohren haben, um die fantastische Geschichte unseres heiligen Ursprungs zu sehen und zu hören.

Sie behaupten fälschlicherweise, dass ich die Richtigkeit der Kindstaufe bestreite und geben die Seite an (Seite 51), auf der ich das angeblich tue. Ich fordere jeden, der Englisch lesen kann dazu auf, auf dieser oder irgendeiner anderen Seite des Buches *Der große Segen* eine Ablehnung der Kindstaufe zu finden.

Was schließe ich aus dieser fehlerhaften Lesart meines Buches? Natürlich darf ich nicht vergessen, dass Englisch nicht Ihre Muttersprache ist und gewisse Schwierigkeiten beim Lesen meines Buches daher verständlich sind.[6] Aber das eigentliche Problem ist nicht Ihr Unvermögen, sorgfältig zu lesen, sondern Ihre Entscheidung, es mit einem verschlossenen Geist zu tun. Ihre Kongregation ist im Umgang mit anderen nicht-europäischen Theologien ähnlich engstirnig gewesen; so zum Beispiel, als sie die Befreiungstheologie in Lateinamerika erst karikierte und dann denunzierte, wobei man Leonardo Boff ein Redeverbot erteilte.

Ihre Kongregation brüstet sich damit, Teil des „Magisteriums", also der Lehrfunktion der Kirche zu sein. Doch wenn ich in den 17 Jahren, die ich bereits unterrichte, eines gelernt habe, dann ist es dies: Nur jemand, der ständig lernt, kann ein wahrer Lehrer sein – jemand, der nach der Wahrheit sucht, wo immer er sie finden kann. Vor zwei Jahren hielt ein schwarzer Priester, der Pfarrer einer überaus lebendigen schwarzen Kirche in Oakland, mein Buch *Der große Segen* vor seiner Gemeinde in die Höhe und sagte: „Meine Leute brauchen das hier noch mehr, als sie Jobs brauchen. Warum? Weil die Sklaverei uns unseren Stolz genommen hat." Ich hörte ihm zu, und dann las ich Ihren Bericht, in dem dasselbe Buch „gefährlich und abartig" genannt wurde. Ich muss daraus schließen, dass Ihre Kongregation entweder ihre intellektuellen Hausaufgaben oder ihre innere Arbeit nicht gemacht hat. In jenen, die verurteilen, ohne zu lernen, erkenne ich eine Art intellektueller Trägheit – und eine spirituelle Trägheit in jenen, die anklagen, ohne die Unterdrückung der Menschen wahrzunehmen, gegen die sich meine und andere Werke der Befreiungstheologie richten.

Was ist Schöpfungsspiritualität?

Was ist Schöpfungsspiritualität? Es ist die älteste biblische Tradition. Die jahwistische oder J-Quelle der hebräischen Bibel ist schöpfungszentriert, und

---

6) Die deutsche Übersetzung des Buches wurde drei Jahre später, also im Jahr 1991, erstmals veröffentlicht. [A.d.Ü.]

dasselbe trifft auf die Propheten wie auch die Weisheitsliteratur zu. Selbst die Geschichte im Buch Genesis beginnt so, wie sie uns vorliegt, nicht mit menschlicher Sünde, sondern mit der Güte der Schöpfung. Das Evangelium des Johannes beginnt mit dem Satz: „Am Anfang war das Wort", und nicht „Am Anfang war die menschliche Sünde."

Entsprechend ist die Schöpfungsspiritualität nicht anthropozentrisch; sie beginnt mit der erstaunlichen Botschaft von der Gabe des Universums über 14 Milliarden Jahre an uns, eine mittlerweile von der Wissenschaft nacherzählte Schöpfungsgeschichte, die Staunen und Ehrfurcht darüber erweckt, dass wir hier auf diesem wunderbaren Planeten sind, auf dem so viele großzügige Geschöpfe existieren, die ihr Leben für uns hergeben. Doch die Schöpfungsspiritualität kommt nicht nur in der Bibel vor; sie ist auch die Tradition der einheimischen Völker von Amerika, Afrika, Asien und Europa. Bei den indigenen Stämmen der Amerikas sowie bei den schwarzen und asiatischen Menschen in unserer Kultur ist sie immer noch sehr lebendig. Sie ist die Tradition des großen mystischen Erwachens im Christentum, das im 12. Jahrhundert begann und uns neben vielen anderen Hildegard von Bingen, Franz von Assisi, Thomas von Aquin, Mechthild von Magdeburg, Dante, Meister Eckhart, Juliana von Norwich und Nikolaus von Kues gab. Es ist die Tradition von Künstlern und Wissenschaftlern, Frauen wie Männern. Die Schöpfungsspiritualität feiert die Weisheit, die der weiblichen Spiritualitätserfahrung entspringt. Gerechtigkeit ist der Grundstein dieser Spiritualität. Wie Meister Eckhart sagte: „Der Mensch, der versteht, was ich über die Gerechtigkeit sage, versteht auch alles andere, was ich zu sagen habe."

Diese Tradition spricht deshalb heutzutage Menschen überall auf der Welt so sehr an, weil Mutter Erde derart verwundet ist, weil die jungen Menschen so verzweifelt sind, weil sich die Verehrung des göttlichen so eindimensional anthropozentrisch darstellt, weil die menschliche Seele unter einer kosmischen Einsamkeit leidet, weil der Künstler säkularisiert und damit von der Spiritualität abgeschnitten worden ist, weil gute Arbeit so selten zu finden ist und Frauen sowie Minderheiten so massiv unterdrückt werden.

In vielerlei Hinsicht ist die Schöpfungsspiritualität eine Befreiungstheologie für die Völker der sogenannten „Ersten Welt", denn sie entstammt den tiefen und uralten Traditionen der am meisten unterdrückten Völker, nämlich der nativen oder Urvölker auf der ganzen Welt sowie der Erfahrung der Frauen. Die Schöpfungsspiritualität befreit Menschen wie auch Strukturen von Konsumerismus und Materialismus, von Dualismus und Patriarchat, von Kolonialismus, Anthropozentrismus und von Arroganz, Langeweile, Homophobie, Adultismus[7] und der Trivialisierung unseres Lebens. Die Schöp-

---

7) In Soziologie, Psychologie und Pädagogik die Bezeichnung für eine ungerechtfertigte Benachteiligung von Kindern und Jugendlichen. [A.d.Ü.]

fungsspiritualität befreit uns von den Fesseln der newtonschen Mechanik und der eindimensionalen Bildungserziehung, von denen die „Erste Welt" gegenwärtig heimgesucht wird. Die Schöpfungsspiritualität befreit, weil sie uns vom Kopf bis in den Körper bewegt, wo Herz und Leidenschaft (die Quelle des Mitgefühls) zu finden sind. Mit der Wiedererweckung des göttlichen Kinds, des Mystikers in uns und um uns herum, führt die Schöpfungsspiritualität Menschen vom Bewusstsein für das Selbst zum Bewusstsein für das Nichtselbst, und diese Fähigkeit, loszulassen und zu spielen, ist für die Befreiung der Völker der sogenannten Ersten Welt von den dringendsten moralischen Problemen unserer Zeit von existenzieller Bedeutung.

Drei pastorale Fragen

Es gibt drei pastorale Fragen, die ich in diesem Brief angehen möchte und die meiner Meinung nach für die Zukunft der Kirche wie auch der Zivilisation von größter Bedeutung sind.

Ist die katholische Kirche eine dysfunktionale Familie?

Während der vier Jahre, die ich damit verbracht habe, abzuwarten und zuzuschauen, wie sich der Dominikanerorden, mein Bischof, Studenten und andere über meine Arbeit austauschten, habe ich versucht, das, was da vor sich ging, zu beobachten und zu analysieren. Während der 21 Jahre meines Wirkens als Priester habe ich vielen verletzten Menschen in unserer Kirche zugehört – Frauen, verheirateten Paaren, geschiedenen Menschen, homosexuellen Menschen, Priestern und ehemaligen Priestern, Schwestern und jungen Leuten. Seit kurzem höre ich auch von Kardinälen, dass sie mit den Zugeständnissen, die Sie Marcel Lefebvre gemacht haben und der Unterstützung, die *Opus Dei* vom Vatikan erfährt, zutiefst unzufrieden sind. Ich höre Bischöfe, die Witze über den Vatikan machen und aus Furcht davor, ebenfalls unüberwindbare Schulden machen zu müssen, dafür beten, nicht vom Papst besucht zu werden. Ich höre Führer von religiösen Orden, die mir sagen, Ihre Kongregation bestehe „aus nichts als drittklassigen Theologen", etc., etc. Doch niemand erzählt Ihnen diese Dinge. Jeder weigert sich, die Person mit der Wahrheit zu konfrontieren, die sie am dringendsten hören müsste.

Vor kurzem habe ich in der hervorragenden Arbeit, die von Gelehrten wie Dr. Anne Wilson Schaef zum Thema Sucht bei Menschen und Organisationen geleistet worden ist, eine Sprache und eine Einordnungsmöglichkeit für das von mir beobachtete Phänomen gefunden. Dieses Verhalten ist mit dem innerhalb einer dysfunktionalen Familie vorkommenden identisch, wo zum Beispiel der alkoholabhängige Vater in der Hoffnung, einen weiteren Gewaltausbruch verhindern zu können, immer wieder beruhigt und beschwichtigt wird. Diejenigen, die beschwichtigen, bezeichnet man als „Co-Abhängige". Ihr Schweigen zieht sie in genau die Krankheit hinein, die auch ihren gewalttätigen Vater ereilt hat. Doch Leugnung und Schweigen verlängern und intensivieren das Leid jedes Familienmitglieds. In der Tat brauchen die Abhängigen, wie Anne Wilson Schaef es ausdrückt, „die Verdunkelungsmanöver der Co-Abhängigen, um ihr in sich geschlossenes Suchtsystem aufrecht erhalten zu können."

Bezüglich meiner eigenen Situation als Priester, Theologe und Lehrer innerhalb der Kirche haben mich einige Menschen davor gewarnt, dieses Spiel noch länger mitzumachen, still zu schweigen und zu hoffen, dass sich Kardinal Ratzinger eines Tages beruhigen wird, ebenso geduldig und ausdauernd im Leiden wie Johannes vom Kreuz zu sein, als er von seinen Brüdern geschlagen wurde, oder wie Theresa von Avila, deren Autobiografie während ihres ganzen Lebens einem Veröffentlichungsverbot durch die Inquisition ihrer Zeit unterlag, oder wie Teilhard de Chardin, dessen Arbeiten größtenteils erst nach seinem Tode veröffentlicht wurden.

Meiner Ansicht nach gibt es eine Zeit für Geduld und eine Zeit für Ungeduld; eine Zeit für Gehorsam und eine für Ungehorsam – oder einen tieferen Gehorsam als jener, der menschlichen Gesetzen und Institutionen treu ist. Es gibt eine Zeit für Kontinuität und eine für Diskontinuität. Der sowjetische Dichter Jewtuschenko schrieb kürzlich an sein Volk, man könne dem herrschenden Klüngel nicht die gesamte Schuld an der jüngeren sowjetischen Geschichte geben. Die Menschen hätten „den Herrschenden ermöglicht, zu tun, was immer sie wollten. Verbrechen zuzulassen ist eine Form der Teilhabe daran, und wir sind historisch betrachtet daran gewöhnt, sie zuzulassen. Es ist Zeit, damit aufzuhören, der Bürokratie alle Schuld zuzuschieben. Wenn wir sie hinnehmen, verdienen wir sie auch."[8] Ich glaube, dass es auch für katholische Theologen, Geistliche und Laien an der Zeit ist, über die Ungerechtigkeiten innerhalb der katholischen Kirche zu sprechen. Unterwürfige Geduld ist eine Sünde.

Mein Gewissen drängt mich, die Stimme zu erheben und mein Schweigen zu brechen. Mein Bruder Thomas von Aquin lehrt, es sei eine Sünde, nicht dem eigenen Gewissen zu folgen. Was wird in Zukunft mit der Theologie geschehen, wenn heutige Theologen einfach schweigen, um den Inquisitor unserer Tage zu beschwichtigen? Um ihre Stellen zu behalten oder ihre blütenweiße Weste in einer Kirche zu bewahren, die vielleicht selbst krank ist? Ich denke, dass ich Sie mit meinem Schweigen viele Jahre lang vor den Folgen Ihres Verhaltens bewahrt habe. Es wäre sündig, das auch weiterhin zu

---

8) Jewgeni Jewtuschenko, im Englischen erschienen als *We Humiliate Ourselves* in *Time* am 27. Juni 1988.

tun, denn Ihr Verhalten wird zunehmend schändlicher und bringt immer größere Auswirkungen für die Zukunft unserer Kirche mit sich.

Suchtsysteme wie das, zu dem die katholische Kirche seit den offenen, erfüllenden und inspirierenden Tagen des Zweiten Vatikanischen Konzils mit Führern wie Johannes Paul I. zunehmend wird, zerfallen dann, wenn eine Seite aus dem Krankheitsprozess aussteigt. Mit diesem Brief steige ich bewusst aus diesem Prozess aus, um den Menschen zu sagen, was in unserer Kirche wirklich vor sich geht. „Die Ereignisse zu leugnen oder zu ignorieren bedeutet, ein Teil der Erkrankung zu werden", stellen Dr. Anne Wilson Schaef und Diane Fassel fest.[9]

Auf der Grundlage meiner Auswertung ihres Buches *Suchtsystem Arbeitsplatz* erkenne ich innerhalb der modernen katholischen Kirche zehn Parallelen, die mich davon überzeugen, dass es sich bei unserer Kirche tatsächlich um eine dysfunktionale Familie bzw. eine dysfunktionale Organisation handelt:

1.   Abhängige Führer können eine Organisation an den Rand der Zerstörung bringen. Ich glaube, dass genau das heute in der Kirche geschieht. Der Vatikan hatte letztes Jahr ein Defizit von 54 Millionen Dollar, und dieses Jahr sind es bereits 63 Millionen Dollar. Seine besten Priester oder Schwestern gehen fort, sind schon gegangen oder ignorieren die vom Vatikan ausgehenden Torheiten einfach. Der Vatikan setzt sich über den Rat seiner seelsorgerisch am stärksten engagierten Bischöfe und Ordensleiter hinweg. Stattdessen hört er theologisch ungebildeten Fanatikern zu, die sich wie religiöse Schlägertypen benehmen, indem sie gewaltsame Taktiken einsetzen, Gelehrte bespucken und verleumderische Beschuldigungen aussprechen. Anstatt solide Veröffentlichungen zu konsultieren, liest der Vatikan fanatisch-wütende, ultrakonservative Zeitschriften, denen jegliche journalistische Glaubwürdigkeit abgeht. Genau diese Gruppen haben Ihre Attacken gegen mich und gegen viele andere Theologen und religiöse Opfer Ihres Regimes wie Erzbischof Hunthausen, Hans Küng, Leonardo Boff und viele mehr ins Rollen gebracht.

2.   Die Besessenheit des Vatikans vom Sex ist ein weltweiter Skandal, der auf ein ernsthaftes psychisches Ungleichgewicht hinweist. In Irland bezeichnet man das als die „Beckenmoral" der katholischen Kirche. Besessenheit und Unterdrückung gehören zusammen. Die Frauenfeindlichkeit in der Kirche nimmt ständig zu. So akzeptiert die Hierarchie zwar verheiratete Geistliche aus der anglikanischen Kirche, aber nur, solange sie ihre traditio-

---

9)   Dieses und alle weiteren Zitate zu diesem Thema stammen aus: Anne Wilson Schaef und Dianne Fassel, *Suchtsystem Arbeitsplatz* (dtv 1994).

nelle Einstellung zur Frage der Ordination von Frauen aufgeben. Jetzt haben wir also verheiratete Priester – nicht katholische, sondern ehemalige Anglikaner – die den Gedanken der Ordination von Frauen nicht mehr akzeptieren dürfen. Die Besessenheit von Sex ist charakteristisch für eine dysfunktionale Persönlichkeit.

3. Größenfantasien stellen für die Suchtpersönlichkeit eine Art „Schuss" dar. Der Prunk, den die „Starmentalität" moderner Medien dem Pontifikat verleiht, ist kurzlebig und voller Stolperfallen. Und auch die Wahrnehmung einer Verstärkung der persönlichen Macht, wie sie Mitglieder der modernen Inquisition erleben, die an einer stellvertretenden Machtfantasie teilhaben, ist eine weiterer Art von „Schuss".

4. Zu diesen Größenfantasien gehört auch eine „Kontrollfantasie" – der Vatikan tut nichts anderes, als Kontrollspielchen zu treiben. Ein Beispiel dafür ist die Ernennung von Bischöfen, deren einzige Begabung in ihrem blinden Gehorsam gegenüber den Erlassen des Vatikans besteht. Anne Wilson Schaef zufolge ist die Ernennung „skrupelloser Manager" ein klares Merkmal einer abhängigen Organisation. Die Einsetzung von Opus-Dei-Bischöfen in Lateinamerika ist ein weiteres Beispiel für diese Tendenz im Vatikan. Dieser Kontrollwunsch ist schlussendlich nichts anderes als das Verlangen danach, „wie Gott zu sein". Der Vatikan – wie jede andere Organisation auch – ist nicht Gott, kann nicht Gott sein und wird letztendlich bei seinem Versuch scheitern, wie Gott zu sein. Anne Wilson Schaef lehrt, dass eine Organisation, die es notwendig findet, zu kontrollieren und zu „versuchen, wie Gott zu sein" nicht etwa in eine Interaktion mit ihren Mitgliedern und der umfassenderen Gesellschaft eintritt, sondern stattdessen „moralisch bankrott" ist. Der Vatikan versucht, die ICCS und die erstaunliche Reaktion auf die Schöpfungsspiritualität sowie das Konzept des Großen Segens zu kontrollieren, anstatt sich zu fragen, WARUM unser Bildungsmodell, unsere erneute Inanspruchnahme der mittelalterlichen Mystiker und unser Bestreben zum Aufbau einer lebendigen Kosmologie ein derart enormes Interesse hervorrufen. „Kontrolle ist das Hauptmerkmal einer Suchtorganisation" warnt Anne Wilson Schaef.

5. Eine dysfunktionale Organisation kommuniziert nur auf indirektem Wege. In ihr besteht ein Dreieckssystem, mit dessen Hilfe keine direkte, sondern nur indirekte Kommunikation mit dem Opfer stattfindet. Man spricht über das Opfer, aber nie mit ihm. Diese Methode wird von der Kongregation in meinem Fall seit mehr als vier Jahren benutzt. Geheimniskrämerei ist ein Teil eines dysfunktionalen Systems. Und es gibt darin „wenig oder gar keinen Klartext".

6. Bei Suchtmenschen oder -organisationen ist Erinnerungsverlust ein weit verbreitetes Merkmal. Der Vatikan hat nicht nur den Geist und die Arbeit des Zweiten Vatikanischen Konzils vergessen (der Misserfolg bei der Umsetzung der Kollegialität zwischen Papst und Bischöfen ist nur ein Beispiel dafür), sondern er hat auch den größten Teil der Erinnerung an seine eigenen mystischen Wurzeln verloren, die Erinnerung an den Kosmischen Christus, an eine lebendige Kosmologie im Glauben und in der Praxis. **Und genau darin besteht der Beitrag des ICCS – wir „gehen zurück" zu einem Zeitpunkt in der westlichen Kirchengeschichte, an dem sie noch über eine lebendige Kosmologie verfügte, der Kosmische Christus einen lebendigen spirituellen Archetypen darstellte und es bei Bildung und Erziehung noch darum ging, seinen ureigenen Platz im Universum zu finden.** Einer der Punkte, den Sie an meiner Arbeit kritisieren, ist meine Ablehnung des Konzepts von Plotin und Proklos, das die spirituelle Reise mit den drei Pfaden der Läuterung, Erleuchtung und Vereinigung gleichsetzt. Sie scheinen die besten Elemente Ihrer eigenen Tradition vergessen zu haben. Plotin und Proklos waren weder Juden noch Christen[10], und ihr spirituelles Denken wurde nicht von den biblischen Schriften inspiriert. Es wäre gut, wenn der Vatikan **gemeinsam mit uns zu den Schriften zurückkehren könnte**, in denen die spirituelle Reise in der Tat in Form der vier Pfade Positiva (Freude und Ehrfurcht), Negativa (Dunkelheit), Creativa (Kreativität) und Transformativa (Gerechtigkeit und Mitgefühl) beschrieben wird.

Vergesslichkeit bedeutet, dass wir vielfach nicht in der Lage sind, aus den Fehlern der Vergangenheit zu lernen. Im 16. Jahrhundert ist dem Vatikan ein Irrtum unterlaufen, als es ihm nicht gelang, zu verstehen, worum es Luther bei seinen Bemühungen zur Reformation der Kirche ging. Warum bestehen Sie darauf, denselben Fehler im 20. Jahrhundert zu wiederholen? In diesen schwierigen Zeiten bietet uns die Schöpfungsspiritualität eine Gelegenheit zur Erneuerung der Kirchen. Hat der Vatikan bereits so schnell seinen peinlichen Versuch vergessen, den heiligmäßigen Friedensbischof Raymond Hunthausen in der Erzdiözese von Seattle abzusetzen? Warum fühlt sich die Kirchenhierarchie derart von der Kreativität bedroht, dass sie unablässig danach strebt, deren aufrichtiges Bemühen um Erneuerung scheitern zu lassen?

---

10) Sie waren griechische bzw. griechisch-römische Philosophen der Antike und Spätantike. Gerade Plotin ist noch heute für seine Aussage berühmt, er nehme nicht am Gottesdienst teil, denn „die Götter müssen zu mir kommen, nicht ich zu ihnen". [A.d.Ü.]

7. Das Magisterium versagt darin, sein eigenes spirituelles Erbe zu begreifen und zu lehren. In der Kirche sollte es nicht um Bürokratie und Kontrolle gehen – oder darum, den Papst zu einer Fernsehpersönlichkeit aufzubauen. Anne Wilson Schaef sagt: „Suchtorganisationen geraten dann in heftigste Schwierigkeiten, wenn sie vergessen, dass der vor ihnen liegende Auftrag Vorrang vor allem anderen hat." Worin besteht der Auftrag der Kirche? Darin, die Frohe Botschaft zu verkünden, den Menschen Wege aus der Sünde zu zeigen, den Geist Gottes in der Menschheit zu erwecken und diesen Geist als kreative Gabe den Kulturen dieser Welt anzubieten. Die Schöpfungsspiritualität hat zur Erfüllung dieses großen Auftrags beigetragen. „Wenn Organisationen in der Lage sind, sich an ihre Geschichte zu erinnern und davon zu erzählen, können sie ihren Auftrag im Fokus behalten", wie Anne Wilson Schaef es ausdrückt. Die ICCS entfacht die Erinnerung an die westliche Mystik erneut. Tatsächlich entdecken wir Wege, den Mystiker und Propheten in jedem Menschen zu erwecken und die mystische Weisheit aller Traditionen der Welt miteinander zu vereinen.

Worin besteht die Alternative zu dem, was wir hier tun? Das Versäumnis der Kirche, die große Weisheit unserer westlichen mystischen Traditionen weiterzugeben, stellt eine große Unterlassungssünde dar, die zu patriarchalem Zynismus und Hoffnungsverlust führt. Es nährt jene Art der kollektiven Hysterie, von der die Christofaschisten unserer Tage angetrieben werden, die uns im Namen von Christus oder Jesus terrorisieren. C.G. Jung schreibt: „Der Verlust von Wurzeln und das Fehlen von Traditionen neurotisiert die Massen und bereitet den Boden für kollektive Hysterie ... [was] zur Abschaffung der Freiheit und zu Terrorisierung führt."

8. Eine dysfunktionale Familie oder Organisation lehnt jede Form der Selbstbewertung oder Selbstkritik ab. In ihrer Arroganz sieht sie den Ursprung all ihrer Probleme im Außen – als wenn Protestanten, Befreiungstheologen, Frauen, homosexuelle Menschen, die Theologen der Schöpfungsspiritualität und die Presse der Grund für die Schwierigkeiten der Kirche wären. Eine solche Organisation „schaut sich alles an, nur nicht sich selbst."

9. Eine dysfunktionale Organisation isoliert sich. Das „ermöglicht ihr, die eigene Wirklichkeit auch weiterhin als die einzige Wirklichkeit zu betrachten", weil sie so „keinen Kontakt zu jenen hat, denen sie dient, und auch nicht zur Gesellschaft als Ganzem." Der erstaunliche Erfolg der ICCS begann ohne jegliche Ausstattung an mehreren kleinen katholischen Colleges, die traditionelle Bildungsstätten für Frauen waren. Dieser Erfolg entstand aus dem Umstand heraus, dass wir sehr tiefe Bedürfnisse im Leben heutiger Menschen erreichen – so tief, dass Menschen tatsächlich ihre Häuser ver-

kaufen und Tausende von Meilen zurücklegen, um bei uns zu studieren. Der Vatikan sollte von dieser Arbeit lernen, anstatt sie abzulehnen – und das täte er auch, wenn er mit den Menschen, denen er dient, in Kontakt wäre. Die Menschen sehnen sich heute wie in der Renaissance des 12. Jahrhunderts danach, zu erfahren, was die Wissenschaft über das Universum sagt und in welcher Beziehung diese Ehrfurcht erregende Schöpfungsgeschichte zu unserem Erbe steht; sie sehnen sich nach Formen des Rituals, die den Menschen wirklich erwecken, die heilen und transformieren, anstatt langweilig zu sein; sie sehnen sich nach Gebeten und Zeremonien, die ihnen ermöglichen, von den uralten und erdzentrierten Wegen der einheimischen Völker Amerikas, Afrikas, Europas und Asiens zu lernen, sie möchten in ihre eigene Kraft kommen, indem sie sich für Kreativität in Form von Kunst als Meditation öffnen, was die grundlegendste Art aller mystischen Praktiken ist. Sie möchten ihre Mystik mit dem Kampf für Gerechtigkeit verbinden. Sie wollen die Kunst wieder in der Spiritualität verwurzeln. Sie streben nach der Wiederentdeckung des mystischen Kindes – des Kosmischen Christus in ihnen und in der Gesellschaft: Deshalb sind die Fakultäten der ICCS so vielfältig, und deshalb können wir die Kirchen und Synagogen unserer Zeit so viel lehren.

10. Die dysfunktionale Organisation will die Zukunft vernichten. Ein mit der Politik des Vatikans vertrauter Kirchenjurist sagte zu mir, in Wahrheit gehe es bei dem Konflikt zwischen Ihrem Offizium und mir darum, dass der Vatikan wisse, dass ich Recht habe, dass die einzige Zukunft für die Kirche in der Spiritualität liegt und nicht in den bürokratischen Spielchen des Vatikans. Dennoch versucht Ihr Offizium, diese Zukunft zu vernichten, weil es sie so ablehnt. Die Vernichtung der Zukunft ist jedoch die ultimative Form des Adultismus, denn sie lässt die jungen Menschen ohne Hoffnung zurück. Der Künstler-Philosoph M.C. Richards schreibt, dass „die Sünde gegen den Heiligen Geist die Sünde gegen neues Leben, gegen das Hervortreten des Selbst, gegen die heilige fruchtbare Innerlichkeit eines jeden Menschen ist." Ich fürchte, dass ein eurozentrischer Vatikan ein kirchliches Ödland zurücklassen wird, wenn er die Kreativität der Kirchen beider Amerikas und anderenorts vernichtet. Die Kraft des Geistes reicht heutzutage über den europäischen Kontext hinaus. Ich bin kürzlich einem deutschen Jesuitenpater begegnet, der 23 Jahre lang als Missionar in einem afrikanischen Land gewesen war. Er sagte mir, dass er keine deutsche oder französische Theologie mehr lese, sondern „Befreiungstheologie aus Lateinamerika und Schöpfungsspiritualität aus Nordamerika." Er sagte, dass dies die Theologien seien, an die sich nichteuropäische Christen zunehmend auf der Suche nach Führung und Inspiration wenden.

Ohne eine Zukunftsvision – ohne eine Eschatologie – brennen die Geistlichen in der Kirche aus. Anne Wilson Schaef weist darauf hin, dass Suchtverhalten nichts als „Angestellte zurücklässt, die sich moralisch erschöpft und abgenutzt fühlen." Das ist sehr traurig, denn wie sie sagt, sind „Menschen der größte Aktivposten eines Unternehmens. Wenn sich die Organisationen weigern, gesund zu werden, riskieren sie, ihre besten Leute zu verlieren." Eine Organisation, die nicht aufhört, abhängig zu funktionieren, „muss damit rechnen, wie jeder andere Süchtige auch ‚abzustürzen'." Meiner Überzeugung nach erlebt die römisch-katholische Kirche diesen Absturz zum gegenwärtigen Zeitpunkt in der Geschichte.

Man beachte, dass Anne Wilson Schaef von Gesundung spricht. Eine dysfunktionale Familie ist nicht böse, sondern krank. Doch kann durch diese Krankheit viel Übles geschehen, und genau das passiert in der römisch-katholischen Kirche unserer Zeit. Wie schon die Heilige Hildegard von Bingen ruft auch die Schöpfungsspiritualität die Kirche zu Reue und Wohlbefinden zurück. Hildegard schrieb in ihrer Zeit an den Papst die folgende Warnung: „Oh Mann, der du auf dem Papstthron sitzt, du verachtest Gott, wenn du das Übel nicht von dir schleuderst, sondern es, schlimmer noch, umarmst und küsst, indem du schweigend schlechte Männer duldest. Die ganze Erde ist in Verwirrung … und du, oh Rom, liegst wie im Todeskampf … denn du liebst des Königs Tochter nicht, die Gerechtigkeit."

Kehrt die katholische Kirche unserer Tage zum Faschismus zurück?

Faschismus entsteht aus der Kontrolle der Kreativität und dem Wunsch, Gott zu spielen. Kreativität erfordert den Prozess von Versuch und Irrtum, Fehlschlag und Erfolg. Eine dysfunktionale Familie bringt Menschen oft dazu, nach einer Art von Perfektionismus oder ideologischer Reinheit zu streben. Das Ergebnis dessen besteht in dem, was die amerikanische Philosophin Susan Sontag als Faschismus definiert: „institutionalisierte Gewalt". Ist die katholische Kirche in institutionalisierte Gewalt verwickelt? So oft hören wir von Rom die abwehrende Bemerkung, „die Kirche ist keine Demokratie." Das kann man in der Tat kaum behaupten. Aber vielleicht sollte sie das sein, denn die Demokratie kommt der Art, wie Jesus Autorität verstanden hat, viel näher, und auch seinem Beispiel des Dienens sowie der Feier der priesterlichen Wirkkraft aller Menschen, wie Paulus schreibt, als der Faschismus. Sicher hat Jesus keine faschistische Institution im Sinne gehabt, oder? Sicher wollte er nicht, dass die katholische Kirche die letzte der europäischen Monarchien repräsentiert. Die Zeit, in der die Kirche europäische Monarchien nachgeahmt hat, ist vorbei – trotz Ihrer wiederholten Rufe nach einer „Wiederherstellung".

Worin bestehen einige der Anzeichen für einen schleichenden Faschismus in unserer Kirche? Das erste ist Ihre Art des Umgangs mit verschiedenen Meinungen, indem Sie versuchen, Menschen zum Schweigen zu bringen oder sinnvolle Diskussionen abzubrechen. In einer gesunden und inspirierten Organisation erwartet man Diskussion und Dialog, nicht die gewaltsame Unterdrückung von Ideen und Meinungsunterschieden, nicht die Verweigerung der Möglichkeit zur Verteidigung oder jeder anderen angemessenen Vorgehensweise. Ihr Umgang mit Gelehrten hat Ähnlichkeiten mit den Buchverbrennungen faschistischer Regime. Einen Denker mundtot zu machen bedeutet, eine anti-intellektuelle Einstellung zu erwecken und ideologisch-fanatisches Verhalten zu fördern.

Ein zweites Anzeichen für Faschismus in unserer Kirche ist ablehnende Voreingenommenheit, die ein typisches Merkmal der abhängigen Persönlichkeit und des Suchtsystems darstellt. Es besteht ein großer Unterschied dazwischen, mit einem Menschen unterschiedlicher Meinung zu sein oder diesen zu verurteilen – dazwischen, „ich mag das nicht" oder „du bist schlecht" zu sagen. Aber abhängige Organisationen machen diesen Unterschied nie. „Voreingenommenheit erfordert die Trennung vom anderen sowie dessen Verurteilung und ist immer nicht anteilnehmend." Der gesamte aus Ihrem Offizium kommende Schriftverkehr über mich riecht nach Engherzigkeit, was vermuten lässt, dass Sie die Fähigkeit, dies unterscheiden zu können, vollständig verloren haben.

Ein drittes Anzeichen für Faschismus ist die Vorliebe, andere zum Sündenbock zu machen. Die Gehässigkeit, die in den Dokumenten aus Ihrem Offizium gegenüber Starhawk, einem Mitglied meiner Fakultät, zum Ausdruck kommt, bedarf dringend einer Erklärung, vor allem, da sie nur zwei von 90 Wahlfächern unterrichtet. Diese Frau, die über zwei Masterabschlüsse verfügt, lehrt in der Gegend von San Francisco an mehreren Hochschulen und hat drei wissenschaftliche Bücher geschrieben. Dennoch wird sie von Ihnen wie der Gegenstand Ihres Hasses behandelt. Ist es, weil sie Feministin ist? Ist es, weil sie Jüdin ist? Ist es, weil sie versucht, die Wicca-Tradition der Spiritualität wiederzuerwecken, eine Tradition, die der Erde und der Weisheit der Bauersfrauen nahe steht, dass Sie sich von dem, wofür sie steht, derart bedroht fühlen? Ich finde den Hass auf Hexen einfach unglaublich – als wenn Christen, die im Verlauf der Jahrhunderte zwischen 300.000 und drei Millionen von ihnen umgebracht haben, nicht genug von Hexenjagden haben müssten. Aber Sie scheinen im Jahr 1988 versessen darauf zu sein, sie wieder einzusetzen, anstatt aus den Fehlern der Vergangenheit zu lernen.

Als das Zweite Vatikanische Konzil in seiner Erklärung über nichtchristliche Religionen formell verkündete, es sei „dem Geist des Christen fremd, Menschen aufgrund ihrer Religion zu diskriminieren oder zu drangsalieren", machte es keine Ausnahme für die einheimische europäische Religion des

Wicca. Als die Erklärung anerkannte, dass es „seit alter Zeit bis zur Gegenwart in den verschiedenen Völkern eine gewisse Wahrnehmung jener verborgenen Macht gegeben hat, die über allen Dingen schwebt", hat sie keine Ausnahme für die Wicca-Tradition gemacht. Der Psychiater Anthony Stevens bezeichnet die Bestimmung eines Sündenbocks als eine „obszöne Praxis mit teuflischsten sozialen Folgen".[11]

Ein viertes Beispiel für den Faschismus in unserer heutigen Kirche ist die Gründung von *Opus Dei*, einer katholischen Geheimgesellschaft, die ihren Ursprung im faschistischen Spanien hat und sich heute mit der besonderen Zustimmung des Vatikans in der ganzen Welt verbreitet. Seit die Jesuiten in Lateinamerika das biblische Gebot der sozialen Gerechtigkeit wiederentdeckt haben, schicken die Oligarchien dieses Landes ihre Kinder nicht mehr in Jesuitenschulen, sondern in die von *Opus-Dei*-Mitgliedern neu eröffneten und geführten Schulen.

Eine fünfte Form der faschistischen Funktionsweise in unserer Kirche besteht in der Belohnung autoritärer Personen. Dr. Anthony Stevens hat über die Art von Persönlichkeit geschrieben, die mit dem Faschismus einher geht und damit, wie ich meine, Einblick in die Motive Ihres Engagements gegen Frauen, homosexuelle Menschen, die Befreiungstheologie, die Schöpfungsspiritualität und die akademische Freiheit geboten. Er schreibt, dass „der autoritäre Charakter demzufolge die Basis eines kollektiven Faschismus ist, worin die sozialen und politischen Strukturen von einer Ordnung dominiert werden, die von einer einzigen männlichen Autorität aufgezwungen wird. Faschismus ist der ultimative Ausdruck der Vaterdominanz." Vielleicht kann Ihre Kongregation deshalb nicht mehr geradeaus lesen oder geradeaus schauen, wenn ich von „Gott als Mutter" schreibe. Denn im Faschismus – in der Vaterdominanz – gibt es keinen Platz für einen mütterlichen Gott.

Der autoritäre Charakter ist im Wesentlichen „sadomasochistisch". Eine solche Person „bewundert Autorität und neigt dazu, sich ihr unterzuordnen, will aber gleichzeitig selbst eine Autorität sein, der sich andere unterordnen." Dieser Persönlichkeitstyp unterscheidet nur zwei Arten von Menschen – starke und schwache. Wie Stevens sagt, „verehrt er den ersteren, während er für den letzteren nichts als Verachtung übrig hat. Macht fasziniert ihn mit all der Leuchtkraft eines puren Archetypen." Solche Personen werden beim ersten Anzeichen von Schwäche zu rücksichtslosen Raubtieren. Doch „so, wie alle Sadisten eine masochistische Seite haben, hat ein autoritärer Mensch das Bedürfnis danach, eine Autorität zu respektieren, die größer ist als er selbst. Er möchte nicht nur die Freiheit jener einschränken, die er kontrolliert, sondern genießt auch das Gefühl, sich selbst einem Führer, Gott oder dem Schicksal zu unterwerfen. Als Soldat ist diese Art von Mensch seinen Untergebenen ge-

---

11) Anthony Stevens, *Archetypes* (William Morrow, New York 1982)

genüber ein Drillmeister, bezieht jedoch zur selben Zeit eine tiefe Befriedigung daraus, sich seinen Vorgesetzten mit unhinterfragtem Gehorsam unterzuordnen. Als Mönch wird er Laienbrüdern gegenüber diktatorisch auftreten, sich seinem Abt und der Ordensregel gegenüber aber vollkommen unterwürfig verhalten." Stevens weist darauf hin, dass bei einer derart herrschsüchtigen und faschistischen Persönlichkeit ungelöste Konflikte in den Bereichen Sexualität und Aggression vorliegen.

Um ganz ehrlich zu sein – für mein Empfinden trägt Stevens Analyse viel mehr als alle theologischen Debatten zur Erklärung der Aggression und Feindseligkeit bei, mit der Sie amerikanische Theologen angreifen. Wenn „der Führer immer Recht hat", wie die autoritäre Persönlichkeit zu glauben benötigt, wird die gesunde theologische Auseinandersetzung immer hinter politischen Machtspielen zurückstehen müssen.

Es macht mich tief betroffen, dass die heutige katholische Kirche autoritäre Persönlichkeiten zu belohnen scheint, die eindeutig krank, gewaltsam, von Sexualität besessen und nicht fähig sind, sich an die Vergangenheit zu erinnern. Ich habe 13 Jahre lang in der Erzdiözese von Kardinal Cody gelebt und gearbeitet und fragte mich bereits lange vor den Skandalen, die ihn gegen Ende seines Lebens umgaben: „Wie konnte es ein Mann, der so wenig Moral und Spiritualität hat, in der katholischen Kirche ‚bis ganz nach oben' schaffen?"[12] Ich habe von der argentinischen Vereinigung *Mothers of the Disappeared* gehört. Ich habe gelesen, dass sich während der harten Jahre unter sadistischen und faschistischen Militärherrschern, die Kinder folterten, von den 83 in Argentinien ansässigen Bischöfen nur drei für diese Menschen eingesetzt haben. Andere waren damit beschäftigt, dem Militär, das die jungen Leute folterte, das Abendmahl zu reichen.

Letztes Jahr unterrichtete ich einen Kurs namens „Die Erneuerung der christlichen Gottesverehrung." Ich glaube an die Kraft und Bedeutung der Anbetung und halte es deshalb für sinnvoll, Kurse zu geben, die sich mit ihrer Erneuerung beschäftigen. Die Schöpfungsspiritualität trägt dazu bei, den Menschen Werkzeuge zu geben, die sie dafür verwenden können. An jeder unserer Kosmischen Messen haben mehrere Hundert Menschen teilgenommen. Das sollte unsere Kirchenführer in Jubel versetzen und sie sich fragen

---

12) Cody wurde 1965 zum Erzbischof von Chicago ernannt und 1967 in den Rang eines Kardinals erhoben. Seine Zeit in Chicago war von Kämpfen und Konflikten geprägt, zu denen auch staatliche Untersuchungen einiger finanzieller Unregelmäßigkeiten sowie seine nicht ganz eindeutige Beziehung zu Mrs. Helen Dolan Wilson gehörten, die angeblich seine Geliebte war. Mrs. Wilson, die 25 Jahre lang ständig an Codys Seite stand, soll große Geldsummen erhalten haben, die von Kardinal Cody aus kirchlichen Beständen abgezweigt worden sind. Sie soll das Geld verwendet haben, um sich ein Luxusleben zu finanzieren. Trotz der Tatsache, dass während Codys Amtszeit etwa eine Million Dollar an Kirchengeldern verschwanden und der nationalen Bischofskonferenz in dem einen Jahr, in dem Cody ihr Schatzmeister war, ganze vier Millionen Dollar abhandenkamen, wurden nach seinem Tod alle Ermittlungen gegen ihn aufgegeben. [A.d.Ü.]

lassen: Was von dem, was da geschieht, ist für Menschen aller Milieus und Altersgruppen so anziehend? Auf der ganzen Welt interessieren sich nur sehr wenige junge Leute für eine Gottesverehrung und Formen der Anbetung, denen es an einer lebendigen Kosmologie mangelt und die aus diesem Grund langweilig und ermüdend sind sowie zunehmend an Bedeutung verlieren. (Ich habe gehört, dass in Ihrem Heimatland gegenwärtig nur sechs Prozent aller Katholiken am Sonntagsgottesdienst teilnehmen – ein rein pastorales Thema, nehme ich an.)

Letzten Herbst kam während einer unserer Kosmischen Messen eine Gruppe von Menschen herein, die zornig und gewaltsam dagegen protestierten. Sie rissen unsere Schilder herunter und stellen ihre eigenen auf, worauf die Worte „Cosmic Mess" von Flüchen begleitet dargestellt wurden.[13] Glücklicherweise wurden wir von drei amerikanischen Ureinwohnern unterstützt, die sich mit gewaltloser Kommunikation auskannten und die Protestierenden in Schach halten konnten, als diese versuchten, das Gebäude zu stürmen, in dem wir beteten. Wir luden jene, die wollten, dazu ein, gemeinsam mit uns zu beten. Während des gesamten Gottesdienstes standen die meisten von ihnen draußen und schrien in hasserfülltem Ton die Worte des Rosenkranzes in unsere Richtung. Doch von denen, die zu uns hineinkamen, wurden tatsächlich einige durch unser Gebet verwandelt. Danach dankten sie unseren Leitern für diese „wunderbare Erfahrung". Nach dem Gottesdienst sagten viele der Menschen, die daran teilgenommen hatten, die Messe habe „große Ehrfurcht" in ihnen ausgelöst. Andere berichteten, „zum ersten Mal in ihrem Leben" eine Verbindung zwischen ihrem Körper und ihrem Glauben gespürt zu haben. (Das Thema des Gottesdienstes war Dank für unseren Körper.) Kurz gesagt, viele erlebten eine wunderschöne und bewegende Messe. Die anwesenden amerikanischen Ureinwohner sagten mir, wie sehr sie das Verhalten und die Einstellung der Protestierer empört hätten. Diese nichtchristlichen amerikanischen Ureinwohner waren noch nie Menschen begegnet, die den Gottesdienst einer anderen Gruppe stören würden.

Dieselben gewaltsamen Protestierer haben Ihnen von der Kosmischen Messe geschrieben. Und wie es Ihre Gewohnheit ist, haben Sie ihnen vollkommenen Glauben geschenkt und mich auf der Grundlage ihres Berichts verurteilt, ohne weitere Meinungen zu erbitten. Es verblüfft mich, dass Sie den Aussagen reaktionärer Gruppen – also von Menschen, die über keine theologische Ausbildung verfügen und in ihrem ganzen Kirchenleben niemals etwas anderes getan haben, als Theologen, denen sie nicht zustimmen, Obszönitäten entgegenzubrüllen – mehr Gewicht zumessen als Bischöfen, Geistlichen, Provinzialen, Ordensleitern und theologischen Gremien. Die

---

13) „Mass" bedeutet Messe oder Gottesdienst, „Mess" jedoch Chaos oder Schweinerei. [A.d.Ü.]

einzige Erklärung, die ich dafür habe, besteht im zunehmenden Faschismus in der modernen Kirche.

Als dysfunktionale Familie ist die römisch-katholische Kirche heute in institutionalisierte Gewalt verstrickt. Ich glaube, dass sich der Widerstand gegen diesen Trend im Zuge der vor allem in den beiden Amerikas zunehmenden Bewusstseinsbildung bei den Menschen in der Kirche weiterhin verstärken wird.

Die Alternative zum Faschismus unserer Kirche besteht in dem, was uns Jesus zum Thema Gerechtigkeit und Mitgefühl lehrt. „Darum seid barmherzig" (Lk 6,36). Mitgefühl meint unsere Fähigkeit, miteinander verflochten zu leben, unsere Gleichheit auf der Ebene des Seins und der Schönheit, die wir von Gott erhalten haben, und durch sowie miteinander zu handeln. Oder, wie Meister Eckhart es formuliert: „Liebe wird nirgends sein, wo nicht Gleichheit und Vereinigung sind", und „Mitgefühl bedeutet Gerechtigkeit." Jesus lehrt, dass Autorität – die sich von dem Wort *Autor* ableitet, was wiederum *jemand, der kreativ ist* bedeutet – nicht darin bestehen soll, andere herumzukommandieren. Zur Kreativität gehört auch, die Vielfalt willkommen zu heißen. Es ist traurig, sehen zu müssen, wie die römisch-katholische Kirche nach dem ausdrücklichen Bemühen des Zweiten Vatikanischen Konzils, Misshandlungen zu bekämpfen, zunehmend von diesem weltlichen und sündigen Autoritätsmissbrauch verdorben wird. Die Organisation unserer Kirche bedarf einer vollständigen Überholung, damit Schönheit und Gerechtigkeit in ihr wieder zur Voraussetzung für Führerschaft werden können. Es ist offensichtliche Heuchelei, wenn die katholische Kirche nach sozialer Gerechtigkeit ruft, während sie selbst derart in Ungerechtigkeit feststeckt. So, wie sich die Strukturen momentan darstellen, lassen sie keine Absetzung der Unwürdigen, der Kranken oder der Größenwahnsinnigen zu. Dieser Mangel an Verantwortungspflicht stellt eine ernste Lakune in unserem Kirchenverständnis dar. Es ist gar nicht mal so unwahrscheinlich, dass wir hier von der Ungeduld der Amerikaner mit den sogenannten „göttlichen Rechten" der europäischen Monarchien lernen können.

Ich glaube, dass jeder Form des Faschismus eine Ketzerei innewohnt, die in der Leugnung der Dreifaltigkeit besteht. In der faschistischen Weltsicht wird der Autoritarismus zu einer derart totalitären Kosmologie, dass es zu einer Verneinung des Schöpfergottes kommt – weil die Schöpfung nicht mehr der Ort des Heiligen ist, ein Tempel des Kosmischen Christus. Darüber hinaus werden die Lehren Jesu ignoriert, und das Wirken des Geistes „der weht, wo immer er will", wird beendet.

Mein Engagement für eine Bildungserziehung mit einem neuen Paradigma

Vor 29 Jahren haben mich die Leiter meiner Dominikanerprovinz dazu eingeladen, nach Europa zu gehen, um dort für den Doktor in Spiritualität zu studieren. Nachdem ich den Mönch Thomas Merton befragt hatte, entschloss ich mich für das Institut Catholique in Paris. Dort gab mein Mentor und Dominikanerbruder, der angesehene Kirchenhistoriker M.D. Chenu, der Schöpfungsspiritualität ihren Namen. (Sie sehen also, dass ich die Tradition der Schöpfungsspiritualität nicht „erfunden" habe, wie es mir eines Ihrer Dokumente zuschreibt.) Ich bin im Amerika der sechziger Jahre während der Bürgerrechtskämpfe und der Proteste gegen den Vietnamkrieg erwachsen geworden. Vor diesem Hintergrund war das dringlichste Anliegen, das ich in meine Studien mitbrachte, die Frage, worin die Beziehung – wenn es überhaupt eine gibt – zwischen Mystik und sozialer Gerechtigkeit besteht. Seit dieser Zeit sind all meine Schriften und Arbeiten in gewisser Weise ein Versuch gewesen, diese Frage theoretisch wie auch praktisch zu beantworten.

Nachdem ich drei Jahre später meinen Abschluss gemacht hatte, kehrte ich nach Amerika zurück, um am Aquinas-Institut und am Barat-College zu unterrichten. In Barat, einem Frauencollege, hatte ich die Gelegenheit, die Geschichten von Frauen zu hören. So erfuhr ich von den Kämpfen, die sie in unserer Kultur austragen müssen, was zur Geburt meines eigenen Feminismus führte. Eine landesweite Umfrage, die von der nationalen Konferenz der Diözesandirektoren für Religiöse Bildung durchgeführt wurde, beauftragte mich mit der Durchführung einer Studie über „Spiritualität und religiöse Bildung". Also schrieb ich eine Reihe von Artikeln, in denen ich die gegenwärtigen Bemühungen zur spirituellen Bildung in Amerika kritisierte und einen Entwurf für ein gesundes Programm vorlegte.

Ich sah mir alle Programme an, die zu diesem Zeitpunkt in Amerika durchgeführt wurden und stellte fest, dass es ihnen an Vis-á-vis-Feminismus, Kunst, sozialer Gerechtigkeit und der Fähigkeit, die mystische Weisheit in ihren Studenten zu wecken fehlte. Zuviel in diesen Programmen war nach wie vor „nichts als eine Reise im Kopf", wie ein Student zu mir sagte, der an einem der gesünderen Programme teilnahm.

Zwei Jahre später, im Jahr 1977, baute ich an einem College in Chicago in Illinois das Institut für Kultur und Schöpfungsspiritualität (ICCS) auf. Sechs Jahre später zogen wir mit dem Programm ins kalifornische Oakland um. Die ICCS widmet sich der Entdeckung einer neuen Kosmologie für unsere Zeit. Ich begreife Kosmologie als die Begegnung unserer Schöpfungsgeschichte (wir haben mittlerweile von der gegenwärtigen Wissenschaft eine neue erhalten) mit der Mystik (wir haben in der Bibel wie auch der Kirche eine reiche mystische Tradition, die meist nicht genutzt wird) und der Kunst (der Künstler muss durch Musik, Tanz, Träume, Massage, einheimische und moderne Rituale den Mystiker, Propheten und Künstler in jedem von uns erwecken, damit wir die Kosmologie weitergeben können).

Als ich dieses Programm vor elf Jahren kreierte, erkannte ich, dass man im Rahmen eines auf Kant oder Descartes aufbauenden Bildungsmodells keine effektive Spiritualität vermitteln kann. Die ICCS ist ebenso eine Erneuerung der Bildung wie auch unserer spirituellen Wurzeln. Unser Bildungsmodell ist bewusst sowohl auf die rechte als auch die linke Hirnhälfte ausgerichtet, also sowohl konzeptionell als auch experimentell. Es gehören Vorträge und Seminare, Lesungen und Arbeiten dazu. Aber es umfasst zu einem großen Teil auch „Kunst als Meditation": Praktiken, die von Malen, Tanzen, Modellieren und Massage über Tai Chi, Aikido und Traumarbeit bis hin zur Improvisation reichen. Darin besteht die Kraft dieses Programms: Wir lehren die Menschen, auf eine erwachsene Weise zu beten, die zugleich die des Kindes ist. Wir helfen ihnen, eine Verbindung zwischen unserem westlichen mystischen Erbe und dem anderer Kulturen herzustellen. Das gesamte Ziel der vier Pfade der Schöpfungsspiritualität besteht darin, mitfühlender zu werden, wie es uns Jesus lehrt. Mitgefühl bedeutet, zu feiern und Gerechtigkeit zu schaffen. Das lehren wir – und machen unsere Arbeit wirklich gut.

Die 9.000 Menschen, die im Laufe der Jahre an unseren Workshops und Programmen teilgenommen haben, könnten unzählige Geschichten der Heilung, des inneren Wandels und der Ermächtigung erzählen. Ich würde Ihnen liebend gerne von der Schönheit dieser Menschen berichten und von dem Ruf, sich dieser alten Tradition zu verpflichten, den sie empfinden – Mutter Erde zu verteidigen und unsere jungen Menschen wieder mit Staunen und Ehrfurcht zu erfüllen. Ich schlage vor, dass Sie nur einer einzigen dieser Personen zuhören, anstatt den traurigen, gewalttätigen Leuten, die Ihnen über uns geschrieben haben. Oder dass Sie die vielen Briefe lesen, in denen mir erzählt wird, dass Menschen zum Christentum zurückkehren, weil die Wege der Schöpfungsspiritualität wie für sie gemacht sind.

Unser Kollegium ist vielfältig und einzigartig. Bei uns unterrichten Wissenschaftler, die uns dabei helfen, unsere kosmische Geschichte zu überarbeiten – so, wie Thomas von Aquin sich an Aristoteles wandte (einen „heidnischen Wissenschaftler"), um einen ähnlichen Zustrom kosmologischer Wahrheit zu erhalten. Wir haben viele Künstler, die uns durch die Erfahrung der Kunst-als-Meditation und des Körpergebets begleiten. Wir haben Bibelwissenschaftler, Aktivisten für soziale Gerechtigkeit, Psychotherapeuten und Gemeindeverwalter. Zum Lehrplan gehört ein Kurs über „die Weisheit indigener Formen der Spiritualität", der von einem Team unterrichtet wird, das aus einem spirituellen Lehrer der amerikanischen Ureinwohner (der für uns auch Rituale wie die indianische Schwitzhütte durchführt), einem afrikanischen spirituellen Lehrer, der afrikanischen Tanz unterrichtet und einer Wissenschaftlerin aus der Wicca-Tradition besteht – letztere engagiert sich so intensiv für den gewaltfreien Widerstand gegen Atomwaffen, dass sie in Verteidigung von Frieden und Gerechtigkeit bereits viele Tage im Gefängnis verbracht hat. Auch andere Mitglieder haben für Sie, für mich und für Mutter Erde solche Opfer gebracht. Alle hier sind mehr oder weniger feministisch eingestellt. Unsere Studenten und Fakultätsmitglieder entstammen einer großen Vielfalt religiöser und spiritueller Traditionen und kommen von allen Kontinenten der Erde.

Es gefällt uns gar nicht, dass sich Europäer selbst zu Experten für die Spiritualität anderer Kulturen ernennen, um diese dann so zu verurteilen, wie Sie es mit der Befreiungstheologie in Lateinamerika und der Schöpfungsspiritualität in Nordamerika getan haben. Wir erinnern uns daran, dass so etwas, als es das letzte Mal in unserem Land versucht wurde, zu einem Holocaust gegen die einheimischen Völker geführt hat. Als die europäischen Christen nach Amerika kamen, lebten 80 Millionen Menschen hier, und 50 Jahre später waren es nur noch 10 Millionen. Wann werden Sie sich endlich dafür entscheiden, von uns zu lernen, anstatt uns zu verurteilen? Die Kirche bedarf dringendst des alten Wissens, das dieser Kontinent zu bieten hat.

Unsere Arbeit am ICCS hat zur Wiedererlangung unseres reichhaltigen mystischen Erbes beigetragen, weil wir die Schriften der großen Schöpfungsmystiker übersetzt haben, damit sie wieder gelesen und verstanden werden können. Ich habe eine Übersetzung von 36 kommentierten Predigten Meister Eckharts veröffentlicht. Wir haben mittlerweile sechs Bücher herausgebracht, die von oder über Hildegard von Bingen sind, und dazu kommen Meditationsbücher von Mechthild von Magdeburg, Nikolaus von Kues, Dante und Juliana von Norwich. Darüber hinaus haben wir Aufnahmen der von Hildegard komponierten Musik sowie Dias ihrer Mandala-Gemälde zugänglich gemacht.

Kürzlich traf ich einen gesetzten Mann Mitte 60, der Psychoanalytiker nach Jung ist und auch ein Theologiestudium absolviert hat. Er sagte schlicht zu mir: „Das Institut für Kultur und Schöpfungsspiritualität ist bezüglich Spiritualität und Bildungserziehung in der Welt an der Spitze. Sie dürfen dem Vatikan auf keinen Fall erlauben, es zu schließen." Ich fand diese Bemerkung sehr interessant, weil Psychologen im Allgemeinen eher non-direktiv sind und er im Gegensatz dazu mit echter Leidenschaft sprach.

Sind es die Weisheit und Verspieltheit, die Tiefenökumene und die Liebe zum Geist, die Ermächtigung und der Feminismus, die sich an der ICCS ereignen, die Sie derart erzürnen? (Der Psychologe James Hillman hat darauf hingewiesen, dass der negative Senex – der ältere Mensch, der die Verbindung zu seinem oder ihrem *Puer* oder mystischen Kind verloren hat – seine Torheit auf andere projiziert und deshalb weder über Weisheit noch über Hoffnung auf die Zukunft verfügt.) Warum schließen Sie sich uns nicht an, anstatt zu versuchen, diese Freude zu vernichten? Warum nehmen Sie sich nicht ein Jahr Zeit und treten von Ihrem isolierten und privilegierten Leben im Vatikan zurück, um mit Männern und Frauen im Kreis zu tanzen, von denen manche 20, andere mehr als 70 Jahre alt sind und die auf der Suche nach einer authentischen Spiritualität von überall auf der Welt gekommen sind? Alice Miller hat mehr als zwanzig Jahre lang in Deutschland mit Opfern des Nationalsozialismus gearbeitet, die von ihren Eltern verletzt worden waren. Sie glaubt, dass es nie zu spät für eine Umwandlungserfahrung ist. Sie schreibt: „Die menschliche Seele ist buchstäblich unzerstörbar und so lange der Körper atmet in der Lage, sich aus der Asche zu erheben."[14] Ich glaube, dass Sie in der Lage wären, die Schöpfungsspiritualität zu feiern und zu verstehen, wenn Sie nur Ihr Herz öffnen könnten. Wie uns Meister Eckhart sagt: „Mitgefühl beginnt zu Hause bei der eigenen Seele und dem eigenen Körper."

Am 8. Mai 1988 erlegte mir mein Ordensleiter infolge des Drucks, den Sie auf ihn ausgeübt haben, ein Redeverbot auf. Ich bin ohne ein ordentliches Verfahren, ohne jegliche direkte Kommunikation zwischen uns, im Widerspruch zu den Schlussfolgerungen der Gruppe von Dominikaner-Theologen, die meine Arbeit untersucht haben und unter empörender Missachtung der Wünsche der Leiter meiner Provinz, meines Ordens und hunderter Personen, für die ich in den vergangenen 18 Jahren schreibend, lehrend oder vortragend auf seelsorgerische Weise tätig war, zum Schweigen gebracht worden.

Doch damit befinde ich mich in sehr guter Gesellschaft. Man denke nur an meinen Bruder Leonardo Boff in Brasilien, an meine Schwestern, die mundtot gemacht wurden, indem man ihnen verbot, die Frohe Botschaft zu verkünden, an die *Anawim*[15], deren Gaben in den Kirchen nicht gefeiert werden oder an die nicht-Zweibeinigen, die zwar sehr viel zu sagen haben, aber von einer mittlerweile anthropozentrischen Kirche mundtot gemacht worden sind. Die Armen sind schon immer von denjenigen zum Schweigen gebracht worden, die übermäßig viel Macht haben. Die Verhängung eines Redeverbots über mich wird die Schöpfungsspiritualität genauso wenig vernichten, wie das Redeverbot für Leonardo Boff der Befreiungstheologie ein Ende setzen konnte. Die den vier Pfaden der Schöpfungsspiritualität zugrunde liegenden Wahrheiten finden einen zu deutlichen Wiederhall in den Erfahrungen der Menschen, um zum Schweigen gebracht werden zu können. Die Schöpfungsspiritualität bringt zu klar „den unterirdischen Fluss" (Eckharts Formulierung) der Wahrheit zum Ausdruck, der allen mystischen Traditionen der

---

14) Alice Miller, *For Your Own Good* (Farrar, Straus and Giroux, New York 1985)

15) Anawim ist ein Begriff aus dem Alten Testament, der Menschen mit geistigen, körperlichen und psychischen Beeinträchtigungen sowie sozial Benachteiligte und Schutzbedürftige bezeichnet. [A.d.Ü.]

Welt – von der Göttinnentradition über den Buddhismus bis hin zur Spiritualität der amerikanischen Ureinwohner – zugrunde liegt, um mundtot gemacht werden zu können. Sie werden niemals die Hunderttausenden von Menschen zum Schweigen bringen können, die Schöpfungsspiritualität studiert haben und sie jeden Tag leben, lehren und predigen.

Ich für meinen Teil bin lieber still als taub. Denn wie schon Paulus sagt: „Der Glaube kommt vom Hören" – davon, auf die Zeichen und Qualen unserer Zeit zu hören. Ich bete dafür, dass Sie dieser Brief dazu bewegen möge, zuzuhören und nicht nur zu verurteilen. Wenn das geschieht, werden Sie erkennen, dass die Schöpfungsspiritualität kein Feind einer gesunden Kirche ist, sondern vielmehr eines der Zeichen der Macht des Geistes in unserer Zeit darstellt. Eine Kirche, die taub zu bleiben beschließt, ist nicht mehr gesund. Sie könnte sogar bereits tot sein.

Als Zeichen meines anhaltenden guten Willens werde ich den Wünschen meines Ordensleiters folgen und vom 15. Dezember 1988 an das „Lehren, Vortragen und Predigen" einstellen.

Ich wünsche Ihnen Mitgefühl und verbleibe Ihr Bruder
Matthew Fox, O.P.

In diesem Teil des Buches haben wir gerade mal sieben Menschen, Bewegungen oder Gemeinschaften gestreift, deren Arbeit Kardinal Ratzinger abortiert (ja, er, der doch so gegen Abortion ist!) oder denunziert hat. Es gibt mehr als 91 weitere – erlauben Sie mir, nur einige wenige davon zu nennen. Denken Sie an Hans Küng, einen Theologen aus der Schweiz, der neben Ratzinger der jüngste Peritus im Zweiten Vatikanischen Konzil war, der Ekklesiologie zu seiner Spezialität gemacht hat und in der Tat von Ratzinger selbst an die Tübinger Universität berufen wurde. Denken Sie an den verstorbenen Pater Edward Schillebeeckx, einen niederländischen Dominikaner, der so großmütig die Theologie der Sakramente neugeschrieben und mehrere stichhaltige Bücher verfasst hat, darunter eines über Jesus und ein anderes über Christus. Denken Sie an Gustavo Gutiérrez, den Begründer der Befreiungstheologie, der von seinem Opus-Dei-Bischof so schwer verfolgt wurde, dass er vor kurzem dem französischen Dominikanerorden beigetreten ist, um überleben zu können. Denken Sie an Jon Sobrino, einen jesuitischen Theologen aus El Salvador, der für den heiligmäßigen Erzbischof Óscar Romero ein Schlüsseltheologe war und den Ratzinger gerade letztes Jahr mit über 80 Jahren noch verurteilt hat. Denken Sie an Anthony de Mello, einen indischen Jesuiten und spirituellen Geschichtenerzähler, der noch elf Jahre nach seinem Tod verurteilt wurde. Denken Sie an Schwester Jean Grimmack, die 30 Jahre lang Seelsorgerin für schwule und lesbische Katholiken in den Vereinigten Staaten gewesen war, bis sie ihren Orden verlassen und einem anderen beitreten musste, um vor den Folgen ihrer „Ketzereien" Zuflucht zu finden. Denken Sie an den australischen Pater Paul Collins, der ein Radio-Pfarramt aufgebaut hat, um Leben in denkende Menschen und in die katholische Tradition zu bringen, und der, nachdem er fortwährend terrorisiert worden war, die Priesterschaft verlassen hat. Denken Sie an Pater Charles Curran, der unter Bernhard Häring Moraltheologie studiert hat, von seiner Lehrposition an der Catholic University of America vertrieben wurde und sich für die „Sünde", Fragen zur Empfängnisverhütung gestellt zu haben, bei der Southern Methodist University im Exil befindet. Denken Sie an Erzbischof Hunthausen in Seattle, der den Mut und das Gewissen hatte, dem Militarismus des Landes Widerstand zu leisten und sich deshalb weigerte, Einkommenssteuer zu zahlen, weshalb er sich heftigen Angriffen von Seiten der Catholics United for the Faith und der Kongregation für die Glaubenslehre ausgesetzt sah. Denken Sie an die Brasilianerin Ivonne Gebara, die zwei Doktortitel innehatte und es wagte, feministische Theologie und Ökologie zu lehren; man erteilte ihr ein zweijähriges Redeverbot und wies sie an, nach Europa zu gehen und ihr Theologiestudium zu wiederholen. Denken Sie an Pater André Guindon, der an der St. Paul University in Ottawa lehrte und sechs Mal nach Rom gerufen wurde, um sein Buch *The Sexual Creators* zu verteidigen, in dem er vorschlug, den Geschlechtsverkehr als eines der Elemente menschlicher Intimität und nicht nur als Fortpflanzungsfunktion zu betrachten. Als er für das sechste Mal packte, starb er an einem Herzinfarkt.

Denken Sie an die Millionen von Menschen in Basisgemeinden, in der Bewegung der Schöpfungsspiritualität oder in lebendigen Kirchen wie jener in Rochester, die von den Wachhunden der sogenannten Orthodoxie von der Quelle ihrer spirituellen Nahrung abgeschnitten worden sind. Denken Sie an die guten Priester, die sich nicht imstande sahen, guten Gewissens die Politik zu unterstützen, die der Vatikan in Bezug auf Empfängnisverhütung oder die Ausgrenzung von Frauen betreibt. Denken Sie an die Theologen, von denen viele ihren Lebensunterhalt, ihren Ruf und ihre Berufung zum Dienst an ihren Gemeinden verloren haben, weil ihr Wirken effektiv beendet wurde.

Meiner Erfahrung nach ist Mut der beste Indikator für Spiritualität. So viele dieser Menschen sind zutiefst mutige und wahrhaft spirituelle Personen. Bei Menschen, die in Bürokratien sitzen und andere verurteilen, habe ich jedoch nur selten Anzeichen für Mut gesehen. Ein mobbender Tyrann ist nicht gerade der Inbegriff des Mutes.

Im Anhang dieses Buchs habe ich eine theologische „Klagemauer" geschaffen, ein Monument der Erinnerung an die Denker und Aktivisten, die ihrer Kirche zu dienen versuchten, aber von der Gewalt Kardinal Ratzingers und seiner Abrisstruppe entmannt wurden. Es wäre angemessen, die Erinnerung an diese guten (nicht perfekten!) Seelen zu ritualisieren, wie wir es auch an der Wand des Vietnamdenkmals in Washington tun. Wir dürfen die Opfer all jener nicht vergessen, deren Leben derart beeinträchtig worden ist – vor allem der jungen Menschen darunter

– nur weil Ratzingers Glaubenskongregation eine solche Angst vor der Zukunft hat. Wenn wir die Schönheit und das Opfer allein der vielen Märtyrer Südamerikas der letzten Jahrzehnte bedenken, macht uns Roms Mangel an Lob hier doch perplex. Ein Hinweis darauf, wie viel auf dem Spiel steht, lässt sich vielleicht in einer Beobachtung von Thomas von Aquin finden, die er vor 700 Jahren sinngemäß niederschrieb: „Ein Tyrann fürchtet gute Menschen mehr als schlechte."[16] Etwas in Ratzinger fürchtet gute Menschen.

Meister Eckhart, der große Dominikaner-Mystiker des 14. Jahrhunderts, stellt eine sehr wichtige Frage: „Wer ist ein guter Mensch? Ein guter Mensch lobt andere Menschen." Ich habe das immer als überaus praktische spirituelle Prüfung empfunden. Sie ähnelt Jesu Bemerkung: „An ihren Früchten sollt ihr sie erkennen." Die Früchte der Arbeit dieser Theologen und Aktivisten sprechen für sich. Wer sie nicht loben kann – sondern tatsächlich beschließt, sie zu bekriegen – fällt damit das Urteil über sich selbst.

---

16) Zitiert aus Matthew Fox, *Geist und Kosmos, Der Weg der Verwandlung* (Aquamarin Verlag 1993)

Teil 3

Wer solche Freunde hat, braucht keine Feinde mehr!

Man kann viel über eine Person erfahren, wenn man sich ansieht, mit wem sie verkehrt und welche Menschen sie lobt. Papst Benedikt XVI. lobt und verkehrt öffentlich mit Opus Dei, Gemeinschaft und Befreiung *und den mittlerweile in Verruf geratenen* Legionären Christi – *neben weiteren dem extrem rechten Flügel angehörenden Gruppierungen. Gemeinsam mit dem vorangegangenen Papst hat er* Opus Dei *(einer von Geistlichen dominierten Laienorganisation) fast völlig freie Hand gegeben, was dem Opus ermöglichte, in Diözesen überall auf der Welt ohne die geringste Einmischung durch Bischöfe oder andere arbeiten zu können. Und da Taten deutlicher sprechen als Worte – was besonders im Fall einer Person gilt, die so zungenfertig wie Ratzinger ist – sagt seine Verbindung zu* Opus Dei, *den* Legionären Christi *sowie zu* Gemeinschaft und Befreiung *viel darüber aus, was hinter seinen eigenen Worten steht.*

Wie wir bereits sehen konnten, haben Joseph Ratzinger und Papst Johannes Paul II. es sich zur Priorität gemacht, Theologen und Bewegungen zu attackieren – vor allem die Befreiungstheologie, die Schöpfungsspiritualität und die aus diesen hervorgegangenen Bewegungen (im ersten Fall handelt es sich dabei um die Basisgemeinden, im zweiten um die Bildungsreformen).
In diesem Teil erforschen wir, was er sich nicht zur Priorität gemacht hat: eine Reaktion auf die schwerwiegenden Verbrechen pädophiler Priester. Hier finden wir heraus, welche Personen und Bewegungen von Ratzinger und dem Papst unterstützt worden sind.

All diese Verbündeten haben folgende Punkte gemeinsam: eine dem extremen rechten Flügel zugeordnete politische Agenda, eine erbitterte theologische Ideologie, bei der es nicht darum geht, das Vermächtnis zu studieren und zu interpretieren, sondern die sich im Wesentlichen darum dreht, dem Papst als alleinigem Lehrer und Vollstrecker der Kirche zu gehorchen – und um eine beträchtliche Menge an skandalösen finanziellen sowie sexuellen Aktivitäten, die den Anspruch auf Güte und Rechtschaffenheit Lügen strafen.

Jesus sagte: „An ihren Früchten sollt ihr sie erkennen." Die Früchte der Gruppen und Einzelpersonen, die von Papst Johannes Paul II. und Kardinal Joseph Ratzinger unterstützt wurden, sind alles andere als gesund. Bischof Morelli in Rio de Janeiro nannte sie „neurotisch orthodox". Tatsächlich konnte die Krise um pädophile Priester Jahrzehnte lang vor sich hin eitern, ohne mehr als nur schwache Reaktionen von Seiten der Kongregation für die Glaubenslehre zu provozieren, während das Oberhaupt der Kongregation zugleich erbarmungslos Theologen angriff sowie starre und unbeugsame Laienbewegungen aufbaute. Jede einzelne dieser Bewegungen wurde von einer Person mit fragwürdigem Charakter geführt: Escrivá beim Opus Dei, *Maciel bei den* Legionären Christi *und Kardinal Law in* den Vereinigten Staaten. Insbesondere die beiden letzten waren Teil des schwelenden Pädophilie-Skandals.

Es hat 30 Jahre lang zur Strategie von Ratzinger und Papst Johannes Paul II. gehört, die historischen Bewegungen der Orden der Jesuiten, der Dominikaner und anderer durch sogenannte „Laien"-Gesellschaften zu ersetzen, in denen päpstlicher Gehorsam und eine starre Ideologie Vorrang vor intelligenter Theologie und der Umsetzung der Evangelien haben. Darüber hinaus fokussierten die Pontifikate, die diese Gruppen als Vorbilder darstellten, denen es nachzueifern gilt und denen sie besondere Vorrechte einräumten, ihre moralischen Betrachtungen zu 95 Prozent auf Fragen der Sexualität. Themen wie Empfängnisverhütung, Selbstbefriedigung, Homosexualität, Abtreibung und außerehelicher Sex wurden zur ausschließlichen Bewährungsprobe der Rechtgläubigkeit. Doch selbst angesichts dieser engen und offen gesagt ziemlich kranken Besessenheit von allem, was sexuell ist, sind diese Bewegungen mit Pauken und Trompeten durch ihre Prüfung gerasselt. Gegenwärtig kommt die Heuchelei, die all dem zugrunde liegt, jeden Tag mehr zum Vorschein.

Jede dieser Gruppen sowie ihre Führer haben die Liebe zum Autoritarismus und den erbitterten Widerstand gegen die in der Religion fehlende weibliche Dimension gemeinsam. Ihre Verbündeten gehören ausnahmslos dem politisch, finanziell und fanatisch rechten Flügel an. Diktaturen werden der Demokratie vorgezogen. Und Ratzinger II teilt ihr Engagement. Tatsächlich tritt er bei jeder möglichen Gelegenheit dafür ein. Verfolgen Sie mit, wie Ratzinger inmitten der gegenwärtigen Enthüllung sexueller Vertuschungstaktiken immer noch einen Bischof, der zu Opus Dei gehört, zum Erzbischof (und bald darauf Kardinal) von Los Angeles ernennt, der größten Diözese in den Vereinigten Staaten. Hier offenbart sich Ratzingers wahre Absicht.

VI – Opus Dei

Als ich vor einigen Jahren auf einer Vortragsreise durch Deutschland war, lud mich ein deutscher Journalist in der Innenstadt von Frankfurt zu einem Tee ein. Als wir miteinander sprachen, deutete er aus einem Fenster hinaus, durch das man einen Blick auf die belebten Straßen der Frankfurter Innenstadt hatte, und sagte: „Sehen Sie die vielen neuen Wolkenkratzer, die überall um uns herum hochgezogen werden? Jeder einzelne von ihnen gehört einem Finanzinstitut. Wegen des Euro und der EU verlagert sich das europäische Finanzzentrum mittlerweile aus der Schweiz nach Deutschland. Und", fügte er spitz hinzu, „im obersten Stockwerk eines jeden dieser Wolkenkratzer sitzt *Opus Dei*."

Diese Lektion traf mich wie ein Blitzschlag. Jahrelang hatte ich mich gefragt, warum diese Geheimorganisation für Kardinal Ratzinger und den vorangegangenen Papst so wichtig war – warum sie alle Regeln der Kanonisierung missachtet hatten, um den Begründer in Rekordzeit und ohne jede echte Diskussion heilig zu sprechen (man fragte nicht einmal nach dem Zeugnis langjähriger *Opus Dei*-Mitglieder, und wenn es doch angeboten wurde, wiesen es die üblichen Heiligenmacher völlig entgegen der Kanonisierungsregeln zurück). Seit Jahren gehen Gerüchte um, denen zufolge *Opus Dei*-Mitglieder von republikanischen Regierungsbehörden in den Obersten Bundesgerichtshof der Vereinigten Staaten sowie in die Führungspositionen von FBI und CIA eingesetzt worden sind.[1] Da *Opus Dei* sehr verschwiegen

---

1) „Die Zugehörigkeit eines Richters des höchsten Gerichtshofs eines Landes zu einer Organisation, die allem Anschein nach nichts als eine rechtsextreme Sekte ist, sollte nicht nur Verdacht erwecken, sondern zu einer Untersuchung führen", bemerkt einer der Kommentatoren (http://www.counterpunch.or/whitney01172004.html).

„Seit vielen Jahren bringen unbestätigte Berichte die dem Obersten Bundesgerichtshof angehörenden Richter Scalia und Thomas mit *Opus Dei* in Verbindung. Im März 2001 berichtete *Newsweek*, die Ehefrau von Richter Scalia habe ‚an den spirituellen Veranstaltungen von *Opus Dei* teilgenommen'" (http://www.counterpunch.org/carmichael01302006.html).

„Ein Angestellter des Senats bestätigte, dass der Justizausschuss unzählige ‚Briefe und Mitteilungen' erhalten habe, die besagen, dass Richter Samuel Alito Opus Dei angehört" (http:// www.counterpunch. org/carmichael01302006.html).

In Washington ist die Annahme weit verbreitet, dass es sich beim ultrakonservativen Jurist Robert Bork (der zum römischen Katholizismus konvertiert ist) um ein *Opus Dei*-Mitglied handelt, ebenso wie Berichte darüber, dass auch die Senatoren Sam Brownback und Rick Santorum dazugehören" (http:// www.counterpunch.org/carmichael1013022006.html).

John Allen jr. berichtet, der Bruder des FBI-Chefs Louis Freeh habe *Opus Dei* angehört, und seine Söhne hätten eine von *Opus Dei* geführte Schule besucht, doch er lehnt die meisten anderen Berichte, die sich auf das Obengenannte beziehen, in seinem Buch *Opus Dei: Mythos und Realität. Ein Blick hin-*

ist, war es bisher kaum möglich, diese Gerüchte zu bestätigen oder zu widerlegen. Wir wissen jedoch sicher, dass Robert Hanssen, der größte Verräter der amerikanischen Geschichte, von dem der Film *Breach* handelt, in seiner Funktion als CIA-Chef lange Zeit Staatsgeheimnisse weitergegeben hat, was zur Ermordung von mehr amerikanischen Agenten und Kontaktpersonen als jemals zuvor in der Geschichte führte. Hanssen war ein streng gläubiger Angehöriger von *Opus Dei*. Wir wissen auch, dass *Opus Dei* gerne Menschen anwirbt, die über berufliche Macht verfügen, wie ein Brief aus Irland kürzlich beschrieben hat: „Die Geheimorganisation *Opus Dei* hat die sozial Mächtigen der irischen Gesellschaft im Visier, und viele Beamte des öffentlichen Dienstes werden es sich zweimal überlegen, ob sie gegen diese Gruppe protestieren, wenn eine solche Meinungsverschiedenheit zu verdeckter beruflicher Zensur führen kann."[2]

Viele Menschen sind aufgrund des Bestsellers von Dan Brown (sowie des darauf basierenden Films) *Sakrileg* oberflächlich mit *Opus Dei* vertraut. Buch und Film stellen die Organisation in unheilvollem Licht dar und verhehlen auch ihre Vorliebe für seltsame spirituelle Praktiken wie die Selbstgeißelung nicht. Auch in Mel Gibsons sadistischer Darstellung des Jesus in seinem überaus antisemitischen Film *Die Passion Christi* ist die Ideologie von *Opus Dei* deutlich erkennbar. Gibson engagierte Priester, die sowohl von *Opus Dei* als auch den *Legionären Christi* kamen, als Berater für diesen Film. Andrew Greely, angesehener Soziologe, Bestseller-Autor und katholischer Priester, bezeichnet *Opus Dei* als eine „hinterhältige, antidemokratische, reaktionäre, semi-faschistische Institution, die verzweifelt nach absoluter Macht in der Kirche giert. Man sollte sie entweder dazu zwingen, offen zutage zu treten, oder sie abschaffen."[3]

---

ter die Kulissen (Doubleday Image, New York 2005) ab. Die einzigen Belege, die er dafür angibt, sind jedoch seine eigenen Treffen mit hochrangigen *Opus Dei*-Mitgliedern, die „außerhalb des Protokolls" stattgefunden haben sollen, wobei er davon auszugehen scheint, dass ihm jeder davon die Wahrheit gesagt habe. Sein Buch liest sich im Großen und Ganzen wie das eines Gutmenschen und endet mit den Worten: „Meinem Gefühl nach ist *Opus Dei* in seinem Inneren gar nicht so schlimm."

Aber versuchen Sie mal, das den Tausenden von Menschen zu erzählen, die zum Beispiel in Südamerika für die Werte des Evangeliums kämpfen und deren Leben von *Opus Dei*-Prälaten zerstört worden ist. Oder den Millionen von Menschen, die durch die Arbeit und die Ideologie von *Opus Dei* ihrer Basisgemeinden beraubt worden sind. Allen ignoriert die Schriften von Lernoux und Urquhart, lehnt Walsh ab und beschönigt die Enthüllungen von Maria del Carmen Tapia. Diesem Buch fehlt jeder kritische Abstand; es ist eine traurige Rechtfertigung des *Opus Dei*. Es kritisiert den vergangenen und gegenwärtigen Faschismus in Spanien und darüber hinaus nicht und moniert auch die jämmerliche Version einer „Theologie" nicht, die *Opus Dei* ihren Anhängern vorsetzt (tatsächlich bringt *Opus Dei* keine Theologen, sondern nur Kirchenjuristen hervor, das aber in unglaublicher Anzahl). Pinochet und die Rolle von *Opus Dei* bei der Ermordung unzähliger Kirchenleute durch ihn findet bei Allan jr. ebenso wenig Erwähnung wie der Skandal um Calvi, der nach einem Treffen mit *Opus Dei*-Funktionären von einer Brücke hängend aufgefunden wurde. Seine Aussagen über Finanzgeschäfte beziehen sich auf *Opus Dei* in den Vereinigten Staaten, doch der Orden ist bisher in Nordamerika viel weniger aktiv gewesen als in Europa und Lateinamerika (auch wenn sich das gerade rasant ändert).

2) Persönliche Korrespondenz vom 21. Oktober 2010.

3) Zitiert in Lernoux, *People of God*

Kardinal Ratzinger und Papst Johannes Paul II. haben unerbittlich darauf gedrängt, dass *Opus Dei* innerhalb der katholischen Kirche besondere Privilegien erhält. Dazu gehört auch die rasante Heiligsprechung ihres Begründers, nun bekannt als Sankt Josemaría Escrivá de Balaguer.

Opus Dei ist eine zutiefst verschwiegene Organisation, die sich im Jahr 2005 damit brüsten konnte, etwa 85.000 Mitglieder in 87 Ländern zu haben.[4] Sie hat drei Mal so viele Mitglieder wie der Jesuitenorden, von denen viele sowohl in der katholischen Kirche als auch in der säkularen Welt in hohen Positionen zu finden sind.

Der ehemalige Jesuit Michael Walsh ist gegenwärtig Bibliothekar am Heytrop College der Universität von London. Er ist Autor des Buches *The Triumph of the Meek: Why Early Christianity Succeeded* und Herausgeber von *Butler's Lives of the Saints*. Er hat eine ausgedehnte Studie über *Opus Dei* geschrieben, die sich auf viele Interviews mit Mitgliedern der Organisation wie auch auf bisher nicht erhältliche Dokumente stützt – einschließlich ihrer streng geheim gehaltenen Satzung.

Unter Papst Johannes Paul II. wurde die Gruppe „für alle praktischen Zwecke eine autonome Körperschaft."[5] Russell Shaw, der Sprecher der nationalen Bischofskonferenz der Vereinigten Staaten war ebenso ein *Opus Dei*-Mitglied wie Dr. Joaquín Nararro-Valls, der Sprecher von Johannes Paul II.

Walsh fand es „finster", dass er nur dann direkt mit *Opus Dei*-Mitgliedern sprechen durfte, wenn diese dazu die Erlaubnis von Höherrangigen in der Organisation erhalten hatten. Geheimhaltung oder „Diskretion" haben absolute Priorität. „Ein Mitglied wird seine eigene Mitgliedschaft einräumen, aber nicht sagen, wer sonst noch dazugehört."[6] Es gibt drei Zugehörigkeitsstufen: Vollmitglieder oder „Numerarier" (etwa 30 Prozent), „Oblaten", die außerhalb der *Opus Dei*-Residenzen leben, aber ähnliche Verpflichtungen haben (20 Prozent), und „Supernumerarier", die immer noch von den Satzungen von *Opus Dei* bestimmt werden (50 Prozent). Walsh erlebte die Gesellschaft, die auf den ersten Blick eine recht gesunde Gewichtung zu haben scheint – nämlich zugunsten von Laien, die in ihren eigenen Berufen tätig sind – bei näherer Betrachtung als „von der Priesterschaft dominiert, von engstirnigen Ansichten geprägt und ultrakonservativ."[7]

Opus Dei war ursprünglich Teil der nationalen katholischen Bewegung in Spanien nach dem dortigen Bürgerkrieg. „Ihr fundamentaler Grundsatz war die Gleichsetzung des Spaniers mit dem Katholiken. Die Liebe zum Land wurde mit der Zurückweisung jeglicher Andersgläubigkeit verbunden, sei sie nun jüdisch oder pro-

4) John L. Allen, *Opus Dei: Mythos und Realität. Ein Blick hinter die Kulissen* (Gütersloher Verlagshaus 2006)
5) Michael Walsh, *Die geheime Welt des Opus Dei: Macht und Einfluss einer Organisation im Schatten der Kirche* (Heyne 1989)
6) Ebenda
7) Ebenda

testantisch, liberal oder sozialistisch orientiert. Religiöser Glaube und politische Identität waren dasselbe: Sie waren fest ineinander integriert"[8] – weshalb diese Leute als *integristes* bekannt waren, wie auch andere ähnliche rechtsorientierte Bewegungen z.B. in Frankreich und anderenorts. Im selben Geiste war das Telegramm verfasst, mit dem Papst Pius XII. dem Oberbefehlshaber Francisco Franco zu seinem Sieg im spanischen Bürgerkrieg gratulierte, den er einen „katholischen Sieg" nannte. Studenten wurden zu „bevorzugten Objekten", weshalb *Opus Dei* „im Geheimen unter Universitätsstudenten aktiv ist."[9]

Der Gründer Escrivá beschloss, dass die Geistlichkeit das Vorrecht vor den Laien in seiner „Laienorganisation" haben sollte und legte diese Entscheidung als Maxime 61 nieder: „Wenn ein Laie sich zum Sittenrichter aufspielt, irrt er nicht selten. Laien können da nur Schüler sein." Zwischen dem Ende des Zweiten Weltkriegs und dem Jahr 1950 baute *Opus Dei* Zentren in Spanien, Italien, Portugal, England, Frankreich, Irland, Mexiko, in den Vereinigten Staaten und in Chile auf. Man erwartete von jenen, die als Numerarier beitraten, dass sie die traditionellen Armuts-, Keuschheits- und Gehorsamsgelübde ablegten – von diesem Gesichtspunkt aus betrachtet gleicht die Kommandostruktur von *Opus Dei* exakt jener anderer katholischer Religionsorden. „Seltsam war allerdings Escrivás Beharren darauf, *Opus Dei* sei überhaupt kein religiöser Orden, sondern eine Laienorganisation. Auf dieser Ebene ergab das keinen Sinn. Und es ergibt auch keinen Sinn, wenn man den männlichen mit dem weiblichen Zweig vergleicht. Escrivá war nicht fähig, Frauen ernstzunehmen und den männlichen Mitgliedern seiner Einrichtung gleichzusetzen."[10]

Hierarchiedenken spielt in der Mentalität von *Opus Dei* eine große Rolle. Es gab drei Mitgliedschaftsebenen, und „der Aufstieg von einer dieser Ebenen zur nächsten hing von den Launen Escrivás und seiner Berater ab."[11] In einer Zeit, in der andere religiöse Orden diese starren Hierarchien, wie sie zum Beispiel zwischen Geistlichen und Laienbrüdern bestanden abschufen, führte Escrivá sie wieder ein. Von 1951 bis 1964 ließ sich *Opus Dei* in weiteren Ländern nieder, darunter auch Kolumbien, Venezuela, Deutschland, Peru, Guatemala, Ecuador, Uruguay, Brasilien, Österreich, Japan, Australien und auf den Philippinen. Obwohl die zur Organisation gehörende Universität von Navarra im spanischen Pamplona einen privaten Träger hat, erhielt sie viele Jahre lang öffentliche Fördermittel. Ihre beiden bekanntesten Fachbereiche sind Journalismus und Wirtschaftswissenschaft – zwei Gebiete, auf denen *Opus Dei* ganz besonders nach Einfluss strebt.

---

8) Ebenda
9) Ebenda
10) Ebenda
11) Ebenda

Aufgrund seines besonderen Interesses an der Anwerbung junger Kandidaten richtet *Opus Dei* sowohl für Männer als auch für Frauen Studentenwohnheime wie Netherhall House in Hampstead (einer der teuersten Gegenden Londons), Greygarth in Manchester und Grandpont in Oxford ein. Der Leiter des Seminars der spanischen Diözese von La Rioja beklagte sich darüber, dass die *Opus Dei*-Mitglieder im Seminar und außerhalb davon eine Art von Krieg und einen Kreuzzug gegen Ketzer führen würden, die eine Spaltung des Seminars und der Diözese selbst zur Folge habe und stellte fest, dass sich solche Dinge auch anderenorts in Spanien ereignen würden. All das begann, nachdem Papst Johannes Paul II. (und Ratzinger) *Opus Dei* den Status einer „Personalprälatur" verliehen hatten, was bedeutet, dass der örtliche Bischof den Orden nicht mehr kontrollieren oder überwachen kann, weil nur der Papst die vollständige und endgültige Befugnis dazu hat. Walsh kommentiert: „Es schwer, *Opus Dei* nicht als Kirche innerhalb der Kirche zu sehen, und genau das haben die spanischen Bischöfe befürchtet, als sie erfolglos versuchten, in Rom dahingehend Einfluss zu nehmen, dass *Opus Dei* der Status, den es mittlerweile so überaus deutlich genießt, gar nicht erst übertragen wird."[12]

Als Escrivá am 26. Juni 1975 starb, stellte sein Nachfolger, Pater Alvaro del Portillo (der 1982 zum Bischof und Prälaten von *Opus Dei* ordiniert worden war) in seinem Beerdigungssermon fest: „Jetzt haben wir nicht nur Gott unseren Vater im Himmel, sondern auch unseren eigenen Vater im Himmel, und von dort kümmert er sich um all seine Kinder."[13] Diese Formulierung wurde für die *Opus Dei*-Mitglieder zu einer Art Wahlspruch, der schließlich in Escrivás Heiligsprechung gipfelte.

Als Leiter von *Opus Dei* zog Escrivá die Anrede „Vater" allen anderen Titeln vor. Und er zog es vor, seine Mitglieder in Beziehung zu sich als Kinder zu betrachten, wie er in seiner Maxime 457 schreibt: „Wer bist du, dass du über Entscheidungen deines Leiters urteilst? Siehst du nicht, dass ihm mehr Gesichtspunkte für sein Urteil zur Verfügung stehen als dir, mehr Erfahrung, bessere, einsichtigere und vorurteilslosere Ratgeber, vor allem aber mehr Gnade, spezielle Gnade, Standesgnade, welche Licht und mächtigen Beistand Gottes bedeutet?" Wie Walsh bemerkt: „Vater weiß es am besten."[14]

Darüber hinaus preist Escrivá die Opferrolle und bezeichnet sie als glücklich (Maxime 175). In Maxime 387 fordert er Unnachgiebigkeit, die Ausübung von Zwang und Schamlosigkeit. Die Verfassung des Ordens schreibt vor, dass die Mitglieder täglich zwei Stunden lang ein *Cilicium*[15] tragen und sich einmal pro Woche der Selbstkasteiung mit einer fünfschwänzigen Handgeißel unterziehen. Manche jungen Mitglieder haben diese Praktiken bereits im Alter von 15 Jahren aufgenom-

---

12) Ebenda

13) Ebenda

14) Ebenda

15) Ein Cilicium ist ein Bußgürtel, also eine mehrgliedrige Kette, die auf einer Seite mit scharfen Metallteilen besetzt ist. Er wird auf dem nackten Oberschenkel getragen und verursacht vor allem im Sitzen große Schmerzen. [A.d.Ü.]

men, nachdem man ihnen erzählt hatte, dass Escrivá diese Riten mit solchem Eifer ausführte, dass er die Wände seines Badezimmers mit seinem Blut bespritzte. Ich kenne einen Chilenen, dessen Eltern zu *Opus Dei* gehörten und der mir sagte, dass sich die Familie in seiner Kindheit immer versammelte, um gemeinsam den Rosenkranz zu beten und er dabei gezwungen wurde, während der ganzen Tortur auf Kronenkorken zu knien. Seine Knie waren regelmäßig blutig. Die Erzeugung von Leid gehört zur „spirituellen Praxis" von *Opus Dei*.

Escrivá hatte auch keine gute Meinung vom Rest der Kirche. Tatsächlich scheint er seine Bewegung als Opposition gegen andere in der Kirche definiert zu haben. Er schrieb: „Wie ich euch zu warnen nicht nachgelassen habe, kommt das Übel vom Inneren [der Kirche] und von sehr weit oben. Es gibt eine wahrhafte Verdorbenheit, und manchmal scheint es, als wäre der Mystische Körper Christi ein verwesender Leichnam, der stinkt … Bittet um Vergebung, meine Kinder, denn diese verachtenswerten Handlungen, die in der Kirche und von oben möglich gemacht werden, verderben die Seele fast vom Kindesalter an."[16] Er bestand derart streng darauf, dass die Mitglieder ihre Beichte nur vor einem *Opus Dei*-Priester ablegen, dass Walsh dies als „eine vorrangige Form der Kontrolle" bezeichnet. „Die Wahl der die Beichte abnehmenden Geistlichen wird für die Mitglieder praktisch auf jene Priester beschränkt, die selbst Mitglieder sind und wird eingesetzt, um Schuldgefühle hervorzurufen, weil man darin versagt hat, den höchsten Idealen gerecht zu werden und auf diese Weise der gesamten Institution schadet."[17] Das klingt für mich nach einer Sekte.

Ein Jesuitenpriester und klinischer Psychologe, der die *Cronica* untersucht hat (eine private Zeitschrift, die innerhalb von *Opus Dei* kursiert), brachte „Sorge" darüber zum Ausdruck, dass der Orden vorsätzlich die theologische Verwechslung von Gott als „unserem Vater" mit Escrivá als „unserem Vater" herbeiführt. Er bezeichnet die Art, wie *Opus Dei* mit dem Gebet und mit jungen Menschen umgeht, als „höchst manipulative Vorgehensweise". Der im Orden verbreitete Leitsatz „kindliche Furcht ist das Tor zum Leben" könne „die gesamte Haltung des Opus zusammenfassen, hat jedoch nichts mit dem Evangelium zu tun." Gilt die kindliche Furcht für Ordensmitglieder auch in Bezug auf den Begründer, der ja ebenfalls „Vater" ist? In den Lehren des *Opus Dei* herrscht ein auffälliges Misstrauen dem Gewissen gegenüber, was praktisch eine „Ideologie der Unterwerfung" begünstigt. So sagt man uns, der Gehorsam des Geistes und des Herzens befreie von einer „falschen und fruchtlosen Unabhängigkeit … die den Menschen in der Dunkelheit zurücklässt, da sie ihn seinem eigenen Urteilsvermögen preisgibt."[18] Doch beim Gewissen geht es gerade um

---

16) Ebenda
17) Ebenda
18) Ebenda

das eigene Urteilsvermögen – wie Thomas von Aquin vor 700 Jahren lehrte. Deswegen wird es ja so geehrt.

Obwohl *Opus Dei* behauptet, ausschließlich am Werk der „Seelen" interessiert zu sein, verbündet sich der Orden, wo er nur kann, mit politischen Gewalten. Bereits 1951 saßen Mitglieder von *Opus Dei* in Francos Kabinett. Unter Admiral Luis Carrero Blanco, einem Sympathisanten der Organisation, der als Premierminister buchstäblich das Land führte, machte *Opus Dei* beim Aufstieg in der Regierung Francos rasante Fortschritte. Bis zur Ermordung Carreros im Jahr 1973 waren *Opus Dei*-Führer wohl der stärkste politisch konservative Einfluss in Spanien. Zwei Kabinettsmitglieder sowie der Direktor der größten Bank Spaniens und der eines weiteren großen Geldinstituts gehörten ebenfalls dazu. Zeitweise kontrollierte die *Opus Dei*-Gruppe vier Ministerien sowie eine Vielzahl weiterer Regierungsposten. Walsh weist darauf hin, dass „man nicht mehr daran zweifeln kann, dass General Franco zwischen der Mitte der sechziger und den frühen siebziger Jahren eine Reihe der Minister seiner Regierung aus den Rängen der *Opus Dei*-Mitglieder wählte. Die meisten Kommentatoren betrachteten die Anzahl von dem Orden angehörenden Ministern zu jedem Zeitpunkt als überraschend groß."[19]

Der Priester und Professor Raimundo Panikkar (der am 10. August 2010 starb, während ich dieses Buch schrieb) war in seinen Anfangstagen ein *Opus Dei*-Mitglied. Panikkar glaubte, dass der Orden damals versuchte, die Leitung des spanischen Staats zu übernehmen – und es beinahe auch geschafft hätte. Ein Mitglied veröffentlichte in der Madrider Tageszeitung *ABC* folgende Aussage: „Gewissensfreiheit führt zum Verlust des Glaubens. Redefreiheit zu Demagogie, geistiger Verwirrung und Pornografie. Vereinigungsfreiheit zu Anarchie und zur Ablehnung des Totalitarismus."[20] Franco hatte aufgrund der Unterstützung, die ihm *Opus Dei* als katholische Organisation gewährte, großen Erfolg.

Der damalige Erzbischof (und spätere Kardinal) Pietro Palazzini war 1972 Sekretär der römischen Kurie und denunzierte als *Opus Dei*-Mitglied spanische Bischöfe, als diese sich von Franco und seiner Politik der Unterdrückung zu distanzieren begannen. In der spanischen Kirche kam es zu einem sehr umstrittenen Vorfall, als der Presse im September 1971 gefälschte Dokumente mit Vorwürfen gegen die Asamblea, also die Versammlung von spanischen Bischöfen und Repräsentanten der Geistlichkeit, zugespielt wurden. (Die gefälschten Unterlagen stammten aus der Feder von zwei *Opus Dei*-Mitgliedern, von denen eines das nächste Oberhaupt des Ordens werden sollte.) Die Bischöfe machten eine gemeinsame Anstrengung zur Distanzierung der Kirche vom Franco-Regime, was *Opus Dei* gar nicht passte. Walsh zieht aus dieser schäbigen Angelegenheit folgenden Schluss: „Die Affäre um die römischen Dokumente offenbart, in welch hohem Maß *Opus Dei* in Verfolgung

19) Ebenda
20) Ebenda

dessen, was es als das eigene oder das Interesse der Kirche betrachtete (auch wenn diese Unterscheidung für Ordensmitglieder nicht wirklich existiert), zur Manipulation der Medien bereit war … Unter solchen Umständen lässt sich gut verstehen, warum das Opus bei den Medien einen solchen Bonus zu haben scheint – weil es Zeitschriften, Fernsehunternehmen und Schulen für Journalismus kontrolliert."[21] In vielen Ländern zeichnen sich Ordensmitglieder durch umfangreiche Veröffentlichungen in lokalen Zeitungen aus. Der amerikanische Erzbischof John Foley, ehemaliger Präsident des Päpstlichen Rates für die sozialen Kommunikationsmittel (sprich: die Massenmedien), ist ein nachdrücklicher Sympathisant des Ordens.[22] Auch in die amerikanischen Medien fügt sich *Opus Dei* immer mehr ein.[23][24]

Opus Dei kam in volle Gunst und Blüte, als Johannes Paul II. Papst wurde. Der Orden hatte den Papst seit seiner Zeit als Erzbischof von Krakau umworben und lud ihn nun zu Vorträgen an verschiedenen *Opus Dei*-Zentren in Europa sowie in seinem Hauptquartier in Rom ein. Beim Begräbnis von Johannes Paul I. machte sich der neue Papst extra die Mühe, an der Gruft des drei Jahre zuvor verstorbenen Escrivá zu beten. Johannes Paul II. weihte persönlich *Opus Dei*-Priester, und der ebenfalls dem Orden angehörende Pater Fernando Ocariz war der Spitzenberater von Kardinal Ratzingers Kongregation für die Glaubenslehre. Immer mehr *Opus Dei*-Priester und -Sympathisanten wurden in Lateinamerika, Europa und in letzter Zeit auch in Nordamerika zu Bischöfen ernannt. Das designierte Oberhaupt der größten amerikanischen Diözese, Koadjutor Erzbischof José Horacio Gómez von

---

21) Ebenda
22) Ebenda
23) Davon kann ich eine eigene Geschichte erzählen. Am Montag, nachdem Ratzinger zum Papst gemacht worden war, erhielt ich am frühen Morgen einen Anruf von Chris Matthews, der eine äußerst kritische Diskussionssendung Namens „Hardball" [„Mit harten Bandagen kämpfen", A.d.Ü.] im Fernsehen moderiert, weil, wie sie sagten, „wir wissen, dass Sie ihn anders betrachten." Ich lehnte die Einladung ab. Sie riefen mehrere Stunden lang jede Stunden wieder an. Schließlich fragte ich: „Wie viel Zeit bekomme ich?" Sie sagten: „30 Minuten." Ich sagte meine Teilnahme zu und begab mich um vier Uhr nachmittags zur Sendezentrale, die in der Innenstadt war. Man verband mich mit dem Sender an der Ostküste, und um 16:25 Uhr sagte die Dame am anderen Ende: „Sind Sie bereit, Pater?" „Ja", antwortete ich. Um 16:27 meldete sie sich wieder und sagte: „Es tut mir leid, Pater, aber Sie werden nicht in die Sendung kommen. Wir haben einfach nicht genügend Zeit, um Ihrer umfassenden Geschichte gerecht werden zu können." Ich antwortete: „Hier geht es nicht um mich, sondern um den neuen Papst. Ihr Leute habt mich den ganzen Vormittag geplagt und mir dann volle 30 Minuten versprochen." Ihre Antwort war: „Es tut mir leid, Pater, aber sie werden nicht in der Sendung sein." Ich sagte: „Das ist ein politischer Akt." Sie legte auf. Der junge Mann, der mich im Studio mit dem Sender verbunden hatte, sagte: „Ich arbeite jetzt seit acht Jahren hier, aber so etwas habe ich noch nie erlebt." Ich antwortete: „Willkommen im Land von *Opus Dei*." Als ich das ganze später einem Freund erzählte, meinte ich zu ihm: „Chris Matthews sollte den Namen seiner Sendung von Hardball zu Softball ändern."
24) In Deutschland wäre hier zum Beispiel Bernhard Servatius zu nennen; der ehemalige Topmanager des Axel-Springer-Verlags ist ein Opus Dei-Sympathisant. Jürgen Liminski wiederum ist Mitglied des Ordens. Er war zwei Jahre lang Ressortleiter Außenpolitik beim *Rheinischen Merkur* war und hatte dann acht Jahre lang dieselbe Position bei der Tageszeitung die WELT inne. Heute ist er Moderator beim Deutschlandfunk. [A.d.Ü.]

Los Angeles, ist ein *Opus Dei*-Priester und wurde 1978 im Alter von 26 Jahren als solcher ordiniert. Ein Vatikan-Korrespondent sagt über diese Prälatur, der Papst „mag ihren Aktivismus, ihren Antikommunismus und ihre interne Bündigkeit, in der es keine Ideenpluralität gibt."[25]

Vor zwei Jahren erhielt ich eine Mitteilung von einem Theologen, der mit der peruanischen Kirche gut vertraut ist. Er schrieb das Folgende:

> In Peru sind die *Opus Dei*-Bischöfe überall. Alle großen Städte befinden sich mittlerweile unter ihrer Kontrolle. Es gibt zwischen 13 und 15 von ihnen, was fast die Hälfte der bischöflichen Verfassung in Peru ausmacht. Es ist offensichtlich, dass Rom ihnen einen Freibrief dafür ausgestellt hat, alles zu demontieren, was mit der Befreiungstheologie und der Volkskirche zu tun hat. Aufgrund seiner Kombination aus Gerissenheit und Grausamkeit ist [Kardinal] Juan Luis Cipriani, der Erzbischof von Lima, der tückischste von allen. Als er in den frühen neunziger Jahren Erzbischof von Ayacucho war, hat er den Kampf der Nichtregierungsorganisationen und der Kirchenleute für die Bürgerrechte als „Schwachsinn" bezeichnet. Darüber hinaus war er ein Kumpel von Fujimori [dem ehemaligen peruanischen Präsidenten], der mittlerweile wegen Mord und Korruption im Gefängnis sitzt.
>
> Das Hauptziel von *Opus Dei* hat in Peru an erster Stelle immer darin bestanden, die fortschrittlichen Priester zu vertreiben, und dazu zählen sogar jene, die eher gemäßigt sind. Danach verfolgen sie alle mit der Kirche in Verbindung stehenden Gruppen, die sich im Bereich der Menschenrechte und der sozialen Gerechtigkeit engagieren. In den von den Ureinwohnern des Landes bewohnten Gebieten – das betrifft besonders Cusco und Puno – haben sie alles zugemacht, was auf irgendeiner Weise mit auf die Andenkultur fokussierter Seelsorge zu tun hat.

In einem daran anschließenden Telefongespräch sagte dieser Theologe kürzlich, jetzt, wo in Peru 35 bis 40 Prozent aller Bischöfe *Opus Dei* angehören, bilde sich in ganz Lateinamerika ein offensichtliches Muster heraus. „Sie haben einen Schlachtplan: die Universitäten zu kontrollieren. Und auch in den von Ureinwohnern bewohnten Gebieten werden sie sehr aggressiv. Das ist mit viel Rassismus verbunden. Der *Opus Dei* angehörende Erzbischof von Lima ist dort momentan in einen riesigen Rechtsstreit zur Übernahme der katholischen Universität involviert. Dabei geht es nicht nur um Ideologien, sondern auch um Geld, denn die Universität hat sehr viel Grundbesitz. Sie haben den Maryknoll-Missionsorden vertrieben und überall Sozialzentren geschlossen. Und jetzt, wo sie immer mehr Macht ansammeln, wird

25) Penny Lernoux, *People of God*

das auch in den Vereinigten Staaten geschehen. Los Angeles ist ein Beispiel dafür. Ja, die CIA ist auch darin verwickelt. Sie bringen ihre Gewehre in Stellung."[26]

Opus Dei hat in Chile unter Pinochet großen Einfluss gehabt. Mitglieder und Sympathisanten des Ordens haben den von der CIA geförderten Staatsstreich unterstützt, der zum Sturz des chilenischen Präsidenten Salvador Allende geführt hat, und einer von ihnen – Hernán Cubillos – wurde General Pinochets Außenminister. Später wurde er von der *Los Angeles Times* als „wichtiger" CIA-Agent identifiziert[27]. Professor Brian Smith, der am Massachusetts Institute of Technology Politikwissenschaften lehrt, liefert in seinem Buch *The Church and Politics in Chile* (1982) Hinweise darauf, dass sich unter den ersten Verwaltungschefs von General Pinochets Militärregime *Opus Dei*-Mitglieder befanden, die mit Hilfe der CIA die ordnungsgemäß gewählte Regierung von Salvador Allende gestürzt und in Folge viele Bürger gefoltert und ermordet haben (der kürzlich zurückgetretene Präsident Chiles war eines der Folteropfer des Pinochet-Regimes). Im Dezember 1975 veröffentlichte das lateinamerikanische Mitteilungsblatt *Noticias Aliadas* die Geschichte, Opus Dei habe bereits seit 1962 in Chile Fördermittel von konservativen Stiftungen in den Vereinigten Staaten erhalten, um damit und mit dem Geld von der CIA den Gewerkschaften Widerstand zu leisten, die Allende an die Macht gebracht hatten.

Penny Lernoux hat bewiesen, dass „*Opus Dei* sowie *Vaterland und Freiheit* [eine rechtsradikale terroristische Vereinigung] in Chile während der Regierungszeit Allendes zusammengearbeitet haben. Auch General Juan Carlos Ongania, der von 1966 bis 1970 Diktator in Argentinien war, kam nach einer von *Opus Dei* geförderten religiösen Klausur an die Macht."[28] Ein Priester des Ordens schrieb unter dem Namen Ignacio Valente regelmäßig eine Kolumne für die Tageszeitung *El Mercurio* in Santiago, einem Pinochets Regierung nahestehenden Blatt. Während andere Geistliche gegen Pinochet protestierten und dafür gefoltert wurden, fuhr dieser Priester mit seinem schreiberischen Dienst im Namen des brutalen rechtsradikalen Regimes fort. Unter Pinochet wurden mehr als 400 ausländische Priester vertrieben und mehrere einheimische ermordet, weil der Diktator sagte, die Kirche versuche, sich zu „einer neuen politischen Partei" zu machen. Er warnte: „Jeder, der umhergeht und Menschenrechte oder Ähnliches verteidigt, wird aus dem Land vertrieben oder ins Gefängnis geworfen." Er machte seine Drohungen war.

In den siebziger Jahren begann die deutsche katholische Hilfsorganisation Adveniat allmählich, die CIA als Gehilfen der südamerikanischen Militärregime zu ersetzen. Adveniat wurde von Bischöfen kontrolliert, die allesamt *Opus Dei*-Sympathisanten waren, darunter auch Kardinal Höffner, Erzbischof von Köln und ein enger Freund Ratzingers. Höffner versuchte im August 1984, zwei seiner Gemein-

---

26) Telefongespräch vom 17. Oktober 2010. Der Name wird aus Sicherheitsgründen nicht genannt.
27) Lernoux, *People of God*
28) Ebenda

den in Köln an *Opus Dei*-Priester zu übergeben, doch die Gemeindemitglieder protestierten so heftig, dass er den Plan aufgeben musste. Martin Lee schrieb im Juli 1983 in *Mother Jones*, dass CIA-Gelder in eine „Denkfabrik" von *Opus Dei* fließen würden, und zwar in das chilenische Institut für allgemeine Studien.

Im kolumbianischen Bogotá senden die Elitefamilien ihre Kinder heute in *Opus Dei*-Schulen, „wo sie nicht der neuen ‚Theologie der Befreiung' mit ihrem Anliegen der Neuordnung der Gesellschaft im Interesse größerer Gerechtigkeit für die Armen ausgesetzt sind."[29]

All das macht es ein wenig schwierig, die Behauptung zu schlucken, die Escrivá in der Zeitschrift *Time* von sich gab: „*Opus Dei* hat absolut nichts mit Politik zu tun. Dem Orden ist jede politische, ideologische oder kulturelle Neigung oder Gruppierung fremd."[30] Ein anderer Fürsprecher schreibt: „*Opus Dei* ist weder rechts noch links oder gemäßigt, weil die Ziele der Gesellschaft nicht politischer, sondern spiritueller Natur sind."[31] Stellt das ein weiteres Element dar, das Ratzinger an *Opus Dei* bewundert – die vom Orden beanspruchte politische Neutralität, die tatsächlich nichts als eine Vertuschung der Unterstützung ist, die er Tyrannen zukommen lässt? Trotzdem besagt die Verfassung der Organisation eindeutig: „Öffentliche Ämter, und darunter vor allem jene, zu denen Aufgaben des Managements gehören, sind die besonderen Mittel des Apostolats der Einrichtung." Walsh kommentiert: „Die Wahrheit ist komplizierter. Die Strukturen und die Spiritualität des Opus prägen eine Lebensauffassung, die sozial geschichtet, selbstbekennend dem bürgerlichen Ideal verpflichtet, hoch diszipliniert und überrespektvoll der Autorität gegenüber ist."[32] Ein Mann, der die Aktivitäten des Ordens in Lateinamerika untersucht hat, bemerkt: „Seine starke Befürwortung der Klassengesellschaft kann von der mittleren und oberen Klasse auch als Begründung dafür benutzt werden, ihren Lebensstil zu rechtfertigen, selbst wenn es sich nicht um Mitglieder handelt. Und weil der Orden der Oberschicht dient, kann er Einfluss auf die politische und wirtschaftliche Situation ausüben."[33]

Mittlerweile hat Rom in ganz Lateinamerika anstelle der mutigen Kirchenmänner, die sich nach dem Zweiten Vatikanischen Konzil für die Armen und für soziale Gerechtigkeit eingesetzt hatten, hochrangige *Opus Dei*-Mitglieder ernannt: mindestens drei Bischöfe oder Erzbischöfe in Argentinien, zwei in Brasilien, zwei in Venezuela und je einen in Kolumbien, El Salvador, Ecuador, Paraguay und Uruguay.[34] In den Vereinigten Staaten haben jetzt in Newark, Kansas City (Saint Joseph), Brook-

---

29) Walsh, *Opus Dei*

30) Ebenda

31) Ebenda

32) Ebenda

33) Zitiert in Lernoux, *People of God*.

34) Siehe http://www.catholichierarchy.org/diocese/dqod0.html.

lyn und Los Angeles Bischöfe von *Opus Dei* den Vorsitz. In Kanada betreibt *Opus Dei* alleine in Montreal fünf Häuser; seine Bischöfe und/oder Kardinäle präsidieren in Hamilton, Ottawa, Montreal, Quebec City, Toronto und Vancouver. Kardinal Marc Quellette aus Quebec City ist gerade dabei, Mitglied der Kongregation für die Glaubenslehre in Rom zu werden.[35][36]

Aufgrund seiner häufigen Skandale ist *Opus Dei* auch die „heilige Mafia" genannt worden. In der jüngeren Geschichte des Ordens wimmelt es nur so von Schweinereien im Banken- und Finanzbereich. Im Mai 1985 wurden im Namen des Vatikans 250 Millionen Dollar an Gläubiger der Banco Ambrosiano gezahlt, die, wie Papst Johannes Paul II. selbst eingestand, gerade eine finanzielle Krise durchlief. Walsh deutet an, dass *Opus Dei* bei dieser Kostenübernahme die Hand mit im Spiel gehabt haben könnte. Zur selben Zeit ergriff der Vatikan für die spanische Abteilung des Ordens Partei, der dort eine Steuerbefreiung für die Organisation anstrebte. Walsh legt überzeugend dar, dass die Vatikanbank, die durch die Banco Ambrosiano operiert, despotische Regime in Lateinamerika mitfinanziert hat, die an der Verfolgung von Priestern und Nonnen beteiligt waren, weil diese sich für die Armen und Unterdrückten dort eingesetzt hatten. „Der Skandal um die Banco Ambrosiano sowie der Aufstieg von *Opus Dei* und anderen ähnlich sektiererischen Organisationen innerhalb des römischen Katholizismus sind allesamt Hinweise auf eine mittlerweile in sich gespaltene Kirche."[37]

Lernoux fand heraus, dass *Opus Dei* anscheinend mit dem Chef der Ambrosiano-Bank in Mailand, Roberto Calvi, verhandelt hat, um der Vatikanbank finanzielle Verluste und die daraus resultierende Blamage zu ersparen. Danach fand man Calvis Körper entweder ermordet oder in Folge eines Suizids von der Blackfriar-Brücke in London hängend. Seine Witwe sagte, er sei mit Kardinal Palazzini in Kontakt gewesen – jenem *Opus-Dei*-Sympathisanten, der als Präfekt der Kongregation für die Sache der Heiligen für den Vorgang der Seligsprechung Escrivás zuständig war – und habe mit ihm über die Rettungsoperation gesprochen, die „vermutlich mit der Hilfe von *Opus Dei*-Mitgliedern durchgeführt werden sollte, die in Spanien Banken besitzen und kontrollieren. Dafür sollte *Opus Dei* Vatikan-Beobachtern zufolge die Vatikanbank und den Radiosender des Vatikans übernehmen, beides Institutionen, die bisher von den eher fortschrittlichen Jesuiten kontrolliert worden waren. Es gibt Briefe, in denen Francesco Pazienza, ein Berater Calvis mit

---

35) Für weitere Informationen über *Opus Dei* siehe *Opus Dei Awareness Network* unter http://www.odan.org/index.htm und *Octopus Dei* unter http://www.octopusdei.org. oder die deutsche Seite www.opusfrei.org.

36) In Deutschland sind folgende hochrangige Geistliche Mitglieder oder Sympathisanten von *Opus Dei*: Kardinal Meisner (Erzbischof von Köln), Bischof Mixa (ehemaliger Bischof von Augsburg, der nach einem Betrugs- und Missbrauchsskandal zurücktreten musste), Erzbischof Jean-Claude Périsset (apostolischer Nuntius für Deutschland), Ruhrbischof Franz-Josef Overbeck.

37) Walsh, *Opus Dei*

Verbindungen zum italienischen und US-amerikanischen Geheimdienst, sich auf Kontakte zwischen Kardinal Palazzini und Calvi bezog."[38]

Eine weitere Rekrutierungsstrategie des Ordens ist der *Opus Dei*-„Club", in dem junge Menschen ein zweites Zuhause finden können. „Die Entfremdung der Kinder von ihren Familien geht Hand in Hand mit der Schaffung einer Abhängigkeit vom Orden einher."[39] Diese Taktik ist auch bei anderen Sekten zu beobachten, die begierig darauf sind, junge Anhänger anzuwerben. Gehe zu den Entfremdeten. Man bietet ihnen dafür vielerlei Gegenleistungen, zu denen auch eine Pilgerreise nach Rom und zu den Hauptquartieren von *Opus Dei* gehören. Junge Neulinge werden angewiesen, ihren Eltern nicht zu erzählen, dass sie dem Orden beitreten. Eine Mutter sagte über ihre Tochter, die in Lakefield, einem College des Ordens in Hempstead, London angeworben worden und dann beigetreten war: „Früher war sie mal ein Juwel von einer Tochter, aber jetzt ist sie in sich gekehrt und geheimnistuerisch geworden."[40] Besuche zu Hause werden massiv eingeschränkt. Oft sind die Kinder noch keine 18 Jahre alt.[41]

Menschen, die *Opus Dei* verlassen, müssen große Härten ertragen. Eine solche Frau bemerkt: „Wenn du gehst, wirst du zu einer Unperson, und keinem Mitglied ist erlaubt, dir zu helfen. Wenn ein Mensch das Opus verlässt, sitzt er finanziell, spirituell und psychologisch auf der Straße."[42] Raimundo Panikkar, der zu einem unabhängigen, geachteten Philosoph und Theologe wurde, sagte, dass die Gnade, die zur Erlösung führt, für *Opus Dei*-Mitglieder ausschließlich vom Begründer käme. Durch seine Gnade ist man, was man ist. Früh im Leben von ihrer natürlichen Familie abgeschnittene Ordensmitglieder sind bald vollkommen von ihrer Identität innerhalb des *Opus Dei* abhängig. Das ähnelt sehr der Vorgehensweise anderer kultischer Gruppen wie zum Beispiel der Moonsekte – nur dass es hier mit Zustimmung des Papstes geschieht.[43]

Walsh sieht in Opus Dei den „geschworenen Feind" der Befreiungstheologie, womit sich der Orden bei Kardinal Ratzinger zweifelsohne sehr beliebt gemacht hat. „Das Opus ist der Altmeister der neo-konservativen Bewegungen innerhalb der katholischen Kirche. Er ist am mächtigsten von allen und hat überall auf der

38) Lernoux, *People of God*. In seinem Buch *Im Namen Gottes?* geht David Yallop darüber hinaus detailliert auf die Verbindungen ein, die zwischen Calvis Tod und der eine Milliarde Dollar tiefen Verschuldung der Vatikanbank bestehen. Er zitiert einen Oxford-Professor, der ein ehemaliges *Opus Dei*-Mitglied ist und den Orden als „finster, verschwiegen und orwellianisch" bezeichnet. Yallop meint, das Ziel des Ordens sei klar und bestehe in „der Übernahme der römisch-katholischen Kirche."

39) Walsh, *Opus Dei*

40) Ebenda

41) In Deutschland betreibt *Opus Dei* unter anderem folgende Jugendangebote: den Jugendclub Feuerstein in Köln, den Klub Kürbis in München, den Jugendclub Linie 15 in Bonn, das Jugendzentrum Erk in Aachen und den Jugendclub Mainkratzer in Frankfurt am Main. [A.d.Ü.]

42) Ebenda

43) Ebenda

Welt Mitglieder in hohen Regierungsämtern katholischer Länder [und nicht nur in katholischen Ländern, sondern auch in den Vereinigten Staaten, wie wir gesehen haben]. Darüber hinaus haben sie einflussreiche Positionen in der Medien- und Geschäftswelt inne."[44]

Walsh glaubt, dass die dem rechten Flügel angehörenden Bewegungen deshalb auf Rom einen derart großen Reiz ausüben, weil sie „ebenso wie der Vatikan zentralistisch sind"[45] – ein Vatikan, der ob der zunehmenden Unabhängigkeit der Bischofskonferenzen überall auf der Welt große Beunruhigung verspürt. Doch auch „Bewegungen können mobilisiert und von den in Rom herrschenden Mächten benutzt werden." Sekten sind immer auch Gruppen, die gegen die säkulare Gesellschaft protestieren (einem der größten Schreckgespenster Ratzingers). Sekten glauben, sie hätten Recht und alle anderen wären im Irrtum. So steht in einem Dokument von *Opus Dei*: „Wir sind alles, was vom Volk Israel verblieben ist. Weil wir als einzige Gott treu geblieben sind, kann niemand außer uns heute die Kirche retten. Angesichts des Zustandes, in dem sich die moderne Kirche befindet, scheint es, als sei sie vom Heiligen Geist verlassen worden. Wir sind diejenigen, die sie durch unsere Treue zum Vater retten können." Vergleichen Sie das mit Ratzingers Anmerkungen zum Zustand der Kirche – beides ist beinahe identisch.

Walsh stellt fest, dass „der Vorgang der Heiligsprechung von [Josemaría] Escrivá de Balaguer bereits lange vor seinem Tod begonnen hat: Er hatte dem bewusst Vorschub geleistet."[46] Die vor der Kanonisierung Escrivás von Walsh geschriebenen Worte wirken prophetisch: „Angesichts der Macht und des Reichtums von *Opus Dei* erscheint die Heiligsprechung des Ordensgründers unvermeidbar ... Escrivá hat Freunde am Hofe."[47] Der Religionsjournalist Kenneth Woodward vom Magazin *Newsweek* bemerkte, der Kanonisierungsprozess für Escrivá verlaufe im Gegensatz zur üblichen Vorgehensweise. Zu den Unterlagen, die man den Richtern übergab, gehörten keinerlei kritische Veröffentlichungen über Escrivá. Von den neun Richtern stimmten zwei gegen die Kanonisierung. Die Kongregation untersuchte weder Escrivás allseits bekannten Konflikt mit den Jesuiten, noch die Berichte über seine pro-faschistischen Tendenzen oder die Verbindung zwischen *Opus Dei* und der Regierung Francos. Erstaunlicherweise kamen 40 Prozent aller Zeugenaussagen von nur zwei Männern: von Alvaro del Portillo, der im März 1994 starb, und seinem Assistenten Pater Javier Echevarría, der weniger als einen Monat später zum Prälaten von *Opus Dei* gewählt wurde.[48] Bei Escrivás Seligsprechung wurde nicht nur das Zeugnis der Frau ignoriert, die ihm sieben Jahre lang als Sekretärin gedient hatte, sondern auch Äußerungen von Vladimir Felzmann, der behauptete, aus er-

44) Ebenda
45) Ebenda
46) Ebenda
47) Ebenda
48) Ebenda. Siehe auch Kenneth L. Woodward, *A Questionable Saint* in *Newsweek* vom 13. Januar 1992.

ster Hand zu wissen, dass Escrivá ein Hitlersympathisant gewesen war und darüber nachgedacht habe, aufgrund seines großen Widerstands gegen die Ergebnisse des Zweiten Vatikanischen Konzils zur griechisch-orthodoxen Kirche überzutreten. Darüber hinaus habe er immer wieder sein äußerst heftiges Temperament zum Ausdruck gebracht. Doch statt diesen ablehnenden Zeugen zuzuhören, versuchte man, sie in Verruf zu bringen. Monsignor Flavio Capucci erklärte, bei den Gegnern der Seligsprechung handele es sich um kirchliche Dissidenten, und es seien dieselben Personen, die der Kirche auch in doktrinellen Fragen immer wieder Schwierigkeiten bereiten würden.

Walsh fasst seine Sichtweise des *Opus Dei* mit folgenden Worten zusammen: „Meiner überzeugten Ansicht nach ist es ein Grundsatz des Christentums, dass der Glaube an Jesus Christus im Leben der Menschen eine liberalisierende Kraft sein sollte, die sie dazu befreit, mehr sie selbst werden und zunehmend die Verantwortung für ihr eigenes Schicksal übernehmen zu können. *Opus Dei* mit seinen Regeln und Vorschriften, seiner Zensur, seiner detaillierten Kontrolle des Alltagslebens seiner Mitglieder, seiner klassenbezogenen Strukturen, seiner Verbindungen zu den Eliten der Macht und des Reichtums kann, wie ich in diesem Buch zu beschreiben versucht habe, keinen Anspruch darauf erheben, eine Kraft der Befreiung zu sein. Und in dem Maße, wie der Orden in dieser Prüfung versagt, ist er als Sekte nicht nur weniger als katholisch. Er ist auch weniger als christlich."[49]

Wer war dieser Escrivá, den Ratzinger und Papst Johannes Paul II. so bewundert und dessen Kanonisierung sie so eilig vorangetrieben haben? María del Carmen Tapia kannte ihn gut und hatte ausreichend Gelegenheit, ihn aus nächste Nähe zu erleben, denn sie hat 18 Jahre lang in der Organisation gearbeitet, davon sieben als seine Sekretärin. María kam 1925 in Spanien zur Welt und trat *Opus Dei* im Jahr 1948 bei. 1966 wurde sie ausgestoßen. Sowohl vor als auch nach ihrem Ausschluss sah sie sich intensiver Verfolgung ausgesetzt. In ihrem Buch, das vor der Heiligsprechung Escrívas geschrieben wurde, bezeichnet sie seine Seligsprechung als „skandalös".[50]

Tapia hat ein Buch über ihre Jahre im *Opus Dei* verfasst. Darin bezeichnet sie die Ordensmitglieder als „Fanatiker" und stellt fest, dass die meisten von ihnen, „insbesondere die jungen, nichts über den schlechten Charakter ihres Gründers wissen und auch keinerlei Kenntnis von den politischen Manövern und der Vetternwirtschaft von *Opus Dei* in Spanien unter Franco und seinem Entwicklungsplan haben."[51] Da sie sich als aus dem Inneren der Organisation kommende Zeugin sieht, gibt sie auch ihre Referenzen an. Sie hat in der zentralen Leitung von *Opus Dei* geschäftsführende Funktionen inne gehabt und gemeinsam mit seinem Gründer in Spanien und Italien im weiblichen Zweig des Ordens gearbeitet. Mehr als zehn Jahre lang war sie die

---

49) Ebenda
50) María del Carmen Tapia, *Hinter der Schwelle: Ein Leben im Opus Dei* (Benziger Verlag 1993)
51) Ebenda

Vorsitzende der Frauenabteilung in Venezuela und stand in enger Verbindung zu *Opus Dei*-Frauen in Kolumbien, Peru, Chile, Argentinien und Ecuador. Sie hat den Orden von innen erlebt und nicht bei sorgfältig arrangierten und begleiteten Besichtigungen, wie es so oft der Fall ist, wenn Menschen *Opus Dei*-Zentren besuchen. Sie wirft dem Orden unter anderem vor, von einem Zwang zur Geheimhaltung besessen zu sein und sagt, hinter den Türen des *Opus Dei*-Hauptquartiers in Rom werde „ein riesiges Marionettentheater inszeniert"[52], bei dem die Ordensleitung „die Fäden zieht, um ihre Mitglieder zu manipulieren – Männer und Frauen, überall auf der Welt – und sich dabei auf deren rechtliche Verpflichtung zum Gehorsam berufen."[53] Die „Ausbildung" von *Opus Dei*-Anwärtern sei eher eine „Indoktrination".

Das für die Armen und Arbeits- oder Obdachlosen gesammelte Geld scheint nicht diesen Menschen zugeführt, sondern auf das Konto von Don Alvaro bei der Vatikanbank Istituto per le Opere di Religione[54] überwiesen. Obwohl die Organisation behauptet, Gelder für Arme einzuwerben, hat Tapia nie erlebt, dass der Orden entsprechende Aktivitäten gefördert habe. *Opus Dei* konzentriert sich auf die Arbeit mit „Intellektuellen aus den Bereichen der Wissenschaft, des Bankgeschäfts und des Rechtswesens; kurzum mit den Gruppen, die in einem Land Macht und Geld kontrollieren. *Opus Dei*-Frauen üben gemeinsam mit den Ehefrauen einflussreicher Männer das Laienapostolat aus."[55]

Opus Dei ist eifrig auf die Anwerbung junger Menschen unter 18 Jahren bedacht, die in Schulen, Klubs, Freizeitzentren und Studentenwohnheimen durchgeführt wird. Zudem unterhalten sie eigene Schulen, in denen Kinder vom Kindergartenalter bis zum Universitätseintritt angeworben werden. In den Vereinigten Staaten sind das die Heights School (für Jungen) in Potomac (Maryland), die Oakcrest School (für Mädchen) in der Nähe von Washington D.C., die Montrose School (für Mädchen) in der Nähe von Boston und die Willows Academy (für Mädchen) sowie die Northridge Preparatory School (für Jungen) in der Nähe von Chicago.[56]

In den Vereinigten Staaten betreibt *Opus Dei* in der Nähe von Universitäten Häuser und Zentren für junge Männer und Frauen: das Petawa Center für Frauen und das Leighton Studies Center für Männer bei der Marquette University in Milwaukee, ein weiteres in der Follen Street in Cambridge in der Nähe von Harvard, die Woodlawn Residence für Männer in Chicago, das Chestnut Center in der Chestnut Street 2580 in San Francisco, ein Zentrum in der Nähe des Boston College in Boston und das Office of the University of Navarra in Berkeley, das in der

---

52) Ebenda

53) Ebenda

54) „Institut für religiöse Werke" – die offizielle Bezeichnung der Vatikanbank. [A.d.Ü.]

55) Ebenda

56) In Deutschland hat *Opus Dei* eine „Initiative für freie Schulen" initiiert, deren Versuch, in Potsdam oder Umgebung ein Jungengymnasium zu eröffnen, aber gescheitert ist. Es gibt jedoch die „Fördergemeinschaft für Schulen in freier Trägerschaft e.V.", die *Opus Dei* nahesteht und zu der die St. Josef-Schule und das Mädchengymnasium in Jülich gehören [A.d.Ü.].

Nähe der University of California in der College Avenue liegt.⁵⁷ Mittlerweile gibt
es auch bei der Notre Dame University in South Bend (Indiana), in Washington,
D.C., in Valparaiso (Indiana) und in St. Louis Opus Dei-Zentren. Vorgesetzte Mitglieder beraten die Studenten an der Notre Dame University bezüglich der Frage,
bei welchen Theologieprofessoren sie studieren sollen und bei welchen nicht.

Tapia stellt fest, dass „im *Opus Dei* eine ständige Sexbesessenheit herrscht" . In
den Studentinnen-Wohnheimen wohnen Informantinnen, die sicherstellen sollen,
dass „im Alltagsleben eines *Opus Dei*-Hauses für Frauen an der Universität nichts
Spontanes geschieht."⁵⁸ Sie sagt, Escrivá sei „von Sicherheit besessen"⁵⁹ gewesen und
erklärt, im Hauptquartier der Frauen in Rom „kann niemand, absolut niemand
einfach die Tür öffnen und hinausmarschieren."⁶⁰

Das Lesegut wird beschränkt, und es findet keinerlei Diskussion der Weltreligionen statt. Briefpost wird geöffnet und konfisziert. Tapia zufolge war die Über-
wachung der Mitglieder vollkommen üblich, weshalb sich in mehreren Räumen des
Hauses Mikrofone befanden, die mit Escrivás Raum verbunden waren.

Es wird eine umfassende kultische Verehrung von Vater Escrivá betrieben. Ständig hört man Phrasen wie „der Vater hat gesagt", „der Vater ist hier durch gegangen", „der Vater möchte" und so weiter. Tapia zufolge herrschte eine Atmosphäre
„wie in einem Polizeistaat: mit all der Kälte der Vorgesetzten, meiner Einsamkeit,
den Vorschriften von oben und dem Beharren auf dem Wort anstelle des Geistes
hinter dem Wort."⁶¹

Die theologischen Entwicklungen des Zweiten Vatikanischen Konzils wurden
von Opus Dei bereits zu dem Zeitpunkt, als es noch in Rom tagte, ignoriert und
in Verruf gebracht. Damals wie heute wird das einfache Ordensmitglied in Unwis-
senheit gehalten, denn dieser Mangel an Informationen erhöht „den Einfluss der
Direktoren, die sich mächtig fühlen, weil sie Dinge wissen, die anderen unbekannt
sind. Leider ist diese Vorgehensweise Bürgern totalitärer Staaten nur zu bekannt."⁶²

Am tiefsten ist jedoch das Schweigen, in das *Opus Dei* seinen Gründer Monsignor Escrivá hüllt. Viele Einzelheiten über ihn wurden vertuscht, von ganz trivialen
bis hin zu überaus wichtigen. „Viele Dinge und viele Menschen werden im *Opus*

---

57) Deutsche *Opus Dei*-Institutionen sind zum Beispiel der Campus Müngersdorf, das Studentenheim
Schweidt und das Bildungszentrum Maarhof in Köln; das Haus Weidenau und der Studententreff
Schackstraße in München; das Studentenheim Althaus in Bonn; das Haus Hardtberg samt Hauswirt-
schaftlichem Ausbildungszentrum in Euskirchen; das Tagungshaus Zieglerhof im Werdenfelser Land;
das Studentenheim in Aachen; das Zentrum Hoher Weg 22 in Augsburg; der Berlin-Brandenburgische
Kulturverein e.V.; das Bildungszentrum Rüttenscheid in Essen; das Bildungszentrum Am Städel in
Frankfurt am Main; das Bildungszentrum Fausenburg in Trier sowie das Studentenheim Widenberg
und das Bildungszentrum Widenberg in Münster [A.d.Ü.]
58) Tapia, *Hinter der Schwelle*
59) Ebenda
60) Ebenda
61) Ebenda
62) Ebenda

Dei verschwiegen oder zum Schweigen gebracht. Sie verschwinden in das Schweigen hinein. Jene, die *Opus Dei* verlassen oder sich das Leben genommen bzw. es versucht haben und auch jene, die verrückt geworden sind, werden niemals wieder erwähnt. Man achtet sogar mit großer Sorgfalt darauf, nicht einmal über die Priester zu sprechen, die *Opus Dei* verlassen haben."[63] Viele, die aufgrund ihrer Erfahrungen mit dem Orden ausgetreten sind, betrachten ihn als „eine Sekte, die es geschafft hat, sich im Katholizismus einzunisten."[64]

Opus Dei wird von Anti-Intellektualismus regiert. „*Opus Dei* bringt kritische Geister zum Schweigen … Sobald jemand – selbst ein Priester – herausragende Leistungen im Bereich der Philosophie oder der Theologie erbringt, wird der Orden dem fast sicher ein Ende setzen, indem man ihn mundtot macht. Er verschwindet. *Opus Dei* versteckt ihn. Meist verlässt derjenige die Institution schließlich oder endet als Patient bei einem Psychiater … Es gibt eine ‚intellektuelle Zensur‘, die Bücher, Artikel, Vorträge oder alles andere, was ein Mitglied veröffentlichen möchte, überprüft … Außerhalb der Institutionen von *Opus Dei* und der University of Navarra gibt es keine Theologen oder Philosophen des Ordens, deren Arbeit besonders bekannt oder respektiert wäre … Für Theologen und Philosophen gibt es dort einfach keinen Platz. Das ist öffentlich bekannt. Ich sage hier nichts Neues, sondern gebe nur die Fakten wieder."[65]

Tapia selbst ist von November 1965 bis März 1966 im Hauptquartier von *Opus Dei* gefangen gehalten worden: „Man beraubte mich jedes Kontaktes zur Außenwelt, indem man mir absolut verbot, das Haus aus welchem Grund auch immer zu verlassen, Telefonanrufe zu machen oder entgegenzunehmen und Briefe zu schreiben oder zu erhalten. Auch für den sogenannten wöchentlichen Spaziergang oder den monatlichen Ausflug durfte ich nicht hinausgehen. Ich war eine Gefangene."[66] Sie wurde etwas unterzogen, das sie als „ein Verhör durch die Geheimpolizei"[67] bezeichnet. „Die normalsten Dinge wurden als ‚Kriegsverbrechen‘ interpretiert. Damals wusste ich noch nicht, dass die Methode, tausend Mal nach derselben Sache zu fragen, von den Sicherheitskräften aller unterdrückerischen Regime angewendet wird. Es ist unerträglich, dass *Opus Dei* eine solche Vorgehensweise im Namen Gottes und der Kirche benutzt, um ‚Informationen zu erhalten‘. Immerhin ist die Inquisition schon vor Jahrhunderten abgeschafft worden. Auch hier deckt sich das System des *Opus Dei* mit dem jeder anderen Sekte."[68]

---

63) Ebenda
64) Ebenda
65) Ebenda
66) Ebenda
67) Ebenda
68) Ebenda

Man verbot ihr, aus dem Haus zu gehen, und als eine Freundin von ihr aus Venezuela kam, um sie zu besuchen, belog man sie am Telefon und sagte ihr, Tapia befände sich nicht im Gebäude. Im Verlauf dieser Tortur nahm Tapia zehn Kilo ab, und ihr Haar wurde vollkommen weiß. „Sie hatten mich gebrochen."[69] Bald schon kam „der Augenblick, an dem ich an meinem Verstand zweifelte … Erst Jahre später begriff ich, dass *Opus Dei* mich einer Gehirnwäsche unterzogen hatte; die Agenten, die das taten, waren Marlines Kucking, Mercedes Morado und direkt oder indirekt auch Monsignor Escrivá."[70]

Während einer besonders entsetzlichen Begegnung mit Escrivá bekam er einen Wutanfall und schrie den anwesenden Priestern zu: „Nehmt die da [er bezog sich auf eine Frau namens Gladys], hebt ihren Rock hoch, zieht ihre Unterhosen runter und verprügelt ihren Hintern, bis sie redet. BRINGT SIE ZUM REDEN!"[71] Dann drehte sich dieser „Heilige" zu Tapia um und sagte: „Du bist eine schlechte Frau, schmieriger Abschaum! Das bist du! Geh jetzt! Ich will dich nicht sehen!"[72] Dem Vorfall folgte eine Reihe von Verhören, und man stationierte sowohl innerhalb als auch außerhalb ihres Zimmers „Berater", die ihr selbst bis auf die Toilette folgten. „Aufgrund dieses Terrors war ich bald ständig am Zittern. Ich hatte Angst davor, dass man mich in eine psychiatrische Anstalt bringen würde, wie es bereits zuvor mit anderen Mitgliedern des Ordens geschehen war."[73] Bei ihrer letzten Befragung durch Escrivá sagte dieser: „Du bist eine schlechte Frau! Eine verlorene Frau! Maria Magdalena war eine Sünderin, aber du? Du bist eine Verführerin, mit all deiner Schamlosigkeit und Sittenlosigkeit! Du bist eine Verführerin! Ich weiß alles … Du bist böse! Böse! Schamlos! Vorwärts! Höre mir zu! HURE! SAU!"[74]

Durch eine List gelang es ihr, im Geheimen einen alten Freund anzurufen, der in Rom als Journalist arbeitete. Er arrangierte ihre angstvolle Flucht. Nachdem Tapia entkommen war, antwortete sie einem Priester, der fragte, wie sie nach all dem, was sie durchgemacht hatte, noch immer an Gott glauben könne: „Gott hat mit *Opus Dei* nichts zu tun."[75] Während des Prozesses zur Heiligsprechung von Escrivá verbot man Tapia, eine Zeugenaussage zu machen – wie auch einer Reihe weiterer Personen, die ihn während seiner dunkleren Momente erlebt hatten. Obwohl ihr Buch schon 1997 erschienen war, ist es offensichtlich nie von jenen Menschen zu Rate gezogen worden, die den Kanonisierungsprozess auf verkürzte, aber dennoch sehr kostspielige Weise vorangetrieben hatten. Die einst so berühmte Funktion des „Advokaten des Teufels" (den man traditionell einsetzte, um Fragen zum Charakter

---

69) Ebenda
70) Ebenda
71) Ebenda
72) Ebenda
73) Ebenda
74) Ebenda
75) Ebenda

der Person zu stellen, die sonst im Rahmen des Heiligsprechungsverfahrens nicht bedacht worden wären) wurde von Johannes Paul II. 1983 abgeschafft. Bereits im Seligsprechungsverfahren für Escrivá „benutzte man Verleumdungen und Beleidigungen, damit die Kirchentribunale bestimmte Menschen, die ein klärendes Zeugnis hätten ablegen können, als nicht vertrauenswürdig zurückwiesen."[76] Tapia beschreibt ihre Empfindungen beim Lesen der Zusammenfassung des Prozesses in der Sache der Seligsprechung Escrivás als „schmerzlich" und bezeichnet die fromme Verkündigung seiner Heiligkeit als ein „Heiligenwunder".[77]

Escrivá hatte bekanntermaßen eine ungewöhnliche Schwäche für die Ansammlung hochtrabender Titel. Walsh bezeichnet das als „ein Verhalten, das bei anderen Heiligen gänzlich unbekannt ist – zumindest nach dem Ereignis seiner oder ihrer Bekehrung – und für seine Biografen klar einen Anlass zur Verlegenheit darstellt."[78] 1968 reichte Escrivá ein Gesuch ein, in dem er um den Titel des Marqués de Peralta[79] bat. Er nahm auch spanische Auszeichnungen wie das Große Kreuz des Heiligen Raymond von Penaforte, das Große Kreuz von Alfonso X. dem Weisen und das Große Kreuz von Isabella der Katholischen an – unter anderem. Und das trotz einer Zeile in seinen Maximen, die in seiner Abhandlung *Camino* zu finden ist: „Ehren, Auszeichnungen, Titel, Dinge aus Luft, Hauch des Stolzes, Lügen, Nichtigkeiten" (Nummer 677).[80]

Tapia gesteht ein, ebenfalls den Täuschungen des Ordens zum Opfer gefallen zu sein. „Ich weiß, wovon ich rede, denn zu meiner Schande muss ich bekennen, dass auch ich im *Opus Dei* die Waffe des Schweigens verwendet sowie an diesem Diskretionsspiel teilgenommen und es akzeptiert habe."[81] (Der Orden ermutigte seine Mitglieder intensiv dazu, ihren eigenen Körper mit Schlägen zu traktieren. Tapia sagt aus, dass sie ihren Körper während ihrer Zeit im *Opus Dei* „mit aller Brutalität behandelt"[82] habe.)

Escrivá „konnte nicht alleine sein."[83] Er war „grob, barsch und unhöflich. Wenn ihn der Zorn überkam und er jemanden hatte, den er tadeln konnte, war er nicht in der Lage, seine Sprache zu kontrollieren. Seine brutalen und beleidigenden Worte waren zutiefst verletzend."[84] Obwohl er sich „vor der Menge wie ein Heiliger verhielt … war er aus dem geringsten Anlass zu den schrecklichsten Beleidigungen fähig. Wenn zum Beispiel ein Spiegelei nicht nach seinem Geschmack war, misshandelte

---

76) Ebenda
77) Beides ebenda.
78) Walsh, *Opus Dei*
79) Der *marqués* (Markgraf) stellt den höchsten spanischen Adelstitel dar. [A.d.Ü.]
80) Ebenda
81) Tapia, *Hinter der Schwelle*
82) Ebenda
83) Ebenda
84) Ebenda

er den Direktor des Hauses. Wenn ein Altartuch nicht genau bis zur vorgeschriebenen Höhe über dem Boden herabhing, beschimpfte er den Direktor; ebenso verfiel er in Raserei, wenn Lärm aus der Küche drang, während dort die Töpfe und Pfannen geschrubbt wurden."[85] Tapia glaubt, dass „Monsignor Escrivá während der letzten Jahre seines Lebens meiner Überzeugung nach an einer psychischen Erkrankung litt, denn sonst wäre es einfach undenkbar, dass ein Priester mit der Ausstrahlung eines Ordensgründers Dinge sagen könnte wie: ‚Wenn ich wüsste, dass mich meine Eltern nicht gewollt hätten, als ich empfangen wurde, hätte ich ihr Grab bespuckt.‘"[86]

Tapias Buch wurde in Spanien, Deutschland, Portugal und Italien zu einem Bestseller. Zu den Reaktionen in Amerika gehörte neben dem betäubten Schweigen jener Kreise des Vatikans, die auf Escrivás Seligsprechung konzentriert waren, auch der folgende Kommentar des *Boston Globe*: „Ein faszinierendes und beunruhigendes Buch … eine literarische Granate, die das freundliche und erhabene Image des *Opus Dei* zu sprengen bestrebt ist … die Darstellung einer zwanghaft verschwiegenen, manipulativen und sexistischen Organisation, die ihren Gründer buchstäblich auf kultische Weise verehrt."[87] Wenn das zutrifft, wie konnte Kardinal Ratzinger den Orden dann derart nachdrücklich unterstützen? Ist er ebenfalls für Sexismus, Manipulation, kultische Einstellungen und zwanghafte Verschwiegenheit? Was ist mit dem Anti-Intellektualismus von *Opus Dei*? Ist der auf seinen Theologenstatus so stolze Ratzinger in Wirklichkeit anti-intellektuell?

Die Zeitschrift *Conscience* lobt Tapia dafür, „einen tiefen Blick in das Herz der Dunkelheit geworfen zu haben, die sich hinter der vertrauten Darstellung [des Ordens] befindet und von wo aus ein viel unheilvolleres Bild zutage tritt."[88] *Christian Century* wiederum empfiehlt das Buch „allen, die sich wünschen, dass die Religion von der Tyrannei durch selbsterklärte Heilige befreit wird."[89]

Wo steht Ratzinger, wenn es um die unheilvolle Dunkelheit von *Opus Dei* geht? Und warum, vor allem, waren Ratzinger und sein damaliger Chef Papst Johannes Paul II. so von *Opus Dei* entzückt, dass sie ihm die Zukunft der Kirche anvertrauten und zuerst in Lateinamerika, aber dann auch in Nordamerika zahllose Bischöfe sowie Kardinäle aus dieser Organisation ernannten? Warum vernichteten sie die gesamte Glaubwürdigkeit des Heiligsprechungsverfahrens, indem sie eilig die Kanonisierung eines Mannes durchpeitschten, der ein Bewunderer Hitlers war?

Wenn wir alle Aspekte auflisten, die in diesem Kapitel über *Opus Dei* enthüllt worden sind, können wir folgende Elemente zusammenstellen, die näheren Auf-

---

85) Ebenda
86) Ebenda
87) Ebenda, zitiert vom Rückumschlag.
88) Ebenda
89) Ebenda

schluss über Kardinal Ratzinger geben, der sich als derart heftiger Verfechter der Sache des Ordens erwiesen hat.

- Klerikalismus
- Hierarchie
- Geld und Zugang dazu an höherer Stelle
- fragwürdige Finanzbeziehungen
- Frauen als Bürger zweiter Klasse
- Frauen als Missbrauchsobjekte („Hebt ihren Rock hoch …“)
- extrem rechte Politik einschließlich der Unterstützung lateinamerikanischer diktatorischer Folterknechte wie Pinochet und von Faschisten wie Franco und Hitler selbst
- gegen das Zweite Vatikanische Konzil
- gegen die Befreiungstheologie
- gegen die Basisgemeinden
- Kreuzzüge gegen Ketzer
- „Vater weiß es am besten“
- vertraue deinem Gewissen nicht
- Gehorsam zuerst!
- Unterwerfungsideologie
- asketische „Spiritualität“ der persönlichen Kasteiung und des Masochismus
- Anti-Intellektualismus
- Anti-„Säkularismus“
- für Totalitarismus voreingenommen
- Verfechter der zentralisierten päpstlichen Macht
- anti-ökumenisch

Meiner Einschätzung nach scheinen diese Elemente der Praktiken und der Ideologie des *Opus Dei* die Ansichten und Standpunkte von Papst Benedikt XVI. überaus gut zu fördern und zu unterstützen. Seine Treue zu diesen Verbündeten gibt Aufschluss über seine eigenen Prioritäten und sein Verständnis der Laienspiritualität. Seine Verbündeten werden zu etwas Weiterem: Sie werden sein Stoßtrupp, seine Wachtruppen, auf die sich Rom immer verlassen kann, weil für sie der Gehorsam einer Autorität gegenüber vor allem kommt, was sich Gewissen oder Theologie nennt. Die unermüdliche Unterstützung, die er und Papst Johannes Paul II. *Opus Dei* haben zukommen lassen, erklärt meiner Ansicht nach auch ihren ebenso heftigen Widerstand gegen eine Aufhebung des Zölibats als Voraussetzung für die katholische Priesterschaft, weil dieser dann nur noch die Funktion der Kontrolle hat. Darüber hinaus scheut der Verstand einfach vor der Vorstellung zurück, dass irgendjemand eine Person, die Hitler rühmt, als „Heiligen“ bezeichnen könnte.

Vielleicht sollten wir jener Frau, die sieben Jahre lang seine persönliche Sekretärin gewesen ist, das letzte Wort in der Sache *Opus Dei* und Escrivá überlassen: „Ich bin von unendlicher Verwunderung erfüllt, wenn ich höre, dass Monsignor Escrivá seliggesprochen werden soll."[90] Aber Escrivá ist nur einer der Verbündeten der letzten beiden Päpste. Es kommen noch mehr.

90) Walsh, *Opus Dei*

VII – Die *Legionäre Christi* und Pater Maciel;

Gemeinschaft und Befreiung und Kardinal Law

Die *Legionäre Christi* und Pater Maciel

Wie Pater Escrivás *Opus Dei* waren auch die *Legionäre Christi* von Pater Marcial Maciel einer der Lieblingsorden von Papst Johannes Paul II. und Kardinal Joseph Ratzinger. Johannes Paul II. war so von Pater Maciel entzückt, dass er ihn mehrfach in sein Flugzeug einlud, wenn er nach Südamerika reiste. Die beiden Organisationen haben vieles gemeinsam – und tatsächlich sah sie auch der Papst im selben Licht, wo sich doch Maciels Gruppe ihrer mexikanischen und die von Escrivá ihrer spanischen Wurzeln brüstete. Beide Organisationen haben sich an aristokratische Millionäre verkauft, sind extrem hierarchisch und patriarchal strukturiert, bewundern extrem rechte Bewegungen (im Falle Maciels war es der chilenische Diktator Pinochet) und führen ein strenges Regime. Bei Maciels Organisation gab es sogar noch ein ganz besonderes Element: Man verlangte von den Mitgliedern, einen Schwur abzulegen, der besagte, dass sie Maciel oder andere Vorgesetzte niemals kritisieren und jeden melden würden, der das tut. Verschwiegenheit war oberstes Gebot, und der Eid machte die Bespitzelung anderer obligatorisch. Beide Orden waren der götzenhaften Verehrung des Papstes verpflichtet. Was immer der Papst wollte, geschah auch. Sie waren die perfekte Spitze einer neuen, gegen das Zweite Vatikanische Konzil gerichteten Bewegung.

Wie sich herausstellte, wurden in diesen Orden außergewöhnlich viele Geheimnisse totgeschwiegen. Dank umfassender Untersuchungen des Enthüllungsreporters Jason Berry, dem Autor von Vows of Silence, verfügen wir heute über einen ganzen Katalog damaliger Geheimnisse. Berry nennt Maciel „den größten Geldbeschaffer der modernen römisch-katholischen Kirche" und eine „unwiderstehliche Gestalt, der es in einer Zeit gelang, junge Männer für ein religiöses Leben zu gewinnen, in der sich kaum noch jemand berufen fühlte."[1] Beides machte ihn zweifelsohne beim Papst und seinem Obersten Inquisitor sehr beliebt. Doch um welchen Preis! Maciel war nicht nur ein Genie, wenn es darum ging, Spenden aufzutreiben

---

1) Jason Berry, *Money Paved Way for Maciel's Influence in the Vatican* in *National Catholic Reporter*, 28. April 2010

(wobei er sich oft an reiche Witwen und Angehörige des rechten Flügels mit besten Verbindungen wandte, wie zum Beispiel an den Amerikaner Thomas Monaghan, den Besitzer der internationalen Fastfood-Kette Domino's Pizza, der später die Ave Maria University in Florida gründete), sondern er führte darüber hinaus hinter den Kulissen noch etliche weitere Leben. Die Legionäre nannten ihren Führer „Nuestro Padre", also „Unseren Vater", und betrachteten ihn als lebenden Heiligen. Malise Lagarde, die 13 Jahre lang dem Orden angehörte, bemerkte nach ihrem Austritt, dass es „den Mitgliedern nicht erlaubt war, Dinge zu hinterfragen oder Überlegungen außerhalb des Gruppendenkens anzustellen. Ich weiß, dass die Mitglieder jede Auseinandersetzung mit der Legion und mit *Regnum Christi* und ihre Bezeichnung als Sekte ablehnen – das habe ich auch getan, als ich noch dazugehörte – aber wenn man erst einmal draußen ist, sieht das Ganze eindeutig so aus."[2] Wie andere Sekten verbot auch der Orden seinen Mitgliedern den freien Umgang mit ihren Familien.

Maciel gründete die *Legionäre Christi* im Jahr 1941 und entwickelte einen Plan zur Bestechung vieler Kardinäle in Rom, um den Erfolg des Ordens zu sichern. Es heißt, die Witwe eines erfolgreichen mexikanischen Industriellen habe 50 Millionen Dollar an die Legion gespendet. 1958 gründete Maciel im spanischen Salamanca mit Geldern, die er von Josefita Pérez Jiménez (der Tochter eines ehemaligen venezuelanischen Diktators) erhalten hatte, ein Priesterseminar.

Das sind die Fakten: „Maciel war von Morphium abhängig und missbrauchte zwischen den vierziger und sechziger Jahren mindestens 20 Legions-Seminaristen sexuell."[3] Diese Information erhielt Bischof John McGann vom Rockville Centre in New York von einem Seminaristen, der von seinem 13. bis zum 26. Lebensjahr regelmäßig von Maciel missbraucht worden war. Pater Vaca schrieb Maciel: „Ich kam in meiner Kindheit zu den Legionären, ohne jegliche sexuelle Erfahrung ... Du warst es, der in jener Nacht mit diesem anomalen und frevlerischen Missbrauch begonnen hat, der sich über die nächsten 13 Jahre hinziehen sollte."[4] Bischof McGann tat das einzig Richtige und schickte den Brief des ehemaligen Legionspriesters mitsamt all seinen Anschuldigungen nach Rom – das erste Mal 1976, dann noch einmal 1978 und ein drittes Mal 1989. Nichts geschah.[5] Ratzinger unternahm nichts. Ratzinger war scheinbar zu sehr damit beschäftigt, Theologen überall auf der Welt zu denunzieren, als dass er sich um den Liebling des Papstes hätte kümmern können. Dieser wiederum gründete im Laufe der achtziger Jahre drei Familien, zwei in Mexiko und eine dritte in der Schweiz. Insgesamt scheint er sechs Kinder mit drei Frauen gezeugt und ein siebtes adoptiert zu haben. Sein mittlerer Sohn Raúl ist

---

2)   Nicole Winfield, *AP IMPACT: Vatican Probes Group Tied to Scandal* (Yahoo News, 25. September 2010)

3)   Jason Berry, *Money Paved Way*

4)   Ebenda

5)   Jason Berry und Gerald Renner, *Vows of Silence: The Abuse of Power in the Papacy of John Paul II.* (Free Press, New York 2004)

mittlerweile 29 Jahre alt und erzählt, wie sein Vater ihn sowie seinen Bruder zwischen ihrem achten und 14. Lebensjahr sexuell belästigt hat. Als Teenager leisteten sie seinen Annäherungsversuchen schließlich Widerstand. Als Maciel Raúls Mutter 1977 kennenlernte, war diese 19 Jahre alt und arbeitete als Hausdienerin. Maciel war 57.[6] Raúl hat vom Orden ursprünglich 26 Millionen Dollar für sein Schweigen verlangt, ihn mittlerweile aber auf Schadenersatz verklagt.[7] Er sagt, die beiden älteren Söhne hatten den jüngeren vor Maciel beschützt, indem sie diesen weggeschoben und nicht mehr mit seinem jüngsten Sohn allein gelassen hätten. Auch Maciels Tochter wurde von „Unserem Vater" missbraucht. Einmal brachte Pater Maciel seine Kinder sogar zum Papst, damit sie von diesem die Heilige Kommunion empfangen konnten, und sagte ihm, es seien seine „Neffen".

Mittlerweile blühte die Legion unter dem „Teflon"-Pontifikat von Papst Johannes Paul II. auf. So verlieh der Pontifex selbst am 3. Januar 1991 im Petersdom in Rom in Begleitung von 7.000 *Regnum Christi*-Mitgliedern (*Regnum Christi* ist die Laienabteilung des Ordens), 15 Kardinälen, 52 Bischöfen und vielen millionenschweren Gönnern 60 Legionären die Priesterweihe. Die Aufzeichnung dieses Ereignisses erwies sich als hervorragendes Hilfsmittel zur Beschaffung von Geldmitteln und zur Anwerbung neuer Mitglieder für den Orden, der in 23 Ländern mit 120 Priesterseminaren, Dutzenden von privaten Elite-Vorschulen, mehreren religiösen Formungshäusern und einigen Universitäten präsent ist. Die Legion nimmt heute für sich in Anspruch, weltweit 800 Priester und 2.600 Seminaristen zu haben, zu denen noch die 75.000 Laienmitglieder von *Regnum Christi* kommen. Im Jahr 2008 wurden die Vermögenswerte des Ordens dem *Wallstreet Journal* zufolge auf 25 Milliarden Dollar geschätzt, und man vermutete einen Jahresetat von 650 Millionen Dollar.

Der verstorbene Papst rühmte Maciel als einen „wirksamen Führer der Jugend" und hörte auch dann nicht auf, ihn zu preisen, nachdem der *Hartford Courant* 1997 dessen Drogenabhängigkeit und seinen Missbrauch von Seminaristen enthüllt hatte.

Mittlerweile ist auch ans Licht gekommen, dass Maciel ein Plagiator war. Sein Richtlinien-Buch *Psalter of My Days* ist dem Buch *The Psalter of My Hours* des 1943 verstorbenen Luis Lucia entnommen. Maciel hat 80 Prozent seines Buchs aus Lucias Werk gestohlen.[8] Die Seminaristen, die in den von Papst Johannes Paul II besonders empfohlenen religiösen Häusern Maciels lebten, wurden „darin ausgebildet, einem Soziopathen zu gehorchen ... und sich seiner psychischen Tyrannei zu unterwerfen."[9]

6) Jason Berry, How Fr. *Maciel Built His Empire* in *National Catholic Reporter*, 13. April 2010

7) Rachel Zoll, *Alleged Son of Legion's Priest-Founder Sues Order* (Yahoo News, 21. Juni 2010)

8) Jason Berry, *Render Unto Rome: The Secret Life of Money in the Catholic Church* (Crown Publishers, New York 2011)

9) Ebenda

1988 reichten acht ehemalige Legionäre gegen Maciel Antrag auf Strafverfolgung nach dem Kirchenrecht unter Kardinal Ratzingers Tribunal der Glaubenskongregation ein. Aber Ratzinger tat sechs Jahre lang gar nichts. Maciel wurde jedoch nicht nur von Ratzinger geschützt, sondern auch von anderen mächtigen Personen innerhalb der römischen Kurie unterstützt. Dazu gehörte Kardinal Angelo Sodano, der von 1990 bis 2006 Sekretär des Vatikanstaats war, aber auch Kardinal Eduardo Somalo, der Präfekt der Kongregation für die Institute des geweihten Lebens und für die Gemeinschaften des apostolischen Lebens, und Erzbischof Stanislaw Dziwisz, der damalige Sekretär von Johannes Paul II., der später zum Kardinal und Erzbischof von Krakau gemacht wurde, obwohl er von Besuchern des Vatikans angeblich große Summen dafür verlangte, dass sie den Papst beim privaten Gottesdienst beten sehen durften, nämlich 50.000 Dollar pro Foto![10]

Auch Dziwisz erhielt in seiner Zeit als Sekretär von Papst Johannes Paul II. regelmäßig Geldspenden von Maciels Legion.[11] Kardinal Rode wiederum, der die Aufsicht über die religiösen Orden der katholischen Kirche führte, war ein Verfechter von Regnum Christi und verbrachte mehrfach von der Legion bezahlte Urlaubsaufenthalte in Cancún.[12]

2004 wurde Maciel trotz der abträglichen Fakten über sein Verhalten, die zu diesem Zeitpunkt bereits öffentlich bekannt waren, von Johannes Paul in einer Zeremonie des Vatikans geehrt, in der die Legion zum Verwalter eines Bildungs- und Konferenzzentrums in Jerusalem mit dem Namen Notre Dame Center ernannt wurde.

Heute ist Kardinal Sodano Dekan des Kardinalskollegiums unter dem Pontifikat von Benedikt XVI., und Somalo wurde zum *camerlengo* – das ist der Kardinalkämmerer, der für das Konklave verantwortlich war, das Benedikt XVI. zum Papst gewählt hat. Es heißt, Maciel habe sowohl Sodano als auch Somalo große Geldsummen in bar zukommen lassen. Als 1997 die Fakten über den sexuellen Missbrauch der Seminaristen ans Licht kamen, tat Somalo gar nichts. Und Ratzinger ebenfalls. Ein ehemaliger Legionär entsann sich daran, dass „Kardinal Sodano der Cheerleader der Legion war. Er kam regelmäßig zu Weihnachten, um eine Rede zu halten, und dann gab man ihm 10.000 Dollar."[13] Ein anderer Priester kann sich an ein Geschenk von 5.000 Dollar erinnern. Neun Jahre lang denunzierten die 75.000 Mitglieder von *Regnum Christi* die Missbrauchsopfer des Seminars auf ihrer Internetseite und verglichen Maciel mit Christus, weil er sich weigerte, sich zu verteidigen und sich „mit Gewissensruhe einem neuen Kreuz" beuge. Sodano ist derselbe Kardinal, der 2010 die Ostermesse im Petersdom unterbrach, um Papst Benedikt XVI.

---

10) Ein polnischer Freund erzählte mir kürzlich, dass dieser Kardinal gegenwärtig in Polen alles kurz und klein schlägt, weil er die Agenda der Integristen vorantreibt – vor allem in Bezug auf die Vermählung von Kirche und Staat – obwohl die Bevölkerung das nicht will.

11) Jason Berry, *Render Unto Rome*

12) Ebenda

13) Ebenda

zu preisen und die vor seinen Augen erhobenen Pädophilie-Vorwürfe als „belangloses Geschwätz" zu bezeichnen.

Die ganz besondere Beziehung zwischen Sodano und Maciel war in den achtziger Jahren in Chile während der Pinochet-Diktatur entstanden. Damals war Sodano apostolischer Nuntius und erschien oft im Fernsehen, um Pinochet selbst dann noch zu unterstützen, als dessen Regime Priester und Nonnen folterte und Menschen entführte. 1988 wurde Sodano von Pinochet mit einer besonderen Auszeichnung geehrt. Johannes Paul II. entschied sich dafür, Sodano zum Staatssekretär zu machen, obwohl dessen Hände aufgrund seiner Loyalität zu Pinochet blutbefleckt waren. Doch der Papst wünschte einen „kompromissloseren Widerstand gegen den Kommunismus", und Sodano war nicht nur ein militanter Gegner der Linken, sondern stand auch in der Gunst konservativer Geldgeber und Regierungen. In dieser Funktion war er nicht nur für Maciel, sondern auch für Opus Dei ein wichtiger Verbündeter.[14] Der chilenische Kardinal Silva leistete Maciels Gruppe, die dort als „Millionäre Christi" bekannt war, zunächst Widerstand, stimmte ihrer Anwesenheit in Chile dann jedoch zu. Später engagierte Maciel Sodanos Neffen Andrea Sodano für ein Bauprojekt in Rom und zahlte ihm mehr als 800.000 Dollar für einen Auftrag, den der junge Sodano offenbar niemals ausführte. 2008 wurde Raffaelo Follieri in New York wegen Betrug und Geldwäsche angeklagt; Andrea Sodano war der Vizepräsident seines Konzerns. Kardinal Sodano wiederum hatte zuvor an einer Eröffnungsfeier Follieris in New York teilgenommen. Follieri sitzt nun 54 Monate in einem Bundesgefängnis ab, nachdem er sich in 14 Fällen des Überweisungsbetrugs, der Geldwäsche und der Verschwörung schuldig bekannt hat.

Doch nicht nur bestimmte Mitglieder der römischen Kurie haben Maciel unterstützt, sondern auch Steve McEveety, der Mel Gibsons Film *Die Passion Christi* produziert (und Legionspriester als Berater engagiert) hat, Jeb Bush (der ehemaliger Gouverneur von Florida) und der Ex-Senator Rick Santorum aus Pennsylvania gehörten zu seinen Förderern. Pater Richard John Neuhaus, ein lautstarker Verfechter des extrem rechten Katholizismus schrieb, er wisse „mit moralischer Gewissheit", dass die gegen Maciel erhobenen Anklagen „falsch und niederträchtig" seien.[15] Mary Ann Glendon, ehemalige U.S.-Botschafterin im Vatikan, sprach von der „strahlenden Heiligkeit" Maciels und seinem „Erfolg … bei der Entwicklung der Neuevangelisierung."[16] Sie lehrte am Institut Regina Apostolorum Athenaeum, der Legionsuniversität in Rom, und half bei der Planung der ersten Universität des Ordens in Amerika, der University of Sacramento. Auch William Bennett, der immer dann Wortführer ist, wenn es um Rechtschaffenheit, Moral und die Anliegen des

---

14) Ebenda
15) Berry, Vows of Silence
16) Ebenda

rechten Flügels geht und der regelmäßig bei CNN auftritt, hat die *Legionäre Christi* gelobt, weil sie „ein Grund zur Hoffnung in einer Zeit großer Dunkelheit"[17] seien.

Die Redaktion der Sendung *Today* auf NBC bat Pater Tom Williams, Legionär und unerschütterlicher Verfechter von Maciel, die Fernsehübertragung des Begräbnisses von Papst Johannes Paul II. zu kommentieren.[18] William Casey, der unter Präsident Reagan Direktor der CIA war, begab sich 29 Mal persönlich in den Vatikan, um aus Solidaritätsgründen Geldspenden zu überbringen. Er selbst hat den *Legionären Christi* mehr als eine Million Dollar gespendet. Im Novizenhaus von Cheshire (Connecticut) befindet sich eine auffällige Gedenktafel, auf der Casey und seine Frau für ihre Unterstützung geehrt werden. Darüber hinaus hat Casey auch für die Verschiebung von Geldern zu rechten Milizarmeen in El Salvador, Guatemala und Nicaragua gesorgt.[19]

Ratzingers Aufgabe als Präfekt der Glaubenskongregation bestand genau darin, Vorwürfe des Missbrauchs durch Priester zu überprüfen, und dennoch hat er acht Jahre lang nichts unternommen. Anstatt Maciel zu verfolgen, beauftragte er einen Kirchenjuristen damit, Maciel zu schützen und verlangte dabei die Einhaltung der „beruflichen Schweigepflicht". Eben dieser Priester namens Tarcisio Bertone arbeitete für Ratzinger zum Schutz Pater Maciels, indem er die involvierten Geistlichen zu „beruflicher Verschwiegenheit" verpflichtete und wurde für seine Pflichterfüllung mit der Ernennung zum Erzbischof von Genua belohnt. Im Oktober 2001 machte man ihn zum Kardinal, womit er bei der Wahl von Benedikt XVI. seine Stimme abgeben konnte. Gegenwärtig dient er dem Vatikan als Staatssekretär (er war es, der die Homosexualität als Ursache des Pädophilie-Skandals bezeichnet hat). Auch Bertone war ein Verfechter Maciels. Während seiner Zeit als Erzbischof von Genua schrieb er das Vorwort zur italienischen Ausgabe von Maciels buchlangem Interview namens *Christ is My Life*, in dem er unter anderem erklärte, Maciels Herz habe „Jesus Christus fest im Visier" und „der Schlüssel zu diesem Erfolg ist zweifellos die anziehende Kraft der Liebe zu Christus."[20] Als der amerikanische Journalist Brian Ross, der für die ABC-Sendung *20/20* arbeitet, im Vatikan auf Ratzinger zuging, während dieser gerade seine Limousine bestieg, und ihn fragte, warum man nichts gegen Maciel unternehme, ging Ratzinger hoch und schlug ihn. (Ich habe diesen Austausch ebenso wie Millionen andere Zuschauer im Fernsehen verfolgt.)[21]

Nachdem er Papst geworden war, begann Ratzinger im Dezember 2004 eine Untersuchung des Falls Maciel, beendete diese jedoch sechs Monate später plötzlich wieder. Erst 2006 schließlich – zehn Jahre, nachdem seine Kongregation erstmals

---

17) Ebenda
18) Ebenda
19) Ebenda
20) Ebenda
21) Er wird aber auch in Berrys *Vow of Silence* wiedergegeben.

durch Bischof McGann von Maciels schmutzigem Verhalten erfahren hatte – wies Benedikt Maciel an, ein „zurückhaltendes Leben des Gebetes und der Buße" zu führen. Obwohl Dutzende von Leben – einschließlich derer seiner eigenen Kinder – durch den sexuellen Missbrauch dieses Mannes massiv Schaden genommen hatten, wurde ihm eine bestenfalls dürftige Strafe zugemessen. Tatsächlich hatte Ratzinger einige Jahre zuvor zu einem mexikanischen Bischof gesagt, es sei nicht „vernünftig", jemanden zu bestrafen, der „so viel Gutes für die Kirche" getan hat.[22] Und so wurden die katholischen Journalisten Jason Berry und Gerald Renner viele Jahre lang von den Legionären und ihren Bewunderern beschimpft und beleidigt, weil sie dem Fall nachgegangen waren.[23]

2008 starb Maciel im Alter von 87 Jahren in Jacksonville (Florida). Die Ankunft seiner Tochter und deren Mutter an seinem Sterbebett verursachte unter den anwesenden Legionären einen ziemlichen Aufruhr (und auch bei ein paar nicht so präsenten Vertretern des Ordens, die rasch an Maciels Seite eilten, um dafür zu sorgen, dass er still blieb.) Schließlich erklärten die Ordensführer den Legionären, Maciel sei „in den Himmel aufgestiegen."

Erst im Jahr 2009 leitete Ratzinger eine ernsthafte Untersuchung von Maciels Geschichte ein und beauftragte fünf Bischöfe mit Ermittlungen. Mittlerweile sind diese Ermittlungen beendet, und der Papst hat sich zur Ernennung eines besonderen Delegierten und einer Kommission verpflichtet, die eine Analyse der Legions-Verfassung durchführen soll. Autor Jason Berry sagt, Maciels Leben sei „wohl das dunkelste Kapitel in der geistlichen Missbrauchskrise gewesen, von der die Kirche noch immer heimgesucht wird."[24]

Dieser kranke Mann, sein kranker Orden und seine kranke Theologie sind von Kardinal Ratzinger und Papst Johannes Paul II. nicht nur geduldet, sondern zur Nachahmung empfohlen und als die Bugwelle der Neuevangelisierung verkündet worden. Warum? Aus denselben Gründen wie schon bei *Opus Dei*. Der Schlüssel ist strenger Gehorsam dem Papst gegenüber (und jedem, der in seinem Namen zu sprechen beansprucht), Zugang zu Geld (die Vermögenswerte der *Legionäre Christi* werden heute auf mehr als 20 Milliarden Dollar geschätzt)[25], die Unterstützung von Diktatoren und rechten Ideologien, heftiger Widerstand gegen die Befreiungstheologie und ihre Basisgemeinden sowie eine vollkommen frauenfeindliche, patriarchalische Denkweise. Diese Ideologien gehen bei Ratzingers Verbündeten ziemlich weit, und Ideologie wird Theologie immer übertrumpfen.

---

22) Ebenda

23) Richard McBrien, *Some Back Story on Renner, Berry and the Legionaries of Christ* in *National Catholic Reporter*, 14. Juni 2010

24) Jason Berry, *Money Paved Way*

25) Tim Johnson, *Mexico Hit Hard by Vaticans Repudiation of Legion's Founder* in *McClatchy Washington Bureau*, 11. Mai 2010

Gemeinschaft und Befreiung und Kardinal Law

Kardinal Bernard Law erlangte in den Vereinigten Staaten nationale Aufmerksamkeit, als der Skandal um pädophile Priester 2002 in aller Heftigkeit auf den Titelseiten des *Boston Globe* enthüllt wurde. Damals war er der Erzbischof von Boston. Laws Name wird für immer mit dieser traurigen und hässlichen Episode in der Geschichte des amerikanischen Katholizismus verbunden sein – und das aus gutem Grund. Rechtsdokumente zeigen, dass er während der 18 Jahre, in denen er Erzbischof war, die Weitergabe pädophiler Priester von einer Diözese und Gemeinde in seiner Erzdiözese zur nächsten beaufsichtigt hatte. Nur einer von diesen Priestern, John Geoghan, wurde bereits beschuldigt, 150 Heranwachsende sexuell belästigt zu haben. Law wies ihm immer wieder neue Gemeinden zu und sorgte auch dafür, dass er acht Jahre lang in Weston blieb, wo er alleine mindestens 30 Jungen missbrauchte.

Anstatt zurückzutreten, als diese und andere Gräuel ans Licht kamen, blieb Law stur zweieinhalb weitere Jahre in seinem Amt als Erzbischof, bis ihn eine von 58 Priestern unterschriebene Petition, der Druck der Laiengruppen, der Aufschrei der Medien und die Verfolgung durch den Generalbundesanwalt des Staates Massachusetts schließlich zum Rücktritt zwangen. Vielleicht ist seine Sturheit teilweise durch seine Verteidigung seitens Papst Johannes Paul II. zu erklären, von dem berichtet wird, er sei in heftigen Zorn geraten, als er 1984 mit wichtigen Prälaten aus den USA darüber diskutierte, wen man zum Erzbischof von Boston ernennen solle. „Der Papst erhob sich, nahm seinen Amtsring ab, legte ihn auf den Tisch und blaffte: ‚Keine Schwächlinge mehr!'"[26] heißt es. Nachdem Law endlich zurückgetreten war, „belohnte" man ihn noch mit der Beaufsichtigung einer römischen Basilika aus dem 14. Jahrhundert. Sein Gehalt beträgt 12.000 Dollar pro Monat. Auch die außerordentliche öffentliche Messe, die man ihn nach dem Tod von Papst Johannes Paul II. im Petersdom zu halten bat, stellte eine Ehrung dar. Er hat in neun Kongregationen des Vatikans einen Sitz inne, darunter auch in jener, die Bischofskandidaten in der ganzen Welt ernennt, und als Mitglied der Kongregation für den Klerus spielt er auch bei der Bearbeitung der nach Rom gemeldeten sexuellen Missbrauchsfälle eine Rolle.[27]

John Allen vom *National Catholic Reporter* nannte Kardinal Law einmal das „Aushängeschild" des amerikanischen Skandals.[28] Peggy Noonan stellt fest: „Darüber hinaus ist er zum Aushängeschild für die gesamte Umgangsweise der Kirche mit dem Skandal geworden. Und die hat mit der Cliquenwirtschaft der Kirche zu tun, mit der fortdauernden Dominanz jener, die noch auf die alte Weise aufge-

26) Lernoux, *People of God*

27) Al Baker, *Ex-Boston Cardinal Gets Plum Post in Rome* in *New York Times* (2. Mai 2004)

28) Peggy Noonan, *How to Save the Catholic Church* in *Wall Street Journal* (WSJ.com, 17. April 2010)

wachsen sind."[29] Und es hat mit der mächtigen Gruppe *Gemeinschaft und Befreiung* (*Comunione e Liberazione*) zu tun, mit der Law im Bunde ist und die zweifelsohne wiederum viel mit dem bedeutenden Einfluss zu tun hat, den er selbst nach dem Pädophilie-Skandal in seiner Diözese immer noch ausübt. Viele Menschen sind der Ansicht, dass Law eigentlich im Gefängnis sein sollte, weil er solche Verbrechen vertuscht hat.

Im Kielwasser des Skandals von Boston, der wiederum viele weitere ähnliche Vorgänge aufgedeckt hat, wurde Frank Keating, der ehemalige katholische Gouverneur von Oklahoma, zum Vorsitzenden des amerikanischen nationalen bischöflichen Untersuchungsausschusses ernannt, den man zur Untersuchung des Vorwurfes von Kindesmissbrauch von Priestern zusammengestellt hatte. Später gab Gouverneur Keating diesen Posten angewidert wieder auf und erklärte: „Die amerikanische katholische Kirche ist mit einem Aufruhr von den Ausmaßen eines Erdbebens konfrontiert. Die katholische Laiengemeinde ist zornig und wird immer zorniger. Diözesen zahlen ungeheure Summen an Laiengeldern, um die Fälle zum Abschluss zu bringen."[30] Kürzlich schrieb der Generalbundesanwalt von Massachusetts – selbst ein Katholik – über die Erzdiözese von Boston, die Misshandlung von Kindern sei dort derart „massiv und anhaltend" gewesen, dass „sie ans Unglaubliche grenzt."

Sieben katholische Diözesen haben aufgrund dieser Skandale ihren Bankrott erklären müssen: Tucson, Spokane, Portland, Fairbanks, Davenport, Wilmington und San Diego (obwohl ein Gericht letzteren Fall für ungültig erklärte). Viele andere Diözesen haben ihre „guten Werke" für die Armen drastisch zurückfahren müssen. (Ein Priester, der mit der Unterstützung der Armen in einer großen amerikanischen Diözese beauftragt war, besuchte mich und weinte, als er mir sagte, dass aufgrund der Pädophilie-Prozesse und des Baus einer teuren neuen Kathedrale alle Angestellten seines Büros entlassen worden waren, weshalb er vollständig auf ehrenamtliche Mitarbeiter angewiesen war. Er dachte ernsthaft darüber nach, aus der Kirche auszutreten.) Bisher hat der Skandal die katholische Laienschaft, von der die Kirche finanziert wird, mehr als drei Millionen Dollar gekostet – nur um die Anwalts- und Prozesskosten zu tragen, die sich angesammelt haben.

Pater Thomas Doyle, ein angesehener amerikanischer Dominikanerpriester und Kirchenjurist, der während des größten Teils seiner Zeit als Geistlicher Armeekaplan war, hatte die Bischöfe bereits viele Jahre, bevor die ersten Missbrauchsfälle durch Priester bekannt wurden, vor dem Skandal gewarnt, auf dem sie wie auf einem Pulverfass saßen. Doch die Bischöfe taten wenig bis gar nichts. (Erst als sich die Gerichtsverfahren 1993 vervielfachten, führten sie Vorgehensweisen zum Umgang mit dem Problem pädophiler Priester ein.) Rom tat noch weniger. Kardinal Ratzinger, dessen Verantwortung als Oberhaupt der Glaubenskongregation darin bestand, solchen Fällen nachzugehen, tat ebenfalls nichts. Doyle erklärte: „Was wir

---

29) Ebenda
30) Berry und Renner, *Vows of Silence*

zu unseren Lebzeiten erfahren haben, ist eine Katastrophe, deren Schrecken vielleicht nur dem Blutvergießen der Inquisition gleicht, im Vergleich wozu jedoch der Ablassbetrug, der zur Reformation geführt hat, mit Gewissheit verblasst. Das tödlichste Symptom ist die ungezügelte Sucht nach Macht."[31] Diese Sucht nach Macht scheint alle Bürokratien der Kurie in Rom zu durchdringen. Wie wunderbar wäre es doch, wenn sich alle dort ein langes Sabbatjahr nehmen und über eine Beobachtung von C.G. Jung meditieren würden: „Wo Liebe regiert, ist kein Wille zur Macht, und wo der Wille zur Macht vorrangig ist, fehlt die Liebe."[32]

Wie die folgende Geschichte zeigt, scheint es sich bei der „Machtsucht" um ein besonderes Problem Ratzingers zu handeln. Vor einigen Jahren sprach ich mit einem amerikanischen Theologen, der gerade an einer deutschen Universität bei Ratzinger studierte, als er seinen Doktortitel erhielt. Er kannte Ratzinger gut und war so aufgebracht über dessen Verhalten als Oberster Inquisitor – die Redeverbote für und der Ausschluss von Theologen zur Linken wie zur Rechten – dass er sich extra nach Rom begab, um mit ihm zu sprechen. Ratzinger traf sich mit ihm, und sie führten ein ernsthaftes Gespräch in deutscher Sprache. Als dieser ehemalige Student Ratzingers den Vatikan verließ, schüttelte er den Kopf und sagte angewidert: „Es geht einzig und allein um das Streben nach dem Purpur." Anders ausgedrückt: Es ging ausschließlich um Ratzingers Machtsucht. Das geschah, bevor Ratzinger zum Papst gewählt wurde.

Vor ein paar Jahren bat ich Katholiken, mir zu schreiben, wie sie über die Vorgänge in Ratzingers Kirche denken. Ich habe viele berührende Briefe von Laien, Priestern, Schwestern und Brüdern erhalten – insgesamt mehr als 40. Ihr Kummer, ihr Leid, ihr Verlust und ihre Sehnsucht nach einer besseren Kirche sind überaus bewegend und inspirierend. Die überwiegende Mehrheit von ihnen bat mich darum, ihre Namen nicht zu nennen, weil sie Vergeltungsmaßnahmen oder gar ihre Entlassung befürchteten. Die katholische Kirche unserer Zeit ist zu einem Ort der Angst geworden. Mahatma Gandhi sagte einst: „Wo Angst herrscht, da ist keine Religion."[33]

Kardinal Bernard Law ist kein gewöhnlicher katholischer Bürger oder katholischer Bischof. Er hat sich wieder und wieder zum Zuträger der Kurie und jener Mächte in Rom gemacht, die von Kardinal Ratzinger repräsentiert wurden. Man betrachtete ihn „weithin als den Mann des Papstes in den Vereinigten Staaten", berichtet Penny Lernoux. Law war einer der wenigen amerikanischen Bischöfe, die Roms Disziplinarmaßnahmen gegen Erzbischof Hunthausen von Seattle (Washington) unterstützt haben, als sich dieser mutig gegen den Vietnamkrieg erhob und sich aus Protest dagegen weigerte, seine Steuern zu zahlen. Während der Präsi-

---

31) Ebenda

32) Aernout Zevenbergen, *Spots of a Leopard: On being a man* (Laughing Leopard Productions, Kapstadt 2009)

33) Raghavan Iyer, *The Moral and Political Thought of Mahatma Gandhi* (Oxford University Press, Oxford 1978

dentschaftswahl von 1984 denunzierte Law in öffentlichen Äußerungen Geraldine Ferraro, die Vizepräsidentschaftskandidatin der Demokraten, aufgrund ihrer Einstellung zu Abtreibungen. Das trug zu dem Mythos bei, die Bischöfe würden die Liste der Präsidentschaftskandidaten der Demokraten ablehnen. Ein Bischof sagte tatsächlich: „Es ist fast so, als würde man eine ernsthafte Sünde begehen, wenn man die Wahlliste der Demokraten ankreuzt."[34] (Während der Wahl 2008 haben mehrere Priester dieselbe Botschaft über jene gepredigt, die Barack Obama wählten, und Rom hat sie nicht zum Schweigen gebracht.)

Ein Bischof sagte über Kardinal Law: „Es scheint den Bischöfen, als ob sich Law bei Rom anbiedere, und das gefällt ihnen gar nicht."[35] Deshalb wurden alle Versuche Laws vereitelt, sich 1986 zum ersten oder zweiten Vorsitzenden der Konferenz und zum römischen Delegierten der Synode für die Laien wählen zu lassen. Insgesamt wurde er in 18 verschiedenen Abstimmungen jedes Mal abgelehnt. Law war der „Eigenbrötler" unter den Bischöfen, und so schlug er sich auf die Seite der Regierung unter Reagan und widersetzte sich seinen Bischofsbrüdern, indem er für die Unterstützung der Contras in ihrem Krieg gegen die Regierung von Nicaragua eintrat.[36] In Rom schloss er sich all jenen an, die dem Papst alle und den Bischöfen keinerlei Macht überlassen wollten. Er war ein eingefleischter Verfechter der Zentralisierung. „Seine Sichtweise der Bischofskonferenzen glich der von Kardinal Ratzinger, der glaubte, sie wären der Beziehung zwischen Rom und den einzelnen Prälaten im Weg. Law sagte, es könne nur eine Form der Kollegialität geben – ein weltweites Bischofskollegium unter Rom."[37] Diese Haltung steht in völligem Widerspruch zu den Lehren des Zweiten Vatikanischen Konzils.

Im Jahr 1986 erhob sich Kardinal Law während einer Abschlussfeier des Boston College – einer katholischen Einrichtung, die von den Jesuiten geführt wird – drohte dem Publikum mit dem Finger und „hielt der verblüfften Versammlung einen Vortrag über die Notwendigkeit zur Schaffung katholischer Universitäten, um den Versuchungen des Säkularismus zu entgehen."[38] Die gebildeten Katholiken Bostons ließen ihm diese Schelte nicht durchgehen, aber sie hatte ohne Zweifel ihre Wirkung auf Menschen wie Ratzinger in Rom, für den die Frage „Kirche gegen säkulare Welt" ein beliebtes Thema ist. Law wurde bald als „der päpstliche Vollstrecker in Kirchengemeinden, die durch die Reformen des Zweiten Vatikanischen Konzils

---

34) Lernoux, *People of God*

35) Ebenda

36) Die *Contras* genannten Guerilla-Gruppierungen bekämpften ab 1981 in einer Gegenrevolution die sozialistische sandinistische Regierung Nicaraguas, die gerade den Diktator Somoza gestürzt hatte. Das hielt Ronald Reagan nicht davon ab, die Contras als „das moralische Äquivalent zu unseren Gründungsvätern" zu bezeichnen. Obwohl – wenn man bedenkt, was diese wiederum mit den nordamerikanischen Ureinwohnern angestellt haben, hatte er vielleicht gar nicht so unrecht … [A.d.Ü.]

37) Lernoux, *People of God*

38) Ebenda

demokratischer geworden sind"[39] betrachtet. Lernoux meint, Law repräsentiere „die erneute Behauptung der römischen Hegemonie über die amerikanische Kirche"[40], weil er ebenso wie Ratzinger die Macht der Bischofskonferenzen ablehnt.[41] Ohne den Schutz dieser Konferenzen ist es viel einfacher für Rom, sich einen Bischof nach dem anderen herauszugreifen und so die eigene Ideologie durchzusetzen.

Law machte sich daran, für dreieinhalb Millionen Dollar eine Ideenschmiede mit dem Namen „Pope John Paul II Institute" aufzubauen, dessen Aufgabe unter anderem sein sollte, die Verfassung eines neuen Katechismus zu unterstützen. Dann beauftragte er Philip Lawler damit, in Zusammenarbeit mit dem Institut den *Pilot*, die Zeitung der Bostoner Erzdiözese herauszubringen. Wer war Philip Lawler? Der Gründer einer rechten katholischen Organisation namens American Catholic Committee, die unter anderem den Hirtenbrief der Bischöfe gegen die atomare Kriegsführung ablehnte. Zuvor war Lawler der Studiendirektor in der Heritage Foundation gewesen, die Paul Weyrich aufgebaut hatte, bei dem es wiederum um einen Strategen der Neuen Rechten und einen der Anführer der Kampagne gegen Erzbischof Hunthausen handelte.

Tatsächlich war es Kardinal Law, der in der Synode von 1985 die Schaffung eines „universalen Katechismus" vorschlug – „obwohl die Bischofskonferenz nicht darum gebeten hatte – und das faktisch gar nicht wollte."[42] Ratzinger war von der Idee jedoch sehr angetan. Üblicherweise erstellt jede Gruppe der Bischöfe ihren eigenen Katechismus; ein einziger, von Ratzingers Glaubenskongregation zusammengestellter Katechismus wäre ein weiterer Nagel im Sarg der Bischofskonferenzen gewesen. „Das Katechismusprojekt war unter den amerikanischen Bischöfen nicht sehr beliebt, da sie es als einen weiteren Versuch Roms sahen, Kontrolle über die lokalen Diözesen zu erlangen."[43] Law übernahm die Agenda von Kardinal Ratzinger und Papst Johannes Paul – die dem Thema Sexualität Vorrang vor allem anderen einräumte. „Law ist mehr an sexuellen Fragen als an Krieg und Frieden interessiert – er meinte, täglich würden Kinder durch Abtreibungen sterben, aber niemand sterbe täglich im Atomkrieg."[44]

Und doch hat derselbe Mann – der alles genau nach Vorschrift macht sowie Laien das Predigen verboten und darauf bestanden hat, dass die Nonnen wieder ihren traditionellen Platz in der Kirche einnehmen – die Weiterversetzung pädophiler Priester und die Vertuschung dieser illegalen und unmoralischen Vorgänge nicht nur untätig hingenommen, sondern aktiv daran teilgehabt. Seine Diözese musste ebenfalls dafür bluten – mit 85 Millionen Dollar, die zur Einigung mit mehr als

---

39) Ebenda
40) Ebenda
41) Ebenda
42) Ebenda
43) Ebenda
44) Ebenda

500 Klägern im Sinnen eines gerichtlichen Vergleichs notwendig waren. Und doch ist er nie dafür ins Gefängnis gegangen. Um die aus dem Pädophilie-Skandal entstandenen Forderungen zu begleichen, schlachtete er „noch vor Ausbruch des Skandals im Jahr 2002" das kirchliche Ruhestandsprogramm aus, das daraufhin mit 104 Millionen Dollar Schulden bankrott ging.[45] Er hat sich nie wirklich entschuldigt. Stattdessen wurde er in eine neue Position in Rom erhoben, wo er jetzt in dem Stil, den die römischen Kardinäle seit Jahrhunderten genießen, sehr angenehmen lebt und arbeitet. Law hat Freunde an höherer Stelle.

Eines der Dinge, die Law unternahm, um sich erfolgreich bei seinen Förderern im Vatikan beliebt zu machen, war die Einsetzung von Mitarbeitern von *Gemeinschaft und Befreiung* in seiner Erzdiözese in Boston. Law führte die Bewegung in Boston ein, womit ihm dies gleich nach New York als zweiter amerikanischer Diözese gelang. Bis zu diesem Zeitpunkt hatte es sich bei *Gemeinschaft und Befreiung* im Wesentlichen um eine rechte italienische Bewegung gehandelt. Lernoux nennt sie „die italienische Version von *Opus Dei*"[46]. Aber wie *Opus Dei* und die *Legionäre Christi* war auch *Gemeinschaft und Befreiung* dazu bestimmt, mit Unterstützung von Machthabern im Vatikan wie Kardinal Ratzinger wie ein Krebsgeschwür im Leib Christi auch in andere Länder exportiert zu werden. Es brauchte nur ein paar Leute, die bereit waren, an Bord einer kriecherischen Hierarchie zu gehen und sich bei Menschen in einflussreicher Position beliebt zu machen. Das war das Stichwort für Kardinal Law von Boston, der dem Enthüllungsreporter John Allen zufolge „ein weiterer Kardinal mit historischen Verbindungen zum *Opus Dei*"[47] war. William Stetson, einer seiner Freunde aus der Collegezeit, wurde *Opus Dei*-Priester und arbeitete bei mehreren Gelegenheiten eng mit Law im Vatikan zusammen. Als Law 1985 zum Kardinal ernannt wurde, lud er den Prälaten von *Opus Dei* zu dem auf den Ehrenakt folgenden Abendessen ein.[48]

---

45) Ebenda

46) Ebenda

47) John Allen, *Opus Dei*

48) Ebenda. Eine der größten Enthüllungen in Jason Berrys jüngster Untersuchung der katholischen Kirche betrifft die dunklen Machenschaften des Kardinals Mahony von Los Angeles. Berry zufolge waren Mahonys Verbrechen noch größer als die von Kardinal Law – er war nur besser darin, die Presse zu umgehen. Berry sagt: „Mahonys Entscheidungen bezüglich der Wiedereinsetzung von Sexualtätern und auch sein Entschluss, unter ihnen zu leben, waren noch ungeheuerlicher als der Skandal um Bernard Law. Doch der medienerfahrene Mahony gab viel Geld für Öffentlichkeitsarbeit aus und nutzte seine finanziellen Möglichkeiten zur Führung des Rechtsstreits … Alles in allem legte er insgesamt 750 Millionen Dollar dafür hin. Aber Mahony ist nie angeklagt worden." Mahony führte „den teuersten Rechtsstreit der amerikanischen Kirchengeschichte, um die Zwangsvorladung von Zeugen, die gegen die beschuldigten Priester aussagen sollten, zu verhindern." Um die Gebühren zahlen zu können, die der Pädophilie-Skandal verursacht hatte, feuerte Mahony 60 Kirchenmitarbeiter, weshalb fünf Mitglieder der Verwaltungsspitze frustriert ihren Rücktritt einreichten. Der Jahreshaushalt der Diözese von Los Angeles war damals mit 116 Millionen Dollar fast halb so groß wie der des Vatikans selbst.

Wer und was ist *Gemeinschaft und Befreiung*? Eine weitere Sekte, die Michael Walsh zufolge mittlerweile mehr Einfluss in der katholischen Kirche hat als *Opus Dei*. Der Orden ist weniger verschwiegen und deutlich aktivistischer als *Opus Dei*. Ein Beobachter spricht in diesem Zusammenhang von der „militanten Einmischung in weltliche Angelegenheiten, wodurch der Orden in Italien die prominenteste Interessenvereinigung ist."[49]

Gemeinschaft und Befreiung (GB) wurde von Don Guissani gegründet, einem zierlichen Priester aus Mailand, der erstmals in den frühen siebziger Jahren im Rahmen der konservativen Gegenreaktion auf die Studentenunruhen der Sechziger aktiv wurde. (Man bemerke die Ähnlichkeit mit Ratzinger, dessen „Umkehr" 1968 ebenfalls auf die Studentenunruhen zurückzuführen war.) Ein spanischer Fotograf, der ihn interviewt hatte, meinte danach: „Er hat etwas von Opus an sich"[50] und meinte damit, dass sein Geist den Beigeschmack von *Opus Dei* habe. Natürlich gibt es auch Unterschiede zwischen den beiden Orden – *Gemeinschaft und Befreiung* stammt aus Italien, nicht aus Spanien, ist jünger und weniger stark strukturiert als *Opus Dei* und befürwortet den Einsatz von Peitschen und *Cilicia* nicht. Darüber hinaus ist der Orden alles, nur nicht verschwiegen. „*Gemeinschaft und Befreiung* verkündet offen seine Absicht, die italienische Gesellschaft zu verändern und nimmt deswegen regelmäßig italienische Bischöfe sowie die Christdemokraten ins Gebet."[51] Doch wie *Opus Dei* lebt auch dieser Orden eine Philosophie des Integralismus, was bedeutet, der Gesellschaft die katholische Glaubenslehre aufzuzwingen, indem man die Regierung zu kontrollieren anstrebt. Wie die meisten radikalen Fundamentalisten in den Vereinigten Staaten erkennt auch diese Gruppierung keine Unterscheidung zwischen Kirche und Staat an, sondern will, dass der Staat in allen wichtigen Angelegenheiten die Agenda der Kirche repräsentiert. Und wie *Opus Dei* hat auch *Gemeinschaft und Befreiung* eine zutiefst autoritäre Struktur. Ein Mitglied sagte: „Die Spiritualität wird auf die schwere Entscheidung zwischen dem Katholizismus und einer korrupten Welt reduziert."[52] Das ist der „Säkularismus", den Ratzinger so gerne heraufbeschwört.

Gemeinschaft und Befreiung ist aufgrund seiner aggressiven und fundamentalistischen Bewerbung traditioneller katholischer Werte und Überzeugungen sowie seiner Papstergebenheit schon „Wojtylas Lakaien", „Wojtylas Mönche", „die Samurai Christi" und „die Stalinisten Gottes" genannt worden.[53] Viele italienische Bischöfe haben der Gruppierung Widerstand geleistet. „Die Bewegung hat innerhalb der italienischen Kirche und Politik ein Chaos verursacht und verfügt über ein rie-

---

Los Angeles zahlt Jahr für Jahr höhere Abgaben an den Vatikan als jede andere amerikanische Diözese, was Mahony in seinen Verhandlungen mit dem Vatikan durchaus zugute kam.

49) Gordon Urquhart, *The Pope's Armada* (Bantam, London 1995)
50) Lernoux, *People of God*
51) Ebenda
52) Ebenda
53) Urquart, *The Pope's Armada*

siges, das ganze Land durchziehendes Netzwerk, zu dem auch einige einflussreiche Druckschriften und seit neuestem auch ein eigener politischer Flügel gehören – die ,Volksbewegung', die von vielen als eindeutig katholische Partei betrachtet wird."[54] Lernoux kommentiert: „Die offene Unterstützung, die Johannes Paul *Gemeinschaft und Befreiung* als Universalmodell für den Laienstand gewährt hat, versetzt rund um die Welt viele Bischöfe in Angst und Schrecken, die das als einen Versuch zur Wiederbelebung eines integralistischen Gesellschaftsmodells betrachten."[55] In den Vereinigten Staaten ist Kardinal Law ein heftiger Fürsprecher dieses Modells.

Giussanis Worte und Ideen „liegen jeder Äußerung der Bewegung zugrunde und haben viele außerhalb davon beeinflusst, darunter auch führende Gestalten in der Kirche wie Kardinal Ratzinger und Kardinal Biffi von Bologna."[56] Giussanis Einstellung zur Kirche, aber auch zu weltlichen Angelegenheiten ist bereits als „rigide" und „streitsüchtig" bezeichnet worden.[57] *Gemeinschaft und Befreiung* betreibt mit *Jaca Book* eines der bedeutendsten religiösen Verlagshäuser Italiens, das viele der Bücher Ratzingers wie auch Biffis veröffentlicht hat. Darüber hinaus hat Ratzinger ihrem Magazin *30 Giorni* wiederholt Interviews gegeben.

Wie Papst Johannes Paul II. und Kardinal Ratzinger vertritt auch die Philosophie von *Gemeinschaft und Befreiung* eine recht verdrießliche Auffassung von der westlichen Gesellschaft, die „am Rande des moralischen Abgrunds stehend wahrgenommen wird" und der es nur um die „ihr innewohnenden moralischen Übel"[58] der Empfängnisverhütung oder gar Sterilisation, der Autoerotik, der vorehelichen sexuellen Beziehungen, der Homosexualität, der künstlichen Befruchtung, der Abtreibung und der Euthanasie geht. All das wird von Papst Johannes Paul II. in seiner Enzyklika *Veritatis Splendor* ausdrücklich verurteilt, in der er ein Weltbild vertritt, das „im Wesentlichen dualistisch" ist. Die Bewegungen, für die er eintritt, sehen sich als „die Verkörperung einer vollkommenen Gesellschaft", die „von der bösen Welt umgeben ist." Dieser Dualismus „wurde zur beherrschenden Botschaft des Pontifikats von Johannes Paul"[59] – und Ratzingers ebenfalls, wie aus seiner Enzyklika *Gott ist Liebe* ersichtlich ist. Es ist jedoch nirgends eine klare Verurteilung der Pädophilie zu finden.

Gemeinschaft und Befreiung ist eine anti-ökumenische Organisation. Giussani sieht die Wurzel allen Übels im „Übergriff nichtkatholischen Gedankenguts auf die Kirche", das „einem Einfluss entstammt, den ich protestantisch nennen würde und in dem das Christentum ausschließlich im Kontext der Beziehung des Einzelnen zu

---

54) Ebenda
55) Lernoux, *People of God*
56) Urquhart, *The Pope's Armada*
57) Ebenda
58) Ebenda
59) Ebenda

Gott gesehen wird."[60] In seiner Organisation wird dem Einzelnen kein solcher Wert beigemessen. Der Neuling sollte idealerweise keinerlei persönliche Initiative zeigen. „Es ist nur eines erforderlich: ‚Er muss folgen. Diese unterschiedliche menschliche Präsenz, der er begegnet ist, stellt eine „Andersartigkeit" dar, der er gehorchen muss."[61] Gehorsam ist alles. Klingt das nicht irgendwie bekannt?

Die Kernaussage der Ideologie von *Gemeinschaft und Befreiung* ist zweifacher Art. Zum einen ist sie antimodern und findet ihre Inspiration bei den „katholischen Denkern der Vergangenheit – und manchmal der sehr fernen Vergangenheit; zweitens besteht ihr Ziel nicht unbedingt in der Formulierung von Lösungen, sondern vielmehr in der Verurteilung von Irrtümern."[62] Die Organisation sieht sich in Opposition zur heutigen „säkularen Welt". Sie unterstützt „den Rückzug von der Sicht des Konzils, dass die Gnade überall in der Welt gegenwärtig ist; stattdessen vertritt sie die Rückkehr zur jener Festungsmentalität, in der die Kirche die Bewahrerin aller Güte und Wahrheiten ist, während alles außerhalb von ihr Befindliche irrt."[63] So betrachtet ist Karl Rahners Theologie geheimprotestantisch, weil sie besagt, dass Gott und die Gnade Christi in allen Dingen sind. „Sie wiesen den Aufruf des Zweiten Vatikanischen Konzils an alle Katholiken zurück, mit allen Menschen guten Willens an einer gerechteren Gesellschaft zu arbeiten."[64]

Menschen, die in einer Gruppe wie *Gemeinschaft und Befreiung* gelebt haben sagen, diese würden auf der Überzeugung basieren, dass „die Organisation unfehlbar ist ... die Organisation wird völlig mit Gott gleichgesetzt."[65] Gordon Urquhart, der katholischer Journalist und ehemaliges Sektenmitglied der Fokolarbewegung ist und *Im Namen des Papstes. Die verschwiegenen Truppen des Vatikans* geschrieben hat, kommentiert: „Diese Ansichten würden die meisten Katholiken schockieren und abstoßen, und doch stellen sie die grundsätzlichen Richtlinien jener Bewegungen dar, die der Vatikan 1987 den Bischöfen als maßgebliches Modell für das Laientum präsentiert hat."[66] Dem folgt eine „kämpferische Selbstgerechtigkeit"[67], wie Lernoux es formuliert, für die vor allem Jugendliche anfällig sind, weil sie von der Energie der Botschaft „wir haben Recht und werden die Gesellschaft retten" besonders angesprochen werden.

Paul Josef Cordes war der Hauptvertreter und Schutzherr der neuen Bewegungen innerhalb der römischen Kurie. Bevor ihn der verstorbene Papst 1980 zum Vizepräsidenten des Päpstlichen Rats für die Laien ernannte, war er Bischof von Pa-

---

60) Ebenda
61) Ebenda
62) Ebenda
63) Ebenda
64) Ebenda
65) Ebenda
66) Ebenda
67) Lernoux, *People of God*

derborn. (Heute ist er Kardinal und Präsident des Päpstlichen Rats *Cor Unum*.[68]) Kardinal Cordes betrachtet diese Bewegungen „als neuerliche Rechtfertigung des Pontifikats – als ihr Schutzherr – die eine Theorie der *communio* oder Kircheneinheit entwickelt haben, die sich um den Papst zentriert."[69] Während des von ihm 1987 in Rom organisierten Laienkonzils wurde klar, dass diese und andere sektiererische Bewegungen ihren Einfluss gerade deshalb in großen Teilen aus Rom beziehen, weil sie „direkte Konkurrenten" der Bewegung der lateinamerikanischen Basisgemeinden sind. Während er 1986 New York besuchte, lobte der immerwährende Cheerleader Cordes die Bewegung mit den folgenden Worten: „Ihr solltet *Gemeinschaft und Befreiung* vertrauen. Das sind prächtige junge Leute. Sie haben die Zustimmung des Papstes. Der Heilige Vater hofft, dass sie die Leitung des gesamten Universitätsapostolats in den Vereinigten Staaten übernehmen werden."[70]

Gemeinschaft und Befreiung ist ein „erbitterter und lautstarker"[71] Gegner der Befreiungstheologie und war nur zu gerne bereit, die Kampagne des kolumbianischen Kardinals Alfonso Trujillo gegen die fortschrittlicheren Elemente der katholischen Kirche in Lateinamerika und insbesondere gegen die Basisgemeinden und die Befreiungstheologie zu unterstützen. 1981 begann die Bewegung damit, die Zeitschrift *Incontri* herauszugeben, um so ihre Sache auch in Rom zu vertreten. Später verwandelte sich dieses Magazin zu *30 Giorni*, einer von Ratzingers Lieblingspublikationen.

Bei diesem Laienkonzil in Rom „brach der ganze Zorn"[72] der Bischöfe aus ihnen hervor, als sie *Gemeinschaft und Befreiung* verurteilten. Eine spanischsprachige Gruppe von ihnen protestierte: „Manche Bewegungen glauben, sie würden die Welt retten und benehmen sich, als wenn nur sie wüssten, wie man ein echtes Christentum lebt. Sie möchten autark sein. Manchmal ist ihre Spiritualität recht frömmlerischer Art und betont eine individuelle Selbstgefälligkeit, die nicht die geringsten Auswirkungen auf das Leben hat."[73] Eine andere spanische Gruppe warf *Gemeinschaft und Befreiung* vor, die Option für die Armen abzulehnen, und wieder andere Bischöfe erhoben Einwände gegen den Persönlichkeitskult, der um den Führer betrieben wird sowie gegen die „Neigung, sich in den Kirchen vor Ort zu selbsternannten Wachhunden zu machen."[74] Auch ihre fundamentalistische Theologie

---

68) Dieser Rat hat unter anderem die Aufgabe, die humanitären Hilfsaktionen des Heiligen Stuhls in Krisen- und Katastrophengebieten zu organisieren und durchzuführen. Kardinal Cordes wurde allerdings während der Drucklegung der amerikanischen Originalausgabe dieses Buches von Kardinal Sarah als Präsident des Rats abgelöst, nachdem Papst Benedikt im Oktober 2010 sein Rücktrittsgesuch aus Altersgründen angenommen hatte [A.d.Ü.].

69) Urquhart, *The Pope's Armada*

70) Lernoux, *People of God*

71) Urquhart, *The Pope's Armada*

72) Ebenda

73) Ebenda

74) Ebenda

wurde kritisiert. Dennoch schafften es diese Einwände nie in den Abschlussreport hinein, den man dem Papst schließlich übergab. Im Gegenteil verkündete der Papst ein Jahr nach der Versammlung die Enzyklika *Christifideles laici*, in der er diese Gruppen als Vorbilder für alle Laien preist.

Aus den Reihen dieser Bewegung ist bereits eine große Zahl von Bischöfen ernannt worden. Wie ein Beobachter anmerkte: „*Gemeinschaft und Befreiung* hat nicht nur Mitglieder, die zu Bischöfen gemacht wurden, sondern auch viele Freunde in hohen Positionen."[75] Papst Benedikt XVI. „teilt die negative Sicht der gegenwärtigen Kirche rückhaltlos, wie sie der Orden zum Ausdruck bringt, und hält die neuen Bewegungen für die *einzige* positive Entwicklung seit dem Zweiten Vatikanischen Konzil …"[76] Vor allem der Umstand, dass *Gemeinschaft und Befreiung* an „eine hierarchische Kirche glaubt, in der Autorität nicht hinterfragt wird und völliger Gehorsam die herausragendste Tugend darstellt"[77], ist in Ratzingers Weltbild hoch willkommen. Er war „der größte Verbündete von *Gemeinschaft und Befreiung*."[78] Darüber hinaus passt der Orden in ein Schema, das (um es freundlich auszudrücken) „die Vernunft abwertet … Sie sind von einem militanten Anti-Intellektualismus geprägt"[79] – und das, obwohl sie ihre Mitgliederwerbung hauptsächlich unter College-Studenten betreiben.

Ratzinger betrachtet sich selbst als langjährigen Freund von Monsignor Giussani und hat es persönlich auf sich genommen, dessen Beerdigungsgottesdienst abzuhalten. Dem Vatikanreporter John Allen zufolge sagte Ratzinger während dieser Zeit zu einem Priester von *Gemeinschaft und Befreiung*, Giussani „hat mein Leben verändert." Allen berichtet auch, dass der päpstliche Haushalt von Benedikt XVI. mittlerweile von geweihten Mitgliedern des Ordens (*Memores Domini*) geführt wird, deren Gemeindeschule der Papst einmal wöchentlich besuche. Auch vor diesem Orden hat er während seines Wahlkampfes für das Pontifikat eine Rede gehalten.

Die schäbigen Geschichten von Escrivá und dem *Opus Dei*, von Maciel und den *Legionären Christi* und von Kardinal Law, der in seiner Diözese Priester duldete, die sich wiederholt des sexuellen Kindesmissbrauchs schuldig gemacht hatten, während er gleichzeitig für *Gemeinschaft und Befreiung* eintrat, sollten im Fall von Papst Johannes Paul II. und Kardinal Josef Ratzinger nicht einfach nur als schlechtes Urteilsvermögen bei der Wahl von Verbündeten abgetan werden. Es ist viel mehr als das. Hinter ihrer begeisterten Befürwortung dieser Männer sowie deren extrem rechten Sympathien und Organisationen steht eine wohldurchdachte Strategie, die

---

75) Ebenda
76) Ebenda
77) Ebenda
78) Ebenda
79) Ebenda

sich in vollkommenem Gegensatz zum Wort und Geist des Zweiten Vatikanischen Konzils befindet. Vor allem aber stellen sie die Ablehnung eines Ereignisses dar, das sich 1967 ereignet hat.

1967 berief Papst Paul VI. nach Abschluss des Zweiten Vatikanischen Konzils einen Kongress für die Dritte Welt des Apostolats der Laien ein. Bischöfe in aller Welt sandten ihre Delegierten in den Kongress, der „Schockwellen durch die ganze Kirche schickte, weil er ein gewisses Maß an Demokratie forderte und Repräsentanten für den Laienstand wählte. Es war die letzte Versammlung dieser Art."[80] Stattdessen investierte der Vatikan in die Sektenbewegungen *Opus Dei, Gemeinschaft und Befreiung*, die *Legionäre Christi*, die Fokolarbewegung, die Neukatechumenaten und andere. Gordon Urquhart drückt es so aus: „Mit diesen Bewegungen begann der Vatikan, auf eine neue Art von Laien zu setzen, die von ihren jeweiligen Organisationen streng kontrolliert werden – Organisationen, die ihrerseits wiederum der zentralen Autorität des Papstes gemeinschaftlich Loyalität geschworen haben."[81] Soviel zu einer schleichenden Demokratie in der Kirche! „Die Gründer der neuen Bewegungen haben sich alle vehement gegen den Gedanken von Demokratie in der Kirche ausgesprochen – was in Anbetracht ihrer eigenen hierarchischen Strukturen wohl kaum eine Überraschung darstellt."[82] In Anbetracht ihrer hierarchischen Strukturen *und* ihrer totalitären Sympathien, möchte man hinzufügen.

Im November 1987 wurde in Rom eine weitere Laiensynode einberufen, die sich von jener des Jahres 1967 deutlich unterschied. Dieses Mal führte Kardinal Ratzinger das Ganze an. Bereits in seiner Eröffnungsrede „unterstützte er die Forderung nach einer für alle katholischen Laien verpflichtenden Mitgliedschaft in einer der Bewegungen."[83] Joseph Ratzinger gesteht seine Voreingenommenheit für diese totalitären Sekten selbst ein, in denen „wir eine bestimmte Art von Bewegung er-

---

80) Aus Platzgründen werde ich mich im Rahmen dieses Buchs nicht dem *Neukatechumenalen Weg* zuwenden. Diese Gruppe ist sehr verschwiegen, brüstet sich jedoch, 1,5 Millionen Anhänger in 106 Ländern zu haben, 70 Seminare zu unterhalten und „die mächtigste neokonservative Bewegung innerhalb der Kirche" genannt zu werden.

Der Gründer Kiko Argüello „ähnelt hier in Spanien am ehesten dem, was man einen Fernseh-Evangelisten nennt." Nach seiner Bekehrung vom Agnostizismus „wurde er wie jeder gute Bekehrte päpstlicher als der Papst." Der Schlüssel zu dieser Katechese ist Sexualität. Homosexualität „ist eine Krankheit, die geheilt werden kann." Er lehnt Kondome ab, weil sie „in 25 Prozent aller Fälle versagen". Er ermuntert dazu, so viele Kinder wie möglich zur Welt zu bringen – die Mitglieder der Bewegung haben durchschnittlich fünf Kinder.

Papst Johannes Paul II. war ein begeisterter Bewunderer Kikos, und sein persönlicher Sekretär Stanislaw Dziwisz (mittlerweile ein Kardinal) tritt ebenfalls für die Organisation ein. Kikos Armee umfasst 3.000 Priester und 1.500 Seminaristen. Sie organisieren viele „religiöse Demonstrationen", die tatsächlich politischer Natur sind und verdammen die Trennung zwischen Staat und Kirche. Kiko ist „einer der mächtigsten Männer in der katholischen Kirche."

Siehe Jésus Rodríguez, *Kiko, La Cólera de Dios* in *El País*, 29. Juni 2008, (http://church-mouse. Ianuera.com, 17. Mai 2010)

81) Urquhart, *The Pope's War*

82) Ebenda

83) Ebenda

kennen, die nicht auf das Bischofsprinzip reduziert werden kann, sondern ihre Unterstützung sowohl theologisch als auch praktisch eher aus der Vorrangstellung des Papstes bezieht."[84]

Gemeinschaft und Befreiung erfreute sich nun also der Unterstützung „der höchsten Autoritätsebenen der Kirche. Der Orden war den Kinderschuhen entwachsen. Man hatte den Vorschlag angenommen, ihn zur Sturmtruppe des Papstes zu machen. Jetzt war Johannes Paul II. sein wichtigster Unterstützer und Verfechter"[85], und anlässlich der zweiten Tagung der Orden hielt der Papst eine offizielle Rede, in der er die Bewegungen insgesamt als „unverzichtbar und ebenso wichtig" wie die Hierarchie pries. So beschützte der Papst diese Gruppierungen vor der Einmischung der lokalen Bischöfe, die sich ihrerseits wiederum für seine Sache einsetzten, indem sie die Zentralisierung der Kirche betonten. Der zukünftige Papst Karol Wojtyla hatte *Gemeinschaft und Befreiung* ebenso wie andere Sekten, „die alle schon lange vor dem Fall des Kommunismus in Polen gut etabliert waren"[86], bereits als Bischof von Krakau unterstützt. Am besten gefiel Ratzinger und anderen Zentralisten an diesen Sekten „der vollkommene Gehorsam, zu dem sich die neuen Bewegungen für den Nachfolger Petri auf dem Heiligen Stuhl bekannten: Sie waren bereit, seinen Willen buchstabengetreu auszuführen und hatten auch die dafür nötigen Ressourcen. Praktischerweise waren sie alle in Rom versammelt und verfügten über eine disziplinierte und effektive Kommandokette, angeführt von charismatischen Führern, denen man unumstrittenen Gehorsam schuldig war."[87]

Gemeinschaft und Befreiung besitzt „überwältigende Reichtümer", die ans „Kolossale"[88] grenzen – einschließlich eines Jahresumsatzes von mehr als 10 Millionen Euro und etwa 200.000 Geschäftspartnern im Bereich der Produktion und Herstellung, des Dienstleistungsgewerbes und privater Sozialdienste. Eine ordensinterne Dachorganisation vereint mehr als 5.000 Firmen unter sich, was den Mitgliedern von Gemeinschaft und Befreiung ermöglicht, innerhalb der von der Bewegung bereitgestellten Strukturen ihre Bankgeschäfte zu erledigen, einzukaufen, ihre Kinder ausbilden zu lassen, medizinische Versorgung zu erhalten und Urlaubsreisen zu unternehmen. Die politische Philosophie des Ordens besteht in der Privatisierung von Sozialdiensten aller Art, einschließlich von Schulen, Krankenhäusern und Arbeitsvermittlungsstellen. *Gemeinschaft und Befreiung* hat heftigen Widerstand gegen das Scheidungsreferendum geleistet, das 1974 dennoch erlassen wurde. Die Kirche betrachtete das als große Niederlage, als „einen Wendepunkt im Kampf gegen die Säkularisierung"[89]. 1981 kam es in Italien zu einem Abtreibungsreferendum, und

---

84) Ebenda
85) Ebenda
86) Ebenda
87) Ebenda
88) Ebenda
89) Ebenda

wieder kämpfte *Gemeinschaft und Befreiung* mit aller Macht dagegen. Doch nur ein Drittel aller Italiener schloss sich der Meinung des Ordens an.

Heute ist *Gemeinschaft und Befreiung* aufgrund des von Papst Johannes Paul II. und Ratzinger ausgeübten Drucks in mehr als 80 Ländern präsent. In Italien betreibt die Organisation überall im Land viele Grund- und weiterführende Schulen, weil viele religiöse Orden immer geringere Mitgliederzahlen haben und deshalb nicht mehr über genügend Personal für den Schuleinsatz verfügen. Es war Kardinal Law, der *Gemeinschaft und Befreiung* so pflichtbewusst über seine Diözese in Boston in die Neue Welt eingeführt hat. Das ist Ratzinger und seinen anderen Freunden im Vatikan zweifelsohne nicht entgangen, da man Law selbst dann noch belohnte, als die amerikanische Presse, die Gerichtshöfe und die Laien ihn bereits für seine Vertuschung des Skandals um die pädophilen Priester hängen wollten.

Kardinal Paul Josef Cordes, der ehemalige Vizepräsident des Päpstlichen Rats für die Laien, hat Ratzinger tatkräftig dabei geholfen, diese Sekten voranzubringen. Zur Unterstützung ihrer Argumente für eine vollständige Zentralisierung auf den Papst hin bedient sich Cordes mit Ratzingers Segen tatsächlich des mittelalterlichen Papstes Gregor VII. und bezeichnet ihn als ein Beispiel, das „von äußerster Relevanz" für unsere Zeit sei. Dieser Gregor VII. beanspruchte die vollständige Gerichtsbarkeit in allen spirituellen wie auch weltlichen Angelegenheiten. Sein berühmter Erlass besagt: „Der Papst ist der Einzige, dessen Füße alle Prinzen küssen sollen ... Auf dass er Kaiser entthrone ... Er kann die Untertanen ungerechter Männer von ihrem Lehnseid lossprechen ... Auf dass er von niemanden gerichtet werde ... Da die römische Kirche niemals geirrt hat, und auch – mögen die Schriften es bezeugen – bis in alle Ewigkeit niemals irren wird."[90]

Die folgenden Elemente machen die Strategie jener Männer aus, die heute den Vatikan leiten.

- Zerstöre die Funktion der Theologen, schüchtere sie ein, mache es ihnen unbehaglich und ihre Aufgabe unmöglich.
- Ersetze Theologie und kritisches Denken durch sentimentale Appelle an das „Glaubensgut" oder durch „der Papst sagt".
- Zentralisiere jede nur mögliche Entscheidung, einschließlich der Ernennung von Bischöfen und Kardinälen, und behalte jede „magisteriale" Autorität über das Lehren dem Vatikan vor, um so kulturelle sowie politische Feinheiten und natürlich auch theologische Fragestellungen zu ignorieren.
- Gib jenen Sekten den Vorrang, die ausschließlich dem Papst berichten und alle Bischofskonferenzen sowie die Bischöfe in ihren Diözesen übergehen.
- Bedrohe die Bischofskonferenzen und grenze sie aus.
- Ernenne Bischöfe und Kardinale, die Ja-Sager sind.

---

90) Ebenda

- Ernenne Bischöfe und Kardinäle, die Mitglieder dieser Sekten (wie zum Beispiel *Opus Dei*) sind und die vor allem eines können: gehorchen. (Gegenwärtig gehören etwa die Hälfte aller Bischöfe in Peru *Opus Dei* an, und ihre Zahl nimmt überall ständig zu – auch in den Vereinigten Staaten.)
- Mache die Sexualität zum fast ausschließlichen Objekt der Moral und definiere Sexualität in allerengsten Begriffen („keine Empfängnisverhütung", selbst in Zeiten von AIDS und Überbevölkerung, keine Scheidung, keine Abtreibung) und mache das sowie die persönliche Meinung zu *Humanae Vitae* zur Bewährungsprobe des Glaubens.
- Ersetze „Nächstenliebe" wo immer möglich durch den Begriff „Recht".
- Belohne jene (wie Kardinal Bernard Law), die sich dieser Strategie unterwerfen. Strafe jene, die es nicht tun.
- Bezeichne diese Sekten als „Laiengruppen", selbst wenn sie tatsächlich allesamt in höchstem Maße von der Geistlichkeit dominiert werden.
- Verbiete selbst die Diskussion der Ordination von Frauen und exkommuniziere Priester, die diese unterstützen, damit die Priesterschaft auf diese Weise für immer ein reiner „Männerclub" bleibt.
- Stelle sicher, dass das Kardinalskollegium von Leuten dominiert wird, die sich all diesen Regeln unterwerfen und sie deshalb auch nach dem Tod von Papst Johannes Paul II. und Papst Benedikt XVI. aufrechterhalten.
- Mache symbolische Gesten in Richtung der Ökumene, aber ändere nichts und gib auch nicht nach. („Protestanten sind keine Kirchen"[91], sagte Ratzinger, Mohammed war „schlecht und inhuman"[92], Thich Nhat Hanh ist der Antichrist[93] und Yoga darf von Christen nicht praktiziert werden, weil man dadurch mit seinem Körper in Verbindung kommt und es deshalb „zu einem Körperkult entarten und heimlich dazu führen kann, alle Körperwahrnehmungen für spirituelle Erfahrungen zu halten."[94])

---

91) „Diese geistlichen Gemeinden … können der katholischen Lehre zufolge nicht als ‚Kirchen' im eigentlichen Sinne bezeichnet werden." Am 29. Juni 2007 von Papst Benedikt XVI. auf http/www.vatican.va/romancuria/congregations/cfaith/documents freigegeben.

92) Ratzinger zitierte hier Kaiser Manuel II. Paleologus: „Zeig mir doch, was Mohammed Neues gebracht hat, und da wirst du nur Schlechtes und Inhumanes finden." (http://www.vatican.va/holyfather/benedict-xfi/speeches/2006/September/documents/hf-ben-xvi-spe-20060912university-regensburg-en.html)

93) Aus einem persönlichen Gespräch mit Thich Nhat Hanh im *Historic Sweets Ballroom*, in Oakland (Kalifornien) am 13. September 1999. Als er mir dies sagte, antwortete ich schlicht: „Ich habe Ihr Buch über Buddha und Christus gelesen, und glauben Sie mir, Sie wissen mehr über Christus als die." Wir saßen im Kreis von 20 seiner Mönche nebeneinander, die sich versammelt hatten, um viele Menschen durch eine Nacht des Singens und Lehrens zu geleiten, und danach klopfte er mir noch lange immer wieder auf den Oberschenkel.

94) *Some Aspects of Christian Meditation* in *Origins 19*, Nr. 30 (28. Dezember 1989)

Es ist der Gipfel der Naivität, es auf „Persönlichkeitsprobleme" oder „Ungehorsam" zu reduzieren, wenn Theologen zum Schweigen gebracht werden, oder zu glauben, es sei keine gemeinsam verabredete Strategie, durch eine extreme Ideologie das Zweite Vatikanische Konzil zu zerstören und stattdessen eine vollkommen andere Kirche aufzubauen, die von sich nicht als dem „Volk Gottes" denkt, wie nachdrücklich vom Konzil gefordert, und auch die Entscheidungsfindung nicht in die Hände der Bischofskonferenzen legt, sondern von sich als „Rom" denkt und das „Volk" anweist, still zu sein sowie sich hinten anzustellen – und den Bischöfen dasselbe befiehlt. Auf diese Weise demontiert das Pontifikat einen der Grundsteine der vom Zweiten Vatikanischen Konzil begründeten Reform. Urquhart drückt es so aus:

> Das Konzil hat die Rolle der lokalen Kirchen und damit die Autorität der Bischöfe unterstrichen. Man hat das Kollegium bzw. die Autorität der Bischöfe als einen einzigen, mit dem Papst vereinten Körper definiert und als Gegengewicht zum Unfehlbarkeitsanspruch herausgestellt. Johannes Paul sah das nicht ganz so. Er hat die achtziger Jahre damit verbracht, sich die Bischöfe und ihre nationalen Versammlungen – die Bischofskonferenzen – gefügig zu machen. Die Bewegungen kannten sich mit der Zentralisierung sehr gut aus. In ihren eigenen Strukturen gab es keinen Platz für Demokratie, und sie waren leidenschaftliche Vertreter der Idee, dass es auch in der Kirche keinen Platz für Demokratie gebe. In den Diözesen vor Ort wurde die Unterstützung, die man dem Papst gab, zur Visitenkarte der Bewegungen, was vor allem dann praktisch war, wenn man es mit feindseligen Bischöfen zu tun hatte. Als Gegenleistung dafür predigten sie das Evangelium des neuen Ultra-Montanismus (also des päpstlichen Absolutismus).[95]

Kardinal Ratzinger hat es zu seiner besonderen Priorität gemacht, die nationalen und regionalen Bischofskonferenzen „in dem Versuch anzugreifen, die oberste Autorität des Pontifikats zurückzuerkämpfen. Es ist also kein Wunder, dass er einer der feurigsten Unterstützer der Bewegungen ist." Ratzinger stellt sich in seinen öffentlichen Äußerungen hundertprozentig hinter diese Organisationen. So sagt er zum Beispiel: „Das intensive Glaubensleben in diesen Bewegungen bedeutet nicht, dass sie beschaulich oder behütet wären, sondern stellt einfach einen vollständigen und integralen Katholizismus dar … Es ist unsere Aufgabe – als mit einem geistlichen Amt in der Kirche betraute Menschen, aber auch als Theologen – die Tore für sie zu öffnen und einen Raum für sie zu schaffen."[96]

---

95) Urquhart, *The Pope's War*
96) Man bemerke die Verwendung des Wortes „integral", wie in „Integristen".

Urquhart bewertet den voraussichtlichen Erfolg dieses Vorhabens wie folgt:

Während das Konzil noch den Beginn eines Zeitalters eines katholischen Lai-
enstands gekennzeichnet hat, der intelligent ist, für sich selbst denken kann
und seine eigene, besondere Fachkenntnis in die Lehren der Kirche einbringt,
stellen die Bewegungen eine traurige Rückkehr zu einer unterwürfigen Gemeinde dar, die man einer Gehirnwäsche unterzogen hat und deren einzige
Pflicht es ist, zu folgen und zu gehorchen. Alle Tendenzen zur Veränderung
der traditionellen geistlichen, von Männern dominierten Machtstrukturen
über eine Anpassung der Zölibatspflicht, die Priesterweihe für Frauen oder
eine Teilnahme von Laien an Entscheidungsprozessen werden in der Kirche
von den neuen Bewegungen auf das Entschiedenste abgelehnt ...[97]

Wie sehr war der letzte Papst diesen Bewegungen verpflichtet? Er hat mit aller
Macht Bischöfe in Italien und anderenorts bekämpft, um sie zu etablieren. Er be-
jubelte sie als „einige der schönsten Früchte des Konzils". Und der gegenwärtige
Papst? Kardinal Ratzinger hat sie als die *einzigen* positiven Resultate des Konzils
bezeichnet. Urquhart stellt fest:

Vielleicht schätzt er sie als Architekt der Restauration in der katholischen Kirche auch aus anderen Gründen. Tatsächlich könnten die neuen Bewegungen
nämlich trotz all ihrer vorgeblichen „Konzilswerte" das Trojanische Pferd
sein, durch das Praktiken, die vor dem Konzil noch üblich waren, in großem
Rahmen wieder eingeführt werden.

Sie stellen sich als Laienorganisationen dar; tatsächlich aber werden sie
von Priestern oder Zölibatären geführt und haben eine große Zahl von Geistlichen sowie religiösen und „zivilen" Zölibatären in ihrer Mitgliederschaft ...
Ihre Mitglieder werden dazu ermuntert, sich von der Welt zurückzuziehen –
was im völligen Gegensatz zum Anliegen des Konzils steht.

Sie nehmen für sich in Anspruch, spontan und unstrukturiert zu sein; tatsächlich jedoch sind sie in Form von starren, geheimen Hierarchien multina-
tionaler Größenordnung organisiert, fordern von ihren Mitgliedern blinden
Gehorsam und betreiben einen Persönlichkeitskult um den charismatischen
Gründer, der die oberste Autorität ausübt.[98]

Ein herausragendes Merkmal all dieser Sekten ist, dass keine von ihnen auch nur
einen einzigen Theologen hervorgebracht hat. Kirchenjuristen? Hunderte davon.
Theologen? Nein. Man fragt sich, ob dort überhaupt biblische Sprachen oder Bibeltheologie studiert werden – oder irgendeine Form von Theologie. Wenn man

---

97) Ebenda
98) Ebenda

gründlicher nachforscht, erkennt man, dass sie die Theologie durch Ideologie ersetzt haben, und die Grundlage dieser Ideologie sind nicht die Evangelien, sondern zwei päpstliche Enzykliken, die den Untergrund ihres christlichen Bewusstseins bilden – eine davon über das Priesterzölibat und die andere über Empfängnisverhütung. Diese ständig den römisch-katholischen Umgang mit der Sexualität wiederholenden Praktiken stellen die einzige Bewährungsprobe ihrer Rechtgläubigkeit dar – gehorche dem Papst bei den Themen Sex, kein Sex und dem Thema des weiblichen Geschlechts als solchem. Das weist auf eine kranke Sexbesessenheit in einer Organisation hin, der es nicht gelungen ist, ihre Päderasten im Zaum zu halten – und die sogar Firmenchefs *befördert* hat, die das nicht konnten, weil nur zählte, dass sie dem Club treu geblieben sind.

Das Zweite Vatikanische Konzil hat zum selbständigen Denken ermuntert und katholische Amtsträger dazu aufgefordert, die Welt mit den stabilen christlichen Werten der Gerechtigkeit und des Mitgefühls zu unterwandern. Aber diese Gruppen, die so sehr nach dem Bilde Kardinal Ratzingers geschaffen sind, reden nur zu gerne von den Übeln der „säkularen Welt", von der man sich am besten fernhält. Wie Urquhart berichtet, der mehrere Jahre lang in einer dieser Sekten gelebt hat: „Im Gegensatz zum Zweiten Vatikanischen Konzil, das eine neue Offenheit für die Welt eingeführt hat, begegnen die neuen Bewegungen der Welt mit einem tiefen Misstrauen, wenn nicht sogar mit Hass. Sie sind zutiefst fortschrittsfeindlich. Wie bei fundamentalistischen Gruppen anderer Religionen ist auch ihre Einstellung zur modernen Gesellschaft parasitär: Sie nutzen alle Vorteile, die ihnen die Gesellschaft bietet – wie die Medien und die Kommunikationstechnologie – während sie zugleich die Kultur zurückweisen, die diese Vorteile hervorgebracht hat. Sie tragen nichts zum Fortschritt der Gesellschaft bei."[99] Urquhart kommt zu dem Schluss, dass das Pontifikat unter Johannes Paul II. und Kardinal Ratzinger die Botschaft geschaffen hat, die katholische Kirche sei „die neue Führerin der extremen Rechten" und dass eine Kirche, die soweit sinkt, dass sie fundamentalistische, totalitäre rechte Clubs unterstützen und als Laienbewegungen bezeichnen muss, eine Organisation „in arger Not" sei.[100]

---

99) Ebenda
100) Ebenda

VIII – Schwester Jane lässt die Pädophilie-Krise auffliegen

Bereits drei Jahre, bevor die Pädophilie-Krise um Kardinal Law in Boston hässliche Schlagzeilen machte, fand Schwester Jane Kelly den Mut, in ihrer Diözese im kalifornischen Santa Rosa die Wahrheit zu sagen. Dafür wurde sie im Alter von 75 Jahren aufgefordert, entweder ihre seelsorgerische Arbeit aufzugeben oder ihren Orden zu verlassen.

Schwester Jane Kelly leitete damals eine Anlaufstelle für Arme und Obdachlose im kalifornischen Ukiah, und das bereits seit 35 Jahren. In dieser Zeit hat sie mehr als zwei Millionen Dollar zusammengebracht, um dieses Hilfsangebot auf eine Weise aufrecht zu erhalten, die ihren Klienten gerecht wird. Dennoch ist sie von ihrem religiösen Orden, in dem sie 58 Jahre lang ein hohes Ansehen genossen hat (auch wenn sie der Obrigkeit manchmal ein Dorn im Auge gewesen sein mag), auf die Straße gesetzt worden. Warum hat man sie nach 58 Jahren gehen lassen? Warum hat man eine 75 Jahre alte Schwester auf die Straße gesetzt? Was hatte sie verbrochen? Schwester Jane ist – nicht freiwillig, sondern weil es keinen anderen Ausweg mehr gab – zur Nestbeschmutzerin geworden.

Ich habe mich an ihren Küchentisch gesetzt, um die Einzelheiten ihrer Geschichte zu erfahren. Sie sagte voller Begeisterung: „Dieses Jahr wird unsere Anlaufstelle namens Plowshares 25 Jahre alt. Wir haben damals in der Hauptstraße mit 40 Leuten eröffnet; jetzt sind wir 100." Als sie ihr Zentrum öffnete, sagten die Leute zu ihr: „Jane, in Ukiah gibt es keine Armen oder Obdachlosen." Ihre Antwort war: „Großartig, dann werden wir die Türen öffnen und niemand wird kommen."

In den Anfangstagen der Anlaufstelle hat sie die örtliche Pfarrgemeinschaft einmal gebeten, ihr Programm zu unterstützen, doch man antwortete ihr: „Sie predigen das Evangelium nicht." An dieser Stelle brach sie in Tränen aus: „Die Hungrigen zu nähren *ist* nichts anderes, als das Evangelium zu predigen!" Die Bedürfnisse der Obdachlosen waren endlos, also entschied man sich in der Anlaufstelle, sich zunächst auf das Problem des Hungers zu konzentrieren. „Wir konnten nicht mehr tun, als uns um den Hunger zu kümmern. Essen. Die Not ist so groß. Wir haben uns darauf konzentriert. Und auf Gemeinschaft. Das ist mehr als nur Essen! Sie nehmen eine Umarmung bereitwilliger an als eine Mahlzeit. Wir respektieren sie, und deshalb respektieren sie uns. Es hat niemals Probleme gegeben." Einmal hat jemand eine Drohung auf ihrem Anrufbeantworter hinterlassen. Als sie am nächsten Morgen ankam, saßen zwei Obdachlose vor dem Zentrum, um sicherzustellen, dass diese Person nicht noch einmal kam. Sie beschützten sie. Schwester Jane sagte zu mir: „Die Obdachlosen sind so wunderbare Menschen. Mir tun alle leid, die keinen Umgang mit ihnen haben. Ich höre zu, wenn sie ihre Geschichten erzählen. ‚Ich bin seit fünf Tagen nüchtern‘, sagt mir einer. ‚Großartig‘, antworte ich. ‚Lass uns sechs daraus machen.‘"

Sie lacht, als sie sagt: „Wenn Jesus nach Ukiah käme, würden Sie ihn bei Plowshares und nicht in der Kirche sehen – und ganz sicher nicht im Pfarrhaus." Sie erzählt davon, wie sie lernte, selbst für 100 Menschen zu kochen, als die Person, die das sonst ehrenamtlich machte, eines Tages nicht kommen konnte. Ich fragte Schwester Jane, wo sie diese Kraft hernehme. „Meine Mutter war eine sehr starke Frau. Eines Tages stellte man uns das Wasser ab, weil wir arm waren und die Rechnung nicht zahlen konnten. Da ging sie hinaus und zerschlug mit einer Axt die Sperre. Sie sagte: ‚Ich habe drei Kleinkinder. Ich kann nicht ohne Wasser zurechtkommen.‘". Ihr Vater war Reporter. Er hatte einen gesunden Humor und brachte öfters abends Straßenkinder mit nach Hause, damit sie dort die Nacht verbringen konnten. „Wir sind dazu erzogen worden, Menschen zu respektieren. Das liegt uns im Blut."

Schwester Jane stellt fest: „Alle obdachlosen Menschen haben eine Geschichte." Und mit der Zeit lernt man sie und ihre Geschichte kennen. „Auch ich hätte so geboren werden können", bemerkt sie.

90 Prozent der Obdachlosen, die sie kennt, wurden als Kinder sexuell belästigt und wollten einfach nur so schnell wie möglich von Zuhause weg kommen. Sie haben nicht viel Bildung erhalten. Viele von ihnen haben sich dem Alkohol oder Drogen ergeben. Das ist der Hauptgrund für Obdachlosigkeit. Darüber hinaus waren viele von ihnen Kriegsveteranen; auch ein ehemaliger Hubschrauberpilot aus dem Vietnamkrieg gehörte dazu, der sein Gesicht nicht zeigen wollte und so schlecht roch, dass Schwester Jane ihm einen eigenen Tisch an der Rückseite des Gebäudes aufstellte, damit er dort essen konnte. Er verzehrte drei Portionen der Mahlzeit. „Stellen Sie sich nur vor, woran er sich erinnern muss", sagt sie. „Er konnte aus seinem Hubschrauber sehen, wie Soldaten Kinder umgebracht haben. Als wenn sie so etwas wie Beute gewesen wären."

Sie selbst räumt ein, ihre religiöse Gemeinschaft zu vermissen. Sie wäre gerne zusammen mit ihren Schwestern alt geworden. „Ich nehme es, wie es kommt. Einen Tag nach dem anderen." Sie selbst bewertet den Prozess ihrer Vertreibung aus dem Orden auf die für sie typische sachliche Art, treffend und unverblümt. So hat sie es in ihrem Buch *Taught to Believe the Unbelievable: A New Vision of Hope for the Church and Society* zum Ausdruck gebracht:

Vor die Wahl gestellt, entweder binnen zwei Wochen ins Mutterhaus zurückzukehren oder von meinem Gelübde befreit zu werden, wählte ich letzteres. Ich empfand es als Vertreibung aus meinem Orden, und das nach 58-jähriger

Zugehörigkeit. Schon bald lernte ich, dass die Kirchenautorität letzten Endes immer absolut ist. Der Mensch, der diese Autorität innehat, wird zum Richter und zu den Geschworenen zugleich. Für einen Dialog gibt es dann keinen Raum mehr. In meinem Fall sprach die Autorität. Ich hatte keine andere Alternative … Es ist furchterregend, dass eine einzige Person über die Autorität verfügt, eine Schwester nach 58 Jahren aus dem Orden zu verstoßen! Ich fühlte mich wie in der Inquisition, als man Menschen vor Gericht stellte und ohne jegliche Zufluchtsmöglichkeit aburteilte.[1]

Während der letzten Begegnung mit ihren Vorgesetzten, die in jenem alten Mutterhaus stattfand, in dem sie 58 Jahre zuvor der Kongregation der Presentation Sisters beigetreten war, fand keinerlei Dialog statt. Man zwang sie, einer im Voraus vorbereiteten Tagesordnung zuzuhören. Als man sie zu beten aufforderte, sprach sie das folgende Gebet: „Der Herr ist meine Zuflucht, der Herr ist meine Zuflucht, Frieden und Gerechtigkeit sind einander begegnet, und Gott hat mich befreit!"[2] Dann sagte sie zu jenen, die sie angeklagt und weggeschickt hatten: „Ihr habt mich grausam und ungerecht behandelt. Nicht einer von euch ist nach Ukiah gekommen, um zu sehen, ob es für mich tatsächlich so gefährlich ist, alleine zu leben oder ein Auto zu fahren. Zwei von euch haben nicht einmal mit mir gesprochen, aber dennoch den Brief unterschrieben, in dem von mir verlangt wurde, binnen zwei Wochen zum Mutterhaus zurückzukehren oder auf mein Gelübde zu verzichten. Es gab keinerlei Verhandlung! Ich bete zu Gott, dass ihr eine solche Verhandlung erarbeitet, damit keine Schwester jemals wieder durchmachen muss, was ich durchgemacht habe."

Vor diesen Vorgängen hatte man Schwester Jane angewiesen, ihre Autoschlüssel zurückzugeben und ohne Fahrzeug bei ihrer Vorgesetzten in San Francisco zu wohnen. Ukiah, wo Schwester Jane lebt, ist eine kleine kalifornische Stadt, zwischen deren Einrichtungen sich große Distanzen befinden.[3] Schwester Jane hatte sich bei einem Sturz ernsthaft verletzt, und selbst so einfache Dinge wie der regelmäßige Besuch im Krankenhaus zur Versorgung ihrer Wunden oder der Lebensmitteleinkauf im Supermarkt waren ohne Auto eine echte Qual für sie. Nachdem sie auf dem langen Weg zum Supermarkt in einen Regensturm geraten und auf dem rutschigen Gehsteig gestürzt war, wurde sie zornig und sagte sich: „Das ist doch lächerlich.

---

1) Sister Jane Kelly, P.B.V.M., *X Rated Nun: Woman of Integrity* (iUniverse, Lincoln, NE 2006)

2) Ebenda

3) Aufgrund der Besiedelungsgeschichte der USA und der vergleichsweise geringen Bevölkerungsdichte sind Kleinstädte dort vor allem in ländlichen Gebieten völlig anders angeordnet als in Mitteleuropa. Sie haben als einzelne, voneinander entfernte Farmen begonnen, um die sich jeweils ein oder zwei Geschäfte oder Behörden ansiedelten. Irgendwann hat man mehrere solcher „Farmhaufen" dann zu einem Ort zusammengefasst. Deshalb kann es innerhalb eines solchen Ortes noch heute kilometerlange Farm- oder Waldlandlandgebiete geben, die zwischen solchen mit kleinen Straßen verbundenen Besiedelungsinseln liegen. Darüber hinaus ist diese Besiedelungspraxis auf dem Land auch heute vielerorts noch üblich, weshalb auch neue Häuser gerne zwar innerhalb des Stadtgebiets, aber abseits gelegen einzeln erbaut werden. [A.d.Ü.]

Niemand von der Obrigkeit kann dir befehlen, etwas zu tun, das nicht nur deine körperliche, sondern auch deine seelische Gesundheit gefährdet. Also rief ich Ken Fowler an – ein Autohändler in der Stadt, den ich schon seit Jahren kannte – und sagte: ‚Ken, ich brauche noch heute ein Auto.'" Er fand eines für sie, das knapp 65.000 Kilometer auf dem Tacho hatte und sehr preisgünstig war. Als ihre Vorgesetzte hörte, dass sie wieder fuhr, befahl man ihr, sich zur Beurteilung in eine psychiatrische Anstalt zu begeben. Es gab zu diesem Zweck verschiedene Langzeitprogramme (von denen eines mindestens neun Monate dauerte), aber eines versprach, die Beurteilung binnen sechs Tagen durchzuführen. So stimmte sie zu.

Die Anstalt befand sich in Toronto. Zu diesem Zeitpunkt litt sie unter einem Bandscheibenschaden, nahm jedoch keine Schmerzmittel, weil die Wassertherapie gut bei ihr anschlug. „Als ich in dem psychiatrischen Zentrum ankam, führte man ein Gespräch mit mir und ließ mich auch einige Tests machen, um festzustellen, ob ich suizidal war. Und man fragte mich, ob ich scharfe Gegenstände bei mir habe. Ich war versucht, zu antworten, ich hätte meine Pistolen an der Rezeption gelassen und sei bereit, mein Messer ebenfalls dort abzugeben. Ich habe mich jedoch zurückgehalten, weil mir Sarkasmus in diesem Augenblick wohl nicht viel genützt hätte." Ohne die Möglichkeit zur Wassertherapie kehrten ihre Rückenschmerzen mit aller Macht zurück. Sie stimmte zu, Schmerzmedikamente zu nehmen – was sich als eine überaus ausschlaggebende Entscheidung erweisen sollte.

Das Gespräch mit dem Psychologen, der berechtigt war, eine Verlängerung ihres Aufenthalts auf sechs Monate zu empfehlen, begann um elf Uhr Vormittags und dauerte fünf Stunden lang. Schwester Jane konnte aufgrund ihrer Rückenschmerzen kaum sitzen. Sie musste die Sitzung abbrechen und wurde am nächsten Tag vom Psychologen darüber informiert, dass sie beim Bauklotztest versagt habe (jenem Test, den sie aufgrund ihrer Schmerzen unterbrochen hatte). Schwester Jane kommentiert: „Von da an verwandelte sich das Gespräch in ein Verhör. Es fehlte nur noch die nackte Glühbirne an der Decke. Er wiederholte immer wieder, ich könne mich nicht erinnern."[4] Der Psychologe schien über keinerlei Sinn für Humor zu verfügen. Er „rutschte ständig auf seinem Stuhl herum und hatte ein nervöses Zucken am Auge."

Schwester Jane fand, es sei an der Zeit, mal das Beurteilungsprogramm selbst zu beurteilen und bat den Psychologen um 15 Minuten, in denen sie genau das tun konnte. Sie sagte: „Henry, als ich in Ihr Büro kam, war offensichtlich, dass ich große Schmerzen hatte. Sie haben keinen Finger gerührt, um aufzustehen oder mir in einen Stuhl zu helfen. Sie begannen damit, mich eine Stunde lang zu befragen. Ich habe das eher als Verhör denn als ein Gespräch empfunden. Dann haben Sie mich fünf Stunden lang unterschiedlichsten Tests unterzogen. Sie haben sich nicht ein einziges Mal in Bezug auf meine Schmerzen geäußert. Jeder Psychologe weiß, dass man einen Menschen, der Schmerzmittel nimmt, nicht testet, weil die Medikamen-

4) Ebenda

te die Reflexe der Person beeinträchtigen. Darüber hinaus unterliegt das Personal hier deutlichen Beschränkungen, weil Sie nur eine Stunde Zeit haben, um dem Klienten 100 Fragen zu stellen. Da kann gar keine Zeit für ein Gespräch sein."

Am nächsten Tag gab der Psychologe seine Beurteilung mündlich und in Gegenwart ihrer Vorgesetzten ab, die extra dafür hergeflogen war. Es war ein verheerendes Gutachten, das zu dem Schluss kam, sie verfüge über kein Erinnerungsvermögen und habe eingeschränkte motorische Fähigkeiten. Ihre Vorgesetzte war darüber erfreut, denn das klang so, als wenn Schwester Jane nicht alleine leben oder ein Auto fahren sollte. Schwester Jane selbst dachte jedoch nur noch daran, endlich nach Hause zu kommen und wieder mit der Wassertherapie für ihren leidenden Rücken beginnen zu können. Doch drei Tage nach ihrer Rückkehr erhielt sie von ihrer Vorgesetzten ein Einschreiben, in dem von ihr forderte, sich entweder binnen zwei Wochen wieder in das Mutterhaus zurückzubegeben oder Rom um die Befreiung von ihrem Gelübde zu bitten. „Es war menschlich unmöglich, binnen zwei Wochen zurückzuziehen, nachdem ich 31 Jahre lang in Ukiah gelebt hatte! Ich hatte keine andere Möglichkeit, als Rom nach 58 Jahren um die Befreiung von meinem Gelübde zu bitten."

Schwester Jane erinnert sich: „Sie wollte, dass ich zum Mutterhaus komme. Ich hatte einen kranken Rücken. Ich sagte: ‚Ich kann nicht. Meine geistliche Aufgabe ist in Ukiah bei den Armen. Was soll ich denn im Mutterhaus tun, wenn ich dorthin zurückginge? Die Gänge auf und ab schlurfen, während ich auf die nächste Mahlzeit warte? So kann ich nicht den Rest meines Lebens verbringen.' Aber sie hatte die Macht."

Für welches Verbrechen ist Schwester Jane aus ihrer Gemeinschaft geworfen worden? Diese Geschichte begann ein paar Jahre zuvor, als sie von George Patrick Ziemann, dem neuen Bischof ihrer Diözese in Santa Rosa, einbestellt und gebeten wurde, einen Seminaristen namens Jorge Hume Salas aus Costa Rica zu betreuen. Sie protestierte, weil sie keine Erfahrung mit der Betreuung von Seminaristen hatte und bat darum, wenigstens ein psychologisches Profil von ihm einsehen zu dürfen. Bischof Ziemann sagte, es gäbe keines und tat die ganze Idee ab. Sie antwortete: „Bischof, ohne ein psychologisches Profil könnte Jorge ein krankhafter Lügner oder Mörder sein." Später kommentierte sie: „Diese Worte sollten sich im Nachhinein als dermaßen prophetisch erweisen! Widerstrebend stimmte ich zu, Jorge zu betreuen. Damals hätte ich mir nicht im Traum vorgestellt, dass dies mein Leben für immer verändern würde."[5]

Schwester Jane und Jorge trafen sich einmal pro Woche für Gespräche, die oft bis zu drei Stunden lang dauerten. Sie konfrontierte ihn, als er davon sprach, ein Bankkonto für die bei Jugendprogrammen anfallenden Gebühren eröffnen zu wollen, mit der Tatsache, dass alle Konten über die Gemeinde und nicht über eine Ein-

---

5) Ebenda

zelperson zu laufen hatten. Jorge erwies sich auch als unflexibel. So verlangte er zum Beispiel, dass die Eltern der zur Erstkommunion anstehenden Kinder in der Sonntagsschule anwesend sein mussten und wich davon auch im Fall einer verarmten Mutter, die Sonntagvormittags arbeitete, nicht ab. Er verwies ihr Kind aus der Klasse, gab aber später nach und ließ es wieder daran teilnehmen, nachdem Schwester Jane und der Pastor darauf bestanden hatten. Er baute eine Jugendgruppe und eine Fußballmannschaft auf, warb fast 100 Erwachsene als Lektoren, Katecheten und Kommunionshelfer an und hielt an besonderen Feiertagen wie dem *Unserer Lieben Frau von Guadalupe* große und beeindruckende Prozessionen ab.

Es kam für Schwester Jane als große Überraschung, als Jorge ihr eines Tages verkündete, der Bischof wolle ihn zum Diakon weihen – der letzte Schritt vor dem Eintritt in die Priesterschaft. Sie war darüber „erstaunt", denn der Bischof hatte weder sie (seine Dienstvorgesetzte), noch den Pastor um die übliche Empfehlung für diese Beförderung gebeten. Noch erstaunlicher war die neun Monate später folgende Ankündigung, der Bischof plane, ihn zum Priester zu weihen. „Es hat mich buchstäblich umgehauen. Jorge hatte nie an theologischem oder liturgischem Unterricht teilgenommen auch keine einzige Klausur absolviert!"[6]

Nach Jorges Ordination veränderten sich seine gesamte Arbeit und auch seine Persönlichkeit sehr. Keine Jugendgruppen mehr. Keine weiteren Katecheten oder religiösen Lehrer mehr; sie wurden entlassen und durch zwei junge Hispanoamerikaner ersetzt, von denen einer regelmäßig bei Jorge übernachtete. Und Jorge selbst, der immer arm gewesen war, verfügte plötzlich über ein neues Auto, Designerkleidung, einen Computer und weitere elektronische Spielereien. Schwester Jane fragte sich, wo all das Geld herkam und entdeckte, dass er Geld aus der Sonntagskollekte und vom Verkauf religiöser Gegenstände gestohlen hatte. Und es wurde klar, dass er junge spanisch-amerikanische Männer sexuell belästigte.

Schwester Jane machte dem Bischof diese Informationen bekannt, dessen Reaktion darin bestand, sich mit dem Polizeichef im Schlepptau mit dem spanischen Gemeinderat, dem Finanzausschuss sowie mit den Mitarbeitern der Gemeinde zu treffen und alle Anwesenden zur Geheimhaltung zu verpflichten. Dann entfernte er Jorge hastig aus der Gemeinde. Schwester Jane, die von vornherein vermutet hatte, dass die Strategie des Bischofs darin bestehen würde, alle Anwesenden zum Schweigen zu verpflichten, hatte das Treffen boykottiert. Sie bemerkt dazu: „Die Tatsache, dass niemand danach über die Angelegenheit sprach, war ein deutlicher Hinweis auf die Macht des Bischofs."

Was hat Schwester Jane daraufhin getan? „Zwei Jahre lang nutzte ich alle kirchlichen Kanäle, um zu erreichen, dass Jorge entlassen wird, doch ohne Erfolg. Schließlich ging ich mit der Geschichte an die Öffentlichkeit."[7] Das war eine sehr mutige Entscheidung, denn es bedeutete, es mit einem Mitglied der Kirchenhier-

---

6) Ebenda
7) Ebenda

SCHWESTER JANE LÄSST DIE PÄDOPHILIE-KRISE AUFFLIEGEN

archie aufzunehmen. Ihr Handeln wurde für andere Opfer von Priestern zu einer Art Schlachtruf, was dazu führte, dass Schwester Jane sich um weitere Kirchenleute kümmerte, deren Leben durch priesterlichen Missbrauch schwerwiegend beeinträchtigt worden war. Don Hoard war Vater eines Jungen, den ein Priester im kalifornischen Humbolt County sexuell missbraucht hatte. Acht Tage, nachdem sie mit ihrer Geschichte an die Öffentlichkeit gegangen war, schrieb Hoard einen Brief an den Herausgeber der Zeitschrift *Press Democrat* und sagte darin: „Was diese Frau getan hat, ist einfach unglaublich. Ich glaube nicht, dass jemand ohne katholischen Hintergrund ermessen kann, wie viel Mut dafür nötig war."[8]

Die Geschichte wurde von der *New York Times*, der *Los Angeles Times*, dem *San Francisco Chronicle* und dem *Daily Journal* in Ukiah aufgenommen. Der auf Schwester Janes Enthüllungen folgende Aufschrei der Öffentlichkeit war überwältigend und „zu 100 Prozent positiv." Als Schwester Jane die Reaktionen auf ihre Situation las, kam sie zu einer machtvollen Schlussfolgerung: „Die Menschen wussten entweder instinktiv oder aufgrund eigener, schmerzhafter Erfahrung, dass die Macht und Autorität der katholischen Kirche ein Eigenleben entwickelt hatte und nicht immer dem besten Interesse der Kirchenanhänger diente."

In ihrem Buch über diese Affäre hat Schwester Jane nicht nur die Verbrechen und die Vertuschungsaktion des Bischofs beschrieben, sondern auch dargelegt, wie sich ihre eigene spirituelle Reise durch den schwierigen Prozess, den sie im Zuge dessen durchlaufen musste, sehr vertieft hat. „Im Herbst 1991 traf ich bei Kirchenfunktionären auf eine Wand aus Fehlverhalten, Leugnung, Geheimhaltung und Selbsterhaltung. Als es mir auch nach wiederholten Versuchen nicht gelang, dafür zu sorgen, dass alle beteiligten Geistlichen zur Verantwortung gezogen wurden, fand ich mich schon bald im Zentrum eines Wirbelsturms aus Arglist und Zerstörung wieder, der mich zwang, die Substanz des Glaubens zu hinterfragen, der mein Leben 50 Jahre lang regiert hatte … Die gesamte Erfahrung zwang mich dazu, alles, was man mich als Kind wie als Erwachsene gelehrt hatte, einer neuerlichen Überprüfung zu unterziehen. Sie befreite mich, und ich wollte andere ebenso befreien, wie ich befreit worden war."[9] Es wurde sogar ein Film über Schwester Jane und ihre Aufdeckungsaktion gedreht. Darin analysiert Schwester Jane ihre Erfahrungen wie folgt: „Es geht ausschließlich um Macht; es geht ausschließlich um Geld. Ich habe eine einfache Lösung. Tut, was Jesus euch gesagt hat: ‚Geh und verkaufe, was du hast, gib es den Armen, und dann komm und folge mir nach.'"

Später hat Schwester Jane erfahren, dass der Bischof und Jorge angeblich Sex miteinander hatten, was eine weitere Quelle von Jorges angewachsenem Einkommen darstellte. Als der Bischof Jorge in die Gemeinde von St. John in Sonoma versetzte, schrieb Schwester Jane ihm: „Er ist ein Hochstapler, er stiehlt, er hat Sex mit

8) Ebenda
9) Ebenda

jungen Männern. Wie können Sie das tun?" Sie hat darauf keinerlei Reaktion erhalten. Ein Jahr später schickte sie einen zweiten Brief. Nichts geschah. Sie sprach mit den Familien von Menschen, die von Jorge belästigt wurden. Das war der Augenblick, an dem sie beschloss, sich an den *Press Democrat* zu wenden. Es war im Dezember und sie litt gerade unter einer Lungenentzündung, und als der Reporter den Recorder angestellt hatte, machte er als erstes eine kleine Pause, um dann zu fragen: „Warum tun wir das hier, Schwester Jane?" Ihre Antwort lautete: „Weil es richtig ist." Sie hatten keine Ahnung, was geschehen würde. „Würde man uns verurteilen?"

Schwester Jane sagt heute: „Ich habe zwei Jahre lang versucht, dafür zu sorgen, das Jorge aus dem aktiven geistlichem Amt entfernt wird. Dann ging ich zur Zeitung, und es geschah binnen zwei Tagen."

Die Zeitung verfolgte die Geschichte weiter und machte auch die sexuelle Affäre zwischen Jorge und dem Bischof öffentlich bekannt. Der Bischof bestand darauf, die Beziehung wäre einvernehmlich gewesen. Beide wurden inhaftiert, aber wieder freigelassen, weil sie bei der Vernehmung die Unwahrheit sagten und es nicht genügend Beweise für die Aufnahme einer Strafverfolgung gab.

Bischof Ziemann war seit seiner Seminaristenzeit mit Kardinal Mahony von Los Angeles befreundet gewesen und hatte bei dessen Ernennung zum Bischof von Santa Rosa maßgeblich mitgemischt. Jason Berry fast Ziemanns Amtszeit als Bischof wie folgt zusammen: Er „verprasste den Inhalt der Diözesankasse, hinterließ 16 Millionen Dollar Schulden und reichte seinen Rücktritt ein, nachdem ihn ein Priester 1989 wegen sexueller Nötigung verklagt hatte."[10]

Zu diesem Zeitpunkt begann Schwester Jane, an Kardinal Joseph Ratzinger zu schreiben, weil in der Zeitung stand, dass der Bischof eine auf beiderseitigem Einverständnis beruhende sexuelle Affäre mit Jorge gehabt habe. Ziemann wurde zur Beratung in ein Kloster in Arizona geschickt und – man höre und staune – mit der Betreuung junger Seminaristen in dieser Gemeinde beauftragt. Schwester Jane sagt dazu: „Ich dachte, das ist doch wie ein Bonbongeschäft für ihn. Jetzt hat er sein eigenes Bonbongeschäft." In ihrem Brief an Kardinal Ratzinger schrieb sie: „Ich kann nicht verstehen, dass Bischof Ziemann noch immer aktiv im Amt ist, nachdem er einvernehmlichen Sex mit Jorge hatte und Sie gesagt haben, Homosexualität sei ‚an sich schlecht' – [„Was ich selbst nicht glaube", kommentiert Schwester Jane rasch.] Wie kann es dann sein, dass er noch immer im Amt ist?"

Ratzingers Antwort bestand darin, Schwester Jane zu sagen, sie solle die Lehren der Kirche bezüglich der Homosexualität im katholischen Katechismus nachlesen. „Danach hatte ich jedoch nicht gefragt, also schrieb ich einen zweiten Brief: ‚Sie haben meine Frage nicht beantwortet. Warum ist Bischof Ziemann aktiv im Amt?'"[11] Sie wartete drei Wochen lang, erhielt aber immer noch keine Antwort. So

---

10) Jason Berry, *Render Unto Rome*
11) Sister Jane Kelly, P.B.V.M., *Taught to Believe the Unbelievable* (iUniverse Star, Lincoln, NE 2003)

schrieb sie einen dritten Brief an Ratzinger, in dem sie zunächst feststellte: „Ihr Brief an mich muss zweifelsohne bei der Post verloren gegangen sein, denn Sie haben meinen ersten Brief ja so überaus rasch beantwortet, und ich schreibe gerade ein Buch und werde darin sagen, dass Sie auf meine Frage nicht reagiert haben." Fast augenblicklich erhielt sie von Ratzinger einen Antwortbrief, in dem er sagte: „Ich weiß nichts über Bischof Ziemann. Sie werden sich an die Nationale Bischofskonferenz der USA wenden und Ihre Frage dort stellen müssen." Schwester Jane bemerkt dazu: „Das war eine Lüge. Natürlich wusste er von Bischof Ziemann. Ich habe es nicht weiter verfolgt. Ich war es leid. Ich habe seinen Brief in den Papierkorb geworfen."

Durch die überaus große Reaktion auf ihre Veröffentlichungen wurde ihr zunehmend klar, dass „der Vorfall, dem ich in meiner eigenen Gemeinde entgegengetreten war, kein einzelnes Ereignis darstellte ... Das Muster aus Missbrauch und Vertuschung, dessen ich in der Kirche St. Mary und in der Diözese von Santa Rosa Zeugin geworden war, fand überall im Lande Widerhall – tatsächlich sogar überall auf der Welt. Doch dieser Widerhall traf auf eine solide Wand des Schweigens, die nicht nur von Bischof Ziemann und Monsignor Keys, sondern auch von Funktionären an allen Stellen der Kirchenhierarchie bewacht wurde."

Da begann sie, ihr Buch *Taught to Believe the Unbelievable* zu schreiben. „Ich überprüfte alles, was man mich gelehrt hatte und fand so viele Unstimmigkeiten und so vieles, das nicht christlich war. Zum Beispiel die jungfräuliche Empfängnis. Kirchenenthüllungen und -vertuschungen. Ich glaube, dass es Christus ist, der uns zusammenbringt, wenn wir uns zum Gottesdienst versammeln. Nicht der Priester. Es wird zum Körper Christi, weil wir daran glauben, dass es so war ... wir brauchen einen Vorsteher. Aber wir sind alle zur königlichen Priesterschaft berufen (Petrus-Epistel). Wir haben bereits Frauen, die eine Ordination durchführen können. Ludmila Javorová in der Tschechoslowakei, die geweiht wurde, als die Kommunisten das Land übernommen hatten – und vier weitere Frauen sind mit ihr geweiht worden ... Es geht hier doch nur um Macht. Frauen haben keine Macht. Können keine Entscheidungen treffen. Wir sind eine Gemeinschaft priesterlicher Individuen; wir kommen zusammen, und das bringt Christus in unsere Mitte. Es geschieht, wenn wir zusammenkommen."

Der Gemeindeverwalter rief Schwester Jane zu sich und sagte zu ihr: „Sie sind ein wunderbarer Mensch. Sie können die Erwachsenen nicht mehr unterrichten. Sie sind ihnen so weit voraus." Schwester Jane antwortete, das sei „eine Beleidigung für die Erwachsenen." Sie sagt, „ich wurde eindeutig zum Schweigen gebracht." Es stellte sich heraus, dass „ich die Kirche in Verruf gebracht hatte. Nicht die pädophilen Priester waren das gewesen, sondern diejenige, die sie bloßgestellt hatte. Bringe nur die Kirche nicht in Verruf." Bischof Ziemann starb 2009, behielt jedoch bis zu seinem Ende seinen Rang und seine Autorität als Bischof.

Welchen Lehren hat sie aus ihren Prüfungen gezogen und mitgenommen? „Ich glaube an die Eigenverantwortlichkeit des Individuums. Wir werden vom Herrn, vom Heiligen Geist gerufen. Manchmal befindet sich dieser Ruf im Konflikt mit der Obrigkeit. Ich respektiere die Obrigkeit, aber wenn sie von mir verlangt, etwas zu tun, das mich zerstört, ist das Selbstmord, und der ist gegen das Gesetz."

Und wie geht es ihr heute? „Ich habe meinen Frieden gefunden. Heute kämpfe ich am meisten gegen meine Gebrechlichkeit. Sie hält mich jeden Tag davon ab, in das Plowshares-Zentrum zu gehen, weil ich den Rhythmus der medikamentösen Behandlung nicht verschieben kann. Ich kann nur zweimal pro Woche hingehen. Meine Entscheidungen waren richtig. Ich bin froh, dass ich den Mut und die Entschlossenheit hatte, es zu tun. Jetzt habe ich ein Gefühl von Freiheit. Es gibt niemanden, den ich ‚darf ich?‘ fragen muss. Das ist sehr befreiend. Wenn ich mich nicht mehr um mich selbst kümmern kann, werde ich in ein Pflegeheim gehen. Dann werde ich meine seelsorgerische Arbeit eben für die Menschen dort tun. Man kann überall sein geistliches Amt ausüben, ganz egal, wo man ist."

Leider sind Schwester Janes Erfahrungen mit Kardinal Ratzinger und der von Priestern ausgeübten Pädophilie keineswegs einzigartig. Beachten Sie vor allem die Rolle der Geheimhaltung in ihrer Diözese und denken Sie auch an den Bischof, der alle Beteiligten zum Schweigen verpflichtete – eine Vertuschungsaktion, die Schwester Jane missachtet hat, indem sie mit der ganzen Sache zur Zeitung ging. (Und beachten Sie auch, wie umsichtig sie das Treffen mit dem Bischof boykottierte, weil sie schon vorher das Gefühl hatte, er würde Geheimhaltung fordern.) Beachtlich ist auch, wie gleichgültig Kardinal Ratzinger auf die gegen den Bischof wie auch den fehlerhaft handelnden Priester erhobenen Vorwürfe reagiert hat.

Während ich dieses Buch im Sommer 2010 schreibe, kommen unzählige Geschichten über von Priestern begangene Sexualtaten und die Rolle, die Kardinal Ratzinger als Präfekt der Glaubenskongregation dabei gespielt hat ans Licht. Fast jeder Tag bringt neue Enthüllungen. Ich werde hier einige der Fakten und Geschichten wiedergeben, die zum momentanen Zeitpunkt gesichert sind.

Kardinal Ratzinger hat sich als Oberhaupt der Kongregation für die Glaubenslehre die Entscheidungsautorität über alle Fälle priesterlichen Fehlverhaltens angeeignet. Zu seiner Vorgehensweise gehörte auch die Anwendung eines geheimen Vatikandokuments von 1962 namens *Crimen sollicitationis*, in dem die Bischöfe angewiesen wurden, in Fällen sexuellen Missbrauchs höchste Geheimhaltung zu erzwingen. Am 18. Mai 2001 sandte Ratzinger an alle Bischöfe ein Dokument, das sich mit schweren Verbrechen beschäftigte (*epistula de delictis gravioribus*), in dem Missbrauchsfälle mit dem Siegel der besonderen päpstlichen Verschwiegenheit belegt wurden, deren Verletzung schwerwiegende Kirchenstrafen zur Folge haben konnte.[12]

---

12) Patsy McGarry, *Pope Engineered Cover-up of Child Sex Abuse, Says Theologian*, (irishtimes.com, 20. April 2010)

Wir wissen, dass es viele solcher Fälle gibt, die Ratzingers Kongregation zur Kenntnis gebracht wurden, aber von ihr nie weiterverfolgt worden sind.[13] Viele der des schwerwiegenden Kindesmissbrauchs schuldigen Priester hat man niemals zur Verantwortung gezogen oder aus der Priesterschaft entlassen (während man zugleich mindestens 99 Theologen und Aktivisten zum Schweigen brachte, ausstieß oder sogar exkommunizierte). Der Schweizer Theologe Hans Küng drückte es kürzlich so aus: „Es darf nicht verschwiegen werden, dass das weltweit in Kraft gesetzte Vertuschungssystem von klerikalen Sexualvergehen gesteuert war von der römischen Glaubenskongregation Kardinal Ratzingers (1981-2005), wo schon unter Johannes Paul II. unter strengster Geheimhaltung die Fälle gesammelt wurden."[14]

Fallstudien

Lassen Sie uns nun einige dieser Fälle betrachten.

Fall 1: Pater Lawrence Murphy leitete die Schule für Gehörlose in St. John's in Milwaukee (Wisconsin). Zwischen 1950 und 1974 missbrauchte er etwa 200 taube Kinder sexuell. Als ein Skandal auszubrechen drohte, versetzte man ihn einfach an einen anderen Ort in Wisconsin. Am 5. März 1995 schrieb eines seiner Opfer an den damaligen Staatssekretär des Vatikans, Kardinal Angelo Sodano, und teilte mit, dass er jahrelang von Pater Murphy sexuell belästigt worden war. Er erhielt keine Antwort. Er schrieb ein zweites Mal, und noch immer kam nichts. Im Juli 1996 schrieb Rembart Weakland, der Erzbischof von Milwaukee, an Ratzinger und sagte: „Sie müssen hier Gerichtshoheit übernehmen. Wir müssen einen Skandal vermeiden und diesen Priester entfernen." Dennoch sorgte Ratzinger dafür, dass Pater Murphy bis zu seinem Tod im Jahr 1988 in seinem geistlichen Amt und in hohem Ansehen blieb. Eine gegen den Vatikan angestrengte Klage „deutet an, dass der Vatikan darauf verzichtete, Murphy zu disziplinieren, weil dieser ein erfolgreicher Geldbeschaffer war." Wie wir gesehen haben, handelt es sich bei Sodano um jenen Kardinal, der Pater Maciel so intensiv unterstützt und im Jahr 2010 während des Ostergottesdienstes gesagt hat, die gegen die Kirche und Papst Benedikt erhobenen Anschuldigungen seien „belangloses Geschwätz". Gegenwärtig ist Sodano der De-

---

13) Rosemary Radford Ruether, *Silenced Discussion* in *New York Times*, 18. April 2008: „Während der 25 Jahre, in denen er dieses Amt innehatte [Präfekt der Glaubenskongregation], ist Kardinal Ratzinger sehr hart gegen progressives katholisches Denken vorgegangen. Darüber hinaus hat er Seminare geschlossen, deren Schwerpunkt darin bestand, Priester in Bezug auf Fragen der Armut und Ungerechtigkeit auszubilden, und er hat immer wieder progressive Bischöfe durch konservative ersetzt ... Während dieser Zeit wurden mindestens 71 große Denker und geistliche Führer zensiert, und das oft mehrmals. Das Ziel bestand darin, jeden freien Ausdruck katholischen Denkens einzufrieren. Das Ergebnis ist eine Verarmung der katholischen Bildung." Siehe auch: *The Jubilee of Repression*.

14) Hans Küng: *Fünf Jahre Benedikt XVI. – ein offener Brief an die katholischen Bischöfe weltweit* in *Süddeutsche Zeitung*, 15. April 2010

kan des Kardinalskollegiums. Tatsächlich hat er nur des Papstes eigene Worte wiederholt, der in seiner Predigt vom Palmsonntag gesagt hatte, man solle sich nicht „vom belanglosen Geschwätz der herrschenden Meinung einschüchtern lassen." Der heutige Staatssekretär Kardinal Tarcisio Bertone wiederum war zum damaligen Zeitpunkt Ratzingers Stellvertreter und ebenfalls mit dem Fall vertraut.[15]

Unzählige Opfer und ihre Familien haben im Geheimen sowie schweigend und in Schande leiden müssen, weil Ratzinger meinte, es würde zu einem den Ruf der Kirchenhierarchie beschädigenden Skandal führen, wenn man die Wahrheit preisgebe. Murphy schrieb einen persönlichen Brief an Kardinal Ratzinger, woraufhin die Glaubenskongregation entschied, den Fall nicht weiter zu verfolgen, weil die angeblichen Belästigungen bereits so weit zurück lägen.[16] Man bestimmte, Murphy solle, da er mittlerweile alt und gebrechlich war, Buße tun und außerhalb seiner Diözese keine Gottesdienste abhalten. Murphy starb als Priester von hohem Ansehen. Jeff Anderson, der Anwalt, der Pater Murphys Opfer vertrat, kam zu folgendem Schluss: „Wenn sie einen Priester entdecken, der Verbrechen begeht, sind sie mehr darauf bedacht, diese Verbrechen zu kaschieren sowie den betreffenden Priester und ihren Ruf zu schützen, als den Priester zu entlassen oder den Strafverfolgungsbehörden zu melden, was sie niemals oder allerhöchstens nur sehr selten tun."[17]

Fall 2: Pater Oliver O'Grady gab zu, zwischen den späten siebziger Jahren und 1991 in Kalifornien etwa 25 Jungen und Mädchen sexuell belästigt zu haben. Er hat sieben Jahre im Gefängnis verbracht und wurde dann in sein Heimatland Irland abgeschoben. Er zeigt keinerlei Reue und bewegt sich „frei unter den Schulkindern in Dublin, während er mit fast schon beschwingter Freude das Muster seiner Missbräuche schildert", was er in Am Bergs abschreckendem Film über seinen Fall namens *Deliver Us from Evil* tut.

Fall 3: Pater Steven Kiesle aus dem kalifornischen Oakland hat gestanden, unzählige Kinder gefesselt und vergewaltigt zu haben. Im Jahr 1981 schrieb sein Bischof an den Vatikan und bat um die Entlassung des Paters aus der Priesterschaft. Die Diözese hat Ratzinger mindestens drei Mal geschrieben, und auch bei einem offiziellen Besuch im Vatikan hat Bischof John Stephen Cummings den Fall zur Sprache gebracht. Dennoch gab es keine Antwort. Ein Funktionär des Vatikans schrieb schließlich und meinte, die Akte sei wohl verloren gegangen und bat um erneute Einreichung des Materials. Kiesle wurde wieder in einen Vorort von Pinole in Kalifornien zurückgeschickt, um dort kirchliche Jugendarbeit zu leisten, obwohl

15) Dinesh Ramde und Eric Gorski, *Church Abuse Victim Sues Pope, Senior Vatican Officials* (www. huffingtonpost.com, 2. April 2010)

16) Nicole Winfield, *Vatican Axed Trial for Priest Accused by Deaf Boys* (Yahoo News, 25.März 2010)

17) Amy Goodman im Gespräch mit Jeff Anderson, *Attorney Uncovers Docs Implicating Vatican in Sexual Abuse Coverup* in *Democracy Now*, 29. April 2010

er selbst darum gebeten hatte, aus der Priesterschaft entlassen zu werden. Ein 1985 von Kardinal Ratzinger unterzeichneter Brief besagt, dass Pater Kiesle „zum Wohle der universalen Kirche" noch nicht aus dem Priesteramt verstoßen werden solle. 1982 schrieb Bischof Cummings, es sei seine „Überzeugung, dass es keinen Skandal gibt, wenn diesem Gesuch entsprochen wird, es aber in Anbetracht der Natur des Falls tatsächlich zu einem weitaus größeren Skandal für die Gemeinde führen dürfte, wenn man Pater Kiesle wieder in seiner Eigenschaft als Priester aktiv werden lässt."[18] Der Fall wurde sechs Jahre lang in der Glaubenskongregation verbummelt.

Nachdem Pater Kiesle die Priesterschaft verlassen hatte, heiratete er, wurde aber 2002 inhaftiert und des Kindesmissbrauchs in 13 Fällen seit den siebziger Jahren angeklagt – wovon jedoch alle bis auf zwei verworfen wurden, weil die Verjährungsfrist bereits abgelaufen war. Für die sexuelle Belästigung eines jungen Mädchens verurteilte man ihn 2004 zu sechs Jahren Haft im Staatsgefängnis. Mehr als ein halbes Dutzend der Opfer, die er als kleine Kinder missbraucht hatte, kamen 2005 zu einer außergerichtlichen Einigung mit der Diözese von Oakland. Dennoch brauchte Kardinal Ratzinger mehr als sechs Jahre, um seiner Entlassung aus der Priesterschaft zuzustimmen. „Kardinal Ratzinger war es weitaus wichtiger, einen Skandal zu vermeiden, als Kinder zu schützen"[19], bemerkte Irwin Salkin, ein Anwalt, der eines der Opfer vertrat.

Fall 4: Der Priester John Geoghan hat in Boston Dutzende von Jungen und Mädchen sexuell belästigt.[20] Dennoch wurde er weder aus der Priesterschaft verstoßen noch inhaftiert, sondern in dem Versuch, seine Verbrechen zu verbergen, von einer Gemeinde zur anderen weitergeschickt – und zwar von niemand anderem als Kardinal Law. Es brauchte einen Richter, um 2002 die Herausgabe von 11.000 Seiten kirchlicher Dokumente zu diesem Fall zu erzwingen, die von Kardinal Law beiseite geschafft worden waren. Peggy Noonan nennt das einen Versuch, „die Verbrechen zu verheimlichen." Einmal spielte dieser mehrfache Vergewaltiger mit Kindern in einem Schwimmbecken. Kardinal Law sagte dazu: „Er hat sie wahrscheinlich gerade ‚bekehrt'." Law „verließ Boston nur wenige Stunden, bevor die Nationalgarde mit einer Zwangsvorladung für ihn eintraf, in der er aufgefordert wurde, vor einem Großen Geschworenengericht in dem auszusagen, was der Generalbundesstaatsanwalt Thomas Reilly als massive Vertuschung von Kindesmissbrauch bezeichnete."

Fall 5: Zwei Bischöfe haben versucht, Kardinal Ratzinger dazu zu bewegen, in Bezug auf Missbrauchsfälle aktiv zu werden, die zwei Priester in Tucson (Arizona) betrafen. In einem von Ratzinger unterschriebenen Brief vom 8. Juni 1982 teilte er den Bischöfen mit, er würde die Kontrolle über den Fall übernehmen. Fünf Jahre

---

18) Gillian Flaccus, *Future Pope Resisted Defrocking Priest* (msnbc.com, 9. April 2010)
19) Ebenda
20) Peggy Noonan, *How to Save*

später war noch immer nichts unternommen worden. Bischof Manuel Moreno ersuchte den Vatikan mehrere Jahre lang darum, Pater Michael Teta auszustoßen, der, wie ein Gremium feststellte, seit den siebziger Jahren Kinder missbraucht hatte. Das in den neunziger Jahren zusammengestellte Kirchentribunal gab an, dass „seinem Verhalten Jungs und jungen Männern gegenüber fast schon etwas Teuflisches zu eigen ist."[21] Er hat sieben Jungs zwischen sieben und neun Jahren während der Beichte missbraucht, die der Erstkommunion vorausgeht. Trotz der schriftlichen Appelle von Tetas Bischof an Ratzinger, er möge einschreiten, brauchte dieser zwölf Jahre, um Teta aus der Priesterschaft zu entlassen. „Es kann kein Zweifel daran bestehen, dass Ratzinger den Entlassungsprozess gefährlicher Priester verzögert hat, die von ihrem eigenen Bischof als ‚teuflisch' erachtet wurden"[22], sagte der Anwalt eines der Opfer.

Bischof Moreno schrieb Rom auch von Monsignor Robert Trupia. 1995 nannte er ihn „einen großen Risikofaktor für die Kinder, Jugendlichen und Erwachsenen, mit denen er Kontakt hat." Moreno sagte, „wir haben Beweise für Zivilstraftaten gegen Menschen, die sich in seiner priesterlichen Fürsorge befunden haben" und warnte davor, Trupia könne „in Zukunft zum Ursprung eines noch größeren Skandals werden." Acht Jahre vergingen. Am 10. Februar 2003 schrieb Moreno erneut an Ratzinger. Wieder kam keine Antwort. Da er krebskrank war, ging Moreno früh in Ruhestand, doch vorher schrieb er Ratzinger noch ein weiteres Mal. Auch der neue Bischof Gerald Frederick Kicanas sandte mehrfach entsprechende Anfragen an die Glaubenskongregation. Im August 2004 wurde Trupia schließlich aus dem Priesteramt verstoßen.

Der Anwalt von einem der Opfer Trupias sagte: „Tragischerweise haben die Bischöfe nur zwei Möglichkeiten: den Geheimhaltungs- und Verzögerungskodex des Vatikans zu befolgen oder die Kirche zu verlassen. Es ist bedauernswert, dass ihr Glaube von ihnen verlangt, Kinder zu opfern, um den Anweisungen des Vatikans Folge leisten zu können."[23]

Fall 6: In Bezug auf den Skandal um Kindesmissbräuche ist Irland am schwersten von allen Ländern getroffen worden. Diese Nation, die gerade mal vier Millionen Einwohner aufweist, hat bisher eine Milliarde Dollar an insgesamt mehr als 13.000 Opfer gezahlt. Drei von der irischen Regierung angeordnete Untersuchungen, die zwischen 2005 und 2009 durchgeführt wurden, haben den Missbrauch tausender irischer Kinder durch Priester, Nonnen und Brüder dokumentiert, die in Gemeinden, Internaten sowie in Waisenhäusern tätig waren. Eine zur Untersuchung dieser Horrorgeschichten zusammengestellte Regierungskommission berich-

---

21) Matt Sedensky, *Vatican waited years to defrock Arizona priest* (http://news.yahoo.com/s/ap/20100403/ap_on_re_us/us_church_abuse)
22) Ebenda
23) Ebenda

tete, dass „die Hauptbeschäftigung der Erzdiözese von Dublin beim Umgang mit diesen Fällen von Kindesmisshandlung zumindest bis zur Mitte der neunziger Jahre darin bestand, Geheimhaltung zu bewahren, einen Skandal zu vermeiden und den Ruf sowie die Vermögenswerte der Kirche zu schützen. Alle anderen Gesichtspunkte – einschließlich des Wohlergehens der Kinder und der Gerechtigkeit für die Opfer – wurden diesen Prioritäten untergeordnet." Die irischen Bischöfe „haben der Polizei bis 1996 nicht einen einzigen Fall gemeldet"[24] – das Jahr, in dem die ersten Opfer die Kirche zu verklagen begangen. Bereits in den achtziger Jahren hatten die Bischöfe eine gemeinschaftliche Haftpflichtversicherung abgeschlossen, was darauf hinweist, dass sie bereits wussten, was da auf sie zukam. Im Jahr 1994 wurde die irische Regierung abgesetzt, weil sie die Auslieferung eines besonders berüchtigten pädophilen Priesters vermasselt hatte.

James Moriarty, Bischof des irischen Kildare, der von 1991 bis 2002 Auxiliarbischof von Dublin war, trat im April 2010 zurück und gestand, dazu beigetragen zu haben, Beschwerden wegen Kindesmissbrauchs vor der Polizei zu verbergen.[25] „Die Wahrheit ist, dass der lange Kampf der Überlebenden darum, von den kirchlichen Autoritäten gehört und respektiert zu werden, eine Kultur innerhalb der Kirche enthüllt hat, die viele schlicht als unchristlich bezeichnen würden", sagte er in einer Stellungnahme zu seinem Rücktritt. Zwei andere Bischöfe sind ebenfalls zurückgetreten, und wieder zwei weitere haben ihren Abschied bereits eingereicht. Eine von der irischen Regierung angeordnete Untersuchung des Kindesmissbrauchs durch Geistliche in der Erzdiözese Dublin stellte fest, dass „bis 1996 alle Bischöfe insgeheim zusammengewirkt haben, um Dutzende von pädophilen Priestern vor der Strafverfolgung zu bewahren."

Selbst im späten Februar des Jahres 2010 hat sich der Vatikan noch immer geweigert, mit den Ermittlern bezüglich der sexuellen Missbrauchsfälle von Priestern in Irland zusammenzuarbeiten. Mitglieder des Murphy Commisson Report versuchten, mit der Abteilung des Vatikans zu sprechen, die für sexuellen Missbrauch zuständig ist, „wurden aber abgewiesen."[26] Ein Angestellter des Vatikans sagte, die Anfrage hätte „viele im Vatikan beleidigt", und die irische Regierung sei nicht in der Lage „die Souveränität des Vatikans zu respektieren und zu schützen." Kein Wort davon, junge Menschen zu respektieren und zu schützen. Ein irischer Bischof drängte die Glaubenskongregation mehrere Jahre lang, Pater Tony Walsh aufgrund unzähliger sexueller Übergriffe auf Kinder aus der Priesterschaft zu entlassen. Doch

---

24) Shawn Pogatchnik, *Pope's Irish letter faces critical Catholic world* (http://news.yahoo.com/s/ap/20100319/ap_on_re_eu/ eu_church_abuse)

25) Nicole Winfield, *Irish Bishop Resigns, Says He Didn't Report Abuse* (Yahoo News, 22. April 2010); Shawn Pogatchnik, *Pope's Irish Letter Faces Critical Catholic World* (Yahoo News, 2. April, 2010); Shawn Pogatchnik und Verena Schmitt-Roschmann, *Irish Bishop Resigns, Apologizes to Abuse Victims* Yahoo News, (2. April 2010)

26) Phillip Pullella, *Wikileaks bares even tiny Vatican's diplomatic soul* (Yahoo News, 11. Dezember 2010)

die Ratzingers Regeln befolgenden Bischöfe verzichteten darauf, die Behörden zu informieren, weshalb Walsh erst nach vier Jahren und unzähligen weiteren Opfern entlassen wurde. Eine irische Journalistin schrieb dazu: „Die Vertuschung des Missbrauchs [ereignete sich] während der letzten Jahrzehnte des 20. Jahrhunderts in Dublin und auf den höchsten Ebenen des Vatikans."[27] Andrew Madden, ein ehemaliger Messdiener, der von einem Priester in Dublin missbraucht worden ist, sagt dazu: „Für den Vatikan war dabei einzig von Belang, dass die irische Regierung angeblich dabei ‚versagt‘ habe, den Vatikan vor aufdringlichen Fragen zu beschützen. Als ihre Priester Kinder vergewaltigten, haben sie nur an sich selbst gedacht."[28]

Fintan O'Toole bemerkt in seiner Antwort auf Papst Benedikts Brief an die irische Kirche, in dem er den irischen Prälaten die gesamte Schuld für die Vertuschung des Pädophilie-Skandals zuschiebt und keinerlei Verantwortung bei Rom oder der Glaubenskongregation sowie ihren Verordnungen sieht: „Die der Kirche eigene Kombination aus weltlicher Autorität, spiritueller Kontrolle und einer in sich geschlossenen Hierarchie hat genau jene Kraft geschaffen, durch die sie korrumpiert worden ist. Die Auswirkungen der vergangenen Wochen haben nur bestätigt, was bereits in überwältigendem Maß anzunehmen war: dass Benedikt absolut unfähig ist, diese Realität zu begreifen, ganz zu schweigen davon, sie zu verändern. Er hat einen großen Teil seiner Karriere damit verbracht, Einwände zu unterdrücken und den anti-hierarchischen Geist des Zweiten Vatikanischen Konzils rückgängig zu machen. Seine Lösung ist, wie sein Hirtenbrief zeigt, mehr vom selben – mehr Gehorsam, mehr Autorität, mehr Widerstand der modernen Welt gegenüber."[29]

Fall 7: Pater René Bissey ist in Frankreich wegen mehrfacher Vergewaltigung eines Jungen und sexuellen Übergriffen auf zehn weitere Kinder zu 18 Jahren Haft verurteilt worden. Bischof Pierre Pican aus Bayeux-Lisieux ließ den Priester weiterhin Gemeindearbeit machen, obwohl er zugegeben hatte, pädophile Handlungen begangen zu haben. Dennoch lobte der kolumbianische Kardinal Castrillon Hoyos, der damals für alle Priester weltweit verantwortliche Funktionär des Vatikans, den französischen Bischof 2001, weil er die schmutzigen Fakten nicht der Polizei enthüllt hatte. „Ich gratuliere Ihnen, weil sie einen Priester nicht der Zivilverwaltung angezeigt haben", schrieb Hoyos an Bischof Pican. „Um auch andere Bischofsbrüder in dieser delikaten Angelegenheit zu ermuntern, wird diese Kongregation allen Bischofskonferenzen eine Kopie dieses Briefes senden." Hoyos sagte, er habe die Zustimmung und die Unterstützung von Papst Johannes Paul II. zu diesem Lob gehabt. „Nachdem ich den Papst konsultiert hatte ... schrieb ich einen Brief an den Bischof und gratulierte ihm, dem Modell eines Vaters, der seine Söhne nicht aus-

27) Mary Raftery, *Missing chapter of child abuse must be published* (Irish Times, 7. Dezember 2010)
28) Frances D'Emilio, *Cables show Ireland irked Vatican on sovereignty* (Yahoo News, 11. Dezember 2010)
29) Fintan O'Toole, *The Truth Is That Child Abuse and Cover-up Are Not Primarily about Religion or Sex. They Are about Power* (Irishtimes.com, 20. April 2010)

liefert", sagte der Kardinal. „Der Heilige Vater genehmigte, dass ich diesen Brief an alle Bischöfe auf der Welt sende und ihn im Internet veröffentliche"[30], fuhr er fort. Barbara Dorris vom Survivors Network of Those Abused by Priests (SNAP), einer in den USA ansässigen Selbsthilfegruppe für die Opfer sexuellen Missbrauchs durch Priester, bemerkt zu diesem Bekenntnis Hoyos: „In welcher anderen Institution auf diesem Planeten würde ein Spitzenfunktionär einen Kollegen dafür loben, einen Kriminellen vor der Polizei verborgen zu haben?"[31]

Fall 8:   Als Ratzinger in Deutschland Erzbischof von München und Freising war, erlaubte er einem Priester seiner Diözese, der Kinder missbraucht hatte, die Aufnahme einer psychiatrischen Behandlung. Noch während dieser Behandlung wurde Pater Peter Hullermann einer Gemeinde zugewiesen, in der er einen Jungen missbrauchte. Die Meister der Tatsachenverdrehung im Vatikans wollen uns glauben machen, dass Ratzinger nichts von dieser Entscheidung gewusst habe, aber in Anbetracht des scharfen Auges, dass Ratzinger für Ketzer in aller Welt hat, ist beim besten Willen nicht vorstellbar, dass er vom Tun dieses Priesters nichts wusste. Das Oberhaupt einer erst kürzlich gebildeten Arbeitsgruppe zur Vermeidung von Kindesmissbrauch berichtete, dass sich Ratzingers ehemalige Diözese täglich dem Vorwurf körperlicher und sexueller Misshandlung gegenüber sehe. „Das ist wie ein Tsunami"[32], sagte er.

Der Vatikan behauptet, Ratzinger habe diese Entscheidung gänzlich Gerhard Gruber, dem Vikar der Diözese, überlassen – doch diese Geschichte ist vor Kurzem vom Vikar selbst widerlegt worden, der sich mit seinen 81 Jahren weigert, sich für Ratzinger zu opfern. Gruber hat berichtet, er sei vom gegenwärtigen Erzbischof Reinhard Marx „eindringlich ‚gebeten' worden, die volle Verantwortung für die Affäre zu übernehmen". Grubers Freunde sagen, „er solle wohl als Sündenbock herhalten", doch „überraschend" schrieb er darauf hin einen offenen Brief, in dem er bestritt, bezüglich der Zuweisung des Priesters zu seiner Gemeinde „eigenmächtig gehandelt" zu haben. Kürzlich entdeckte Unterlagen beweisen, dass es „über die Vorgeschichte des Kaplans … keine Zweifel geben" [33] konnte – eine Vorgeschichte, die dem Erzbistum München von seiner vorherigen Diözese in vollem Umfang mitgeteilt worden war. Der Priester befand sich gerade mal zwei Wochen in Behandlung, als er bereits einer neuen Gemeinde zugeteilt wurde, und zwar in einem Treffen, dem Ratzinger vorsaß. Hullermann arbeitete weitere 30 Jahre lang in dieser Diözese und hat während dessen dort viele weitere Opfer gefunden. Erzbischof

30) Tom Heneghan, John Paul *Backed Praise for Hiding Abuse: Cardinal* (Yahoo News, 20. April 2010)

31) Ebenda

32) Verena Schmitt-Roschmann, *Munich Diocese Faces 'Tsunami' of Abuse Claims* (Yahoo News, 2. April 2010)

33) Conny Neumann, *Was Munich's Vicar General Forced to Serve as Ratzinger's Scapegoat?* in *Spiegel Online*, 19. April 2010

Marx jedoch ist vor kurzem von Ratzinger zum jüngsten Kardinal in der deutschen Geschichte ernannt worden.

Der *Spiegel* kommentiert: „Ratzinger wird vorgeworfen, dass er sich in München damals nicht ausreichend um die Verwendung des mutmaßlichen Kinderschänders H. gekümmert habe. Das von ihm geführte Erzbistum ließ es zu, dass der Kaplan trotz massiver Missbrauchsvorwürfe weiter in der Kinder- und Jugendseelsorge tätig sein konnte."[34] Und: „Ratzinger, Sohn eines Polizisten, wusste, dass niemand bisher die Polizei eingeschaltet hatte und alles kirchenintern geblieben war. Meldung an die staatlichen Behörden haben weder er noch sein Erzbistum erstattet."[35] Diese Vorgehensweise behielt er auch später als Oberhaupt der Glaubenskongregation und damit als für das Thema des sexuellen Missbrauchs durch Geistliche zuständige Person bei: „ … nicht nur in München, auch später in Rom verpasste Ratzinger immer wieder die Chance, den Missstand wirklich anzupacken. Über 23 Jahre – bis zu seiner Papstwahl – war er ab 1981 als Chef der Glaubenskongregation für das Thema sexueller Missbrauch verantwortlich. … Erst 2001, nachdem ein Missbrauchsskandal die katholische Kirche in den USA erschüttert hatte, wurde Kardinal Ratzinger aktiv." Doch selbst dann beschränkten sich diese Aktivitäten darauf, nur die Glaubenskongregation zu informieren und die Informationen danach „unter strengster Geheimhaltung" zu bewahren. Die Zivilbehörden zu informieren, gehörte nicht zu diesen Aktivitäten.

Ebenfalls in Deutschland hat Ratzingers älterer Bruder Georg, der 1951 gemeinsam mit ihm ordiniert worden ist zugegeben, in seinem bekannten Kinderchor Jungen geschlagen zu haben. (Er hat nicht zugegeben, von den Fällen sexuellen Missbrauchs gewusst zu haben, die in diesem Chor ebenso zwischen Priestern und jungen Menschen vorgefallen sind.) Ein deutscher Bischof, Walter Mixa, der von Papst Benedikt XVI. 2005 zum Oberhaupt der Diözese Augsburg ernannt worden ist, hat bekannt, seit den siebziger Jahren in einem katholischen Waisenhaus wohnende Kinder sexuell missbraucht zu haben.[36] Zuerst hat er die Vorwürfe geleugnet, dann jedoch in vollem Umfang gestanden, um schließlich beim Papst seinen Rücktritt einzureichen. Mixa war mehr als ein Jahrzehnt lang eines der wichtigsten Mitglieder der Nationalen Bischofskonferenz von Deutschland. Seit diese Vorgänge bekannt geworden sind, hat die Kirchenaustrittsrate in Augsburg Berichten zufolge um 60 Prozent zugenommen.

Im Internat des Klosters Ettal in der Nähe von München haben im dortigen, vom Benediktinerorden geführten Internat durchgeführte Untersuchungen enthüllt, dass dort Hunderte von Kindern auf brutale Weise von mehr als einem Dut-

---

34) Conny Neumann und Peter Wensierski, *Fingerfertige Ministranten* in *Spiegel Online*, 29. November 2010

35) Dietmar Hipp, Frank Hornig, Conny Neumann, Sven Robel, Peter Wensierski, *Es muss alles heraus* in *Spiegel Online*, 23. März 2010

36) Melissa Eddy, *Walter Mixa, German Bishop, Offers to Resign over Abuse* (www.huffingtonpost.com, 22. April 2010)

zend Mönchen und anderen Angestellten geschlagen oder gequält worden sind. Die meisten dieser Fälle haben sich vor den neunziger Jahren ereignet. Es ist zu einer „Gewaltherrschaft" gekommen, im Zuge derer mehrere Kinder aufgrund der Schwere ihrer Verletzungen im Krankenhaus behandelt werden mussten.[37]

Sachverständige haben nach von ihnen durchgeführten Ermittlungen berichtet, dass in der Dokumentation pädophiler Fälle der deutschen Kirche „gewaltige Lücken" herrschen, die definitiv auf „ein systematisches Vertuschungsverfahren" und „eine umfangreiche Vernichtung von Akten" hinweisen. Besonders in den Jahren zwischen 1977 und 1982, als Ratzinger Erzbischof war, wurden solche Angelegenheiten „besonders schlecht dokumentiert." Tatsächlich war seine Diözese „in Deutschland mit am stärksten betroffen", wie sich herausstellte, als die Vorgänge 2009 ans Licht kamen. Kürzlich schrieb mir eine deutsche Frau, die in der Zeit, in der Ratzinger dort Erzbischof war, in dieser Diözese aufwuchs, die folgenden Zeilen:

Ich bin in einem Dorf in der Nähe von München aufgewachsen. Meine Eltern waren gerade erst nach Bayern gezogen, weshalb wir keine seit längerem bestehende Beziehung zum Priester oder der Schule hatten. Ich war ein Mädchen und ein Neuankömmling, und beide Eigenschaften machten mich zu einem leichten Ziel für den örtlichen Priester. Trotz des Eingreifens meiner Eltern und obwohl es zum damaligen Zeitpunkt (in den siebziger Jahren) bereits verboten war, hatte der Priester die Gewohnheit, wann immer ihm danach gelüstete, vor allem Mädchen mit einem Satz von Linealen oder einem Bündel aus zusammengebundenen Haselruten eine tüchtige Tracht Prügel zu geben – besonders aber dann, wenn wir nicht in der Lage waren, sofort die passende Bibelstelle aufzusagen oder Fragen stellten, die „nicht schicklich" waren (anfangs war ich voll solcher Fragen, lernte aber rasch, aus Furcht den Mund zu halten). Ich erinnere mich deutlich an das Gefühl, dass der Zorn Gottes für immer in mich einsinkt. Ich glaubte mit jeder Zelle meines Körpers, dass ich mit Gewissheit in der Hölle enden würde, weil ich ein sündiges, verdorbenes Geschöpf war, ein Mädchen, zu ewigem Leiden verdammt. Also schwor ich dem rächenden Gott irgendwo da draußen, niemals Spaß zu haben, es immer den anderen Recht zu machen und hart zu arbeiten – und vielleicht, vielleicht würde ich dann nicht in der Hölle landen. Ich kann mich noch immer daran erinnern, wie Wellen der Furcht meinen ganzen Körper zum Zittern brachten. Die Beschwerden meiner Eltern über diese Misshandlungen haben zu keiner Verbesserung der Situation geführt, sondern die Sache noch viel schlimmer gemacht, denn die Lehrer drohten nun mit Unterstützung des Priesters, mich in eine Schule für geistig Zurückgebliebene zu stecken, weil ich ein „aussichtsloser Fall" sei.

---

37) Vanessa Fuhrmans, *German Bishop Admits Slapping* (Wall Street Journal, 17. April 2010)

Als Jugendliche kam Gottes Zorn und Strafe in neuer Gestalt auf mich herab, als mich ein Priester in Ratzingers Diözese, der in meiner Klasse „Jugendarbeit" leistete, in den Wald zerrte, um sein menschliches Bedürfnis an mir zu befriedigen, sich dabei jedoch in ein tierisches Geschöpf verwandelte. Sofort fühlte ich mich dafür verantwortlich, vor allem, nachdem ich mich einem Lehrer anvertraut und dieser mir keinen Glauben geschenkt hatte (Priester tun so etwas nicht!). Einmal mehr hatte ich die Bestätigung erhalten, dass ich als Mädchen eine Sünderin und dem Zorn Gottes ausgeliefert war. Ich konnte niemandem trauen, weder im „Himmel" noch auf Erden, besonders aber nicht in der Kirche.

Ich muss wirklich gute Schutzengel gehabt haben, denn nach vielen Jahren, in denen ich versucht habe, mich zu töten und selbst zu sabotieren, bin ich immer noch da und entdecke langsam eine vollkommen „un-Ratzingerische" Art der Verbindung zu Gott sowie ein Leben, das nicht von bohrender Angst und Depression, sondern von ergreifender Ehrfurcht und Neugier darauf erfüllt ist, eine geschätzte weibliche Teilnehmerin der Schöpfung von fast 50 Jahren zu sein.

… Matthew, vielleicht klingt diese Geschichte wie viele andere, die Sie bereits gehört haben, aber sie zeigt, welche ungesetzlichen Dinge während der Zeit Ratzingers geschehen konnten. Es war eine Diktatur, nicht im Schafspelz, sondern im „Kirchengewand".[38]

Fall 9: In Belgien beginnt gerade die Berichterstattung über eine Welle des sexuellen Kindesmissbrauchs durch Priester, die sich bereits seit Jahren ereignet.[39] Erzbischof André-Joseph Léonard, das Oberhaupt der Kirche von Belgien, sagt: „Der Bericht und das darin geschilderte Leiden lassen uns erzittern." 13 der Opfer haben sich das Leben genommen. Ein besonders überwältigender Fall betraf Roger Vangheluwe, den Bischof von Brügge, der im April 2010 zurücktrat, nachdem er gestanden hatte, zwischen 1973 und 1986 immer wieder seinen eigenen Neffen vergewaltigt zu haben. Kardinal Godfried Danneels war vor Léonard oberster Bischof von Belgien und hat diesen Missbrauch vertuscht. Der Vatikan hat diesen Bischof noch immer nicht aus dem Priesteramt verstoßen. Parlamentsmitglieder haben eine Untersuchung gefordert, und das Survivor Network (SNAP) sagte, „die von der Kirche angebotenen Reformen sind nichts als ‚Schall und Rauch'." Im Jahr 1967 nahmen dort 42,9 Prozent aller Katholiken am Sonntagsgottesdienst teil; 2006 waren es nur noch 7 Prozent.

---

38) Persönliche Korrespondenz vom 10. Oktober 2010. Der Name wird zum Schutz Unschuldiger nicht genannt.

39) Leo Cendrowicz, *Belgium's Catholic Church Repents – Too Little, Too Late?* in Time, 15. September 2010

Es gibt Kirchenfunktionäre, die zugeben, dass die Vertuschung der Fälle von sexuellem Missbrauch mit finanziellen Interessen in Verbindung steht. Der oberste Sprecher der belgischen Kirchenhierarchie, Bischof Guy Harpigny, räumt ein, die belgischen Kirchenführer hätten lange gebraucht, um das Missbrauchsproblem einzugestehen, denn „wenn man sich entschuldigt, nimmt man die moralische und rechtliche Verantwortung an. Dann werden Leute kommen und Geld verlangen, und wir wissen nicht, was die Anwälte und die Gerichte dann tun werden."

Fall 10: Eine Studie von internationalem Umfang hat mindestens 30 Fälle gefunden, in denen im eigenen Land des Missbrauchs beschuldigte Priester von Kirchenprälaten ins Ausland versetzt wurden – bei einigen geschah das, um ihnen die Flucht vor polizeilichen Ermittlungen zu ermöglichen. Viele dieser Sexualtäter hatten auch in diesen anderen Ländern Zugriff auf Kinder, die sie wieder missbrauchten. Die Untersuchung umfasste 21 Länder auf sechs Kontinenten. Ein solcher Vorfall betraf Pater Nicolas Aguilar Rivera, den man von Los Angeles nach Mexiko City versetzt hatte. Ein mexikanischer Staatsbürger reichte beim US-Bundesgerichtshof von Kalifornien eine Klage gegen ihn sowie gegen die römisch-katholischen Kardinäle von Mexiko City und Los Angeles ein, die er beschuldigte, den Priester von einem ins andere Land versetzt zu haben, um Missbrauchsvorwürfe zu verschleiern. Der Kläger berichtet, von Rivera Mitte der neunziger Jahre missbraucht worden zu sein, als er zwölf Jahre alt war.

In anderen Fällen ist ein Priester, der in Los Angeles Kindesmissbrauch gestanden hatte, auf die Philippinen versetzt worden; ein in Kanada wegen sexuellem Missbrauch verurteilter Priester wurde nach Frankreich gesandt, wo er 2005 ein zweites Mal für dasselbe Verbrechen verurteilt wurde; ein mehrfacher sexueller Übergriffe auf Jungen beschuldigter Priester wurde zwischen Irland und England hin und her geschickt; ein Priester in Holliston (Massachusetts), wurde nach Brasilien versetzt und arbeitete dort 30 Jahre lang bei den Kayapo-Indianern, und Pater Allan Woodcock hat in Neuseeland mindestens elf Jungen sexuell belästigt, woraufhin man ihn nach Irland schickte. Woodcock wurde 2004 an Neuseeland ausgeliefert, bekannte sich in 21 Fällen von sexuellem Missbrauch schuldig und wurde zu sieben Jahren Gefängnis verurteilt. Terry Carter, eines der Opfer Woodcocks in Neuseeland, hat die Versetzung von Priestern, die sich des Missbrauchs schuldig gemacht haben, als „die geographische Kur" bezeichnet.[40]

Fall 11: Wir haben bereits vom Maciel-Skandal gehört und von den Briefen, mit denen versucht wurde, Ratzinger davon in Kenntnis zu setzen, woraufhin die Glau-

---

40) Alessandra Rizzo and Bradley Brooks, *Predator Priests Shuffled around Globe* (MSNBC.com, 14. April 2010)

benskongregation jahrzehntelang in Schweigen verharrte.[41] Jetzt, während ich dies schreibe, hat der Papst gerade einen Bericht angenommen, der die Schrecken von Maciels Herrschaft bestätigt und einen Aufseher für die *Legionäre Christi* ernannt. Und auch das erst, nachdem er „die Ermittlungen verspätet wieder aufgenommen" und sich elf Jahre lang geweigert hat, überhaupt eine Untersuchung der Vorgänge um Maciel in die Wege zu leiten. Das führt zu der Frage, wie ein so verkommenes menschliches Wesen wie Maciel über eine derart lange Zeit von zwei Päpsten so viel Unterstützung erhalten konnte, während man zugleich alle gegen ihn erhobenen Anschuldigungen ignorierte? Waren der gegenwärtige und der vergangene Papst dermaßen von seiner über-rechten Ideologie, seiner Vorliebe für Diktatoren, Autoritarismus und seinem Talent zur Geldbeschaffung begeistert, dass die Ideologie den Vorrang vor der Theologie und vor jedem Akt der Gerechtigkeit erlangt hat? Zugleich mussten junge Menschen leiden und tun es noch heute. Die Enthüllungsjournalisten Laurie Goodstein und David Halbfinger kommen zu dem Schluss, dass Ratzinger „wie mittlerweile klar ist, ebenfalls Teil dieser Kultur der Nichtverantwortung, der Leugnung, der juristischen Verzögerung und der direkten Behinderung war. Gleich nach Johannes Paul II. hatte Kardinal Ratzinger wie kein anderer Spitzenfunktionär des Vatikans in den neunziger Jahren die Möglichkeit, durch entschiedenes Handeln zu verhindern, dass der Skandal in ein Land nach dem anderen metastasiert und zu einem Ausmaß heranwächst, das nun sein eigenes Pontifikat zu vernichten droht."

Wie defensiv die Glaubenskongregation vorgeht, wird vom Fall eines australischen Bischofs hervorgehoben, der von seinem Posten zurücktrat, nachdem er vom Vatikan angegriffen worden war, weil er zu den Opfern von pädophilen Priestern gesagt hatte, er sei „mit dem Grad an Unterstützung, den wir von ‚Rom' erhalten, nicht glücklich." Man teilte ihm in einem offiziellen, auf den 6. August 1996 datierten Brief mit: „Die Bischofskongregation ist anhaltend besorgt, weil Du in den vergangenen Monaten Ansichten zum Ausdruck gebracht hast, die eine schwerwiegende Kritik an den Lehren des Magisteriums und der Kirchendisziplin darstellen." Später informierte man ihn davon, dass man seine Handlungen an die Glaubenskongregation weitergegeben habe, „womit man mir indirekt sagte, dass man mich irgendeiner Form der Ketzerei verdächtigte." Bischof George Robinson, Auxiliarbischof von Sidney, trat schließlich zurück, weil er „nicht länger Bischof in einer Kirche sein konnte, gegenüber der ich so tiefgehende Vorbehalte habe."[42]

---

41) Fünf preisgekrönte Dokumentationen haben die Geschichte genau diese Skandale rings um Priester, die sich des sexuellen Missbrauchs schuldig gemacht haben erzählt. Siehe *5 Most Damning Films about Catholic Child Abuse* in *The Week*, 27. April 2010

42) George Robinson, *Confronting Power and Sex in the Catholic Church* (Liturgical Press, Collegeville, MN 2008)

Sexuelle und theologische Missbrauchszusammenhänge

Es macht sehr traurig, diese Geschichten und Tatsachen zu hören, und es ist quälend, darüber zu schreiben oder davon zu lesen. Aber sie müssen erzählt werden (und unzählige weitere ebenso). Nur dann kann die Sache irgendwie bereinigt werden. Und immer wieder stellt sich die Frage nach dem Zusammenhang zwischen Macht und Missbrauch. Wie sehr unterscheidet sich die Vertuschung sexuellen Missbrauchs von der Billigung intellektueller Misshandlung in einer Organisation? Die mehr als 99 unter Ratzinger und Papst Johannes Paul II. verurteilten Theologen und Aktivisten sind ein Teil der Missbrauchsgeschichte, die sich in den letzten 30 Jahren im Vatikan abgespielt hat. Misshandlung hat viele Gestalten. Auch viele der Angriffe auf Denker in der Kirche sind anonym und im Geheimen vonstatten gegangen.

Ein solches Opfer war Pater Tissa Balasuriya aus Sri Lanka, der sich für die Armen seines Landes einsetzte. Er wurde von der Glaubenskongregation attackiert, falsch übersetzt und schließlich exkommuniziert und sagt dazu: „Wir können geheime, anonyme Denunziationen nicht länger hinnehmen. Wer andere in Rom beschuldigt, muss in vernünftigem Maß selbst Gegenstand einer Überprüfung sein können. Und wenn er andere fälschlicherweise diffamiert oder beschuldigt hat, sollte er selbst bestraft werden. So funktioniert das schließlich in der Zivilgesellschaft auch."[43] Was bedeutet es, Denker zu verurteilen? Balasuriya stellt fest: „Mir fällt auf, dass unter Katholiken eine weit verbreitete Angst beim Umgang mit Theologie und mit Institutionen wie der Glaubenskongregation herrscht, die dazu führt, dass die meisten Strukturen der Kirche funktionsunfähig werden. Auf allen Ebenen – diözesan, national und sogar international – wird jeder behindert. Da ist so etwas wie ‚heilige Furcht', eine Art religiöser Terrorherrschaft, die mit der Hölle, mit Exkommunikation und Ausschluss droht. Diese psychologischen Waffen werden benutzt, um Menschen in Angst zu versetzen, so wie es die Inquisition in der Vergangenheit mit der Folterdrohung getan hat. Deshalb ist es so wichtig hervorzuheben, dass da, wo Liebe ist, keine Furcht sein kann. Wenn wir nicht zu einer Gemeinschaft der Liebe und Annahme werden, müssen wir damit rechnen, dass die Menschen die Kirche einfach links liegen lassen."[44]

Die vorsätzlichen Angriffe auf Denker in der Kirche haben sich dazu verwandelt, Sexualtäter zu verhätscheln, denn eine Organisation, die Gehorsam zum obersten Gebot macht, wird nicht von Menschen mit einem stark ausgeprägten Gewissen geführt. Da sind ignorante, eigennützige Männer die Drahtzieher, die alle „Außenseiter" beschuldigen, die Institution vernichten zu wollen. Da trifft man dummes

---

43) Paul Collins, *The Modern Inquisition: Seven Prominent Catholics and Their Struggles with the Vatican* (Overlook Press, New York 2002)
44) Ebenda

Gerede über „belangloses Geschwätz" an (als ob auch nur ein einziger Fall von Kindesmissbrauch belanglos wäre).[45] Da schiebt man Homosexuellen die Schuld für Pädophilie zu (was Kardinal Tarcisio Bertone, der gegenwärtige Staatssekretär des Vatikans, kürzlich getan hat) oder auch den Medien (eine weitere List, derer sich bestimmte Charaktere im Vatikan während dieser Krise bedient haben) oder man macht sogar die Bildung dafür verantwortlich (wie mexikanische Bischöfe kürzlich erklärten). Auf Letzteres hat die Mexikanische Gesellschaft für Sexualgesundheit, eine Gruppe professioneller Berater und Pädagogen, als Reaktion auf die Kritik der Bischöfe Folgendes geantwortet: „Jene in der Kirche, die ein reines Gewissen haben, sollten dieser Absurdität ein Ende setzen und wirksame Hilfe suchen. Es ergibt keinen Sinn, die Probleme der katholischen Kirche mit Priestern, die Minderjährige sexuell missbrauchen, auf die Sexualerziehung zu schieben. Das ist fast schon jämmerlich."[46]

Ja-Sager und Speichellecker geben keine guten Führungspersönlichkeiten ab. Und wenn es zu einer Krise wie dem Pädophilie-Skandal kommt, sind sie nicht in der Lage, darauf anders zu reagieren, als dem von oben kommenden Befehl zu gehorchen und alles zu verschweigen. Das ist wahrhaftig absurd und jämmerlich – vor allem gerade mal 70 Jahre nach der Zeit des Nationalsozialismus, der Gehorsam zur allerhöchsten Tugend erklärt hatte. Man sollte doch meinen, dass wir aus diesem Drama mittlerweile etwas gelernt hätten.

Mobbing und Bestechung

Der englische Schauspieler Christopher Frye nannte Ratzinger wegen der hässlichen Dinge, die er gegen Homosexuelle geschrieben hat, kürzlich einen „Spielplatztyrannen". Ein Psychologe, der sich tiefgehend mit dem Phänomen des Mobbing beschäftigt hat, weist darauf hin, dass Menschen, die als Kinder Traumata erlitten haben, „viel anfälliger dafür sind, später aggressiv oder psychopathisch zu werden und andere Kinder zu tyrannisieren …"[47]

Für Ratzinger und seinen Bruder, die unter einem überaus strengen Vater und den Härten des Vorkriegsdeutschlands aufgewachsen sind, könnten tyrannische Akte an der Tagesordnung gewesen sein. Wie der Vater, so der Sohn. So, wie Georg in seinem Chor Kinder geschlagen hat und daran nichts Falsches finden konnte, hat Ratzinger Theologen in seiner Kirche Prügel verabreicht, und auch das offensichtlich mit völlig ruhigem Gewissen. Walter Mixa, ein führender konservativer Bischof und eines der wichtigsten Mitglieder der Nationalen Bischofskonferenz Deutsch-

45) Frances D'Emilio, *Vatican Tries to Quell Uproar over Gay Comment* (SFGate.com, 14. April 2010)

46) *Mexico Rejects Church Criticism of Sex Education* (SFGate.com, 16. April 2010)

47) Maria Szalavitz, *How Not to Raise a Bully: The Early Roots of Empathy* (http://www.time.com/time/printout/0,8816,1982190,00.html)

lands, war im April 2010 gezwungen, wegen des Vorwurfs, Kinder geschlagen zu haben, seinen Rücktritt einzureichen.

Martin Hoffman ist Professor für Psychologie an der New York University und Vorreiter auf dem Gebiet der Empathie-Forschung (empathisches ist das Gegenteil von tyrannischem Verhalten). Er behauptet, dass man „durch die Art, wie man Kinder behandelt, deren Einfühlungsvermögen entweder erhöhen oder vernichten kann, indem man sie einer strengen, strafenden Umgebung aussetzt."[48] Der Katholizismus des Vatikans ist seit Jahren von einer strengen, strafenden Umgebung gekennzeichnet. Tatsächlich zeigen Studien, dass der regelmäßige Einsatz von körperlichen Strafen auf lange Sicht nicht nur zu keiner Verhaltensänderung führt, sondern auch eine Zunahme der kindlichen Aggression verursacht. Wie aggressiv war Ratzingers Vater? Mary Gordon, die Gründerin von Roots of Empathy, einem Schulprogramm zur Förderung von Mitgefühl, weist darauf hin, dass Kinder, die zuhause unter stärkeren Misshandlungen zu leiden haben als andere, auch wahrscheinlicher selbst zu Tyrannen werden. „Es ist nicht so, als wenn sie nicht wüssten, wie es sich anfühlt, verletzt zu werden; sie haben vielmehr gelernt, Gewalt als angemessene Form des Ausdrucks von Zorn oder als Mittel zur Sicherung von Macht zu sehen."[49]

Ratzinger ist die Fähigkeit zum Mitgefühl für von Priestern missbrauchte Kinder offensichtlich bereits vor langer Zeit verloren gegangen, und auch sein Mitgefühl für Theologen und jene, denen sie dienen, ist deutlich unterentwickelt. Seine tiefere Empathie galt klar dem Image der Kircheninstitution sowie der Priester, Bischöfe und Kardinäle, die dieses Image selbst dann noch repräsentiert haben, als es bereits überaus angeschlagen war.

Der niederländische Soziologe René Veenstra bemerkt, dass Tyrannen grundsätzlich die Strategie verfolgen, Opfer auszuwählen, von denen sie wissen, dass nur wenige Klassenkameraden es wagen werden, sie zu verteidigen. Vielleicht hilft das, die Wir-Gruppen-Mentalität des klerikalen und rein männlichen Systems des Vatikans zu erklären, das Ratzinger und andere betriebsinterne Geistliche vertreten und so energisch voreinander verteidigen und bejubeln. Man denke nur daran, dass die Tyrannei Escrivás für die Vatikanfunktionäre kein Grund war, von seiner Heiligsprechung abzusehen. Es scheint keine bestimmte, einzelne Eigenschaft zu geben, die ein besonderes Opfer zum Ziel dieses Mobbings macht – „eines Tages beschließen sie einfach, eins von den Kindern nicht mehr zu mögen, weil es pink trägt, und am nächsten Tag können sie ein anderes Kind nicht mehr leiden, weil es blau trägt, groß ist, klein ist oder eine Brille trägt"[50], kommentiert Professor Young Shin Kim vom Child Study Center der Yale School of Medicine. Das könnte unter anderem

---

48) Ebenda
49) Ebenda
50) Stephanie Pappas, *Behind Bullying: Why Kids Are So Cruel* (http://news.yahoo.com/s/livescience/behindbullyingwhykidsaresocruel)

erklären, warum so viele von Ratzingers Angriffen auf Theologen in keinster Weise theologischer Natur sind, sondern einfach aus heiterem Himmel heraus geschehen – und auch, warum andere versammelt und aufgerufen werden, sich solchen Feldzügen anzuschließen.

Kim zufolge sind Aggression und Kontrolle oft ein Teil des Psychoprofils eines Tyrannen. Manchmal sind sie selbst Missbrauchsopfer. „Tyrannen wollen, dass man ihr Verhalten bemerkt", und 85 Prozent aller Mobbingfälle werden für ein Publikum durchgeführt. Tatsächlich „wird Mobbing oft zur Aufrechterhaltung der sozialen Ordnung eingesetzt" – und was für eine Hackordnung ist das in der streng hierarchischen und rein männlichen Gesellschaft des Vatikans!

Die soziale Hackordnung der römischen Kurie und von Papst Johannes Paul II. war schon recht ansehnlich – und ihre Hauptakteure befinden sich unter Papst Benedikt noch immer in wichtigen Positionen. Wir haben gesehen, dass Kardinal Sodano, einer der Unterstützer von Maciel und mit der wichtigste Sponsor von dessen finanzieller Freizügigkeit, von 1990 bis 2006 der Staatssekretär des Vatikans war – und gegenwärtig als Dekan der ranghöchste aller Kardinäle ist. Der spanische Kardinal Somalo, der wiederum das Oberhaupt der Kongregation für die Institute geweihten Lebens und für die Gesellschaften apostolischen Lebens war, ist selbst, nachdem 1997 neun Opfer vortraten und Maciel des Missbrauchs beschuldigten, niemals gegen ihn vorgegangen. Es heißt, Somalo habe unzählige „dicke Briefumschläge mit Bargeld" von Maciels Priestern erhalten, die sein Haus bereits mit Bestechungsgeldern in der Hand betraten. Von 1994 bis 2004 war Somalo für alle Beschwerden über religiöse Orden und ihre Führer zuständig. Darüber hinaus war er Kämmerer und Organisator des päpstlichen Konklaves, das Benedikt XVI. zum Papst wählte. Das gegenwärtige Oberhaupt der Kongregation für die Institute geweihten Lebens und für die Gesellschaften apostolischen Lebens, Kardinal Franc Rodé, war ebenfalls ein lautstarker Verfechter von Pater Maciel und seinen mittlerweile in Ungnade gefallenen *Legionären Christi*.[51]

---

51) Papst Benedikt XVI. hat am 4. Januar 2011 Kardinal Rodés Rücktrittsgesuch aus Altersgründen angenommen. Seitdem ist Erzbischof Joao Bráz de Aviz Präfekt dieser Kongregation. Er bezieht eine geschickte Position zum Thema Befreiungstheologie, wenn er sie als grundsätzlich akzeptabel, aber noch nicht von ihrer „marxistischen Methodologie" befreit und daher als augenblicklich nicht anwendbar bewertet: „Erzbischof Joao Bráz de Aviz erinnerte in diesem Zusammenhang an Johannes Paul II. Dieser habe erklärt, die Befreiungstheologie sei ‚nicht nur nützlich, sondern auch notwendig'. Der neue Chef der Ordenskongregation erinnerte allerdings an die beiden Instruktionen der Glaubenskongregation aus den 1980er-Jahren, die als Korrekturen gegenüber dem Gebrauch der ‚marxistischen Methodologie' zur ‚Interpretation der Realität und der Alltagserfahrung' intendiert gewesen seien. Die Trennung der beiden Richtungen sei nicht abgeschlossen, meinte der Erzbischof: ‚Ich glaube, das theologische Streben nach einer Loslösung der Option für die Armen von einer ideologisch abhängigen Spielart der Befreiungstheologie ist nicht in genügendem Ausmaß erfolgt, wie Papst Benedikt XVI. vor kurzem gemahnt hat.' Der Papst hatte sich beim ad-limina-Besuch eines regionalen Zusammenschlusses brasilianischer Bischöfe geäußert." (http://www.kath.net/detail.php?id=30156, Zugriff vom 27.05.2011.) Die „marxistische Methodolgie", die er hier aus der Befreiungstheologie entfernt sehen möchte, ist jedoch nichts anderes als der Anspruch auf Gleichberechtigung und Gerechtigkeit für die Armen. [A.d.Ü.]

William Blake ist Wirtschaftskriminalist und Autor des Buches *The Best Way to Rob a Bank is to Own One* bemerkt zum Phänomen des Mobbings: "Menschen, die andere tyrannisieren, spielen ein wohlbekanntes Spiel. Sie verfolgen eine Einschüchterungstaktik. Manchmal bedrohen sie uns direkt und manchmal jene, die uns nahe stehen ... Man muss ihnen die Stirn bieten ... Tyrannen sind feige ... Ihnen nachzugeben führt garantiert nur dazu, dass ihre Misshandlungen noch zunehmen ... Ein Erwachsener, der sich immer wieder einem Tyrannen fügt, ist ein Feigling."[52]

Mobbing und Kontrolle können sich ebenso um finanzielle wie intellektuelle und auch sexuelle Themen drehen. Macht ist Macht. Ein Mitglied der *Legionäre Christi* – ein Priester, der den Orden schließlich verlassen hat – sagte einmal: „Maciel wollte Macht kaufen. Diese Kultur des Lügens [innerhalb des Ordens] hat mich schließlich bis an die Grenze meiner Belastbarkeit geführt ... Sie erzählen Lügen über das Geld, woher es kommt, wohin es geht, wie es gegeben worden ist."[53] Offensichtlich war dieser Priester einer der Botenjungen für Maciels Geld, dass er zu verschiedenen Kardinälen mit großem Einfluss brachte. „Auf diese Weise verschaffte man sich Freunde, stellte bestimmte Formen der Hilfe sicher, wenn man sie brauchte und schmierte das Getriebe." Ein anderer Ex-Legionär kommentierte, dass es darum ging, reiche Leute dazu zu bekommen, ihr Geld für „wohltätige Zwecke" zu spenden. Aber welche wohltätigen Zwecke? „Tatsächlich weiß man nicht, wohin das Geld geht. Es ist eine elegante Form der Bestechung."[54] Wie viel Unterstützung haben die *Legionäre Christi*, *Opus Dei* und *Gemeinschaft und Befreiung* in den letzten Jahren unablässig nur deshalb erhalten, weil der Vatikan nicht auf die finanzielle Förderung verzichten wollte, die er von diesen Geldmaschinen erhielt?

Während ich dies schreibe, ermittelt die italienische Regierung im Vatikan wegen „vorsätzlicher Missachtung des Geldwäschegesetztes mit dem Ziel der Verschleierung von Eigentümerschaft, Ursprung und Zielort des Kapitals."[55] Die Polizei hat im September 2010 vom als Vatikanbank bekannten Istituto per le Opere di Religione 30 Millionen Dollar beschlagnahmt. Als die Vatikanbank vor 20 Jahren in verschiedene Skandale verwickelt war, beauftragte man den sizilianischen Bankier Michele Sindona damit, die Auslandsinvestitionen der Bank zu verwalten. Als Sindonas Bankenimperium Mitte der siebziger Jahre zusammenbrach, wurden seine Verbindungen zur Mafia enthüllt. Man steckte ihn in ein New Yorker Gefängnis, wo er an einem vergifteten Kaffee starb. Daraufhin übernahm Roberto Calvi, ein Bankier aus Norditalien, seine Funktion. Auch seine Bank, die Banco Ambro-

---

52) William K. Blake, *What Aspect of Dealing with Bullies Did Obama Fail to Learn as a Child?* in *The Huffington Post*, 8. Dezember 2010
53) Berry, *Money Paved Way*
54) Ebenda
55) Victor L. Simpson and Nicole Winfield, *Vatican Bank mired in laundering scandal* (Yahoo News, 12. Dezember 2010)

siano, machte 1982 Pleite, nachdem Darlehen in Höhe von 1,3 Milliarden Dollar an Scheinfirmen in Lateinamerika aufgedeckt wurden. Der Vatikan hatte für diese Kredite Bürgschaften geleistet und zahlte 250 Millionen Dollar davon zurück. Calvi fand man von einer Londoner Brücke hängend. Seine Taschen waren mit Geld vollgestopft. Seine Frau berichtet, dass er sich am Tag zuvor mit Prälaten von *Opus Dei* getroffen habe.

Schlussfolgerung

Was wir mittlerweile unter dem Begriff der großen „Pädophilie-Krise" innerhalb der römisch-katholischen Kirche kennengelernt haben, ist bei weitem noch nicht alles. Pädophilie ereignet sich an vielen Orten und unter verschiedensten Umständen – bei weitem nicht nur in der Kirche. Die eigentliche Krise besteht darin, wie die Hierarchie die kranken und kriminellen Taten ihrer Geistlichen gehandhabt hat. Die eigentliche Krise besteht aus den Vertuschungsaktionen, der Verpflichtung zum Schweigen, dem Mangel an Mitgefühl, der Verleugnung und daraus, das Leid der Opfer zu ignorieren – sprich in kontinuierlich anhaltendem Missbrauch. Allerdings ging es bei diesem Missbrauch nicht nur um Sexualstraftaten. In denselben Büros, in denen man sexuelle Misshandlungen in weltweitem Maßstab billigte, kam es auch zu intellektueller Misshandlung. Jene Glaubenskongregation, die Theologen missbraucht hat, ist dieselbe, die auch zugelassen hat, dass der sexuelle Missbrauch von Kindern wie eine eiternde Wunde immer weiter vor sich hin schwären konnte.

Es ist keine Kleinigkeit, mehr als 99 Theologen zu drangsalieren und zum Schweigen zu bringen, deren Berufung darin besteht, die kirchlichen Traditionen im Licht der historischen und kulturellen Entwicklung zu überdenken. Wie viele Millionen Katholiken und andere Menschen auf der ganzen Welt sind übers Ohr gehauen worden, weil sich der Vatikan im Namen der Religion Sekten und rechte Diktaturen zu eigen gemacht und zugleich jene Theologen und Aktivisten verdammt hat, die wirklich für Gerechtigkeit kämpften?

Dann war da noch der finanzielle Missbrauch – nicht nur in Form der drei Millionen Dollar, die bisher von der katholischen Kirche in Amerika als Ausgleichszahlungen an Pädophilie-Opfer aufgewendet wurden und die sechs Diözesen zugrunde gerichtet haben, sondern auch in Gestalt der Bestechungsgelder und Wirtschaftsverbrechen, mit denen sich die Kurie sowie ihre mächtigen Entscheidungsträger mit ihrem Moral- und Gerechtigkeitsanspruch zum Gespött aller gemacht haben.

Jason Berry beschließt seine umfassende Untersuchung der Finanzen der katholischen Kirche mit den folgenden Worten: „Die Machtstrukturen wussten nicht, wie man sich verändert. Die Bischöfe fürchteten sich davor, sich dem Versagen der Hierarchie zu stellen, und mieden deshalb die vielen gebildeten Katholiken, die über die Fähigkeit zum Wiederaufbau einer Kirche verfügten, die zuhören kann.

Der skandalöse Umgang mit Geld war nur ein Symptom eines viel umfassenderen institutionellen Zusammenbruchs."[56] Ja, der Finanzskandal war eines von drei tödlichen Elementen, die zum „Zusammenbruch" der katholischen Kirche führte, wie wir sie kennen. Bei den drei strittigen Punkten handelt es sich um sexuelle, finanzielle und intellektuelle bzw. ideologische Macht.

Fintan O'Toole bemerkt zum Missbrauchs-Skandal in Irland: „In Wahrheit geht es beim Kindesmissbrauch und den Vertuschungsaktionen gar nicht mal hauptsächlich um Religion oder Sex. Es geht dabei um Macht. Die menschliche Geschichte lehrt uns die trostlose Lektion, dass jene, die Macht haben, sie auch missbrauchen. Und das Organisationen ihre eigenen Interessen immer vor die ihrer Opfer stellen." Er weist darauf hin, dass der irische Verband der Amateurschwimmer Trainern in ihrem Verantwortungsbereich uneingeschränkte Macht gegeben hat, und das Ergebnis war „ im Wesentlichen dasselbe wie bei den Bischöfen, wenn auch in viel kleinerem Maßstab." Was lernen wir daraus? „Das Problem ist nicht das Schwimmen und auch nicht der Katholizismus. Macht ist das Problem."[57]

Macht ist jedoch im Katholizismus seit dem Ende des Zweiten Vatikanischen Konzils zu einem beherrschenden Thema geworden. Es geht um Macht, und auch Ratzingers Lebensgeschichte ist spätestens seit 1968 ein Beispiel für Machtstreben, für das „Streben nach dem Purpur." Autoritarismus ist der ständige gemeinsame Nenner, auf den sich seine und Papst Johannes Paul II. grenzenlose Bewunderung für *Opus Dei*, die *Legionäre Christi* sowie *Gemeinschaft und Befreiung* bringen lassen.

Es ist an der Zeit, einen neuen Begriff einzuführen: Ekklesiolatrie.[58] Ekklesiolatrie bedeutet, die Kirche, ihre Strukturen, und ihre Ämter zum Götzen zu machen. Es ist eine schwerwiegende Form des Götzendienstes, denn sie beschwört die bösen Geister des Egos und des Ehrgeizes, der vorsätzlichen Ignoranz und Arroganz, der Täuschung, des Machtmissbrauchs und der Kleingeistigkeit herauf. Sie ersetzt die göttliche Wirklichkeit durch menschliche Strukturen. Jesus hat das KönigInnenreich Gottes verkündet. Das KönigInnenreich seiner Lehre durch die Kirche zu ersetzen, ist schlicht falsch und stellt eine Form des Götzendienstes dar, die schnell eigennützig werden kann.

All das sind traurige Botschaften. Die frohe Botschaft folgt nun, wenn wir erörtern, wie sich die katholische Kirche selbst in Anbetracht dieser umfassenden Zerstörung einer einst so stolzen Tradition wieder aus ihrem Grab erheben kann. Selbst angesichts dieser widerlichen Verbrechen des Vatikans könnte der Heilige Geist noch immer ein Ass im Ärmel haben. Vielleicht bereitet er uns für einen postvatikanischen Katholi*zismus* vor, also ein wahrhaftig *katholisches* Christentum, das den Beiträgen von Laien und Theologen zur Gemeinschaft, den verschiedenen spi-

---

56) Jason Berry, *Render Unto Rome*
57) O'Toole, *The Truth is*
58) Abgeleitet von „Idolatrie", der kirchlichen Fachbezeichnung der Götzenverehrung [A.d.Ü.].

rituellen Traditionen der Welt sowie den globalen Kulturen und ihrer wunderbaren Vielfalt echten Respekt entgegenbringt.

Vielleicht ist die Kirche nicht dazu bestimmt, ein Substantiv oder eine Institution zu sein, sondern ein Sauerteig, um mit Jesu Worten zu sprechen. Bischof Casaldáliga hat es so ausgedrückt: „Für mich ist die Kirche nicht einmal eine Gesellschaft. Die Kirche ist Licht, sie ist Salz, sie ist der Samen in der Menschheit. Die menschliche Gesellschaft ist die einzige Gesellschaft, die es gibt."

TEIL 4

DAS ENDE DER KATHOLISCHEN KIRCHE, WIE WIR SIE KENNEN, UND DIE GEBURT EINES WAHRHAFT KATHOLISCHEN CHRISTENTUMS

Angesichts der schändlichen Skandale, die wir in diesem Buch betrachtet haben, rufen viele nach Gerechtigkeit und einer Erneuerung der Kirche. Die Skandale sind dreifacher Natur und stellen eine Art dunklen Spiegel der drei traditionellen Gelübde des Zölibats, der Armut und des Gehorsams dar: Bei ihnen geht es um sexuelle Macht und deren Vertuschung, um finanzielle Macht sowie über Herrschaftsmacht und die Frage, wem man zu gehorchen hat – einem ökumenischen Rat und dem vollständigen Magisterium der Lehrer sowie dem Laienverstand der Gläubigen, oder der Kurie, die begierig danach ist, ihre Macht zurückzugewinnen und anderen ihre Sichtweise der Kirche aufzuzwingen? Zu dieser Auseinandersetzung gehören intellektueller Neid, die Drangsalierung von Denkern und die Verkündigung einer „Unterwerfungsideologie", einer völligen Verzerrung des Gehorsams, wie sie von totalitären Regimen überall auf der Welt verbreitet wird. Und es gehören diese unsterblichen Worte dazu, die ein Mitglied der Kurie während des Zweiten Vatikanischen Konzils äußerte: „Dieses verfluchte Konzil vernichtet die Kirche."

Wir wissen, welche Seite diesen Kampf kurzfristig gewonnen hat. Für kurze Zeit haben die Anhänger der Kurie ihre Kirche zurückbekommen und damit auch die öffentliche Verbreitung von seltsamen, sogenannten Laienorganisationen ermöglicht, deren einzige Theologie die Ideologie ist und bei denen Gehorsam den Vorrang vor allen anderen Tugenden hat. Und sie haben die Verdammung der meisten Denker und Aktivisten sowie jener überaus mutigen Seelen zurückerhalten, die Leib und Leben riskiert haben, um in Lateinamerika und darüber hinaus den Kampf um Gerechtigkeit zu unterstützen.

Aber das, was die Anhänger der Kurie gewonnen haben, löst sich vor ihren Augen schon wieder auf. Es stirbt an Tausenden von Messerstichen, die es täglich in den Fernseh- und Internetnachrichten erhält. Die Kirche, wie wir sie kennen – also in ihrer Jahrhunderte alten, institutionalisierten Form – stirbt. Sie hat so viel von ihrer moralischen wie auch spirituellen Glaubwürdigkeit verloren, dass ein Einunddreißigjähriger zu mir sagen kann: „Da ist nichts mehr, was man reformieren könnte. Die einzige Frage, die sich noch stellt, ist: Wer bekommt die Kirchenbauten?" Kein geringerer als Bischof Casaldáliga hat einmal festgestellt, dass „der Vatikan so, wie sich im Verlauf der Geschichte bis zum heutigen Tag herausgeschält hat, den größten Feind der Mission darstellt, die Petrus von Christus anvertraut wurde. Im Grunde genommen ist das ein innerer Feind. Es ist eine Struktur, die all dem feindlich entgegensteht, was Christus offensichtlich für seine Kirche wollte, nämlich in evangelikaler Form zu dienen und Zeugnis abzulegen."

Die Frage ist also: Was kommt jetzt? Was ist es wert, aus dem brennenden Haus gerettet zu werden? Steht der Heilige Geist, der so voller Vorstellungskraft ist und „alles neu machen" will, hinter all diesem Aufruhr, den Enttäuschungen und den

Kämpfen? Sind Kardinal Ratzinger, Papst Johannes Paul II., Pater Maciel, Pater Escrivá und Kardinal Law Teil des Strebens des Heiligen Geistes danach, das Haus auf die radikalste Art zu säubern? Den Neustartknopf zu drücken? Für das 21. Jahrhundert noch einmal neu anzufangen? All die neuen Schläuche zu erfinden, die den köstlichen und reichhaltigen Wein von Jesu wahren Lehren und Handlungen aufnehmen können? Haben sie das Spielfeld so verwüstet, dass es wieder flach und eben ist? Sind wir für eine neue Art des Handelns und für eine Wiedergeburt von Großzügigkeit, Mut und Vorstellungskraft bereit?

Ich glaube schon. Und wenn das stimmt, bedeutet es, dass es für alle Katholiken und sogar alle Christen an der Zeit ist, bei der Wiedergeburt des Christentums mitzumischen. Der Protestantismus taumelt zwar nicht unter den Skandalen des Vatikan-Katholizismus, aber auch er bedarf der Erneuerung. Nicht nur die Kirche steht auf dem Spiel, sondern auch gute und betrübte Menschen überall auf der Welt sowie die Erde selbst, mit ihren wunderbaren und großzügigen Geschöpfen, die so sehr durch unsere Hand leiden.

In diesem Teil des Buches werden wir zuerst einige Mythen aufgeben, die Schätze aus dem brennenden Haus holen (was ist es wert, gerettet zu werden?), uns fragen, was ein post-vatikanischer Katholizismus beinhalten würde und uns schließlich dem Kummer zuwenden, den der Verrat von Seiten der Strukturen und Führer der Kirche über uns gebracht hat – und Vorschläge für praktische Lösungen machen.

IX – Einige Mythen, die von den Katholiken
aufgegeben werden müssen

Wenn eine wahrhaft katholische Christenheit entstehen soll, müssen wir uns von ein paar Mythen verabschieden. Dann können andere, neue (und in einigen Fällen uralte) Mythen hervortreten, denn wie die Moral und die meisten anderen wichtigen menschlichen Unternehmungen wird auch die Religion von Mythen angetrieben. Remythologisierung setzt eine Entmythologisierung voraus. Bevor man ein Gefäß füllen kann, muss man es zunächst entleeren.

Im Folgenden finden Sie einige dieser Mythen, die aufgegeben werden können und müssen, sowie jene, die dann neu entstehen.

Der Mythos des Zölibats

Wenn das Zölibat wirklich ausgelebt und vollkommen angenommen wird, kann es eine wichtige Rolle spielen, denn dann ermöglicht es dem Menschen, sich mehr auf das eigene Dienen und weniger auf tägliche Erfordernisse wie die Sicherung des Lebensunterhalts, das Wechseln von Windeln, die Ernährung und Versorgung anderer, das Schulgeld für die Kinder und weitere Dinge zu konzentrieren. Ich habe eine ganze Reihe von Zölibatären kennengelernt – sowohl Katholiken als auch Buddhisten – die mit ihrer Großzügigkeit und den Entscheidungen, die sie für ihr Leben getroffen haben, deutlich demonstrieren, dass nicht jeder ein aktives sexuelles (als genital definiertes) Leben braucht, um nützlich, glücklich und engagiert zu sein. Darüber hinaus kann das Zölibat ein Weg zu jener tiefen Bewusstseinserforschung sein, zu der jeder wahre Mönch und jede echte Nonne verpflichtet sind.

Aber – und das ist ein großes „Aber" – das Zölibat muss optional sein und darf keine Voraussetzung für Führerschaft darstellen. In Anbetracht der Verlässlichkeit moderner Methoden zur Empfängnisverhütung (ungeachtet der Weigerung der Augustiner, sie zu erlauben), ist die Wiederentdeckung der Sexualität als gänzlich wunderbare und organische Art des Ausdrucks der Liebe zu einem anderen menschlichen Wesen und zu Gott – so, wie es das Hohelied Salomos in der Bibel beschreibt – durchaus ein Teil der jüdischen Tradition. Somit ist sie auch ein Teil der Tradition von Jesus, des Rabbis. Zur Remythologisierung des Christentums gehört notwendigerweise auch, Sexualität als einen Segen und nicht als ein moralisches Problem zu betrachten.

Aus den Fakten, die mittlerweile bezüglich des Priesterzölibats der vergangenen 40 Jahre zutage treten, lässt sich erkennen, dass vieles davon mythischer Natur ist. Einige der besten Priester, die ich kennengelernt habe – darunter die großzügigsten, fürsorglichsten und intellektuell lebendigsten – hatten eine Person in ihrem Leben, mit der sie eine sexuelle Liebesbeziehung verband. Auf diese Weise haben sich die mythische Geschichte und die Praxis voneinander entfernt. Es ist Zeit, die Geschichte zu verändern: Die Verpflichtung zum Zölibat muss aufgegeben werden. Dieser Mythos ist nicht in der Realität verwurzelt. Der neue Mythos ist ein uralter und besagt, dass Sexualität und Mystizismus zueinander passen, dass körperliche Liebe die Erfahrung des Göttlichen darstellt und uns eine Kostprobe der göttlichen Erscheinung geben kann. Die exzessive Verkündigung des Zölibats als Hauptziel der priesterlichen Disziplin muss durch diesen neuen Mythos ersetzt werden.

In seinem hervorragenden Artikel „Der katholische Priester und das Zölibat" trägt der ehemalige Priester James Carroll viele wichtige Argumente zum Zölibat vor und beschreibt auch, dass es sich dabei „um eine Machtfrage"[1] handelt. Er weist darauf hin, dass das Zölibat in den „guten alten Tagen zur Zeit Bing Crosbys" für eine „Wette auf die Existenz Gottes nach dem Motto ,alles oder nichts'" stand. Das Zölibat hatte eine magnetische Anziehungskraft – doch „der Magnet ist tot." Das Mönchsgelübde der „Keuschheit", das sich in einer geschützten Umgebung vollzieht, ist im 12. Jahrhundert in Form des „Zölibats" allen Priestern aufgezwungen worden, wodurch es nicht mehr zur freien Wahl stand. Das Zweite Vatikanische Konzil war bereit, sowohl die Frage der Empfängnisverhütung als auch die des Zölibats zu diskutieren (immerhin ist das Zölibat 1139 in einem Konzil für alle Priester zur Regel erklärt worden, warum sollte es also ein Konzil im Jahre 1965 nicht ebenfalls erörtern können?), doch Papst Paul VI. hat kalte Füße bekommen und in Bezug auf beide Themen dahingehend interveniert, sich die Entscheidung selbst vorzubehalten. Dann hat er zu beidem eine Enzyklika verfasst, die keine Veränderung der gängigen Praxis ermöglichte. Beide Lehren „haben die Kirche in eine Welt aus Unehrlichkeit gestürzt", weil katholische Laien das Empfängnisverhütungsmandat ignorieren und Priester die Regeln des Zölibats oft umgehen. Und die exzessive Beschäftigung mit sexuellen Fragen – „eine kreischende, nur auf ein einziges Thema gerichtete Besessenheit von der Abtreibung" zum Beispiel – schwemmt die weitaus dringlicheren Fragen davon, die sich uns in Bezug auf soziale und wirtschaftliche Angelegenheiten und die ökologische Gerechtigkeit stellen.

---

1) James Carroll, *Celibacy and the Catholic priest* (http://www.boston.com/bostonglobe/editorial_opinion/oped/articles/2010/05/16/ celibacy_and_the_catholic_priest am 16. Mai 2010)

Der Mythos, der Vatikan sei der einzige Lehrer (das „Magisterium")

Die Idee, die ganze Wahrheit befände sich an einem einzigen Ort, ist ein relativ junger Mythos, der ebenso vom Fernsehen wie auch durch die sonderbare Erklärung des Ersten Vatikanischen Konzils (1869-1870) unterstützt wird, der Papst sei unfehlbar, weil er *ex cathedra* (in höchster Lehrgewalt) spricht. Darüber hinaus hat diese fragwürdige Lehre einen noch sonderbareren Versuch Kardinal Ratzingers – des jetzigen Papst Benedikt – durchlaufen, sie zu einer „schleichenden", wenn nicht sogar „galoppierenden" Unfehlbarkeitsdoktrin zu machen, die zwar den Interessen der Machthaber im Vatikan, aber nicht den Interessen der anderen Gläubigen weltweit dient. Garry Wills schreibt: „Wir sollen von nun an akzeptieren, dass nur der Papst befähigt ist, christlichen Menschen zu sagen, wie sie zu leben haben. Da kann niemand anders mehr mitreden – kein Konzil, kein Bischofskollegium, keine nationale Bischofssynode und auch nicht die Christen selbst. Von nun an spricht der Heilige Geist nur noch mit einem einzigen Menschen auf Erden, dem omnikompetenten Oberhaupt der Kirche – einer Kirche, die nur noch ein Haupt ohne Glieder ist."[2]

Ich glaube, dass die früh-moderne Sichtweise der Physik – vor allem die Überzeugung, dass es ein Zentrum des Universums geben muss, und wir es nur noch nicht gefunden haben – zur weiteren Ausgestaltung der Idee einer päpstlichen (vatikanischen) Unfehlbarkeit beigetragen hat. Diese Theorie hat sich mittlerweile jedoch als falsch erwiesen. Es gibt keinen Mittelpunkt des Universums. Unser Universum ist multizentrisch – so, wie auch das intellektuelle Denken multipel, vielfältig und bestreitbar ist. Wir müssen die Idee eines zentralen Magisteriums (der Lehrautorität innerhalb der Kirche) entmythologisieren und die uralte sowie vormoderne Auffassung remythologisieren, dass es viele Denker und viele Theologen gibt, denen man zuhören und deren Gedanken diskutiert und debattiert werden sollten, weil nur die allerwenigsten Antworten absolut sind. Hat Jesus nicht genau deshalb in Form von Gleichnissen gepredigt, anstatt uns legalistische Normen oder lange Listen moralischer Verhaltensregeln zu geben?

Der hochverehrte, verstorbene Pater Bede Griffiths sagte einmal in einem ausgezeichneten Artikel: „Heutzutage glauben viele Menschen, das Magisterium bestehe aus dem Papst und der römischen Kurie, doch das ist ein Irrtum. ‚Magisterium' kommt vom lateinischen *magister* – dem Meister – und bezeichnet die Lehrautorität. Streng genommen gibt es in der Kirche nur eine solche Autorität, und das ist der Heilige Geist, denn Jesus hat seinen Jüngern versprochen, dass der Heilige Geist ‚die Menschen in alle Wahrheit führen' werde."[3] Dann fährt er fort und benennt vier „Organe des Magisteriums", von denen das erste der Papst und die rö-

---

2) Garry Wills, *Papal Sin*
3) Dom Bede Griffiths, OSB, *The M-word* in *The Tablet*, 11. August 1990 (einsehbar unter http://www.vatican2voice.org/8conscience/magister.htm, Zugriff vom 4. April 2010)

mische Kurie sind, deren Aufgabe in der Verwaltung der Alltagsangelegenheiten der Kirche besteht; das zweite sind die Bischöfe. Der Papst ist „der Autorität der Bischöfe in Gemeinschaft mit dem Papst untergeordnet, denn aus diesen beiden Elementen besteht das Magisterium genau genommen. Das ist vom Zweiten Vatikanischen Konzil deutlich hervorgehoben worden." Das dritte Organ sind die „Periti", also jene theologischen Experten, die den Bischöfen als Berater dienen. „In gewisser Weise trifft der Begriff des Magisteriums eher auf die Theologen zu, weil ein Theologe ein Meister der heiligen Lehre ist, dem man den Auftrag erteilt hat, im Namen der Kirche Theologie zu lehren." Doch das „allerwichtigste" Organ des Magisteriums ist der Laienstand, „das Volk (*laos*) Gottes … Streng genommen bildet der Laienstand, das Volk Gottes, die Kirche, während Päpste, Bischöfe und Priester aus dem Laienstand erwählte ‚Gesandte' sind, die vom Heiligen Geist den Auftrag erhalten haben, im Namen der Kirche zu handeln." Die gesamte Kirche wird als „eine heilige Nation, ein Königreich von Priestern" bezeichnet, in dem alle Mitglieder gleichermaßen an den Gaben des Heiligen Geistes teilhaben. Der Gedanke, die Autorität komme von oben, vom Papst und den Bischöfen, entspricht nicht dem Ideal der Kirche, wie es im Neuen Testament zu finden ist. Eine derartige „Kommandostruktur" riecht eher nach der Sowjetunion als nach der Kirche des Neuen Testaments. Päpste und Bischöfe „müssen sich vor dem Laienstand, vor dem Volk Gottes für ihr Handeln und Lehren verantworten. So, wie der Papst keine Autorität abseits der Bischöfe hat, haben auch Papst und Bischöfe keine Autorität abseits der Menschen, von denen sie gewählt worden sind und die sie vertreten."

Bede schrieb diese Worte zu jener Zeit, als die Berliner Mauer fiel. Er betete damals dafür, dass sich die neugewonnene Freiheit der Osteuropäer auch auf die römisch-katholische Kirche ausdehnen möge. Kardinal John Henry Newman, dem kürzlich die zweifelhafte Ehre zuteil wurde, von derselben Organisation zum Heiligen ernannt zu werden, die auch Escrivá kanonisiert hat, hätte diese Analyse der Lehrgewalt innerhalb der Kirche definitiv unterstützt. Über das Pontifikat seiner Zeit hat er einmal gesagt: „Es ist unnormal und trägt keine guten Früchte. Er [der Papst] wird zu einem Gott, hat niemanden, der ihm widersprechen kann, kennt die Fakten nicht und tut grausame Dinge, ohne es zu beabsichtigen."[4] Er nannte das Pontifikat von Pius IX. „einen Höhepunkt der Tyrannei", der ketzerisch sei, und verurteilte die Tatsache, dass „jetzt eine extreme Zentralisierung … durchgeführt wird." Newman war der Ansicht, dass der Laienstand vollständig am Leben der Kirche teilhaben sollte, und als ihm ein Bischof diesbezüglich widersprach, sagte er: „Ohne sie würde die Kirche ziemlich albern aussehen." Newmann hat das Gewissen des Einzelnen immer dem Gruppendenken und angepasstem Gehorsam vorgezogen.

---

4) John Cornwell, *The Papal Hijacking of Cardinal Newman* in *Financial Times*, 17. September 2010. Cornwell ist der Autor von Newman's Unquiet Grave: The Reluctant Saint (Continuum, London 2010).

Der Mythos vom Papst als Berühmtheit – eine moderne Version des Götzendienstes

Die „Papolatrie" ist eine moderne Form der Götzenverehrung, die vom Fernsehen und anderen elektronischen Medien angefacht und aufgepeitscht wird, weil diese nichts lieber tun, als sich auf eine „Star"-Persönlichkeit einzuschießen – vor allem dann, wenn diese Star-Persönlichkeit attraktiv in zum Beispiel weiße Gewänder und hellrote Schuhe gekleidet ist, gelegentlich den Boden küsst und große Menschenmengen segnet. Der Starmacht des Fernsehens und das Papsttum sind heutzutage eine sehr unheilige Hochzeit eingegangen, die leicht in einen Persönlichkeits- und Papalismuskult kippen kann.

Das ist vor allem dann gefährlich, wenn die pontifikalen Kräfte einen solchen Kult wünschen, um die Macht ihrer zentralisierten Bürokratie oder ihr bedürftiges Ego zu polstern. Diese ernsthafte Gefahr besteht und ist in den vergangenen 40 Jahren wieder und wieder zur missbräuchlichen Wirklichkeit geworden. Man hat Authentizität durch Verherrlichung ersetzt, was zu den gefährlichsten Formen der Projektion führen kann. Götzenverehrung ist wie die Verehrung eines Stars immer vorübergehender Natur. Echte Spiritualität billigt sie nicht und strebt sie auch nicht an. Persönlichkeitskulte führen nicht zu einer authentischen Religion, sondern zum genauen Gegenteil davon, wie uns der Jakobusbrief warnt: „Ein reiner unbefleckter Gottesdienst vor Gott dem Vater ist der: Die Waisen und Witwen in ihrer Trübsal besuchen und sich von der Welt unbefleckt erhalten" (Jakobus 1,27).

Der Mythos, der in der Kuppel des Petersdoms verankert ist

Dieser Mythos entstammt dem Evangelium des Matthäus (und nur diesem). Dort steht im Kapitel 16, Vers 18: „Und ich sage dir auch: Du bist Petrus, und auf diesen Felsen will ich bauen meine Gemeinde, und die Pforten der Hölle sollen sie nicht überwältigen." Diese Zeilen sind zur Grundlage der petrinischen Version des Christentums, also der *römisch*-katholischen Kirche geworden. Das Problem ist nur, dass sich die Gelehrten heutzutage einig sind, dass der historische Jesus diese Worte in Wirklichkeit nie gesagt hat. Sie sind erst später eingefügt worden, als sich die christliche Gemeinschaft auf der ganzen Welt zu verbreiten begann. Die Wissenschaftler sagen uns Folgendes: „Die Empfehlung Petri ist ein Konstrukt des Matthäus. Das Wortspiel mit dem Namen Petrus (das griechische Wort *petra* bedeutet ‚Felsen') macht ihn zur Grundlage, auf der die Gemeinde erbaut ist (Vers 18): Das reflektiert zweifellos die Position, die Petrus in jenem Zweig der aufstrebenden christlichen Bewegung hatte, dem auch Matthäus angehörte. (Der Auftrag an Petrus wird in Vers 19 bestätigt: ‚Und ich will dir des Himmelreichs Schlüssel geben: Alles, was du auf Erden binden wirst, soll auch im Himmel gebunden sein, und alles, was du auf Erden lösen wirst, soll auch im Himmel los sein.') All das ist christlicher Sprachgebrauch und spiegelt die Bedingungen in der sich entwickelnden Institution wieder."[5]

Natürlich war Jesus der griechischen Sprache weder in Wort noch in Schrift mächtig[6], wie konnte er also das Wortspiel mit dem Namen „Petrus" machen? Unter den Gelehrten des hoch angesehenen Jesus-Seminars herrscht allgemeine Einigkeit darüber, dass „Jesus das nicht gesagt hat; es repräsentiert die Perspektive oder den Inhalt einer späteren oder anderen Tradition."[7]

Das mag manche Angehörige der römisch-katholischen Kirche erschüttern, aber es ist notwendig, wieder zu den Fakten der Lehre Jesu zurückzukehren, also zu entmythologisieren, um danach remythologisieren zu können. Die historischen Bedingungen haben damals zu einer Verfolgung der frühen Christen durch das Römische Imperium geführt, die sich in Rom und darüber hinaus ereignet hat (sowohl Petrus als auch Paulus sind wahrscheinlich ebenso wie viele andere Anhänger Christi in den ersten Jahrhunderten in Rom den Märtyrertod gestorben). Doch wie wir wissen, ist das Imperium schließlich im 4. Jahrhundert unter seinem eigenen schieren Gewicht und seiner Zügellosigkeit zusammengebrochen, und die christliche Kirche hat die Scherben zusammengekehrt und es wieder aufgebaut. Dabei wurden viele Kompromisse zwischen der Botschaft von Jesus – die anti-imperialistisch war, denn wann immer er vom „Königreich Gottes" sprach, machte er einen deutlichen Unterschied zum Königreich des Römischen Reichs – und den Bedürfnissen des Imperiums.

Wie Jesus hat auch Paulus seine Lehren in Kontrast zum Imperium gestellt. Der Bibelwissenschaftler John Dominic Crossan erinnert uns daran, dass Paulus in seinen Briefen unzählige Male die Formulierung „in Christus" verwendet hat, was für Paulus und seine Zuhörer jedoch lediglich der Gegensatz zu „im Reich" war. Crossan schreibt: „In einer Welt, in der die eigene Identität oft von der Beziehung abhing, in der man zu Rom stand, also ‚in Rom' zu sein, war eine Selbstdefinition, die darauf bestand, sich ausschließlich als ‚in Christus' zu bezeichnen, bestenfalls subversiv und schlimmstenfalls Verrat."[8] Kein klar denkender Christ würde heute „in Christus" mit „im Vatikan" verwechseln.

Zu Beginn des 4. Jahrhunderts versammelte Kaiser Konstantin alle Bischöfe des Imperiums, um eine Bekenntnisformel zu gestalten, mit deren Hilfe man endlich dem Krieg der verschiedenen Seiten des religiösen Disputs ein Ende bereiten und dem Kaiserreich wieder Frieden bringen konnte. Doch ein großer Teil dieses Glaubensbekenntnisses bestand nicht aus den Lehren Jesu, sondern stellte vielmehr die

---

5) Robert W. Funk, Roy W. Hoover und das Jesus Seminar, *The Five Gospels: What Did Jesus Really Say? The Search for the Authentic Words of Jesus* (HarperSanFrancisco, San Francisco 1997)
6) Ebenda
7) Ebenda
8) John Dominic Crossan und Jonathan L. Reed, *In Search of Paul* (HarperSanFrancisco, San Francisco 2004)

Institutionalisierung einer organisierten Religion dar. Es hat mehr von „im Imperium" als davon, „in Christus" zu sein.

Deshalb würde eine authentische Remythologisierung die Werte Jesu wieder in Kontrast zu jenen des Imperiums stellen und sich zur Symbolisierung der Einheit aller Christen weniger auf eine Gestalt (Petrus) und einen Ort (Rom) stützen. Das könnte einen Teil des heftigen Widerstands erklären, den extrem rechte Strömungen in Lateinamerika, aber auch die CIA in unserem Land der Befreiungstheologie entgegensetzen. Imperien treten ihre Macht nicht freudig und freiwillig ab – und ganz bestimmt nicht an spirituelle Werte. (Natürlich hat Gandhi bewiesen, dass ein einzelner Mensch ein ganzes Imperium demontieren kann, ohne sich dafür einer erbitterten militärischen Kriegsführung zu bedienen, sondern unter Verwendung von dem, was man im Wesentlichen als spirituelle Mittel und Taktiken bezeichnen könnte – Taktiken, die auch Martin Luther King jr. in seinem Kampf gegen eine Ideologie und ein Imperium der Rassentrennung aufgenommen hat.)

Der Mythos, dass die römische Kurie sich selbst reformiert oder sich selbst reformieren will oder der größeren Kirche, dem „Volk Gottes" dient

Betrachten Sie die folgende Aussage von einem der Opfer der römischen Kurie: „Ich sehe keine Möglichkeit, ein System, das jemanden infolge anonymer Denunziationen verurteilt, der Person keine Chance gibt, sich zu verteidigen und ihr den Zusammenhang, in dem sie verurteilt wird, vorenthält, mit dem Geist der Evangelien unter einen Hut zu bringen."[9] Diese Bemerkung hat Pater H.M. Feret, ein Theologe der französischen Dominikaner, im Jahr 1954 gemacht, doch sie würde heute, im Jahr 2010, ebenso zutreffen. Angeblich gab es vor mehr als 40 Jahren eine Reformbewegung – ein überaus kompliziertes und aufwändiges Zweites Vatikanisches Konzil, das die besten Denker und Führer der Kirche zusammengebracht hat, um die Kirche zu erneuern und zu reformieren. Doch heute, 56 Jahre später, hat sich an der Bürokratie des Vatikans nichts geändert. Die Gründe dafür sind offensichtlich.

Die Mitglieder der Kurie polstern ihre Nester mit Macht und Privilegien aus. Sie ließen das Konzil stattfinden (und haben von Anfang bis Ende dagegen gekämpft), und haben dann alles, was dort beschlossen worden war, wieder zurückgenommen, um sich wieder ihrer wirklichen Religion zuzuwenden. Die „Theologie" dieser Menschen (bei der es sich in Wahrheit um eine Ideologie der Macht handelt) ist in höchstem Maße fragwürdig. Sie haben nichts aus all den Jahrzehnten tiefer biblischer, historischer, anthropologischer und spiritueller Wissenschaft gelernt. Und noch weniger haben sie aus der edelmütigen Art und Weise gelernt, in der das Evangelium von vielen Menschen überall auf der Welt und vor allem in der lateinamerikanischen Kirche gelebt wird. Und auch aus dem Konzil haben sie nichts ge-

---

9) Zitiert in O'Malley, *What Happened*

lernt. Thomas von Aquin bezeichnet das vorsätzliche Ignorieren von Dingen, die man wissen sollte, als Todsünde.

Peggy Noonan drückt es folgendermaßen aus: „Ich weiß eines, weil ich es selbst gesehen habe: Viele – nicht alle, aber viele – der Männer in den höchsten Ebenen des Vatikans sind ein Teil genau jenes Skandals gewesen, den sie jetzt wieder gutzumachen gefordert sind. Sie sind zornig und abwehrend. Sie werden nicht aus sich heraus eine Wende in der Kirche herbeiführen."[10] Gandhi bemerkte, dass die Menschen Macht und Privilegien nicht freiwillig aufgeben. Die Kurie hat seit dem Zweiten Vatikanischen Konzil mehr als 40 Jahre Zeit gehabt, die Dinge ins Lot zu bringen. Sie hat vollständig versagt, und ihr Versagen ist ein Skandal, der die Kirche zum Gespött macht. Alleine der ständige Ämterkauf stinkt zum höchsten Himmel.

Kardinäle sind vor 15 Jahrhunderten erfunden worden; sie können heute durch neue Erfindungen ersetzt werden. Ein Kirchenhistoriker erinnert uns daran, dass die Kardinäle erst „lange nach dem Zeitalter der Apostel"[11] in Erscheinung traten und noch mehrere Jahrhunderte lang grundsätzlich Laien waren. Im 9. Jahrhundert teilte man sie in drei Klassen ein: Kardinalbischöfe, Kardinalpriester und Kardinaldiakone. „Alle drei waren direkt mit dem Papst und dem Pontifikat verbunden." Erst im 12. Jahrhundert wurden die ersten Kardinäle außerhalb von Italien ernannt. Bischof George Robinson erklärte kürzlich vor dem Australischen Gremium der Priesterkonferenz: „Die meisten Bischöfe würden es vorziehen, Kardinäle von Bischöfen wählen zu lassen … Momentan ernennt der Papst jene Kardinäle, die den Papst wählen, der dann weitere Kardinäle ernennt, und so weiter … das ist ein Teufelskreis, absichtlich geschaffen, um sicherzustellen, dass wir keinen zweiten Papst Johannes XXIII. bekommen."[12] In der Tat ein Teufelskreis.

Bischof Pat Power von der Diözese Canberra-Goulburn stellt fest: „Es reicht nicht, sich als Antwort auf die sexuellen und anderen Formen des Missbrauchs in der Kirche lediglich auf die Sündhaftigkeit und das Versagen jener zu fokussieren, die sich des Missbrauchs schuldig gemacht haben. Das ist nicht nur eine Frage der individuellen Reue, sondern wir brauchen eine *totale systemische Reform der Kirchenstrukturen*."[13]

Der Mythos, man müsse um der Einheit willen die Vielfalt opfern

Es gibt verschiedene Arten der Einheit, ebenso wie verschiedene Arten der Vielfalt. Es gibt Einheit mit Vielfalt und Einheit, die keine Vielfalt duldet. Wenn man

---

10) Noonan, *How to Save*
11) Greg Tobin, *Selecting the Pope: Uncovering the Mysteries of Papal Elections* (Sterling, NY 2009)
12) *Prophetic Voices* (www.votf.org)
13) Ebenda

die Natur betrachtet, findet man überall eine Unmenge von Einheit und doch zugleich auch eine so große Vielfalt. Wir wissen heute, dass unsere eigene Art von ihrem Heimatland in Afrika aus vor mehr als 60.000 Jahren auf Reisen gegangen ist, um die ganze Erde zu füllen. Aber es gibt uns mit verschiedenen Farben, Sprachen, Liedern, Ritualen, Religionen und Weltbildern. Es ist wichtig – und in der Tat von äußerster Bedeutung für unser Überleben – dass wir sowohl den Reichtum der Vielfalt ehren als auch nach unseren gemeinsamen Wurzeln und Werten Ausschau halten. (Letzteres habe ich in meinem Buch *One River, Many Wells* getan, in dem ich 18 Themen benenne, die all unsere Religionen gemeinsam haben.) Wir müssen uns dem Tanz hingeben und die Flexibilität finden, die wir brauchen, um Einheit *mit Vielfalt* zu feiern – und nicht eine Einheit, die alle Unterschiede niederknüppelt, denunziert oder als ketzerisch verurteilt.

Wir wissen, dass die frühe Kirche vollkommen anders war. In der Welt des 1. Jahrhunderts gab es jene kirchlichen „Zweige", die Jakobus nachfolgten, der ein Bruder von Jesus und Christenführer in Jerusalem gewesen war; dann war da ein Zweig, der Petrus nachfolgte; ein weiterer war als Nachfolge von Maria Magdalena entstanden und dann gab es noch einen um Paulus – und viele andere mehr. Alle Zweige stritten sich untereinander. Kann es Christus ohne Moses geben? Paulus zum Beispiel brüstete sich einmal damit, er habe sich vor Petrus gestellt und ihm gesagt, dass er einfach Unrecht habe. Man hatte seine kleinen Differenzen; so schien Petrus besonders auf Maria Magdalena neidisch zu sein, und binnen einiger weniger Jahrzehnte scheint die weibliche Führung der ursprünglichen Bewegung von den Männern so gut wie ausgelöscht worden zu sein. Bruce Chilton schreibt: „Was Klassen, Temperament, kulturelle Vorurteile und religiöse Bräuche angeht, war das Christentum von dem Augenblick an, wo Menschen begannen, das Wort ‚Christ' zu verwenden, eine in viele Teile zerbrochene Bewegung."[14] Vielfalt war von Anfang ein wesentlicher Teil des Christentums.

Wenn wir erst einmal die Vorstellung entmythologisiert haben, Einheit bedeute „alle gehorchen einer Stimme" und zu einem organischen, natürlichen Verständnis von Einheit übergehen – dergestalt, dass man sich in verschiedene Richtungen zugleich bewegt und durch praktisches Ausprobieren jeweils eigene Ausdrucksformen, Ideen, Führer und Praktiken hervorbringt – dann kann sich ein gesunder Remythologisierungsprozess entfalten. Das Christentum hat von seinen Anfängen bis heute viele Verwandlungen erfahren – vom griechisch-orthodoxen Zweig zu den Kopten Ägyptens, vom petrinischen römischen Katholizismus zum anglikanischen Katholizismus, vom Protestantismus zum Baptismus bzw. zum Methodismus und so fort. Darüber hinaus unterscheidet sich das Christentum in Süd- und Zentralamerika von dem in Nordamerika, Afrika, Asien oder Europa. Und jede dieser Formen stellt einen authentischen und wertvollen Ausdruck jener Traditionen dar, auf denen das Christentum von Anfang an beruht hat.

---

14) Bruce Chilton, *Rabbi Paul: An Intellectual Biography* (Doubleday, New York 2004)

Deshalb spricht die neue Mythologie *sowohl* von Einheit *als auch* Vielfalt und feiert die vielen unterschiedlichen Ausdrucksformen der Sprache, des Gottesdienstes, des Lehrens und Praktizierens, die es gibt. Sie werden nicht zu einer Einheit verbunden, weil jemand in einem zentralen Kommandozentrum steht und „Ketzer!" ruft, sondern von der Schönheit und Wahrheit zusammengeschweißt, die entsteht, wenn alle zu einem „mystischen Körper Christi" zusammenkommen. Wie M.D. Chenu es formulierte: „Einheitlichkeit ist eine Karikatur der Einheit. Einheit impliziert Vielfalt. Heute ist Pluralismus eine notwendige Voraussetzung für Theologie und Seelsorge. Ich denke, die neuen Kirchen der Dritten Welt sollten einen unabhängigen Status erhalten."[15]

Der Mythos, dass die Lehren des Heiligen Augustinus eine genaue Wiedergabe der Lehren Christi seien

Augustinus von Hippo lebte vier Jahrhunderte nach Jesus in Nordafrika. Er ist diesem Mann nie auf eine andere Weise begegnet, als auch wir es tun – in den Schriften oder in der Christuserfahrung. Und doch bürdet die westliche Kirche (die östlichen Traditionen Russlands und Griechenlands tun das keineswegs) den Gläubigen die Lehren des Augustinus auf, die nur ihn selbst betreffen – und die Jesus niemals wiedererkennen würde. Viele Male sind seine Schriften dazu benutzt worden, ein christliches Imperium zu untermauern. Zu diesen Irrlehren gehört auch, dass wir bereits von der Erbsünde befleckt geboren werden – das habe Jesus gemeint, als er sagte, er sei gekommen, um uns von der ursprünglichen Sünde, der Erbsünde reinzuwaschen. Jesus wusste gar nichts von Erbsünde – das tat niemand zur damaligen Zeit. Vom Sturz aus dem Paradies? Ja. Aber nicht von der Erbsünde. Seit der Veröffentlichung meines Buchs *Der große Segen* im Jahr 1983 erfahre ich von immer mehr Müttern, Angehörigen einheimischer Völker und anderen, dass sie nicht glauben können, ihre Kinder kämen beschädigt und nicht liebenswert auf die Welt. Das ist eine sehr gefährliche Lehre.

Der große jüdische Psychologe und spirituelle Schriftsteller Otto Rank geht davon aus, dass alle Menschen mit einer Urwunde auf die Welt kommen, und ich finde diesen Sprachgebrauch sehr viel vernünftiger. Er nennt sie die Wunde der Trennung, jener tiefen Trennung, die wir erfahren, wenn wir den Mutterleib verlassen und die jedes Mal erneut aktiviert wird, wenn wir im Laufe unseres Lebens von einer anderen Trennung wie Tod, Scheidung, Krankheit oder Entfernung betroffen sind. Er sagt, dass nur die *unio mystica*, die mystische Hochzeit, die sich in der

---

15) Zitiert in Lernoux, *People of God*. Offensichtlich beginnt sich eine Bewegung zu formieren, die anstrebt, die gesamte Kirche auf das „polnische Modell" zu reduzieren, „ was sich als einer der größten Fehler in der Kirchengeschichte erweisen könnte", kommentiert der italienische Schriftsteller Giancarlo Zizola (ebenda).

Erfahrung von Liebe und Schönheit vollzieht, diese Wunde zu heilen vermag. Im Licht dieser Erkenntnis können wir begreifen, welche Art der Wiedervereinigung uns Jesus und Christus bringen.

Lassen Sie uns also die Vorstellung, die Augustinus von der Ur- oder Erbsünde hatte, entmythologisieren und im Rahmen des Großen Segens remythologisieren (was bedeutet, dass alle Wesen in diesem Universum – einschließlich unserer selbst – essenziell gut sind). Zugleich erkennen wir die Tatsache unserer Wunden an, zu denen auch die ursprünglichste Wunde der Trennung gehört.

Es gibt eine weitere Lehre des Augustinus, die Jesus ablehnen würde und die besagt, dass Frauen einen geringeren Wert als Männer haben. Augustinus sagte tatsächlich: „Der Mann und nicht die Frau ist nach dem Ebenbilde Gottes geschaffen." Damit knüpfte er an mehrere Jahrhunderte des kirchlichen Patriarchats an, in denen bereits Zeilen wie „Frauen sind die Pforte zur Hölle" gefallen waren (von Tertullian, einem Theologen des 3. Jahrhunderts).

Jeder, der Jesus nachfolgt, muss sich von solchem patriarchalen Unsinn distanzieren und diese Lügen entmythologisieren. Zum revolutionären Bewusstsein Jesu gehörte auch sein Respekt Frauen gegenüber und der Umstand, dass er ihnen Intelligenz und Verantwortungsbewusstsein zugestand. Schließlich hat eine Frau als allererste die Ostergeschichte erzählt, und den Evangelien zufolge waren bei der Kreuzigung bis auf einen einzigen Mann nur Frauen anwesend.

Eine andere, nicht von Jesus stammende Lehre des Augustinus besagt, dass Sex mit der Zeugung von Kindern gerechtfertigt werden muss. Für ihn war jede Form der körperlichen Liebe mindestens eine lässliche Sünde, weil man dabei „die Kontrolle verliert". Seltsam, denn es ist doch gerade der Kontrollverlust, der eine mystische Erfahrung ausmacht. Wenn man die Kontrolle zum Gott erhebt, ist es natürlich schlimm, wenn man sie verliert. Erhebt man aber die Liebe zum Gott, kann der Kontrollverlust, der mit körperlicher Liebe oder anderen kreativen Handlungen einhergeht, durchaus ein Weg zu spiritueller Einheit sein. Die Angst und Scham, die Augustinus bezüglich der Sexualität empfand, hat das westliche Bewusstsein viele Jahrhunderte lang heimgesucht und ist noch immer die Grundlage der päpstlichen Lehre, dass selbst in Zeiten von AIDS und Überbevölkerung Empfängnisverhütung immer falsch sei. Darüber hinaus fördern die Ansichten des Augustinus eine Verbreitung der Homophobie, denn homosexuelle Liebe kann nicht mit dem Versprechen gerechtfertigt werden, Kinder zu zeugen. Diese Mythologie muss gehen, damit eine gesunde Mythologie sexueller Liebe entstehen kann.

Der Mythos, Jesus habe eine rein männliche Kirchenführung gewollt

Hat der Herr die Bildung von so etwas wie einem zur Geheimhaltung verpflichteten (und einander gegenseitig beichtenden) Jungenclub befürwortet? Das ist die Frage. Oder dass dieser Club alle Entscheidungen bezüglich des Lebens aller anderen

trifft? Zweifelhaft. Wir haben in diesem Buch bereits gesehen, wie gefährlich ungezügelte Macht in den Händen von Männern sein kann, die ihrem winzig kleinen
Kreis gefallen wollen und auch, wie sehr Macht korrumpiert, bis absolute Macht
schließlich zu absoluter Korruption führt. Hätten sich die schrecklichen Dinge, die
im Zuge priesterlicher Pädophilie geschehen und vertuscht worden sind, auch dann
ereignet, wenn Frauen mit an Bord gewesen wären, um die rein männliche Riege
der Entscheidungsträger in Frage zu stellen? Die meisten Jünger Jesu waren verheiratete Männer, und bei einigen Jüngern handelte es sich um Frauen.

Heutzutage ist es die Aufgabe jeder menschlichen Versammlung, wieder das
Gleichgewicht von Yin und Yang, von Männlichkeit und Weiblichkeit herzustellen. Da bildet die Kirche keine Ausnahme. Ohne dieses Gleichgewicht werden wir
untergehen. Es gilt hier, den Aspekt der göttlichen Weiblichkeit, aber auch der heiligen Männlichkeit wiederzubeleben (die das Gegenteil jener üblen und kranken
Form der Männlichkeit darstellt, die dann herrscht, wenn eine Imperiums-Menta-
lität dominiert).[16]

Der Mythos davon, dass die Kirche „keine Demokratie ist" (Kardinal Ratzin-gers Worte), sondern eine Monarchie sein sollte, und zwar die letzte Monar-chie auf Erden

Die Gestalt, welche die Kirche annimmt, um sich der Welt zu präsentieren und ihre
eigene Existenz zu regeln, kann und wird sich mit der Zeit und kulturellen Veränderungen weiterentwickeln. Alles, was Menschen tun, ist etwas in dieser Art, weil
jedes Wesen und jedes System im Universum den Regeln unterworfen ist, die in der
Natur bezüglich des Lebens, Sterbens und der Wiedergeburt der Form existieren.
Warum sollte die Kirche da eine Ausnahme sein? Tatsache ist, dass die menschliche Spezies nach Jahrhunderten monarchischer und imperialistischer Herrscher die
Demokratie entdeckt und viele Versuche unternommen hat, repräsentative Regie-
rungsformen von und für ihre Bürger zu schaffen. Die anglikanische Kirche zum
Beispiel verdient Anerkennung dafür, ein parlamentarisches System entwickelt zu
haben, in dem nicht nur Geistliche, sondern auch Laien bei der Wahl der Kirchenführer (Bischöfe) ein Mitspracherecht haben. Jede religiöse Körperschaft hat ihre eigene Art der Bestimmung von Führungspersonen. Die Vorstellung, Jesus habe eine
nur aus Männern bestehende Gruppe angeblich ausschließlich zölibatärer Kardinäle zu Kirchenführern ernannt, ist natürlich albern. Jesus hatte nie etwas von Kardinälen gehört (sie kamen erst im späten fünften und im 6. Jahrhundert auf) – ebenso
wenig, wie er von Päpsten oder einem Vatikan wusste.

Wovon er jedoch wusste, waren imperiale Machthaber und Monarchen, und
von denen war er in keinster Weise beeindruckt. Er hat sie abgelehnt. Und doch ist

16) Siehe auch Fox, *Die verborgene Spiritualität des Mannes*

die römisch-katholische Kirche in den monarchischen und imperialistischen Führungsstil zurückgerutscht – und das, obwohl Jesus „die letzten werden die ersten sein" lehrte und das Zweite Vatikanische Konzil mit aller Macht eine Dezentralisierung der Entscheidungsfindung herbeigeführt sowie die Nationalen Bischofskonferenzen dazu gedrängt hat, ihre jeweiligen Kirchen und Laien zur Übernahme von Verantwortung zu ermuntern (vor allem auf Gemeindeebene). All das ist mit dem *coup d'eglise* der letzten beiden Pontifikate abgestreift worden, die meiner Ansicht nach die bisher schismatischsten waren.

Der Mythos, der Jesus mit Christus verwechselt und Jesus den einzigen Sohn Gottes nennt

Ein weiterer Mythos, der aus der Ära der Hochzeit von Staat und Kirche im 4. Jahrhundert unter Konstantin stammt (sowie dem Glaubensbekenntnis von Nicäa, dass diese Hochzeit praktisch wirksam macht), ist die Lehre, in der Jesus mit Christus verwechselt wird. Als ob „Christus" Jesu Nachname gewesen und er der einzige Sohn Gottes sei. Jesus hat nie von sich als einzigem Christus gesprochen; tatsächlich forderte er von seinen Anhängern, dieselben Werke zu vollbringen wie er – und größere noch. Er lehrte, dass wir alle die Christusnatur in uns aufnehmen und entsprechend leben sollen. Oder, wie Meister Eckhart vor 700 Jahren sagte: „Wir sind alle dafür bestimmt, die Mütter Gottes zu sein. Was nützt es mir, wenn Maria den Sohn Gottes geboren hat, aber ich dasselbe nicht in meiner Zeit, meiner Kultur und meiner Person tun kann?"[17]

Ein authentisches Christentum braucht zwei Schwingen, um fliegen zu können – die des historischen Jesus und die des Kosmischen Christus, des Lichtes, aber auch der Wunde in allen Dingen. Jesus hat uns alle zu unserer Christusartigkeit erweckt, zu unserer Ähnlichkeit mit Gott und unserer Verantwortung für gottähnliche Handlungsweisen wie zum Beispiel die Empfindung von Mitgefühl oder die Schaffung von Gerechtigkeit.

Jesus hat auch nicht gelehrt, dass er der alleinige Weg zu Gott sei. Der Bibelwissenschaftler Bruce Chilton schreibt: „Wenn der Leser heute die Worte ‚Sohn Gottes' hört, denkt er ausschließlich an Jesus. Aber diese Formulierung gab es bereits, bevor man sie auf Jesus anwendete … und bezog sich auf die Engel (Genesis 6,2), das gesamte Volk Israel (Hosea 11,1) und das gesamte Geschlecht Davids (Psalm 2,7). Die Gunst Gottes wird durch direkte Offenbarung auf Engel und Menschen übertragen; jeder ist ‚der Sohn' oder der ‚liebe Sohn' (Markus 1,11). Bei der Aussendung des Geistes schickte Gott den Geist seines Sohnes in jeden Gläubigen hinein, der wie Jesus einst ‚Abba, lieber Vater' ruft (Galater 4,6). Auf diese Weise wird der Gläubige ebenso wie Jesus, der seinen Vater anrief, zum Sohn; oder, wie Paulus

---

17) Siehe auch Matthew Fox, *Meditations with Meister Eckhart* (Bear and Co., Santa Fe, NM 1983)

in Erkenntnis desselben sagt: Gott sendet seinen Geist, ‚weil ihr alle Söhne seid.‘"[18]
Wir alle müssen das Bewusstsein für unsere Gottessohnschaft und Gottestochterschaft wiedergewinnen.

Es gibt viele Wege zu Gott. Jesus fand und lehrte Wege, auf denen Gott auch
zu uns kommt. Wie Meister Eckhart sagt: „Alle Wege führen zu Gott, denn für
den Wissenden ist Gott in allen von ihnen gleichermaßen."[19] Ich habe Buddhisten
kennengelernt, die Christus ähnlicher als katholische Päpste waren, und sie folgten
dem Weg Buddhas. Ich habe amerikanische Ureinwohner kennengelernt, die Christus ähnlicher waren als christliche Führer, und sie wiederum haben ihre spirituelle Kraft und Integrität daraus bezogen, ihrem ursprünglichen Weg zu folgen. Wir
sollten also Jesus nicht mit Christus verwechseln oder seinen Weg zum alleinigen
Weg machen. Der Geist „weht, wo er will" und hat zu allen Zeiten in allen Kulturen gewirkt. Diese Lehre des Zweiten Vatikanischen Konzils ist wie ein frischer
Atem, der unsere Aufmerksamkeit und Meditation verdient. Christen müssen sich
in Demut üben und die Wege anderer Glaubenstraditionen betrachten – anstatt sie
zu verurteilen – um zu erkennen, auf welche Weise der Geist in ihnen geschäftig
am Wirken war und noch immer ist. Ich bezeichne das als „Tiefenökumene". Sie
ist ein Mythos, der in unserer Zeit der globalen Vernetzung und Vermischung der
so wunderbar verschiedenartigen religiösen Traditionen der Menschheit dringend
zum Leben erweckt werden muss.

Wir können so viel voneinander darüber lernen, was für uns und unsere Vorfahren wirklich wichtig ist bzw. war. Aber das werden wir nicht verstehen, solange wir
aus einer verschlossenen Haltung heraus leben, in der unser Weg der einzige Weg
ist. Ein solches Denken ist zutiefst unreif. Es steckt in der Ego-Identität fest und ist
in keinster Weise als erwachsen zu bezeichnen.

Der Mythos, dass Gott ausschließlich männlich ist

Bis zum heutigen Tag fordern der vergangene wie auch der gegenwärtige Papst,
dass der Artikel „sie" niemals am Altar Gottes verwendet werden darf. Der Name
Gottes verweist jedoch nicht auf nur eine Hälfte der menschlichen Spezies. Wenn
wir unserem Bild von einem ausschließlich männlichen Gott huldigen, fügen wir
uns selbst, unseren Institutionen und unseren Kindern großen Schaden zu. Meister
Eckhart warnte, dass „alle Namen, die wir Gott geben, aus dem Verständnis unserer selbst entstammen." Deshalb ähnelt das Verbot der Darstellung einer göttlichen
Weiblichkeit durch den Vatikan ein wenig einem Rohrschach-Test. Solche Verhaltensweisen sind frevlerische Ausreden dafür, Sexismus zu zementieren und das stra-

18) Bruce Chilton, *The Way of Jesus: To Repair and Renew the World* (Abingdon Press, Nashville
2010)
19) Fox, *Meditations with Meister Eckhart*

fende Vaterbild einer rächenden und zornigen patriarchalen Gottheit zu verstärken. Eine Gesellschaft bzw. Organisation, die von solchen Vorstellungen gestützt wird, dürfte eher zum „Herrschaftskomplex" als zu partnerschaftlichem Denken neigen. Was können unsere Kinder – seien sie nun Jungen oder Mädchen – daraus lernen? Dass Gott Frauen und Mädchen als zweitrangig betrachtet? Ist das eine gesunde Lektion für Jungen oder Mädchen?

Die göttliche Weiblichkeit ist in unseren tiefsten Bibeltradition wie zum Beispiel der Weisheitstradition, der auch Jesus entsprungen ist, und ebenso in unseren großartigen mystischen Traditionen des Mittelalters anwesend, wie wir sie bei Hildegard von Bingen, Meister Eckhart, Mechthild von Magdeburg, Juliana von Norwich und vielen anderen finden. Hat der Vatikan so sehr die Verbindung zu seiner eigenen Tradition verloren, und ist er so sehr mit seiner rein männlichen Projektion auf das Göttliche verheiratet, dass er für diese überaus wichtige Dimension unserer Tradition blind und taub bleiben kann? In den biblischen Traditionen ist der Heilige Geist ebenso wie die Weisheit weiblich. Und heute stimmen alle Gelehrten darin überein, dass Jesus aus der Weisheitstradition kam.[20]

Es ist gefährlich, eine Hälfte unserer psychischen Ganzheit auszulassen sowie ein nur aus dem Yang entspringendes Bild des Universums und des Göttlichen anzubieten, das kein Yin hat, durch das es ins Gleichgewicht kommen kann. Solche Lehren gefährden die Seelen und Institutionen, die wir aus dieser psychischen Beschaffenheit heraus entwickeln, weil sie einseitig sind. Jungen und Mädchen, Männer und Frauen müssen von der Balance und dem großen Tanz von Männlichkeit und Weiblichkeit erfahren, der überall in der Natur, in uns selbst und hoffentlich auch in unseren Institutionen sowie im Göttlichen selbst zu finden sind.[21]

---

20) „Grundlage für die jüdische Weisheitstheologie ist zunächst das menschliche Erfahrungswissen, wie es vor allem im Buch der Sprüche, aber auch in den Psalmen und anderen Texten überliefert ist: Konkrete Handlungsanweisungen für das Zusammenleben, also Mahnungen zu Fleiß und Disziplin, nachhaltigem Wirtschaften, Bescheidenheit und Rücksichtnahme auf andere. Solche Sammlungen von Ratschlägen zum guten Leben, die auf der Erfahrung vieler Generationen beruhen, sind in fast allen Völkern verbreitet. Das zentrale Thema in den israelitischen Sprichwörtern ist der Lebenswandel der Gerechten im Gegensatz zu dem der Verbrecher und Toren, wobei ein Zusammenhang hergestellt wird zwischen dem, was jemand tut, und dem, wie es ihm dann ergeht: Wer anderen eine Grube gräbt, fällt selbst hinein (Spr 26, 27 u.v.a.). Oft gelten Götter, mythische Wesen oder besondere Vorfahren als Urheber und Vermittler der Weisheit, in Israel etwa der König Salomo." Antje Schrupp (http://www.antjeschrupp.de/weisheitstradition.htm, Zugriff vom 28. Mai 2011) [A.d.Ü.]
21) In meinem Buch *One River, Many Wells: Wisdom Springing from Global Faiths* (Jeremy P. Tarcher/ Putnam, New York 2000) betrachte ich in den Kapiteln 6 und 7 die göttliche Weiblichkeit. Die Heilige Männlichkeit sowie die Heilige Hochzeit der beiden sind das Thema meines Buches *Die verborgene Spiritualität des Mannes*.

X – Schätze aus dem brennenden Haus:

Was ist wert, gerettet zu werden?

Eines der größten Mysterien – wenn nicht sogar Wunder – der Geschichte des Christentums ist, dass es immer noch eine Abstammungslinie gibt, die sich zu Jesus und Christus zurückführen lässt und all diese Attacken der Kirche überlebt hat. Howard Thurman ist mit seiner Beobachtung, „die Christenheit hat Jesus verraten" nicht alleine.[1] Martin Luther King jr., Mahatma Gandhi und viele andere großen Seelen haben den Gegensatz zwischen Kirchengeschichte und Christusgeschichte beklagt. Albert Schweitzers Meinung zur Kirchengeschichte war: „Was während der vergangenen 19 Jahrhunderte als Christentum angesehen worden ist, stellt höchstens einen Anfang voller Schwächen und Fehler, aber kein ausgewachsenes, dem Geist Christi entsprungenes Christentum dar."[2] Was ist nötig, damit es sich zu einem „ausgewachsenen, dem Geist Christi entsprungenen Christentum" entwickeln kann?

Eine der großen Gaben, die die Christenheit nicht vollständig zerstören oder verraten konnte, sind die Schönheit und Wahrheit vieler der Bilder, Geschichten und Archetypen, die Jesus in seinen Lehren offenbart hat und die auch von der frühen Gemeinde erschaffen worden sind, um die Geschichte von Jesus und Christus zu erzählen.

Bedenken Sie, dass ein Archetyp von Natur aus universell ist (also katholisch, wenn man die wahre und ursprüngliche Bedeutung dieses Begriffs zugrunde legt). Das bedeutet, dass er auf das Leben aller Menschen angewendet werden kann, ob sie nun jung oder alt, männlich oder weiblich, schwarz, rot, braun oder weiß, aus dem Osten oder dem Westen, dem Norden oder dem Süden, Christen, Buddhisten, Atheisten, Muslime, Anhänger der Göttin oder was auch immer sind. Ein Archetyp ruft Energien wach – tatsächlich entzündet er sie wie ein Blitz. Wie die Jungsche Analytikerin Marion Woodman aus Toronto bemerkt: Wenn man sich vorstellt, dass ein Bild 1.000 Volt an energetischer Energie erweckt, dann ruft ein Archetyp 100.000 Volt hervor! Archetypen entstammen einer tiefen, gemeinsamen Quelle in der individuellen wie auch der kulturellen Gesellschaft. Deshalb sind sie universell.

---

1) Howard Thurman, *Jesus and the Disinherited* (Friends United Press, Richmond, IN 1981)
2) Zitiert in Thomas Kiernan, *A Treasury of Albert Schweitzer* (Philosophical Library, New York 1965)

Sie tauchen zu unterschiedlichsten Zeiten in unserer persönlichen und auch kollektiven Geschichte auf. Hier ist der richtige Zeitpunkt von enormer Bedeutung. Ich zeige nun 15 nützliche und überdauernde Archetypen aus der christlichen Abstammungslinie auf, die der Erörterung wert sind. Es gibt noch viele weitere, aber in einem Buch wie diesem sind Raum und Zeit nun einmal begrenzt. Diese Metaphern sind mit Gewissheit wert, aus dem brennenden Haus des institutionalisierten Christentums gerettet zu werden.

Das Ostermysterium von Leben, Tod und Auferstehung

Das alte keltische Grabmal Newgrange in Irland ist älter als die Pyramiden Ägyptens. In seinem Eingang befindet sich ein großer Stein, auf dem ein uraltes und weit verbreitetes Symbol eingemeißelt ist, nämlich drei Spiralen. Dieses Symbol stellt einen Widerhall des christlichen Ostermysteriums der Zyklen des Lebens, des Todes und der Wiedergeburt dar, die wir alle durchlaufen.

Bei den Christen ist es Brauch, dieses Ostermysterium auf Jesus und auf den Zyklus von Leben, Tod und Wiedergeburt zu beziehen, der sich in ihrem Dasein dadurch vollzieht, dass sie einen Körper in und mit Christus bilden. Die Tiefe dieses Archetypen legt jedoch nahe, dass er auf noch viel mehr als nur Jesus und seine Anhänger anwendbar ist. Sehen Sie sich einmal um. Wir wissen, das Pflanzen leben, sterben und als Dünger für andere Pflanzen wiedergeboren werden. Dasselbe gilt für jedes Säugetier, jeden Fisch und jeden Vogel. Schließlich war auch das, was wir „fossile Brennstoffe" nennen (einschließlich Öl und Kohle), einst nichts anderes als Pflanzen und Tiere. Jedes Mal, wenn Sie Ihren Benzintank füllen, nehmen Sie am selben uralten Ritual teil. Die Evolution gibt uns Aufschluss über das Leben, Sterben und die Wiedergeburt ganzer Arten. Und die moderne Kosmologie lehrt uns, dass auch Sterne, Galaxien und Supernovas leben, sterben und ihre Elemente in explosiven Auferstehungen und Wiedergeburten verstreuen. Das Ostermysterium ist eine Gewohnheit des gesamten Kosmos.

„Inkarnation" – der Gott wird Fleisch

Der Gedanke, dass man Gott nicht auf einen ätherischen, geisterhaften und höherstehenden Schauplatz des reinen Geistes verbannen muss, sondern er tatsächlich in der Lage ist, in Orten wie Bergen, Flüssen, Tälern, Bäumen, Walen, Säugetieren, Blumen und uns gegenwärtig zu sein und sein göttliches Lager darin aufzuschlagen, um darin zu wohnen – das ist mit Inkarnation gemeint. Gott wird Fleisch. Gesegnetes Fleisch. Fleisch, das kein Hindernis auf dem Weg zum Geist, sondern dessen Gefährte ist. Je mehr wir die Inkarnation ernstnehmen, umso weniger ist es noch möglich, Fleisch und Materie zum Sündenbock für die Herkunft des Bösen oder den Feind des Geistes zu machen. Was immer Gott auch sein mag, und wie immer diese Wesenheit ihr göttliches Selbst manifestiert oder offenbart – das Fleisch kann tatsächlich Gottes Heim und Wohnort sein. Dazu, diesem Tempel Gottes Ehre zu erweisen – unserem Körper, in dem das Göttliche wohnt – gehört auch, uns gut um diesen Körper sowie um die Nahrungsmittel, die er aufnimmt und um die körperliche Ertüchtigung zu kümmern, die wir ihm schenken. Das Göttliche ist keineswegs blind für die Geschichte oder die Materie, sondern stellt einen integrierten Teil von beidem dar.[3] Diese Lehre ehrt unseren Körper, die Wirklichkeit unseres täglichen Lebens und die Geschichte der sich ständig vollziehenden Evolution unserer Welt, unserer Erde, unserer Kulturen und unserer persönlichen Erfahrungen.

Gott als Licht

„Ich bin das Licht der Welt", sagt Christus (nicht der historische Jesus, sondern Christus). Wie bedeutsam ist diese Aussage? Vor allem, wenn wir auch alle Christus sind? Macht uns das auch zu „Lichtern der Welt"? Wie machen wir uns dabei? „Du sollst dein Licht nicht unter den Scheffel stellen", empfahl Jesus. Wie machen wir uns diesbezüglich? Er wird „das wahrhaftige Licht, das alle Menschen erleuchtet, die in diese Welt kommen" genannt.

Meine Forschungen haben ergeben, dass es sich beim Symbol bzw. der Metapher oder dem Archetypen des Lichts um das älteste Symbol unserer gesamten Art für das Göttliche handelt.[4] Für unsere frühesten Vorfahren war die Sonne kein Gegenstand. Da sie nun mal keine Lichtschalter und Innenraumheizungen hatten, waren sie mit dem Geschenk der täglich aufgehenden Sonne aufs Engste vertraut – ebenso wie mit dem Unterschied zwischen Hitze und Kälte, Licht und Dunkelheit, Tag und Nacht. Wir brauchen die Sonne heute für unser Leben noch genauso wie damals, aber diesen Menschen war das vielleicht noch viel tiefer und persönlicher bewusst. Sie dürften die Sonne bei weitem nicht als so selbstverständlich hingenommen haben, wie wir es heute tun.

Die Sonne bringt uns Licht und Wärme, Nahrung und die Jahreszeiten. Wer wüsste das Licht nicht zu schätzen? Deshalb spricht Christus, wenn er „ich bin das Licht der Welt" sagt, davon, dass sich das Göttliche im Geschenk des Lichts manifestiert und auch davon, wie universell verbreitet diese Wirklichkeitserfahrung ist.

Die moderne Wissenschaft fügt dem noch eine weitere, machtvolle Funktion des Lichts hinzu, die vom Menschen seit frühester Zeit intuitiv begriffen worden ist. Die Aussage des Physikers David Bohm, Materie sei gefrorenes Licht, stellt eine Herausforderung an die Versuchung dar, bei den Lehren rationalistischer oder dua-

---

3) Auch die moderne Wissenschaft ehrt unseren Körper. Siehe Matthew Fox, *Sins of the Spirit, Blessings of the Flesh: Lessons for Transforming Evil in Soul and Society* (Harmony Books, New York 1999)

4) Siehe auch das Kapitel zum Thema Licht in Fox, *One River, Many Wells*.

listischer Philosophen stehenzubleiben, die nach wie vor damit beschäftigt sind, die Materie gegen den Geist oder den Körper gegen die Seele bzw. gegen Gott auszuspielen. Es ist eine wissenschaftliche Wahrheit, dass auf jedes materielle (also inkarnierte) Lichtpartikel im Universum eine *Milliarde* nicht materieller Lichtpartikel kommen. Das bedeutet, dass Wesen wie wir, die aus Fleisch und somit inkarniertem Licht bestehen, *eine ziemlich seltene Angelegenheit im Universum sind*. Wir sind einzigartig. Die Materie ist keineswegs der Klotz am Bein unseres spirituellen Strebens, sondern sie feiert bereits in dieser Form das Licht als göttliche Inkarnation.

Was ihr dem geringsten meiner Brüder getan habt, das habt ihr mir getan

Diese Worte des historischen Jesus berichten von der großartigen und universellen Wahrheit, dass wir alle ein Teil jedes anderen sind. Darin liegt die Bedeutung von Mitgefühl. Wir feiern und leiden nicht als isolierte Individuen, sondern als Gefährten. Das Licht in dir, das Gott ist und das Licht in mir, das Gott ist, sind ein und dasselbe. Deshalb führt eine Linderung deines Leidens auch zu einer Linderung des meinen, und umgekehrt. Und all das lindert auch das Leid Gottes. Sich an deinem Licht zu erfreuen bedeutet, sich auch an meinem zu erfreuen, und umgekehrt.

Wir sind alle Christus, und zwar nicht nur an guten und fröhlichen Tagen der Freude und des Lichts, sondern auch in den dunklen Zeiten von Leid, Kummer, Verlust und Unterdrückung. Solidarität bedeutet, aus dem Archetyp des Christus heraus zu handeln, der in jedem von uns ist. Die Fähigkeit, Christus in jedem Menschen sehen zu können, stellt den ersten Schritt zu echtem Mitgefühl dar.

Die Armen werden in diesem Leben wieder auferstehen. Im Lukas-Evangelium heißt es, Maria habe gesagt: „Er stößt die Gewaltigen vom Stuhl und erhebt die Niedrigen. Die Hungrigen füllt er mit Gütern und lässt die Reichen leer" (Lukas 1,52f.). Es gibt so viele Stellen in der Bibel, die uns versprechen, dass Hoffnung und Gerechtigkeit obsiegen werden.

> Der Geist des Herrn ist bei mir, darum, dass er mich gesalbt hat; er hat mich gesandt, zu verkündigen das Evangelium den Armen, zu heilen die zerstoßenen Herzen, zu predigen den Gefangenen, dass sie los sein sollten, und den Blinden das Gesicht und den Zerschlagenen, dass sie frei und ledig sein sollen, und zu verkündigen das angenehme Jahr des Herrn.
>
> (Lukas 4,18f.)

Der Kampf um Frieden und Gerechtigkeit ist eines jeden Menschen Kampf. Zu seiner Zeit und an seinem Ort war Jesus im Herzen dieses Kampfes, und er fordert uns dazu auf, es ebenfalls zu sein.

Das Kreuz: erlösendes Leid

Wir alle müssen das durchmachen – Leid, Verluste, Verlassenheit, Verrat, Krankheit und Tod. Die Buddhisten lehren, dass alle Wesen leiden. Auf diese Weise stellte auch der Akt, durch den der eine große Kontinent vor vielen Millionen Jahren auseinandergezogen wurde und die Erde in sieben Kontinente zerbrach, eine Form des Leids dar. Tiere leiden, Pflanzen leiden, und sogar Supernovas, ganze Galaxien und der ursprüngliche Feuerball haben Leid erlebt.

Manche christliche Lehren verzerren die Aussage des Kreuzes und schaffen in den Köpfen der Menschen die Vorstellung, wir als Individuen hätten das Leid Jesu verursacht. Er hätte jedoch selbst dann gelitten, wenn es uns gar nicht gäbe. Warum? Weil alle Dinge leiden. Ja, unserer Fehler und Irrtümer, Eifersucht und Wutanfälle, Gier und Neid, Selbstsucht und Mangel an Mitgefühl tragen durchaus zum Leid der Welt bei. Sündhaftigkeit trägt zum Leid bei. Doch selbst ohne Sünde gibt es Leid und Tod, Verlust und Zerstörung.

Anstatt also die Rolle aufzubauschen, die wir beim Leiden Jesu am Kreuz hatten, sollten wir uns von diesem Archetypen in Erinnerung rufen lassen, dass dieser gute Mann seinen Teil von Leid und Tod, Verrat und Missverständnis auf grausamste Weise erlebte, indem er wie ein gewöhnlicher Aufständischer gekreuzigt wurde. Aber er wies dabei Mut auf und wusste, dass seine Lehre des Mitgefühls eines Tages irgendwie über das Morden und die Imperien triumphieren würde.

Auf diese Weise erlöst das Leiden. Irgendeine Kraft, Macht oder irgendein Geist verarbeitet unseren Schmerz, unseren Kummer und Verlust zu etwas Neuem. Doch dafür müssen wir unser Leid anerkennen, in es eintreten und uns ihm ergeben. Wenn wir aufgeben, erfahren wir tiefe Weisheit, und deshalb wird auch das Leid nicht das letzte Wort haben. Der Tod wird zu neuem Leben, der Karfreitag zum Ostersonntag.

Die dunkle Nacht der Seele

In der christlichen Bibel gibt es ein paar wilde Geschichten darüber, was an dem Nachmittag geschehen sein soll, als Jesus am Kreuz starb. Eine Quelle sagt, der Tag sei zur Nacht geworden. Eine andere berichtet, der Vorgang des Tempels sei entzwei gerissen. Wieder eine andere erzählt, die Toten hätten sich aus ihren Gräbern erhoben. Das ist ein apokalyptischer Sprachgebrauch. Einprägsam und dramatisch. Worum geht es dabei? Was versucht man, uns zu sagen?

Vielleicht, dass wir alle solche tiefen Todeserfahrungen mehr als einmal im Leben machen: Scheidungen, der Tod nahestehender Menschen, Suizid, Entlassung, die Diagnose einer schweren Krankheit zu erhalten, das Zuhause, den Arbeitsplatz oder die Familie zu verlieren, Kriege, Depressionen und Entbehrungen – die Liste könnte unendlich weitergeführt werden. Christliche Mystiker haben solche Erfahrungen „die dunkle Nacht der Seele" genannt. Und es gibt sie wirklich. Unsere Kultur neigt dazu, diese Phasen zu trivialisieren, in dem man zum Beispiel ein Antidepressivum nimmt. Oder zu irgendeiner Verlockung flüchtet, sei es Spielen, Alkohol, Drogen, Sex, Einkaufen oder in irgendeine andere Sucht.

Aber die Mystiker drängen uns, hier zu bleiben und zu erfahren, was wir aus dieser tiefgehenden Zeit des Kummers und Verlustes lernen können. Auf diese Weise werden wir gereinigt, unsere Wünsche und Absichten werden geklärt, und schließlich gehen wir durch die Erfahrung weiser und stärker geworden wieder weiter. Darüber hinaus vertieft sich unsere Fähigkeit zum Mitgefühl, denn nun haben wir erfahren, was andere in ihrem Kummer durchmachen. Dein Kummer ist auch mein Kummer, und umgekehrt. Die dunkle Nacht ist keine private Reise. Sie ist gemeinschaftlich und stellt etwas dar, dass wir alle erleben und wovon wir alle kosten.

Kreativität: vom Geist geschwängert werden

Eine der am meisten gefeierten Lehren der Christusgeschichte dreht sich um den Augenblick, als Maria Jesus in ihren Schoß empfing. Dieser Erzählung zufolge (die kein historischer Bericht, sondern eine Geschichte vom Kosmischen Christus ist), hat der Heilige Geist Maria geschwängert. Der Engel Gabriel sagte: „Der Heilige Geist wird über dich kommen." Konnte diese Befruchtung durch den Heiligen Geist nur Maria geschehen? Hört die Geschichte hier auf? Oder haben wir es mit einer universellen Geschichte, einer archetypischen Geschichte zu tun? Woraus besteht diese Geschichte?

Vielleicht besteht sie darin, dass wir alle jedes Mal, wenn wir kreativ sind, vom Geist geschwängert werden. Jeder von uns ist kreativ. Jeder von uns hat Christus geboren, wie wir auch unsere eigene Persona, unsere eigenen Werte und unsere eigene Einzigartigkeit gebären. Alle Entscheidungen, die wir im Leben bezüglich unserer Beziehungen, unserer Kinder, unseres Lebensunterhalts, unserer Form, Bürger zu sein, der Wiederverwertung unseres Mülls, der Nahrung, die wir zu uns nehmen, der Verwendung unseres Geldes und auch der Frage treffen, wie und wo wir das Göttliche verehren – all das bedeutet, den Geist zu erfahren.

Wir haben bereits von der Lehre Meister Eckharts gehört, die besagt, dass „wir alle bestimmt sind, Mütter Gottes zu sein." Der Heilige Geist ist nicht in den Ruhestand getreten, nachdem die Jesusgeschichte zu Ende war. Er ist damit beschäftigt, uns alle zu schwängern, damit wir das Gottselbst, das in uns allen ist, in die Gemeinschaften hinein gebären können, zu denen wir gehören.

Ein anderes Beispiel für die Allgegenwart des Geistes ist die Pfingstgeschichte, in welcher der Heilige Geist Wände und Türen durchdringt, um auf die Köpfe der nach dem tragischen Ereignis der Kreuzigung noch immer verstörten und verängstigten Jünger herabzukommen. Ein Erlebnis, aus dem sie kühn und stark, mutig und nun vieler Sprachen mächtig hervorgehen.

Thomas von Aquin hat dieses Versprechen, dass der Geist uns allen Kreativität bringen wird, mit folgenden Worten gefeiert: „Derselbe Geist, der zu Beginn der Schöpfung über den Wasser schwebte, schwebt auch über dem Verstand eines Künstlers bei der Arbeit."[5] Was wir gebären, ist größer als wir selbst. Es ist das Werk des Geistes. Es ist ein weiterer Christus.

Gerechtigkeit

Es wird berichtet, Jesus habe in seiner Bergpredigt gesagt: „Selig sind, die da hungert und dürstet nach der Gerechtigkeit; denn sie sollen satt werden." Die gesamte prophetische Tradition Israels ist von glühender Leidenschaft für die Gerechtigkeit durchzogen. Sie hungert nach Gerechtigkeit. Verlangt Gerechtigkeit. Jesus entstammt genau dieser Tradition. Liebe und Gerechtigkeit können nicht voneinander getrennt werden. Wie kann ich jemanden lieben, den ich ungerecht behandle? Wie können wir einander außerhalb einer Zone der Gerechtigkeit, der Fairness und des Ausgleichs lieben? Ungerechte Dinge überdauern nicht; sie zerfallen, sie sind nicht nachhaltig. Tatsächlich lehrt der Psalmist, dass die ganze Erde auf den Säulen der Rechtschaffenheit und Gerechtigkeit ruht und die ganze Welt aus dem Lot gerät, wenn Ungerechtigkeit herrscht.

Die Geschichte zeigt, dass Menschen um Gerechtigkeit kämpfen müssen. Es gibt sie nicht umsonst. Sie kann auch nur selten „billig erworben" werden. Die Beseitigung der Apartheid in Südafrika, der Rassentrennung in den USA, der Kinderarbeit, der sexuellen Versklavung, der Homophobie und jeder Form der wirtschaftlichen, rassischen, geschlechtlichen und ökologischen Ungerechtigkeit ist unser aller Aufgabe. Doch das beginnt mit Hunger und Durst, wie bereits Jesus feststellte. Man muss ein starkes Verlangen nach Gerechtigkeit haben, um den Kampf weiterführen zu können. Man muss über moralische Entrüstung verfügen, damit es weitergehen kann. Zorn inspiriert uns dazu, den langen Kampf um Gerechtigkeit beharrlich weiterzuverfolgen. Die Sehnsucht danach muss entflammt werden, und es ist notwendig, die zur Verfügung stehenden Möglichkeiten intelligent gegeneinander abzuwägen.

Dass wir der Gerechtigkeit fähig sind und darin leben können, sind große, überdauernde Mythen. Gerechtigkeit bietet Hoffnung. Sie lässt uns weitermachen. Aus gutem Grund betrachten wir jene, die für die Gerechtigkeit gekämpft haben und dafür gestorben sind, als unsere Helden. In den Schlupfwinkeln tief im Inneren eines jeden von uns herrscht ein großes und universelles Sehnen nach Gerechtigkeit. Wir sind mit einem Gefühl für Fairness und Gerechtigkeit geboren worden. Zu dieser Quelle müssen wir immer wieder zurückkehren.

---

5) Zitiert in Fox, *Sheer Joy*

Gott ist Liebe

Gott ist vieles genannt worden: Vater, Mutter, Gottheit, allmächtig, Richter, Schöpfer, Vernichter, Rächer und Retter, um nur einige seiner unzähligen Namen und Beschreibungen zu nennen. Aber wenn man ganz schlicht und unverblümt – und ganz direkt – sagt, dass „Gott Liebe ist", ändert man die gesamten Spielregeln. Dann zerrinnt fast jeder andere Name Gottes (oder sollte es zumindest tun). Gott „Liebe" zu nennen, hat etwas von einem vorletzten Schritt an sich. Als wenn wir alle darauf gewartet hätten, es zu hören – vor allem, wenn wir in unserem Leben auf irgendeine Weise Opfer eines Missbrauchs durch unsere Eltern oder durch Autoritätsfiguren geworden sind. Es ist ein Akt der Reinigung, der sich ereignet, wenn wir Gott „Liebe" nennen.

Howard Thurman drückt es so aus: „Die Religion Jesu macht die Ethik der Liebe zum zentralen Element. Das ist eine ungewöhnliche Leistung."[6] Seinen Nächsten wie sich selbst zu lieben, wie es die Geschichte vom barmherzigen Samariter lehrt, bedeutet, dass „jeder Mensch potenziell jedes anderen Menschen Nachbar ist. Gutnachbarliches Verhalten ist nichträumlich." Das ist das letztendliche Ziel der Tiefenökumene, denn sie fordert uns dazu auf, über die Grenzen von Klasse, Rasse, Geschlecht, Nationalität und Religion hinauszugehen – und alle Hindernisse zerrinnen.

Beachten Sie auch, dass im Johannesbrief, wo Gott diesen Namen erhält, keineswegs steht: „Gott ist heterosexuelle Liebe." Oder „Gott ist platonische Liebe." Sondern einfach nur, dass Gott Liebe ist, was für mich sowohl die homo- als auch die heterosexuelle Liebe einschließt. Ebenso wie die Liebe zur Natur und die Liebe zum Selbst, die Liebe zum Kosmos und die Liebe zur Musik, die Liebe zur Poesie und die Liebe zu Kindern, die Liebe zu Eltern und die Liebe zu verstorbenen Vorfahren, die Liebe zum Selbst und zur Schönheit überall. Liebe zur Gerechtigkeit. Liebe. Suchen Sie danach. Und wenn Sie keine finden können, dann machen Sie welche.

Christus lag in einer Krippe

Der Archetyp des im Stall geborenen und in eine Krippe gelegten Christus wird niemals vergehen. Er ist zu umfassend und reicht zu tief in unsere kollektive Sehnsucht hinein. Wir alle möchten erleben, wie das Göttliche beim Ärmsten der Armen zu Gast ist. Eine Krippe ist ein Futtertrog für Tiere – schmutzig und stinkend zieht er Fliegen an und bietet den Tieren Nahrung. Und genau da finden wir den Christus, den Göttlichen Einen, den Heiligen Einen: unter den Vierbeinern (s. Jesaja 1). Unter den Heimatlosen und Verstoßenen. Und in den schlichten Winkeln unserer

---

6) Thurman, *Jesus and the Disinherited*

eigenen Seelen, wo keine polierte Fassade um die Aufmerksamkeit derer wirbt, die im Überfluss leben.

Und so entfaltet sich die Geburtsgeschichte mit Hirten (niedere und riechende Arbeiter, die mit ihren Schafen leben), Engeln und wandernden Magiern (oder Wissenschaftlern), die schließlich das Bild betreten. Und was für ein Bild. Es ist ein Archetyp voller Fantasie, der einige machtvolle Punkte unserer inneren Sehnsucht berührt. Wir alle möchten gerne einen Ort der „frohen Botschaft", der guten Neuigkeiten besuchen, ein Ort des Durchbruchs, der Hochzeit von Göttlichem und Menschlichem, die nicht in den prachtvollen Palästen der Päpste oder Fürsten stattfindet, sondern an Orten, wo Stroh und Demut sind und die Vierbeiner wohnen.

Die Weisheit schlägt ihr Lager auf und wohnt unter uns

Wir alle hungern nach Weisheit. Wissen genügt nicht. Informationen befriedigen nicht. Nur Weisheit kann das. Weisheit „spielt mit Gott vor der Erschaffung der Welt." Wir alle brauchen in unserem Leben etwas Spiel. Und auch im Leben unseres Gottes – wie immer wir Gott auch nennen mögen. Sie ist „unser aller Handwerkerin." Wir alle möchten von Kreativität umgeben sein, und Weisheit geht mit Kreativität einher. Sie war schon „vor der Erschaffung der Welt" da. Also gibt es sie schon eine ganze Zeit. Sie taucht immer dann auf, wenn etwas geboren wird. Sie legt Wert auf Gerechtigkeit, denn sie ist auch eine „Freundin der Propheten", welche sich dafür engagierten, Ungerechtigkeit durch Gerechtigkeit zu ersetzen.

Im Allgemeinen erscheint die Weisheit als Frau, aber im Falle Jesu hat sie sich als Mann verkörpert. Sie spricht zu unseren Herzen, und nicht nur zu unseren Köpfen. „Wenn du sie einmal gefunden hast, lasse sie nie wieder gehen." Sie ist der Gegenstand unserer Suche und all unserer Wanderungen. Sie ist unser aller Mutter. Sie gleicht die männlichen Energien des Göttlichen aus. Sie liefert das Yin zum Yang der Bibel. Wir haben sie verloren, als das Patriarchat die Seele und Gesellschaft im Zeitalter der Moderne so fest zu umhüllen begann. Sie kommt zurück. Sie besteht auf Gerechtigkeit. Sie liebt die Erde. Sie ist Gaia. Sie ist Maria. Sie ist die Göttin. Sie ist Christus. Sie ist überall.

In der jüdischen Tradition wird die Weisheit von der Natur erlernt, weil das ihr besonderer Wohnort ist. Heute stimmen die Gelehrten verbreitet darin überein, dass der historische Jesus aus der Weisheitstradition Israels kam. Dabei geht es weniger um Bücher als vielmehr darum, die Heiligkeit der Natur in sich aufzunehmen – alles davon – vom Körper bis zu den Felsen, vom Kreis der Jahreszeiten bis zu Pflanzen und Kräutern, von der Sexualität (das Lied der Lieder) bis hin zu den Sternen und Galaxien. Sie ist überall. Sie ist eine kosmische Präsenz. Sie ist die göttliche Wohnstatt, die Gottheit, das Mysterium, das der Geschichte vorausgeht, das Schweigen vor dem Wort, die Dunkelheit vor dem Licht, die Stille vor dem Klang. Wir können auf ganz besondere Weise Zugang zu ihr erlangen, wenn wir uns der

Stille bedienen und Herz und Verstand zur Ruhe kommen lassen. Wenn wir das Zuhören lernen, kommen wir in Verbindung mit ihr.

Auferstehung: „Und der Stein war abgewälzt vom Grabe"

Es gibt vieles in der menschlichen Psyche, das sich danach sehnt, zu hören, dass der Tod nicht das letzte Wort ist. Das wir auf irgendeine Weise reinkarnieren, wiederkehren oder auferstehen. Aus der Sicht des genialen Psychologen und Kulturhistorikers Otto Rank wird der größte Teil der menschlichen Kultur und menschlicher Entscheidungen vom Streben nach Unsterblichkeit angetrieben. Denken Sie nur an die Pyramiden des alten Ägypten. Dabei ging es nur um Unsterblichkeit: Wenn der Pharao angemessen begraben wurde, konnte jeder andere ebenfalls stellvertretend an seiner ewigen Seligkeit teilhaben. Welch enorme Anstrengungen hat die ägyptische Zivilisation unternommen, um die Pyramiden genau richtig zu erbauen! Denken Sie nur an all die Wissenschaft, den Schweiß und die harte Arbeit, die damit einherging. Alles für die Unsterblichkeit. Das Streben danach war der Antrieb für das gesamte Projekt. Rank glaubt, dass die Seele selbst unsere menschliche Suche nach Unsterblichkeit vorantreibt.

Kein Wunder also, dass Rank, obgleich er kein Christ, sondern Jude war, die Auferstehungsgeschichten des Jesus und Paulus als „die revolutionärsten Ideen" der Menschheit bezeichnet. Warum? Sie demokratisieren die Unsterblichkeit. Man braucht dafür keine Pyramiden mehr. Kein Palast (sei er päpstlicher oder anderer Art) wird dafür benötigt.

Nun können wir mit unserem Leben fortfahren, denn wir haben unsere Angst vor dem Tod und die Leugnung des Todes überwunden.[7] Bei der Auferstehung geht es nicht nur um das nächste Leben; sie ist auch eine Aufforderung dazu, das jetzige Leben in seiner ganzen Fülle zu erfahren. Es ist kein Zufall, dass wir Ostern im Frühling feiern, wenn die Natur selbst nach dem Begräbnis des Winters wieder aufersteht. Wir folgen ihrem Beispiel. Das Ostermysterium geht weiter. Im Universum geht keine Schönheit, keine Wärme und keine Liebe verloren. Alles wird wieder verwendet, in welcher Gestalt auch immer.

„Dies tut zu meinem Gedenken"

Es ist überaus wichtig, sich zu erinnern. Und es ist auch wichtig, sich mit den Vorfahren zu verbinden. Obwohl wir im „Hier und Jetzt" leben müssen und das „Kö-

---

7) Cf. Ernest Becker, *The Denial of Death* (Free Press, New York 1973). Becker bekennt hier, wie viel er Otto Rank wegen seiner Hauptthese verdankt. Siehe auch Matthew Fox, *Wrestling with the Prophets*.

nigreich Gottes unter uns ist", müssen wir uns dennoch an die Ahnen erinnern. Rabbi Abraham Heschel lehrte, die gesamte jüdische Liturgie könne in nur zwei Worten zusammengefasst werden: „Erinnere dich." Das scheint die tiefere Absicht zu unterstreichen, die Jesus hatte, als er davon sprach, dass man sich an ihn erinnern möge – nämlich die Absicht, die aufwändigen Rituale der Tempelpriester durch ein rituelles Abendmahl zu ersetzen, das viel schlichter und direkter ist, weil es von Mensch zu Mensch durchgeführt wird, ohne dass dabei Klassenunterschiede gemacht würden oder bürokratische Vermittler zum Einsatz kämen. Auch im Islam bedeutet *zikr*, der Kern der Gottesverehrung der Sufis, „erinnere dich."

Sich an unsere Vorfahren zu erinnern bedeutet, sie gegenwärtig werden zu lassen, sich auf ihren Mut, ihre Vorstellungskraft und Sorge um uns zu berufen, ob sie uns kannten oder nicht. Es bedeutet aber auch, uns selbst als Ahnen zu betrachten und unsere Verantwortung zur Fürsorge für die Kinder und die Erde der Zukunft anzunehmen. Im Falle Jesu bedeutet es, sich an seine Lehren und Geschichten, seine Handlungen und Entscheidungen, ja – an die Archetypen zu erinnern, die er entfesselt hat – manche mit seinen eigenen Worten und manche mit den Worten derer, die ihm nachgefolgt sind.

Es gibt viele Möglichkeiten des Gebets, und viele Wege, es in Gemeinschaft zu tun. Man denke nur an das schweigende Gebet der Quäker, die Stille eines meditierenden Mönchs, das Tanzen auf einer Technoparty oder während einer Kosmischen Messe, das Trommeln der Sonnentanz-Zeremonie, die gemeinsamen Bibellesungen und das Geschichtenerzählen in Basisgemeinden, den Schall eines Gospelchors, das Lesen oder Singen der Schriften oder die Klänge einer Messe von Johann Sebastian Bach. Das sind viele und sehr unterschiedliche Formen des Gebets und der Gottesverehrung. Welche davon funktionieren heute am besten? Es ist wichtig, das herauszufinden, indem man es ausprobiert. Denn die Gottesverehrung ist als Gelegenheit, zu danken und zu loben, zu trauern und genährt zu werden und zu einer Gemeinschaft zusammenzuwachsen von archetypischer Natur. Deshalb stellt das Erinnern eine große Handlung dar. Wir brauchen – und verdienen – dafür Formen, die das Beste aus uns hervorlocken.

Gemeinsam das Brot zu brechen und das Abendmahl einzunehmen, ist eine tiefgehende Art des gemeinsamen Gebets. Es heiligt alle anderen Rituale des Essens, Trinkens und Speisens in einer Gemeinschaft. Es erinnert uns daran, dass wir sowohl hier sind, um zu essen, als auch, um gegessen zu werden. Die Lehre, der zufolge Christus das Licht in allen Dingen und kosmische Nahrung zugleich ist, hat einen zutiefst erotischen Charakter. Weil wir die göttliche Gegenwart, die in jedem Photon und deshalb auch Atom des Universums wohnt, essen können, wird es zu einem Mahl, das vertraut und unermesslich zugleich ist.

„Seid barmherzig, wie es auch euer Vater im Himmel ist"

Der historische Jesus lehrt, dass Gott barmherzig ist und legt damit den Grundstein für die spätere Lehre vom Gott als Liebe. Das sind altjüdische Lehren, denn in der jüdischen Tradition ist „Barmherzigkeit" der geheime Name Gottes. Im Koran ist es der bevorzugte Name Allahs. Auch in den buddhistischen Lehren hat das Mitgefühl eine wesentliche Bedeutung; es ist das Herz dessen, worum es uns Menschen geht. Der Dalai Lama meint, dass wir zwar ohne Religion, aber nicht ohne Mitgefühl sein können und Mitgefühl genau genommen Religion ist.[8] Deshalb beziehen sich diese Anweisungen Jesu auf eine universelle Lehre, einen Archetypen. Auf diese Weise erinnern sie uns an unsere eigene Erhabenheit, unsere Gottähnlichkeit und daran, dass auch wir die göttliche Kraft des Mitgefühls und der Barmherzigkeit in unserem Inneren haben, jeder einzelne von uns. Wir alle können das.

Die Wissenschaft sagt uns, dass wir Menschen drei verschiedene Gehirne haben. Das mit 420 Millionen Jahren älteste davon ist das Reptilienhirn, das nächst jüngere mit 210 Millionen Jahren das Säugetierhirn, und das jüngste, unser intellektuelles, kognitives Hirn, ist gerade mal 200.000 Jahre alt. Mitgefühl hat viel mit dem Säugetierhirn zu tun: Diese Tiere tragen ihre Jungen vor der Geburt lange mit sich herum und säugen sie dann, was viel Intimität erfordert. Familie und Verwandtschaft werden zu Überlebensmechanismen. Es ist nicht verwunderlich, dass sowohl in der hebräischen als auch arabischen Sprache der Begriff „Barmherzigkeit" aus dem Wort für „Schoß" abgeleitet wird. Schoß-Leute, Säugetiere, bringen auf eine ganze besondere Weise Mitgefühl in die Welt. Das ist unsere Bestimmung – oder sollte es sein.

Leider gibt es in der modernen Gesellschaft viele Elemente, die auf Kosten des Säugetierhirns zu einer Belohnung des Reptilienhirns führen, was bedeutet, dass Handlung und Reaktion auf Kosten von Fürsorge und Mitgefühl geschehen. Wenn wir überleben wollen, muss sich das verändern. Buddha hat das gelehrt. Jesaja hat das gelehrt. Mohammed hat das gelehrt. Black Elk hat das gelehrt. Jesus hat das gelehrt. Wie machen wir uns dabei?

Der Kosmische Christus

In dieser Ära der ökologischen Zerstörung unserer Erde, in der es häufiger als je zuvor in den vergangenen 65 Millionen Jahren zum Aussterben ganzer Arten kommt, ist es für alle Menschen an der Zeit, die Heiligkeit der gesamten Schöpfung wiederzuentdecken.[9] Hier bietet uns das Christentum das Geschenk des Kosmischen

---

8) Siehe Matthew Fox, *Service and Compassion*, Kapitel 17 in *One River, Many Wells*
9) Siehe Matthew Fox, *Vision vom kosmischen Christus. Aufbruch ins dritte Jahrtausend* (Kreuz Verlag 1998)

Christus, von dem in diesem Buch bereits die Rede gewesen ist. Der Kosmische Christus repräsentiert das göttliche Bild in allen Dingen, das Licht in allen Dingen, aber auch die Wunde in allen Dingen. Einen Regenwald zu zerstören bedeutet, Christus zu kreuzigen. Ein Kind zu fördern bedeutet, einen weiteren Christus zu unterstützen. Das Heilige ist überall. Das ist die tiefe mystische Tradition des Christentums, die wir wieder zum Leben erwecken müssen.

Ich habe hier 15 Archetypen aufgezählt, die das Christentum der Welt gibt, doch da sind noch viele weitere. Sie alle sind sicherlich wert, aus dem brennenden Haus gerettet zu werden, um sie auf neue Weise auf unsere Bedürfnisse im 21. Jahrhundert anwenden zu können.

In meinem Buch *One River, Many Wells: Wisdom Springing from Global Faiths* habe ich 18 Kategorien oder „Mythen" dargelegt, die allen Weltreligionen gemeinsam sind und die für unser Überleben als Art wesentliche Bedeutung haben. Diese sind:

- Tiefenökumene und die Allgemeingültigkeit der Erfahrung
- die Heiligkeit der Schöpfung
- das Licht
- Gemeinschaft und wechselseitige Abhängigkeit
- Namen für Gott
- das weibliche Gesicht des Göttlichen
- Form, Formlosigkeit, das absolute Nichts
- das göttliche „Ich bin"
- die Teilhabe der Menschheit an der Göttlichkeit
- Achtsamkeit und Meditation
- eine heilige Vorstellungsgabe
- Freude
- Leid
- Schönheit
- heilige Sexualität
- sterben, auferstehen, wiedergeboren werden
- Dienen und Mitgefühl (einschließlich des Feierns und der Gerechtigkeit)
- spirituelle Kriegerschaft

Das Christentum spricht mit Gewissheit all diese Elemente auf eine tiefgehende Art und Weise an. Auch sie sind im höchsten Maße wert, gerettet zu werden, wenn wir das brennende Haus verlassen.

Ich bitte den letzten, der geht und im Vatikan die Lichter ausmacht, diese Gaben an die Welt nicht zurückzulassen.

XI – Auf dem Weg zu einem wahrhaft katholischen Christentum und einem post-vatikanischen Katholizismus

Der verstorbene Leonard Bernstein hat einmal gesagt: „Ich hasse Musik, aber ich singe so gerne." Mit diesem scheinbaren Paradoxon hat er die immense Kluft illustriert, die zwischen dem Geist (singen) und der Struktur (Musik) liegen kann. Meiner Ansicht nach kann sich dieselbe Kluft zwischen Religion und Spiritualität auftun – was in bestimmten historischen Zeiten auch geschehen ist. Viele Leute hassen die Religion mittlerweile, lieben es jedoch nach wie vor, zu beten, zu loben, zu danken, zu feiern, zu heilen, gerecht zu handeln und Mitgefühl zu praktizieren. Unsere geschichtliche Periode scheint eine solche Zeit zu sein.

Pfingsten und die Prophezeiung des Joël mit ihrem Versprechen des Katholizismus

Heute, während ich hier sitze und dieses Kapitel schreibe, ist der Pfingstsonntag des Jahres 2010. Pfingsten ist der Feiertag der christlichen Tradition, an dem wir des Heiligen Geistes gedenken, der über die Jünger Jesu kam, direkt nach dem Trauma der Kreuzigung, das sie so beraubt, in Dunkelheit wandernd und so verängstigt zurückgelassen hatte. Die Geschichte erzählt, dass ihnen der Heilige Geist zum einen in Form eines „gewaltigen Windes" erschien („Atem", „Wind" und „Geist" sind in den biblischen wie auch in vielen anderen Sprachen der Welt ein und dasselbe). Zum anderen tauchte eine Flamme über jedem von ihnen auf (vielleicht Yang-Energie, um sie in ihrer spirituellen Kriegerschaft zu verwurzeln?), von der alle berührt wurden. Dieser Geist verwandelte die Jünger von verängstigten und übermäßig demütigen Personen in mutige Menschen, die sich erhoben, um die Geschichte und die Lehren Jesu zu verkünden, womit sie sofort in den vielen verschiedenen Sprachen der Tausenden anfingen, die sich in Jerusalem für diesen besonderen Festtag der Juden versammelt hatten. Die Apostelgeschichte benennt eine Reihe von weit entfernten Ländern, Regionen und Stämmen, deren Repräsentanten anwesend waren und die die Worte der Apostel in ihren eigenen unterschiedlichen Sprachen hörten.

Petrus erhob sich, um eine Predigt zu halten, die in diesen wunderschönen und beschwörenden Worten des Propheten Joël gipfelte, die für das menschliche Herz heute noch ebenso verlockend sind wie in den Tagen von Petrus oder Joël.

Und es soll geschehen in den letzten Tagen, spricht Gott, ich will ausgießen von meinem Geist auf alles Fleisch; und eure Söhne und eure Töchter sollen weissagen, und eure Jünglinge sollen Gesichte sehen, und eure Ältesten sollen Träume haben; und auf meine Knechte und auf meine Mägde will ich in denselben Tagen von meinem Geist ausgießen, und sie sollen weissagen. Und ich will Wunder tun oben im Himmel und Zeichen unten auf Erden: Blut und Feuer und Rauchdampf; die Sonne soll sich verkehren in Finsternis und der Mond in Blut, ehe denn der große und offenbare Tag des HERRN kommt. Und es soll geschehen, wer den Namen des HERRN anrufen wird, der soll selig werden.

(Apostelgeschichte 2,17-21)

Beachten Sie das Versprechen der Allgemeingültigkeit in diesen Worten: Der Geist will sich ergießen „auf alles Fleisch", auf alle Generationen und alle sozialen Schichten. Pfingsten wird oft als „Geburtstag der Kirche" bezeichnet, weil die Christen unbedingt glauben wollen, dass der Heilige Geist ihre Versammlung oder *ekklesia* (wovon wir das Wort „Kirche" ableiten) angeregt habe und sie noch immer führe. Tatsächlich sind im Glaubensbekenntnis von Nicäa (das, wie wir bereits gehört haben, ein fehlerhaftes Dokument ist), noch immer die folgenden Worte zu finden: „Wir glauben an den Heiligen Geist, der Herr ist und lebendig macht, der aus dem Vater und dem Sohn hervorgeht, … der gesprochen hat durch die Propheten und die eine, heilige, katholische und apostolische Kirche."

Zu Pfingsten vor fünf Jahren, kurz nachdem Kardinal Josef Ratzinger Papst Benedikt XVI. wurde, hatte ich, der ich diesen Mann und seine Arbeit seit vielen Jahren kannte, einen Traum, der mich dazu brachte, in sein Heimatland Deutschland zu reisen und das zu tun, was bereits Martin Luther 500 Jahre zuvor getan hatte – nämlich im Namen einer Neuen Reformation eine Reihe von Thesen an die Tür der Schlosskirche von Wittenberg zu nageln.[1] Ich habe damals bereits wahrgenommen, was wir heute alle spüren können: dass sich in der Geschichte der Religion und insbesondere jener des Christentums etwas überaus Dunkles entfaltete. Diese Dunkelheit ist kein rein vatikanisches Problem – der Aufstieg des fundamentalistischen Christentums vollzieht sich heute im Protestantismus ebenso heftig wie im Vatikan. Ich forderte eine Neue Reformation sowie eine Neue Ankunft des Geistes

---

1)   Die Geschichte dieser Reise und der 95 Thesen wird in meinem kleinen Buch *A New Reformation: Creation Spirituality and the Transformation of Christianity* (Inner Traditions, Rochester, VT 2006) beschrieben.

und legte den Weg dorthin in den 95 Thesen dar, die ich an dieselbe Tür nagelte, an die auch Luther seine Thesen gehämmert hatte.

Aufgrund des Inhaltes dieses Buchs und der täglichen Nachrichten über sexuelle Missbräuche durch Geistliche sowie deren weit verbreiteter Vertuschung sollte man meinen, dass dies kaum der richtige Zeitpunkt ist, um den Geburtstag der Kirche zu feiern. Tatsächlich aber würde ich sagen, dass es genau die richtige Zeit dafür darstellt, eine neue Geburt des Christentums zu feiern. Der vorsätzliche Verrat am Zweiten Vatikanischen Konzil, das von Papst Johannes XXIII. als „ein neues Pfingsten" betrachtet wurde; Denker zum Schweigen zu bringen; der Ausschluss von Aktivisten für soziale Gerechtigkeit; die Schweigegebote, mit denen Priester, Bischöfe und Kardinäle von der Wahrheit über den Pädophilie-Skandal abgeschirmt wurden; das „bete und bezahle"-Syndrom des persönlichen Sekretärs des verstorbenen Papstes (der mittlerweile zum Kardinal erhoben worden ist); das Zusammenrücken mit Gruppen wie *Opus Dei*, den *Legionären Christi* und *Gemeinschaft und Befreiung*, ganz zu schweigen von deren niederträchtigen Führern – all das weist darauf hin, dass wir eine neue Art von Kirche brauchen. Neue Formen. Neue Beziehungen.

Die Zeit ist reif. Das ist immerhin der Beginn des dritten Jahrtausends für das Christentum; wir brauchen eine neue, dem 21. Jahrhundert angemessene Kirche. Eine postmoderne Form. Eine gereinigte und erneuerte Form. Selbst Papst Benedikt XVI. hat nach einer Reinigung der Kirche von ihren Sünden verlangt, nachdem er endlich einige der Schrecken zugegeben hat, die sie verheeren. Ich kann dem nur aus vollem Herzen zustimmen. Aber diese Reinigung muss aus viel mehr als nur „sechs Vaterunsern und sechs Ave Marias" bestehen (die Strafe, die Katholiken gewöhnlich beim Sakrament der Beichte erhalten) – sie muss eine Erneuerung und eine Geburt neuer Formen sein, die nur der Geist gewähren kann. Aber der Geist braucht unsere Hilfe, unsere Hände, unsere Stimmen, unseren Mut, unsere Vorstellungskraft und unsere harte Arbeit.

Die Bedeutung des Wortes „katholisch"

Das eben zitierte Glaubensbekenntnis spricht von der „einen, heiligen, katholischen und apostolischen Kirche." In einem der vorangegangenen Kapitel sprachen wir darüber, dass „eine" nicht „einheitlich" bedeutet. Offenheit und Vielfalt gehören zueinander. Einheit ist nicht Gleichheit. Einheit bedeutet Ähnlichkeiten und Gemeinsamkeiten inmitten der Vielfalt. Was meinen wir mit „heilig"? Spirituelle Begriffe lassen sich oft am besten verstehen, wenn man erst ihr Gegenteil betrachtet. Was ist das Gegenteil von „heilig"? Sich vom Heiligen zu entfernen vielleicht? Sich hinter Egoismus, Lügen, Gier, Mobbing oder dem Missbrauch anderer zu verschanzen vielleicht? Ich denke, wir sind uns alle einig, dass Pädophile und jene, die sie decken, nicht unter die Rubrik „heilig" fallen. Zumindest noch nicht. Ebenso wenig wie jene, die von Macht abhängig sind oder sich für die einzigen Denker auf Erden halten.

Lassen Sie uns also das Wort „katholisch" betrachten. Es leitet sich von zwei griechischen Worten her, nämlich *kata* (betreffend) und *holos* (ganz). Katholisch zu sein heißt also, ganz zu sein. Synonyme für diesen Begriff wären laut Duden „allgemein" oder „allumfassend". „Katholisch" bedeutet „weitherzig in Sympathie, Geschmack oder Interessen." In der Religion hat es die Bedeutung von etwas, das „von der universellen Kirche, in Bezug auf oder diese darstellend ist; von oder in Bezug auf die uralte, ungeteilte christliche Kirche oder eine Kirche, die sich historisch davon abzuleiten beansprucht oder diese darstellend."

Es ist schwer, sich eine Zeit vorzustellen, als die Kirche „ungeteilt" war – mit Sicherheit trifft das nicht auf ihre Anfangszeit zu. Es hat immer eine Vielzahl von Versionen, Ausdrucksformen und Interpretationen der Botschaft Jesu und in der Tat auch der frühesten christlichen Anhänger Jesu gegeben. Selbst die vier Evangelien treten sich zeitweise gegenseitig auf die Füße. Paulus befand sich nicht immer in Übereinstimmung mit Petrus, und ebenso wenig traf das auf Johannes und Paulus oder Petrus und Maria Magdalena zu. Aber das Wort „katholisch" wie zum Beispiel in „römisch-katholisch", fordert die Kirche dazu auf, in Richtung Vielfalt herumzuirren, nicht in Richtung Einheitlichkeit.

Das Encarta Dictionary of North American English weist „katholisch" folgende Bedeutung zu: „1) allumfassend, alle Menschen einschließend oder sie betreffend, 2) nützlich für alle – nützlich oder interessant für eine große Auswahl von Menschen, und 3) all-annehmend: interessiert an oder teilnehmend an einer großen Bandbreite von Dingen." Eine Kirche, die allumfassend, nützlich für alle und alles annehmend ist – die wäre sehr willkommen, nicht wahr? Das Zweite Vatikanische Konzil hatte in den frühen sechziger Jahren mit seiner Öffnung in den Bereichen der Theologie, der liturgischen Praxis und der Arbeit in der modernen Welt auf jeden Fall die Wende in Richtung von mehr Universalität, mehr Ökumene, mehr echtem Katholizismus vollzogen. Aber manchmal – wie zum Beispiel im Gottesdienst – ist die Reichweite dieser Veränderungen eher subtil. Man könnte sagen, dass der in Latein gehaltene Gottesdienst „universeller" gewesen war, weil man überall auf der Welt dieselbe Sprache verwendet hatte. In Wahrheit stellte es jedoch eine zunehmend tote Sprache dar, die nur in dem Sinne „für alle" war, dass sie von Afrikanern, Asiaten, Lateinamerikanern, Nordamerikanern und so weiter gleichermaßen *nicht* verstanden wurde. Die Antwort des Konzils darauf bestand in der Forderung, der Gottesdienst müsse in den einzigartigen Landessprachen verschiedener Kulturen und Gesellschaften vorliegen. Das ermöglichte nicht weniger, sondern mehr Allgemeingültigkeit und Übereinstimmung mit der katholischen Lehre, denn es erlaubte den verschiedenen Sprachen, in ihren eigenen, einzigartigen Noten zu singen und zu tanzen. Die extrem rechten Mitglieder der Kirchenhierarchie, wie der verstorbene Erzbischof Marcel-François Lefebvre und seine schismatischen Anhänger (deren Exkommunikation von Papst Benedikt im Jahr 2009 wieder aufgehoben wurde), leisteten der landessprachlichen Liturgie bis zum Ende heftigsten Widerstand. Ihr Katholizismus war auf einzigartige Weise in Latein verpackt – sonst konnte er nicht echt sein. Ihre Vorstellung von „Kultur" begann und endete mit einer Geschichte und einem Ethos, die bzw. der vollständig auf dem Lateinischen basierte. Daran war nur sehr wenig universell oder katholisch. Ihr heftiger Antisemitismus (einer der von Papst Benedikt rehabilitierten Bischöfe leugnet tatsächlich, dass sich der Holocaust je ereignet hat) ist alles, nur nicht „katholisch". Die Entscheidung von Papst Benedikt, zum Beispiel wieder alte Karfreitagsgebete einzuführen, die deutlich anti-semitisch sind und den Juden im Allgemeinen die Schuld für den Tod Jesu zuschreiben, ist ein weiterer Hinweis auf ein schrumpfendes und nicht etwa ein expandierendes oder katholisches Christentum.

Die Pastorale Konstitution über die Kirche in der modernen Welt, die Christen dazu ermutigt, durch ihre Arbeit und ihren professionellen Einsatz ihre tiefsten spirituellen Werte zur Erneuerung der Gesellschaft beizutragen, ist ein weiterer Bereich, in dem sich das Zweite Vatikanische Konzil eindeutig für eine weiter gefasste Einstellung in Übereinstimmung mit der katholischen Lehre entschied. Papst Benedikt und der lautstarke rechte Flügel scheinen nicht mit an Bord dieses Schwerpunkts gekommen zu sein, denn all ihre Theologie beginnt stets mit einer dualistischen Unterscheidung zwischen „heiligen" und „weltlichen" Bereichen – als ob der Geist nicht überall wirken würde, wo er will und das durch alle Berufe und Arbeitsgebiete täte, und als ob massives Übel (wie Pädophilie und deren Vertuschung) nicht auch in sogenannten heiligen Institutionen anzutreffen wäre.

Ein weiterer Bereich, wo sich das Konzil bewusst für das allumfassende und damit den Katholizismus entschied, ist die Ökumene. Als erstes lud man protestantische, orthodoxe und jüdische „Beobachter" dazu ein, und später setzte man ein Dokument auf, in dem davon die Rede ist, dass der Heilige Geist schon immer in allen Kulturen und Religionen gewirkt habe und worin das Konzil darauf drängte, Wahrheit und Weisheit überall dort anzuerkennen, wo sie angetroffen werden, was auch andere Religionen und nicht nur den römischen Katholizismus einschließt.

Doch in den letzten 30 Jahren hat die Ökumene in den Handlungen und Dokumenten des Vatikans nicht den geringsten Fortschritt gemacht. Im Gegenteil meinte der gegenwärtige Pontifex, der Protestantismus sei keine Kirche, man solle Yoga nicht praktizieren, weil es den Menschen zu sehr in Verbindung mit seinem Körper bringt, der buddhistische Mönch (und Heilige) Thich Nhat Hanh sei der Antichrist und vieles mehr. Ein anglikanischer Bischof antwortete auf die Herabsetzung der protestantischen Kirchen durch das Dekret *Dominus Jesus* von Papst Johannes Paul II. mit folgenden Worten: „Der Ökumenismus und die Hoffnung auf interreligiöse Beziehungen fanden ihr Ende, als Rom so weit ging, seine eigenen Bischöfe davor zu warnen, andere christliche Vereinigungen als ‚Schwesterkirchen' zu bezeichnen, weil man fürchtete, ein solcher Sprachgebrauch könne dahingehend missverstanden werden, dass man diesen Vereinigungen ein gewisses Maß an Legalität zugestehe."[2]

Kürzlich nannte Ratzinger Papst Pius XII. „einen der großen, rechtschaffenen Männer", der „mehr Juden als jeder andere gerettet" habe. Ein Sprecher der Überlebenden des Holocaust sagte in den Vereinigten Staaten, solche Kommentare „erfüllen uns mit Schmerz und Sorge und werfen einen bedrohlichen Schatten auf die christlich-jüdischen Beziehungen", während ein Vertreter der französischen Juden schlicht meinte: „Diese Meinung wird von keinem ernstzunehmenden Historiker geteilt."

Man muss einfach die folgende Tatsache bedenken: Der Begriff „römischer Katholizismus" ist definitiv ein Widerspruch in sich. Wie kann man römisch und zugleich universell sein? Ist das nicht wie „trockenes Wasser"? Ich denke, es ist allerhöchste Zeit, den Begriff „römisch" aus der katholischen Gleichung zu entfernen. Die Welt ist heutzutage wahrhaft katholisch und wird nun, wo die Reichweite von iPods, Telefonen und SMS globale Ausmaße annimmt, immer mehr so. Heute führen junge Menschen mit einem Fingerschnippen tiefe und umfassende Gespräche mit Gleichaltrigen auf sechs verschiedenen Kontinenten. An all dem ist etwas Katholisches – also etwas Allumfassendes, Universelles und sich stetig Erweiterndes. Natürlich braucht man in einer Zeit der Expansion auch Wurzeln, die stetig tiefer werden müssen. Aber wenn man ein Christ ist, beginnen diese Wurzeln nicht in Rom. (Jesus ist nie nach Rom gegangen, er hat die lateinische Sprache des Imperiums nicht beherrscht und er starb, ohne jemals vom Vatikan gehört zu haben.) Ich spüre heute eine Einladung des Geistes selbst – desselben Geistes, der zu Beginn über den Wassern der Welt und am ersten Pfingsten über den Jüngern schwebte – mehr und nicht weniger universell, katholischer und nicht römischer, allumfassender und nicht defensiver, ökumenischer und nicht sektiererischer zu werden.

Bei dieser notwendigen Erweiterung der Gemeinschaft geht es nicht nur um die religiöse oder christliche Gemeinde oder auch nur die menschliche Gemeinschaft. Es geht um die Wiedergeburt unserer Verwandtschaft zu *allen* Geschöpfen dieser Erde, in all ihrer Schönheit, Vielfalt und dem Wunder, das sie sind – und auch in ihrer Unsicherheit. Die globale Krise des Untergangs der Schöpfung, der wir heute gegenüberstehen, kann und sollte uns alle in authentischen Praktiken der Heilung, Anteilnahme und Großzügigkeit vereinen. Das bedeutet es heute, wirklich katholisch zu sein. Es erfordert die Wiedererlangung unseres Gefühls für das Heilige in der Schöpfung selbst. Denn die Schöpfung ist wahrlich universell. Allgemeingültigkeit – Katholizismus – umfasst, wie Joël bemerkt, alles Fleisch.

Nun stellen sich einige Fragen: Wie gelangen wir dorthin? Welche Wege nehmen wir? Welche Formen sind angemessen? Hier macht der Heilige Geist den Pfad mit seiner enormen und universellen Vorstellungskraft etwas einfacher für uns. In-

---

2) John Shelby Spong, *A New Christianity for a New World* (HarperSanFrancisco, San Francisco 2001)

dem er die Formen aufgeweicht hat, über die wir heute verfügen – wie zum Beispiel die moralisch, intellektuell und spirituell verrufene Form des Vatikan – hat der Heilige Geist die verbrannte Erde, die von der modernen Inquisition zurückgelassen worden ist verwendet, um ein neues Spielfeld zu schaffen. Und das ist ein enormes, wahrhaftig globales und katholisches Feld, auf dem wir eingeladen sind, unsere Spiele der Gottesverehrung, der Gemeinschaftsbildung, der Heilung, des Lobens, des Feierns, der Anteilnahme, der Schaffung von Gerechtigkeit, der Kreativität, des Kummers, der Ehrfurcht, des Lobs und der Erinnerung an unsere Vorfahren zu spielen – alles auf diesem bereits gepflügten und von den dunklen Kräften vorbereiteten Feld, die, wie dieses Buch zeigt, den institutionalisierten Katholizismus in den vergangenen 40 Jahren übernommen haben. Das Feld ist bereitet. Sind wir es auch?

Der Schweizer Theologe Hans Küng ist ein Mann, dem beachtlicher Respekt gebührt. Er und Pater Joseph Ratzinger (damals noch nicht mehr als ein Theologieprofessor) waren im Zweiten Vatikanischen Konzil (1962-1965) die beiden jüngsten theologischen Berater. Seitdem ist Ratzinger in der Hierarchie weit aufgestiegen, und Küng ist von ihm beschuldigt worden, „kein katholischer Theologe" zu sein, weil er Dinge wie Misstrauen gegenüber dem Edikt der Unfehlbarkeit des Papstes lehrte. Aber Küng hat weitergemacht und kürzlich infolge der scheußlichen Skandale innerhalb der europäischen Kirche mit heftigen Worten über das fehlgeschlagene Pontifikat von Ratzinger geschrieben, mit dem ihn seltsamerweise über all die Jahrzehnte hinweg trotz ihrer tiefen theologischen Meinungsverschiedenheiten immer noch eine gewisse Freundschaft verbindet. (Die beiden haben sich sogar kurz nach Benedikts Wahl zum Papst zu einem gemeinsamen Abendessen getroffen.)

Küng hat die vielen Fehlschläge von Papst Benedikt XVI. kürzlich in einem Brief an die Bischöfe kritisiert, wie zum Beispiel, dass er „die Gelegenheit zu einer Annäherung an die protestantischen Kirchen … und für eine Versöhnung mit den Juden auf lange Sicht versäumt hat." Küng schlug als konkrete Lösung die Einberufung eines Dritten Vatikanischen Konzils vor. Sofort antwortete ein Blogger mit mir unbekanntem Hintergrund, das sei nicht sinnvoll, weil bereits das zweite Konzil von den herrschenden Mächten in Rom vereinnahmt worden ist und er sich frage, wer verhindern solle, dass sich dies noch einmal ereignet.

Ich kann diesem Blogger nur zustimmen. Jetzt ist kaum die richtige Zeit für ein weiteres Konzil, denn wir haben ja noch nicht einmal die Möglichkeit gehabt, das letzte umzusetzen. Darüber hinaus fehlen uns Theologen, die uns dabei unterstützen und den Weg weisen könnten, denn schließlich ist die Theologie in Kirchenkreisen in den letzten vier Jahrzehnten auf wirkungsvolle Weise stillgelegt worden. Dasselbe trifft auf die Bischöfe und Kardinäle zu, die uns leiten sollten, denn auch diese Körperschaft ist in all diesen Jahren nichts als verdummt worden. In den vergangenen drei Generationen war das einzig gültige Kriterium dafür, von Rom zum Bischof erwählt zu werden, ob man ein loyaler Jasager ist. Nein, ich bin nicht der

Ansicht, dass uns ein weiteres Konzil aus dem Sumpf führen wird. Wir müssen hier tiefer gehen.

Die von diesem Pontifikat enthüllten Neuigkeiten machen mehr Veränderungen von der Basis aus erforderlich, als es jedes Konzil tun könnte. Wir müssen von der Religion zur Spiritualität und von einem anthropozentrischen, erlösungszentrierten zu einem schöpfungszentrierten Christentum gelangen – und von einem abwärts strukturierten Hierarchiedenken zu einer kreisförmigen Art des Feierns. Das können wir schaffen. Im Folgenden werde ich einige Schritte umreißen, die wir auf dem Weg zu dieser Form eines wahrhaft *katholischen* Christentums gehen können.

Schritte in Richtung eines wahrhaft katholischen Christentums

Hört denen zu, die man zum Schweigen gebracht hat

Ein konkreter Schritt, den wir zur Erweckung des Christusbewusstseins tun können, besteht darin, jenen zuzuhören, die den allzu institutionellen Kräften Widerstand geleistet haben und daran beteiligt waren, neue Formen zu entwickeln, die an der Ekklesiogenese mitgearbeitet und einen hohen Preis dafür bezahlt haben. Auf den Seiten dieses Buchs sind uns einige (wenn auch bei weitem nicht alle) dieser Menschen begegnet. Es gibt noch viele weitere, denen zuzuhören sich lohnt. Viele von ihnen haben uns bereits verlassen, und die übrigen sollte man filmen und interviewen, bevor sie ebenfalls gehen. Welche Weisheit bewahren sie? Welche guten Geheimnisse tragen sie in ihren Köpfen und ihren Herzen, die der Rest von uns feiern und ausleben sollte? Warum fürchtet der Vatikan sie derart?

Ich arbeite gegenwärtig an einem Filmprojekt mit dem Titel *The Silent Ones* mit, das genau das erreichen will – jene sprechen zu lassen, die man zum Schweigen gebracht hat, um der Welt sowie zukünftigen Generationen von Christen ihre Visionen für Kirche und Gesellschaft bekannt zu machen. Wir können von den Menschen, welche die Narben kirchlicher Inquisition und kirchlich angeordneten Schweigens tragen, sehr viel lernen. Wir müssen neugierig und begierig darauf sein, in das Erbe dieser Gefallenen einzutauchen und ihre Opfer sowie ihre großzügige Arbeit im Namen des Geistes zu ehren.

Der Wissenschaftler Peter Kingsley hat kürzlich ein Buch über die Schamanen der Mongolei veröffentlicht, in dem er beschreibt, wie diese Menschen die fast 6.500 Kilometer lange Reise nach Griechenland unternahmen, wo sie einen tiefgehenden Einfluss auf Pythagoras und andere Giganten der griechischen Zivilisation hatten. Über den buddhistischen Führer Karma Pukshi aus dem 13. Jahrhundert sagt er, dessen Aufgabe habe darin bestanden, „die Wirklichkeiten der Vergangenheit in die Gegenwart zu bringen und dort wieder wirklich werden zu lassen."[3] Ich halte das für eine gute Definition dessen, was ein Theologe zu tun berufen ist. Viele der zum Schweigen gebrachten Menschen taten genau das – sie brachten die Wirklichkeiten der Vergangenheit in die Gegenwart, um sie hier wirklich werden zu lassen. Aus diesem Grund hat man sie mundtot gemacht.

Ich denke, Kingsley wendet sich an unsere Zeit, wenn er bemerkt: „Es kann Zeiten globaler Auslöschung geben, in denen zum Beispiel ganze Zivilisationen untergehen. Doch es gibt selbst dann immer Menschen, die in der Lage sind, die Essenz des Lebens zu sammeln, zu sichern, zu beschützen und zu nähren, bis sie wieder ausgesät werden kann."[4] In Zeiten wie diesen, wenn wir uns „zwischen zwei Epochen" befinden, die Kirche in hohem Maße Teil des Zusammenbruchs der modernen Zivilisation ist und wir nicht wissen, wohin wir gehen sollen, schauen wir auf solche Menschen. Kingsley fährt fort:

> Wir brauchen diese Menschen nicht nur, um neue Welten ins Dasein zu bringen. Sie werden sogar dafür gebraucht, Welten ein Ende zu setzen, um den Weg für eine neue freizumachen … Ihnen vertrauen wir die Aufgabe an, die Seiten des Lebens umzublättern, das Buch einer Kultur zu öffnen und auch wieder zu schließen. Ihnen geben wir die Erlaubnis, jene Note ertönen zu lassen, die eine neue Welt ins Dasein ruft und dann das Lied zu singen, das sie ihrem Ende näher bringt. Sie sind Wächter und kennen die tatsächliche Bedeutung von Verantwortung und Anteilnahme – sie sind notwendige Zeugen des Anfangs wie auch des Endes, denn ohne die schlichte Macht ihrer Aufmerksamkeit kann nichts je getan werden.

Umso mehr Grund, den zum Schweigen gebrachten Menschen in der Kirche eine Stimme zu geben, bevor sie uns verlassen.

Es ist eine Sache, mundtot gemacht zu werden – was einen massiven Akt äußerlicher Gewalt darstellt. Aber es ist eine ganz andere, die Stille im Inneren zu hegen, wo der Geist so oft spricht, und so kann man annehmen, dass die mit einem Redeverbot belegten Menschen viel Zeit hatten, um zu sinnieren und den Worten des Geistes tief in ihrem Inneren zu lauschen. Wir müssen eben diesen Geist einladen, hinaus ans Licht zu treten, solange wir es noch können.

Meditiert und lehrt Meditation

Um das Konzept eines gesunden Schweigens zu entwickeln, in dem man dem Geist lauscht, der aus der Stille spricht, ist es von entscheidender Bedeutung, dass wir unsere Fähigkeit, zu meditieren und Meditation zu lehren wiederherstellen. Es

---

3) Peter Kingsley, *A Story Waiting to Pierce You: Mongolia, Tibet and the Destiny of the Western World* (Golden Sufi Center, Point Reyes, CA 2010)

4) Ebenda

ist kein Zufall, dass viele Herkunftslinien, vom Yoga der Hindus bis zu den buddhistischen Meditationssitzungen, von den Schwitzhütten der Lakota bis zum muslimischen Rosenkranz zu diesem Zeitpunkt in der Geschichte für immer mehr Menschen zugänglich werden, wodurch wir Wege finden können, unser geschäftiges „Affenhirn" zu beruhigen und wieder die Kunst der inneren Stille zu erlernen. Es gibt viele Formen der Meditation – da wären zum Beispiel die Gehmeditation, die Meditation im Sitzen, die Stille, die beim Laufen oder dem Singen heiliger Lieder entsteht, ebenso wie beim Musizieren oder Hören von Musik, bei Yoga-Dehnungen oder wenn man in einer Höhle oder an einem anderen dunklen Ort sitzt. Jedes spirituelle Erwachen schließt auch ein Erwachen der Fähigkeit zu tiefem Zuhören ein und geschieht deshalb in Stille. Wir müssen unser Reptilienhirn durch Meditation zur Ruhe bringen. Sonst wird das Krokodil in uns mit unserem Leben und unserem Planeten einfach davonrennen. Ohne Meditation erhält das mitfühlende Gehirn, unser Säugetierhirn, nicht genug Aufmerksamkeit und vertrocknet einfach. Kein gesunder spiritueller Pfad kann die Rolle des Schweigens ignorieren. Gemeinsam mit Freude und Kummer zählt es gewiss zu den schnellsten Wegen, die ins tiefste Herz des Menschen führen. Erwachsene – Eltern wie auch Lehrer – müssen sich selbst in der Stille und auf den Wegen, die dorthin führen, heimisch fühlen, damit sie die Jüngeren darin unterrichten können. Und höchstwahrscheinlich werden sich die Jüngeren dann umdrehen, um ihrerseits wieder die Älteren zu lehren.

Lasst die Hauskirche wieder aufleben, und damit eine Kirchenrevolution, die von der Basis ausgeht

Das Christentum hat nicht in Millionen von Dollars teuren Prachtgebäuden begonnen. Es nahm seinen Anfang in häuslichen Versammlungen (oft in den Häusern reicher Konvertiten) und wurde bald danach in Katakomben praktiziert, also in unterirdischen Wohnungen, wo die Lebenden wie die Toten vor den Kräften des Imperiums verborgen wurden. Paulus zum Beispiel engagierte sich in hohem Maße für die Hauskirchen. Und in den Evangelien gibt es unbestreitbare Hinweise darauf, dass Jesus selbst das Abendmahl, das er immer wieder gemeinsam mit Menschen aus unterschiedlichsten sozialen Schichten einnahm, als Gegenmittel für die von Priestern dominierte Verehrung in den Tempeln betrachtet hat (die ihrerseits so stark mit den politischen und wirtschaftlichen Mächten dieser Zeit verbunden war, dass er die Notwendigkeit sah, Geldverleiher aus dem Tempel zu vertreiben und ihre Tische umzuwerfen). Das letzte Abendmahl war eine Erweiterung dieser in Privathäusern stattfindenden gemeinsamen Mahlzeiten. Bis zum heutigen Tag wird der Sabbat in den meisten jüdischen Häusern am Esstisch gefeiert. In der Umgebung des Heims wird die Teilnahme daran respektiert und sogar dazu aufgefordert. Deshalb kann dort auf wirklich tiefe Weise das Brot gebrochen und den gemeinsamen Geschichten gelauscht werden. Nachbarn und Freunde versammeln sich, um gemeinsam diese Tiefe zu erleben. Wir sollten niemals die Macht einer Hauskirche unterschätzen.

Könnten die neuen Medien der Hauskirche neue Gelegenheiten zur Vertiefung und zum Gedeihen bieten? Eine solche Versammlung könnte zum Beispiel ein Internet-Seminar eines verlässlichen Theologen herunterladen und bei dieser Gelegenheit gemeinsam diskutieren. Oder man könnte alternative Rituale (siehe unten) im Internet übertragen, in denen Musik oder bestimmte Einsichten bereitgestellt werden, und die gleichzeitig auch in kleineren Hauskirchen vollzogen werden könnten, indem man dazu tanzt oder betet. Man könnte einen Film wie *The Silent Ones,* auf den ich bereits hingewiesen habe, herunterladen und in kleinen, häuslichen Gemeinden als Material für Diskussionen und Debatten verwenden. Und vielleicht kommt der Tag – unter Umständen schneller, als wir denken – an dem es eine Form von Reality-TV gibt, in der lebendige Diskussionen mit und von gesunden theologischen Gedanken geteilt, debattiert und für andere gefilmt werden, um die Teilnahme einer großen Zahl von Menschen daran zu ermöglichen. Anders ausgedrückt: Es könnte eine Art Kirchenrevolution von der Basis aus entstehen – mit Blogs, Internet-Seminaren, E-Mail-Diskussionen und vielem mehr. Nichts davon bedarf der Erlaubnis oder der Zensur kirchlicher Hierarchien.

Die Wissenschaftler sagen uns auch, dass sich die frühen Christen nicht nur in Hauskirchen, sondern regelmäßig auch im Rahmen der Gilden trafen, jener beruflichen Vereinigungen, die mit ihrem gemeinsamen Handwerk einhergehend auch eine gemeinsame Form der Gottesverehrung annahmen. Andere wiederum versammelten sich in dafür angemieteten Räumlichkeiten. Und die größte Zahl von ihnen traf sich in Synagogen.[5] Ebenfalls sollten wir die Möglichkeiten nicht unterschätzen, die der Ort, an dem wir arbeiten, auch für spirituelle Zusammenkünfte bietet.

Praktiziert Kosmologie und Ökologie

Alles wahrhaftig „Katholische" ist, wie wir gesehen haben, universell, oder anders ausgedrückt: kosmologisch. Es heißt, beim Denken und Handeln immer das ganze Universum im Hinterkopf zu haben. Klingt das seltsam oder zu schwierig? Nur, wenn man in einer kulturellen Denkart (wie jener des modernen Westens) feststeckt, die besagt, das Universum sei eine Maschine, zu der wir nicht in Beziehung treten können, sondern vor der wir uns niederkauern, der wir gehorchen und in die wir uns einpassen müssen. Diese Sichtweise ist an sich sehr seltsam, denn sie wurde in den Zeiten der Urvölker im Rahmen ihrer Weisheit nicht gelehrt und wird auch nicht von der gegenwärtigen, postmodernen Wissenschaft und den heutigen Denkern vermittelt. Wie der verstorbene Physiker David Bohm sagte: „Ich schlage eine postmoderne Physik vor, die mit dem Ganzen beginnt."[6] („Kosmos" stammt aus dem Griechischen und bedeutet „ganz".) Bohm erinnert uns daran,

---

5) Chilton, *Rabbi Paul*

6) David Bohm, *Postmodern Science and a Postmodern World* in Charles Jencks, *The Post-Modern Reader* (St Martin's Press, London 1992)

dass die Kosmologie für uns oberste Priorität haben muss, wenn wir das gegenwärtige Bewusstsein hinter uns lassen wollen.

Die frühesten christlichen Denker hatten ein zutiefst kosmologisches Verständnis des Jesus-Vorfalls. Ein Wissenschaftler meint, dass „kein christlicher Denker zuvor oder seitdem in derart kosmischem Maßstab gedacht hat, wie es die Verbindung vom göttlichen Geist mit dem menschlichen und beiden wiederum mit der Umwandlung der Welt darstellt"[7], wie es zum Beispiel der Heilige Paulus getan hat, der erste Schriftsteller in der christlichen Bibel und somit auch der erste Theologe überhaupt.

Es sollte uns heute eigentlich nicht schwerfallen, wieder in kosmischem Maßstab zu denken. Die erstaunlichen Bilder des Hubble-Teleskops und die vielen Vorstöße in den Weltraum, bei denen Sterne, Galaxien, Supernovas und Planeten in allen Phasen ihrer Geburt, ihres Sterbens und ihrer Auferstehung fotografiert wurden – all das wird für uns zu einem gewohnten Anblick, den wir jeden Tag in unseren Zeitungen oder online haben können. Heutzutage findet die Kosmologie wieder Eingang in unser menschliches Bewusstsein und Handeln. Und die Ökologie ist ihre kleinere Schwester.

Deswegen wird ein katholisches Christentum immer allergrößten Wert auf die Kosmologie legen.[8] Sie wird sich an der modernen Wissenschaft orientieren und begierig mehr über die Geschichten des Universums erfahren wollen – wie es funktioniert, welche Muster es aufweist und wie wir all das auf menschliche Beziehungen, auf menschliche Ethik und auf unsere Verhaltensmuster übertragen können (was frühere Generationen vielleicht das „Naturgesetz" genannt hätten). Wie kann man „katholisch", also universell und das Ganze umfassend sein, wenn man die Kosmologie ignoriert?

Ein *katholisches* Christentum wird der Erde, ihren Ökosystemen und den erstaunlichen Geschöpfen der Erde, von den Flüssen bis zu den Ozeanen, von den Fischen bis zu den Amphibien, von den Vögeln bis zu den vierbeinigen Wesen Ehre erweisen und ein Gefühl der Ehrfurcht und Dankbarkeit für alles, was ist erwecken – und auch dafür, dass wir auf so überaus geheimnisvolle Weise vollständig daran teilhaben. Echte Kosmologie erweckt Dankbarkeit, Ehrfurcht, Staunen und das leidenschaftliche Bedürfnis, alles zu beschützen, das so wunderschön und zerbrechlich zugleich wie unsere Erde, ihre Bewohner und die sie erhaltenden Systeme ist. Die große Mystikerin und Prophetin Hildegard von Bingen aus dem 12. Jahrhundert nennt Jesus einen „grünen Mann". Kann man denn heute in Anbetracht der Krise des ökologischen Traumas, dem sich unsere Art auf allen Ebenen gegenüber

---

7) Chilton, *Rabbi Paul*

8) Ich kann vor allem die überaus wichtigen Arbeiten von Joel Primack und Nancy Abrams in ihren Büchern *The View from the Center of the Universe* (Riverhead Books, New York 2006) und *The New Universe and the Human Future: How a Shared Cosmology Could Launch a Global Society* (Yale University Press, New Haven, CT 2010). Auch ich behandle das Thema Kosmologie im Kapitel „Vater Himmel"in *Die verborgene Spiritualität des Mannes*.

sieht, ein menschliches Wesen sein, ohne zugleich auch zu einem grünen Mann oder einer grünen Frau zu werden? Jesus ist im grünen Teil Israels aufgewachsen (in Galiläa), und seine Lehren ranken sich entsprechend um die Geschichten der Natur und die natürlichen Prozesse. Deshalb kann mit Sicherheit kein Nachfolger Jesu ignorieren, dass die Schöpfung im Mittelpunkt eines religiösen Bewusstseins stehen muss. Gott als Schöpfer/in erwartet ein auf der Schöpfung basierendes spirituelles Erwachen.

Findet und erschafft postmoderne Formen der Gottesverehrung

Das Ritual stellt den offensichtlichsten und am besten erprobten Weg dar, an unsere Schöpfungsgeschichten sowie an unseren Platz im Kosmos und in den Ökosystemen der Erde zu erinnern und all das zu feiern. Das Ritual ist per Definition eine Hochzeit von Seele und Kosmos, von Mikro- und Makrokosmos. Daraus beziehen Rituale ihren Antrieb und ihre Energie. Wenn der Kosmos aus dem Ritual verschwindet, reduziert sich die Gottesverehrung auf eine Menge Worte auf einer Papierseite („Hoppla – falsche Seite!"), oder es entstehen Persönlichkeitskulte um einen bestimmten Prediger oder eine sonstige Ikone. Das genügt einfach nicht. Echte Anbetung kommt aus dem Kosmos selbst und preist ihn für das, was er ist. Aber damit es zu einer echten Huldigung kommen kann, müssen wir ehren, „was ist".

Zu einer Zeit, in der so vieles um uns herum in Auflösung begriffen ist, sollte es uns nicht überraschen, dass wir unter anderem auch die Form unserer Gottesverehrung selbst hinterfragen müssen. Haben diese Formen noch immer Gültigkeit? Inspirieren sie uns? Oder sind sie einschläfernd und erdrückend und werden deshalb von all jenen abgelehnt, die mit ihren Füßen dafür stimmen, sonntagmorgens lieber nicht in die Kirche zu gehen, sondern zu Hause zu bleiben? Die modernen Formen der Gottesverehrung betonen das Wort – Worte auf Papierseiten, Worte in einer Predigt, vom Rednerpult oder aus dem Gebetbuch abgelesene Worte. Worte, Worte, Worte! Text, Text, Text! (Schließlich begann das moderne Zeitalter mit der Erfindung der Druckerpresse. Das war seine Stärke und Schwäche zugleich.)

Postmoderne Formen des Gebets werden weniger Wert auf Texte legen und dafür mehr die Idee von „jedem Geschöpf als einem Wort Gottes" betonen. Deshalb werden sie demokratischer, kosmischer, universeller oder katholischer sein – wie es bereits Walt Whitman vor 150 Jahren prophezeit hat, als er eine spirituelle Demokratie forderte, die allumfassend ist und die gesamte Schöpfung, alle menschlichen Völker und all ihre Traditionen mit einbezieht. Gottesverehrung schließt den Körper ein, nicht aus. Sie schließt den Tanz ein und scheut ihn nicht. In vielen afrikanischen Sprachen haben die Worte für „Geist", „Atem" und „Tanz" dieselbe Wurzel. Tanzen bedeutet, den Geist hereinzubringen. Tanzen heißt, für die Teilnahme unseres Atems zu sorgen. Diese prämoderne Weisheit wird auch die postmodernen Formen der Gottesverehrung durchdringen.

Die Verwendung postmoderner Sprachen und Kunstformen zur Hervorrufung des Heiligen stellt eine weitere Dimension postmoderner Gottesverehrung dar. Viele Disc-Jockeys sind heutzutage begierig darauf, ihre Kunst und ihre Fähigkeiten in die Anbetung einzubringen. Denken Sie an die Möglichkeiten, die uns der moderne Medienverbund heute bietet – zum Beispiel mit der visuellen Arbeit von Video-Jockeys, der Herstellung von Fraktalen und anderen Ausdrucksformen gemeinsam geteilter Bilder. Wir können Kunstformen wie den Rap und andere lebendige Richtungen der Dichtkunst dazu einladen. Auf diese Weise beziehen wir den Deutungszusammenhang und unsere Körper, die Vorstellungskraft und das Gebet mit ein. Ich weiß das, weil wir 15 Jahre lang an dieser rituellen Revolution beteiligt gewesen waren und die tiefgehenden Resultate unserer Arbeit mit der Kosmischen Messe gesehen haben.[9] Unsere bewussten Anstrengungen zur Erweckung einer Form der Verehrung, die sich durch den Körper, durch Teilnahme, durch Bilder und durch das Trauern vollzieht, haben sich wahrhaftig gelohnt. Es *ist* heute möglich, neue Formen der Gottesverehrung zu erschaffen – und sie werden dringend gebraucht wie auch geschätzt.

Solche rituellen Gelegenheiten stellen einen großen Teil eines wahrhaftig katholischen Christentums dar.

Praktiziert Tiefenökumene

Ein großer Respekt für und Neugier auf die verschiedenen spirituellen Traditionen der Welt stellen eine weitere Dimension eines wahrhaft katholischen – und damit universellen – Christentums dar. Lassen Sie uns mit der Vielfalt beginnen, die bereits innerhalb des Christentums selbst herrscht. Die westliche Form davon, die wir als römisch-katholische und protestantische Traditionen bezeichnen, neigt schnell dazu, die östlich-orthodoxe Christenheit sowie ihre großen kulturellen und nationalen Traditionen (wie die russisch-orthodoxen oder griechisch-orthodoxen Kirchen) zu vergessen oder zu ignorieren. Dasselbe geschieht mit den koptischen Traditionen, die in Afrika eine sehr, sehr lange Geschichte haben, oder mit den Traditionen Indiens, die sich ebenfalls sehr weit zurückführen lassen. Ein anderes Beispiel dafür ist das keltische Christentum, das zwar von der Synode von Whitby im 7. Jahrhundert ausgelöscht wurde, aber nichtsdestotrotz eine überaus tiefe und authentische Adaption der überall in der Natur anzutreffenden Geschichten und Lehren Jesu und Christi darstellte.

Hier im Westen können und müssen wir uns mit der enormen Vielfalt der Praktiken und Denkansätze arrangieren, die bei vielen protestantischen Traditionen zu finden sind – seien es nun Methodisten, Anglikaner, Lutheraner, Presbyterianer, die Freikirche oder die Baptisten. Und dann gibt es da noch die unitarische Tradition

---

9) Für weitere Informationen über die Kosmische Messe siehe www.thecosmicmass.info. Siehe auch www.ecstaticdance.org.

der Quäker und die im 20. Jahrhundert entstandenen christlichen Bewegungen, wie *Religious Science* und die *Unity-Kirchen* sowie Ernest Holmes und andere authentische Mystiker, denen nachzueifern von großem Nutzen sein kann.

Auch in der Vergangenheit gab es innerhalb des römischen Katholizismus immer eine große Vielfalt an Orden samt ihrer einzigartigen Ausstrahlungen und kulturellen Beiträge – von den Benediktinern, den Trappisten, den Dominikanern, den Franziskanern, den Jesuiten und den Oblaten bis zu den Karmelitern oder den Augustinern. Wo ist diese Vielfalt heute? Hinzu kommt die Kraft der Basisgemeinden sowie der Befreiungstheologie in Lateinamerika, Afrika, Asien, Nordamerika und an vielen anderen Orten.

Ein wahrhaft katholisches Christentum ehrt und respektiert diese verschiedenen, sich entwickelnden Traditionen und lernt von ihnen. Es kann keinen einzigen Weg, keine einzige Richtung, kein einziges Lied im Tanz der Geschichte Jesu und des Geistes Christi geben. Bei der Gottesverehrung sowie in der gemeinsamen Arbeit für ökologische und soziale Gerechtigkeit existiert ein gewisses *Einssein*, das unserer leidenschaftlichen Lobpreisung einerseits und unserer moralischen Entrüstung andererseits zugrunde liegt. Wenn es um diese ethischen Fragen geht, können nur noch sehr wenige relevante Unterschiede bestehen.

Wahrhaft katholisch zu sein bedeutet nicht nur, dass Christen einander sowie ihre unterschiedlichen Abstammungslinien respektieren, sondern es geht dabei auch um inner- sowie interreligiöse Angelegenheiten. Ebenso geht es darum, dass Christen andere Formen der Spiritualität sowie spiritueller Praktiken respektieren. Eine wahrhaftig katholische Christenheit wird nicht davor zurückscheuen, von Buddhisten, Taoisten, Muslimen, Juden, indigenen Völkern und den Anhängern bzw. Anhängerinnen der Göttin zu lernen. Die verschiedenen Weisheitstraditionen der Welt zu studieren und zu beten, stellt heute eine wichtige spirituelle Praxis dar – man verschwendet seine Zeit auf keinen Fall, wenn man die Upanishaden oder die Veden des Hinduismus, die mystischen Texte und Kommentare zum Buddha, das Tao Te King, die hebräischen Propheten und die Weisheitsautoren der Kabbala, den Koran oder die großen Sufimystiker wie Rumi und Hafiz im Islam, aber auch die Schwitzhütten, Visionssuchen und Sonnentänze indigener Völker und vieles mehr studiert sowie im Rahmen dieser Traditionen betet. Das jüngste Buch des Dalai Lama ist der Tiefenökumene gewidmet und stellt die Fragen und Konsequenzen dieses Themas mit beachtlicher Weisheit dar.[10] Wir alle sind heute dazu aufgerufen, katholisch bzw. universell zu sein. Jede Tradition hat Gaben, die sie mit uns teilen kann. Die Zeit der Religionskriege ist vorbei – oder sollte es zumindest sein.

Wir alle sind heutzutage gemeinsam mit so vielen Fragen der Ethik und des Überlebens konfrontiert, dass Sektierertum und der Versuch, nur in unseren per-

---

10) Der Dalai Lama, *Toward a True Kinship of Faiths: How the World's Religions Can Come Together* (Doubleday, New York 2010)

sönlichen religiösen Welten zu leben, ein Luxus sind, den wir uns nicht mehr leisten können. Hätte Jesus, der am Brunnen ein Gespräch mit einer Samariterfrau anfing, der einen Samariter als Helden der Barmherzigkeit lobte und der die Tochter eines römischen Soldaten heilte, sich geweigert, mit Mohammed zu sprechen, wenn er ihm begegnet wäre? Oder Buddha? Oder Lao Tse? Oder Black Elk? Denken Sie darüber nach. Ich glaube, er wäre ebenso begierig darauf gewesen, mit jedem dieser Männer ins Gespräch zu kommen, wie er auf tiefste Weise mit seinen Ahnen – zum Beispiel mit Jesaja, Micha und Abraham – im Dialog war. Warum sollten also jene, die für sich in Anspruch nehmen, Nachfolger Jesu zu sein, weniger spirituell neugierig und weniger begierig darauf sein, zu lernen oder der Weisheit mit Herz und Verstand weniger offen gegenübertreten, wo immer sie auch zu finden sein mag?

Ein Leben der Tiefenökumene ermöglicht uns, von anderen Traditionen zu lernen, die uns bei der Erneuerung unserer eigenen unterstützen können. Ich möchte hier ein paar Beispiele dafür liefern. Die buddhistischen Meditationspraktiken haben vielen Juden und Christen geholfen, meditieren zu lernen und das Reptilienhirn zur Ruhe zu bringen. Das ist eine große Leistung und eine gewaltige Gabe Buddhas, an der wir hier teilhaben dürfen. Bedenken Sie, dass Thich Nhat Hanh viele Menschen, die aus unterschiedlichsten Glaubenstraditionen kamen oder gar keinen Glauben hatten gelehrt hat, „in Frieden zu gehen" und den Stress in ihrem Leben zu reduzieren.

Überlegen Sie nur, wie viele europäische Amerikaner durch die Teilnahme an den Zeremonien der amerikanischen Ureinwohner wie zum Beispiel Schwitzhütten, Sonnentänzen, Powwows und Visionssucheritualen – in denen sie das Beten und Tanzen auf neue Weise wiedererlernen konnten – die Möglichkeit erhalten haben, den Körper wieder in die Gottesverehrung einzubringen (und auch Süchte zu überwinden). Die Yogapraktiken der hinduistischen Traditionen helfen Hunderttausenden von Menschen im Westen dabei, ein gesünderes Körperbewusstsein zu entwickeln. Ernest Holmes aus der Tradition der Religious Science-Bewegung[11] wie auch die Unity Church in Amerika betonen, wie wichtig es ist, Meditationspraktiken zu erlernen und sich mit den mystischen Traditionen zu beschäftigen. Das ist gerade für die Hauptkirchen ein großes Geschenk, die so oft keine Verbindung mehr zu ihren mystischen Abstammungslinien haben.

Die anglikanische Gemeinschaft (einschließlich der Episkopalkirche der USA) kann den „erhabenen" katholischen Traditionen mit ihren Bischöfen und Erzbischöfen viel beibringen, wenn es um das Thema der Integration von Frauen in alle Ebenen der Priesterschaft (einschließlich des Bischofsstands) oder die Einbindung von Homosexuellen geht (Homosexuelle sind immer integriert worden, aber das ist oft nicht ausdrücklich geschehen). Der Umstand, dass die gesamte anglikanische

---

11) *Religious Science*, auch *Science of Mind*, wurde 1927 von Ernest Holmes (1887–1960) gegründet und ist eine überkonfessionelle, spirituelle/philosophische Bewegung innerhalb des *New Thought Movement*. [A.d.Ü., Quelle: Wikipedia]

Kirche diese Fragen so heftig und öffentlich diskutiert, ist eine gesunde Sache – und ich bewundere die amerikanische Episkopalkirche dafür, so deutlich zugunsten von Frauen und Homosexuellen in der Priesterschaft Stellung zu beziehen. Das ist weitaus besser, als eine sexistische und homophobe Geistlichkeit in die römisch-katholische Kirche einzuladen, wie es der gegenwärtige Papst tut. Und es gibt noch einen Bereich, in dem man viel von der anglikanischen Kirche lernen kann: nämlich, wie man eine Kirchenstruktur schafft, in der Laien und nicht etwa Geistliche Bischöfe und die gesamte Kirchenhierarchie wählen. In anglikanischen Kirchen herrscht eine Art von parlamentarischem Gleichgewicht zwischen dem Laienstand und der Priesterschaft, das durch große Versammlungen erreicht wird, bei denen beide Seiten Richtlinien festlegen und Führer wählen. Die römisch-katholische Kirche könnte viel von dieser meist erfolgreichen Umsetzung des Gleichheitsprinzips lernen.

Bringt die Vielfalt zurück

Die jüngsten Ergebnisse der historischen Erforschung der frühen Kirche unterstreichen, wie vielfältig die christliche Bewegung von Beginn an war. Bruce Chilton hat uns bereits daran erinnert, dass „das Christentum von dem Augenblick an, als Menschen den Begriff ‚christlich' zu verwenden begannen, eine zersplitterte Bewegung war."[12] Die zwanghafte Ordnung und die Nachahmung der patriarchalen römischen Kultur, von der diese umgeben war, kamen erst später. Nach dem Tod Jesu herrschte mindestens 60 Jahre lang selbst bezüglich der wichtigsten Kernpunkte der Christusgeschichte eine große Vielfalt von Ansichten, und darunter fiel sogar die Frage, ob sich die Auferstehung tatsächlich ereignet habe und welche Bedeutung sie besitzen könnte.

Wir stellen uns manchmal vor, die Evangelien wären von einem der Jünger Jesu an einem Schreibtisch irgendwo in Jerusalem oder Galiläa geschrieben worden. Aber das ist natürlich in keinster Weise der Fall gewesen. Die Evangelien entstanden in vier verschiedenen kulturellen Umgebungen und zu unterschiedlichen Zeiten. Darüber hinaus wurden sie von verschiedenen Personengruppen zusammengestellt, von denen jede ihre eigene Anhängerschaft hatte und ihre eigenen Fragen thematisierte. Chilton weist auf Folgendes hin: „Die Evangelien entstanden eine Generation nach dem Tod Jesu in den Hauptzentren der Christenheit … Die Wissenschaftler stimmen allgemein darin überein, dass das Markus-Evangelium um 73 unserer Zeitrechnung in Rom angefertigt wurde, das des Matthäus gegen 80 u.Z. in Damaskus, dass des Lukas gegen 90 u.Z. in Antiochia und das des Johannes gegen 100 u.Z. in Ephesus … Sie stellen einander ergänzende Fassungen aus unterschiedlichen Quellen dar, die unterschiedliche Gemeinden in den Generationen nach dem Tod Jesu zusammengestellt haben."[13]

---

12) Bruce Chilton, *Rabbi Paul*
13) Bruce Chilton, *Mary Magdalene: A Biography* (Doubleday, New York 2005)

Darüber hinaus hat man nicht alle der frühen Geschichten niedergeschrieben, die dem Jesus-Ereignis entsprungen sind. Schließlich waren die meisten Menschen in der antiken Welt nicht des Lesens oder Schreibens kundig. Mündlich weitergegebene Erzählungen und Traditionen waren oft wichtiger als das geschriebene Wort (eine Vorstellung, die für Menschen, die nach der Erfindung der Druckerpresse geboren worden sind, oft nur schwer zu erfassen ist). Bei vielen der Lehren, die wir in den Evangelien finden, gab es keine „Einheitlichkeit". Chilton drückt es wie folgt aus: „Die Urchristenheit war eine mündliche Bewegung und kein Buchclub, und deshalb wurden einige ihrer tiefsten Wahrheiten nicht in schriftlicher Form festgehalten. Die Identität des namenlosen Salbenden bei Markus gibt mehr zu verstehen, als wörtlich gesagt wird. Das Markus-Evangelium ist ein Meisterwerk der Rhetorik des Unausgesprochenen."[14] Die frühe Kirche und selbst einige ihrer wichtigsten Glaubenssätze waren oft von Chaos und Verwirrung gekennzeichnet, und über Abstraktionen nachzugrübeln stand auf der Prioritätenliste der damaligen Gläubigen ganz unten. „Vom 2. Jahrhundert an wurde das Christentum hoch philosophisch und oft auch abstrakt, aber Jesus und seine jüdischen Zeitgenossen kannten die Abstraktionen nicht, die heute im Sprachgebrauch bezüglich der göttlichen Welt zur verbreiteten Währung geworden sind. Für den Rabbi Jesus vermittelte das Wort *Gott* keinen philosophischen Gedanken, sondern die ultimative Realität – schön, furchterregend und übermächtig."[15]

Wenn man zum Beispiel die Erzählungen der Evangelien über die Auferstehung betrachtet, tauchen grundlegende Unterschiede auf. Jesus, Paulus und Maria Magdalena berichten von einer spirituellen Auferstehung, aber Lukas und Matthäus sagen, diese habe sich körperlich vollzogen. Lukas ignoriert die Erscheinungen des auferstandenen Jesus in Galiläa vollkommen und spricht nur von jenen, die sich in Jerusalem ereignet haben. Wie bei Matthäus ist die Auferstehung auch bei Lukas sehr körperlich und tatsächlich weitaus materieller als in jedem der anderen Evangelien. Darüber hinaus verzichtet Lukas in seiner Wiedergabe der Ereignisse rings um die Auferstehung völlig auf Maria Magdalena und die Salbungsgeschichten, in denen sie eine Rolle spielt. Dasselbe trifft auf die von der Schule des Lukas beeinflusste Apostelgeschichte zu. Das entspricht dem Muster des Lukas-Evangeliums, das eine deutlich erkennbare männliche Dominanz aufweist. Warum ist das so? Weil sich dieses Evangelium „auf die ganz besondere Autorität der männlichen Apostel in Jerusalem konzentriert."[16]

Wir sehen also, dass von Beginn der frühen christlichen Lehren und Praktiken an deutlich eine große Ideenvielfalt erkennbar ist – selbst bezüglich so wichtiger Ereignisse wie der Auferstehung Jesu. Diese große Geschichte wurde fast sofort den Bedürfnissen der ihr lauschenden Menschen angepasst. Das sollte auch im heuti-

---

14) Ebenda
15) Ebenda
16) Ebenda

gen christlichen Diskurs ein Argument für geistige Offenheit und Akzeptanz sein, umso mehr, weil die Evangelien auf dem Planeten immer weitere Verbreitung finden und für immer mehr unterschiedliche Kulturen, Sprachen und Bedürfnisse verfügbar sind.

Selbst der Name „Christ" ist eine spätere Bezeichnung. Chilton erinnert uns daran, dass die frühen Anhänger Jesu „von sich noch nicht als ,Christen' dachten. Dieser Begriff war noch nicht geprägt worden. Sie beharrten darauf, die Lehren ihres auferstandenen Rabbi ,der Weg' zu nennen (im Griechischen *hodos* ...), was das Äquivalent des Rabbiner-Begriffs *halaka* ist (wörtlich: womit Gott die Israeliten anweist, zu ,gehen'). In den Jahren bevor es zu einer formalen Unterscheidung zwischen Judentum und Christentum kam, betrachteten die Anhänger Jesu ihren Meister als die Erfüllung der Bestimmung Israels, und die meisten von ihnen arbeiteten ihre besondere Vision aus, ohne deshalb mit ihren jüdischen Nachbarn in Unfrieden zu geraten."[17] Erst gegen 80 u.Z. begannen sich die Kirchenführer in Damaskus als von den dortigen Synagogen abgesondert zu betrachten, weshalb im Matthäus-Evangelium der Begriff „Rabbi" keine Verwendung mehr findet. Die früheren Evangelien nutzen diesen Titel noch, um Jesus zu beschreiben.

Fördert die Einsetzung von Frauen in Führungspositionen

Die frühe Kirche wurde auch von Frauen geführt (wie es in vielen protestantischen Glaubensgemeinschaften auch heute der Fall ist). Für jeden, der die Fakten studiert, kann es keine Entschuldigung für eine Fortsetzung der kirchlichen Frauenfeindlichkeit geben. Tatsächlich ist die historische Gewohnheit Roms, die hier dargestellten Fakten zu vergessen, selbst bereits ein Skandal. Sie zeigt, dass Furcht und Ideologie über die Geschichte und die Gepflogenheiten der Kirche triumphiert haben. Kann die Aufrechterhaltung eines reinen Männerclubs wichtiger als die Wirklichkeit der Vorgehensweisen und des Glaubens der frühen Kirche sein? Wäre die kriminelle Vertuschung des Pädophilie-Skandals auch dann hingenommen worden, wenn Frauen echten Einfluss auf die Entscheidungsfindung innerhalb der Kirche und von den Vorgängen darin Kenntnis gehabt hätten?

Wenn die frühe Kirche die Werte und Strukturen ihres jüdischen oder griechisch-römischen Pendants übernommen hätte, wären Frauen „im frühen Christentum in eine untergeordnete Position abgedrängt worden"[18], wie uns die Bibelwissenschaftlerin und Theologin Elisabeth Schüssler Fiorenza erinnert. Aber das war in keinster Weise der Fall. Die frühen Anhänger Jesu waren bezüglich der Frau-

---

17) Ebenda

18) Elisabeth Schüssler Fiorenza, *Word, Spirit and Power: Women in Early Christian Communities*, in Rosemary Ruether und Eleanor McLaughlin, *Women of Spirit: Female Leaders in the Jewish and Christian Traditions* (Simon and Schuster, New York 1979). Der Verstand scheut davor zurück, dass sich Kardinal Ratzinger als Theologe bezeichnet, aber meines Wissens nach niemals bei einer Theologin studiert oder auch nur eine wissenschaftliche Arbeit von einer Theologin gelesen hat, sondern die gesamte Theologie bewusst ignoriert.

en und ihren Rollen vollkommen anderer Auffassung. „In dieser egalitären Bewegung waren Frauen keine Randfiguren, sondern übten eine verantwortungsvolle Form der Führerschaft aus ... Die früheren gegenkulturellen und späteren außerkirchlichen Bewegungen akzeptierten Frauen als gleichberechtigte Mitglieder mit derselben Verantwortlichkeit und demselben Führungsanspruch."[19] Im Brief an die Galater verspricht Paulus, dass es keinen Unterschied zwischen Juden und Heiden, Sklaven und Freien, Männern und Frauen mehr geben soll. Tatsächlich war diese radikale Idee sogar Teil der Taufformel (Galater 3,27ff.). Fiorenza meint dazu: „Dieses gleichberechtigte christliche Glaubensbekenntnis ist wieder und wieder als Gegensatz zur allgemein verbreiteten Akzeptanz der dem Judentum wie auch dem Hellenismus eigenen sozialen Diskriminierung formuliert worden."[20] Dass Heiden, Sklaven und Frauen in dieser neuen christlichen Gemeinschaft aktive und gleichwertige Partner sein konnten, öffnete den Bürgern des Römischen Imperiums die Augen. Darüber hinaus stellte es einen wesentlichen Bestandteil des von Jesus versprochenen „Königreich Gottes" auf Erden dar.

Ein großer Teil der Kirchengeschichte seit damals ist dem Versuch gewidmet worden, diesen radikalen Durchbruch, den das frühe Christentum herbeigeführt hatte, zu vergessen, rückgängig zu machen und zu leugnen. Aber immer mehr Wissenschaftler erkennen an, dass sich diese von Jesus ausgelöste Revolution tatsächlich ereignet hat. Denken Sie nur daran, dass Jesus selbst Frauen aufgenommen und zu Führerinnen ausgebildet hat. Das ist der Kernpunkt von Bruce Chiltons Untersuchungen der Maria Magdalena. Er ist überzeugt, dass Jesus ihr ein besonderes geistliches Amt im Bereich der Heilung anvertraut hat. „Jesus, Maria und andere Jünger praktizierten die Salbung, die im Rahmen von Exorzismen und Heilungen durchgeführt wurde ... es gibt überragende Belege dafür, dass die Salbung der Haut in der Bewegung von Jesus ein regelmäßiges Ritual war, bei dessen Anwendung Maria Magdalena eine Vorrangstellung inne hatte. Während seiner letzten Wochen in Jerusalem bestimmte Jesus Maria in Bezug auf das Salbungsritual zum Vorbild für seine Bewegung. Das moderne Christentum hat sowohl das Sakrament der Ölung als auch seine unauflösliche Verbindung zu Maria Magdalena fast vergessen."[21] Wir haben nicht nur Maria Magdalena, sondern beinahe auch das Sakrament der Heilung und Salbung vollkommen vergessen!

Die Salbung war unter den frühen Anhängern von Jesus eine „rituelle Schlüsselhandlung", die man nicht nur auf die Lebenden, sondern auch auf die Verstorbenen anwendete. Das Markus-Evangelium erzählt auf folgende Weise von Jesu Begräbnis: „Und da der Sabbat vergangen war, kauften Maria Magdalena und Maria, des Jakobus Mutter, und Salome Spezerei, auf dass sie kämen und salbten ihn." Chilton kommentiert: „Maria ist in der Auferstehungserzählung des Markus die einzige

---

19) Fiorenza, *Word, Spirit and Power*
20) Ebenda
21) Chilton, *Mary Magdalene*

unverzichtbare Figur, sie ist der Handlungs-Angelpunkt, um den sich die finalen Ereignisse drehen. Durch ihren Namen und ihr Verhalten verkörpert sie die Verbindung zwischen der Grablegung Jesu und der Verkündigung des Engels an dieselbe Maria Magdalena (16, 6-7), dass Jesus von den Toten erweckt worden ist. Sie verbindet seinen Tod und seine Auferstehung miteinander, und das nicht nur durch das, was sie ist, sondern auch durch ihre Handlungen: Maria Magdalena machte die Salbung zu einem der zentralen Rituale des Christentums, das an den Tod Jesu erinnert und nach vorne, zu seiner Auferstehung hinweist."[22]

Tatsächlich vollzog Maria Magdalena mit der Ausübung der Funktion der Salbenden noch einen weiteren, uralten jüdischen Brauch, der eine besondere Verbindung zu ihrer Heimatregion Magdala hatte. „In der jüdischen Antike nahmen Frauen als Salbende eine bedeutende Rolle ein, und das ganz besonders in der Volksmystik Galiläas."[23] Im 1. Jahrhundert kursierte ein Buch mit dem Titel *Das Testament des Hiob*, das eine Darstellung des biblischen Hiob enthielt und seine Töchter zu Erbinnen seiner mystischen Bräuche bestimmte. Worin bestehen diese Bräuche? „Er wird ... ein Fachmann in der Verwendung des mystischen Streitwagens Gottes, des *Merkava,* der die wirbelnde Energie der göttlichen Gegenwart auf jene überträgt, die auf dieses zentrale Symbol der jüdischen Mystik meditieren."[24] Darüber hinaus heißt es in der rabbinischen Literatur, die drei Töchter des Hiob hätten sich in Maria Magdalenas Heimatstadt Magdala niedergelassen und seien dort auch gestorben. Chiltons meint: *„Das Testament des Hiob* stellt die heutigen Annahmen bezüglich der Rolle der Frau im Judentum und da besonders im Bereich der Mystik völlig auf den Kopf."[25]

Bedenken Sie auch, dass in der Apostelgeschichte 21,8-9 die Töchter des Philip in der christlichen Gemeinde die Funktion weiblicher Propheten übernehmen. „Das altjüdische Schrifttum lässt uns erkennen, dass Frauen in den weit verbreiteten Merkava-Praktiken eine Vorreiterrolle einnahmen und Maria Magdalena ein wichtiger Mittelpunkt dieser Tradition war. Mit ihrem Ölungsgefäß brachte sie auch die mystischen Lehren des Geistes mit, der durch ihre Kunst der Salbung übermittelt wurde."[26] Frauen waren Heilerinnen und Trägerinnen des Geistes und salbten die Lebenden wie die Toten.

In der frühen christlichen Bewegung spielten Frauen, wie Fiorenza bemerkt, „eine wichtige Rolle bei der Gründung und Förderung von Hauskirchen. Da diese in der Entwicklung des frühen Christentums ein entscheidender Faktor waren, stellten sie die Führungsebene und bestimmten die Form des Kirchenlebens."[27] Die

---

22) Ebenda
23) Ebenda
24) Ebenda
25) Ebenda
26) Ebenda
27) Fiorenza, *Word, Spirit and Power*

frühen Christen feierten in der Hauskirche „das Abendmahl (Apostelgeschichte 2,46; 20,7) und verkündeten die Evangelien (Apostelgeschichte 5,42). Diese Versammlung wurde als das ‚Haus Gottes', der neue ‚Tempel' bezeichnet, weil der Geist darin wohnte."[28] Oft wurden diese Versammlungen von wohlhabenden Konvertitinnen geleitet (vgl. Apostelgeschichte 17,4; 12). In der Apostelgeschichte 12,12 ist von einem Gebetstreffen im Hause von Maria, der Mutter des Johannes Markus, die Rede. Paulus würdigt Apphia als „unsere Schwester" – sie leitete gemeinsam mit Philemon und Archippius eine Hauskirche in Kolossai (Philemon 2). Eine Geschäftsfrau und Konvertitin namens Lydia von Thyatira gründete in Philippi eine Kirche (Apostelgeschichte 16,14). Im Brief an die Kolosser verweist der Autor auf Nympha[29] von Laodizea und die „Gemeinde in ihrem Hause" (Kolosser 4,15). Paulus spricht mindestens zwei Mal von einem Missionarspaar – Priscilla und Aquila – und der „Gemeinde in ihrem Hause" (1. Korinther 16,19; Römer 16,3-5). Die Frau Chloe leitete ein Haus in Korinth, das zum Anlass für den ersten Brief des Paulus an die Korinther wurde (1,11). Fiorenza schlussfolgert: „Wir haben keinen Grund für die Annahme, dass Frauen von der Leitung der Hauskirchen oder dem Vorsitz bei den Gottesdiensten ausgeschlossen waren."[30]

Darüber hinaus spricht Paulus bei vielen Gelegenheiten von Frauen, die gemeinsam mit ihm Missionsarbeit leisten. Er lobt Maria, Tryphäna, Tryphosa und Persis im 16. Kapitel des Römerbriefs dafür, in dem Herrn „viel gearbeitet" zu haben. In Philipper 4,2 sagt er anerkennend, dass Evodia und Syntyche samt ihm „für das Evangelium gekämpft haben". Fiorenza folgert daraus: „Die Texte weisen darauf hin, dass diese Missionarinnen über dieselbe Autorität verfügten und man ihnen ebenso viel Respekt und Wertschätzung entgegenbrachte wie ihren männlichen Mitarbeitern in den Missionsgemeinden."[31] Paulus beschreibt Priscilla und Aquina als Gründer und Leiter von Hauskirchen in Korinth, Ephesos und Rom. Priscilla wird als Katechetin und Lehrerin von Apollos, einem der Mitarbeiter des Paulus, benannt. Ein weiteres solches Missionarsehepaar sind Junia und Andronicus; sie traten bereits vor Paulus zum Christentum über und werden von ihm „Apostel" genannt. In Römer 16,1 spricht Paulus von Phöbe, die als „Diakonin" bezeichnet wird. Diese Frauen „dienten in einer anerkannten offiziellen Funktion als Lehrerinnen und Predigerinnen der christlichen Gemeinde."[32] Paul nennt Phöbe im ersten Thessalonicher- und im ersten Timotheus-Brief auch *prostatis*, was „die Funktion einer Bischöfin, Diakonin oder Ältesten bezeichnet ... Phöbe hatte demzufolge in der Gemeinde von Cenchreae eine festgelegte Lehr- und Führungsposition inne.

---

28) Ebenda

29) Zumindest tut er das in der *New English Bible*, der *Jerusalem-Bibel* und im griechischen Original. Luther und William Tyndale (der Übersetzer der *King James Bible*) meinten, daraus einen Mann machen zu müssen. [A.d.Ü.]

30) Ebenda

31) Ebenda

32) Ebenda

Für viele andere und auch für Paulus selbst war sie eine Person, die über große Autorität verfügte."[33]

Elisabeth Schüssler Fiorenza fasst die Rolle der Frau in der frühen christlichen Gemeinde wie folgt zusammen: „Die Briefe des Paulus weisen darauf hin, dass zu den bedeutendsten und führendsten Missionaren der frühen christlichen Bewegung auch Frauen gehörten. Sie arbeiteten mit Paulus zusammen, waren von ihm jedoch nicht abhängig und ihm auch nicht unterstellt. Sie fungierten als Predigerinnen, Lehrerinnen und Leiterinnen der Gemeinde ...Ihr Wirken war nicht auf die Seelsorge für Frauen oder Aufgaben beschränkt, die ihrer Geschlechterrolle entsprachen. Die Namensliste, die wir in Römer 16 finden, zeigt, wie bedeutend Frauen in der frühen christlichen Bewegung waren. Von 36 dort genannten Personen sind 16 Frauen und 18 Männer. Die Paulusbriefe geben uns also Einblick in die Gleichberechtigung der frühen christlichen Missionsbewegung."[34]

Auch Propheten spielten im Frühchristentum eine wichtige Rolle. „Paulus betrachtet die Propheten in Bezug auf die Führung der Kirche als nur den Aposteln untergeordnet, und noch bis in die Mitte des 2. Jahrhunderts sah man sie in einigen christlichen Gemeinden als die normgebenden Kirchenführer an", kommentiert Fiorenza.[35] Sind Frauen als Prophetinnen tätig? Das sind sie in der Tat. „Paulus betrachtet es als selbstverständlich, dass auch Frauen in der christlichen Vereinigung die Funktion von Prophetinnen ausüben"[36], aber auch, dass man darin keine Unterschiede zwischen Männern und Frauen machte. Propheten haben „Schulen" aufgebaut, und „in Kleinasien erkannte man Frauen selbst im 2. und 3. Jahrhundert noch als Prophetinnen an."[37]

Langsam fing die Kirche an, immer mehr die Gepflogenheiten der sie umgebenden Kultur zu reflektieren, und mit fortschreitender Zeit begann das Patriarchat, sein Haupt zum Widerspruch gegen Frauen in Führungspositionen zu erheben. Daraus folgten heftige Kämpfe. Schließlich wurde die weibliche Führerschaft jedoch allmählich durch eine rein männliche Führungsriege ersetzt, was in völligem Gegensatz zu den Lehren Jesu und den Gewohnheiten innerhalb der frühen Kirche stand.

Fiorenza schreibt weiter: „Frauen hatten in der Kirche selbst nach der Mitte des 2. Jahrhunderts noch immer eine bedeutende Stellung inne. Sie nahmen an der Führung der Kirche teil, und zwar nicht nur als Pfarrerswitwen oder Diakoninnen, sondern auch als Lehrerinnen und Prophetinnen. Frauen durften tatsächlich ‚lehren, diskutieren, exorzieren, Heilung verheißen und wahrscheinlich sogar taufen'. Doch ihr Unternehmungsgeist und ihre Führungskraft wurden von der patriarcha-

---

33) Ebenda
34) Ebenda
35) Ebenda
36) Ebenda
37) Ebenda

len Kirche mehr und mehr abgelehnt. ,Es ist keiner Frau erlaubt, in der Kirche zu sprechen oder gar zu lehren, zu taufen oder irgendeine männliche Aufgabe zu übernehmen, geschweige denn das Priesteramt auszuführen.'"[38]

Im Grabgewölbe der Heiligen Priscilla in Rom befindet sich ein Fresko, das die früheste uns bekannte bildliche Darstellung von Christen ist, die das Abendmahl feiern. Die Person, die das Brot bricht und verteilt, ist eine Frau. Sie „verhält sich, wie sich heute ein Priester verhalten würde"[39]; Frauen waren in der frühen Kirche „natürliche Abendmahls-Leiterinnen."[40] Chilton erinnert uns daran, dass Frauen in der Tat „als weibliche *presbyterai* [Priester] bis ins 4. Jahrhundert unserer Zeitrechnung einen großen Einfluss auf die Kirche hatten, auch wenn das der Öffentlichkeit heute meist nicht bekannt ist und selbst von den Wissenschaftlern einfach ignoriert wird."[41] Warum kennen wir diese Fakten heute nicht mehr? „In Bezug auf die Kontrolle über den Haushalt wollten die Christen römischer als die Römer sein … Und so wurden die Aufforderungen zur Ruhe und Gelassenheit eines von Männern befehligten Haushalts in der christlichen Literatur immer beharrlicher."[42]

Bei jeder Reformation ist die Rede davon, zu den Quellen und zum Geist des Gründers zurückzukehren. Wie wir gesehen haben, beweisen die frühesten uns zur Verfügung stehenden Quellen die Tatsache, dass Frauen in den Anfängen der Kirche Führungspositionen innehatten. Wie kann es also eine Reformation oder Erneuerung geben, wenn Frauen in der Kirche nicht wieder in diese Positionen zurückkehren? Und das ist nur das historische Argument. Fragen der kulturellen Entwicklung haben wir noch nicht einmal gestreift – schließlich haben Frauen mittlerweile jede in unserer Kultur mögliche Führungsposition inne; sie sind Astronautinnen, Präsidentinnen und Vorstandsvorsitzende, und sie haben in den Medien sowie in Regierungen Führungsrollen inne. Auch die offenkundige Frage der Gerechtigkeit ist hier noch nicht angesprochen worden. Diese Argumente führen alle zur selben Schlussfolgerung: Wenn wir Frauen und ihre Rollen nicht unter den Aspekten der Gerechtigkeit, der Gleichberechtigung und des gesunden Menschenverstands anerkennen – so, wie es in den frühen und radikalen Tagen der ersten christlichen Gemeinden war – kann kein gesundes christliches Erleben möglich sein.

Während ich dies schreibe, hat sich eine neue, erstaunliche Beleidigung der Frauen von Seiten der Kirche Ratzingers ereignet. Ein neues Dokument, mit dem man endgültig die Kontrolle über Pädophilie bei Priestern zu gewinnen versucht, erklärt auch, das „Vergehen" der Ordination von Frauen sei ein „schweres Verbrechen" und dem sexuellen Missbrauch Minderjähriger sowie der Entweihung des

---

38) Ebenda

39) Ebenda

40) Ebenda

41) Chilton, *Mary Magdalene*

42) Ebenda

Abendmahls ebenbürtig.[43] Manche Menschen halten die Verurteilung von sexuellem Missbrauch und der Ordination von Frauen in ein und demselben Dokument für einen journalistischen Fauxpas, aber ich vermute hier einen tieferen Hintergedanken. So denken Sexisten, so denken Tyrannen, und so funktioniert der Geist eines Beherrschers: Frauen im klerikalen Club zuzulassen, ist für diesen Club eine ebenso große Bedrohung wie der Sexualstraftäter für sein kindliches Opfer (das erzählt man uns zumindest). Ceri Goddard, der Vorstandsvorsitzende der Fawcett Society[44], reagiert mit „tiefstem Schrecken auf die Entscheidung des Vatikans, die Ordination von Frauen als ‚Vergehen‘ einzustufen und derselben Kategorie wie die Pädophilie zuzuordnen."[45]

Das Dokument ist auch von Opfern pädophiler Handlungen durch Priester unter Beschuss genommen worden, die darauf hinweisen, dass „die neuen Regelungen nicht erwähnen, dass Bischöfe klerikale Sexualtaten der Polizei melden müssen. Auch beinhalten sie keine kirchenrechtlichen Bestrafungen für Bischöfe, die solche Sexualtäter decken, und es fehlt eine ‚Null-Toleranz-Richtline‘ für den Umgang mit pädophilen Priestern."[46]

Das Herrscher-Paradigma ist Vergangenheit. Die Zukunft verlangt ein Partnerschafts-Paradigma – wieder einmal.[47] Wie kann sich irgendeine Tradition „katholisch" – also universell – nennen, wenn sie die Hälfte der menschlichen Spezies von ihren Führungspositionen ausschließt?

Gestaltet die Ausbildung von Menschen in geistlichen Führungspositionen neu

Ich bin gegenwärtig weder von den katholischen, noch den protestantischen Bemühungen zur Ausbildung ihrer Geistlichkeit/Priesterschaft sehr beeindruckt. In „liberalen" Seminaren liegt oft eine zu unkritische Einstellung zur Erlangung eines anerkannten Abschlusses vor, was sich darin äußert, dass sie ihre Seele auf dem Altar des Rationalismus opfern, ohne den daraus resultierenden Mangel an mystischer Entwicklung und Scharfsinnigkeit beim zukünftigen Priester wahrzunehmen. Fundamentalistische Seminare wiederum haben meist das entgegengesetzte Problem – zu wenig kritisches Denken und zu viel von der grob vereinfachten „Jesus ist der Retter"-Botschaft. Eine wirklich authentische christliche Botschaft, die dem Geist und den Lehren Jesu folgt, bereitet zukünftige spirituelle Führer darauf vor, sowohl

43) John Hooper und Haroon Siddique, a.a.O.

44) Eine britische Bewegung für die Rechte von Frauen [A.d.Ü.].

45) John Hooper und Haroon Siddique, *Catholics angry as church puts female ordination on par with sex abuse* (www.guardian.co.uk/world/2010/jul/15/vatican-declares-womens-ordinationgrave-crime)

46) Nicole Winfield, *Vatican: Ordination of Women A ‘Grave Crime'* (http://www.huffingtonpost.com/2010/07/15/vatican-ordination-of-women) und Nicole Winfield, *Vatican: Ordination of Women A ‘Grave Crime'* (www.huffingtonpost.com/2010/07/15/vatican-ordination-of-wom_n_647296.html)

47) Siehe Riane Eisler, *Kelch und Schwert: Von der Herrschaft zur Partnerschaft. Weibliches und männliches Prinzip in der Geschichte* (Goldmann 1997). Wie schön es doch wäre, wenn alle Kurienkardinäle dieses Buch ausgiebig studieren würden. Vielleicht würde das zu einigen Konversionen führen!

Mystiker als auch Propheten zu sein, denn nur dann können sie ihrer Hauptaufgabe gerecht werden, die darin besteht, christliche Laien für die Mystik und die Prophetenschaft zu erwecken, die sie erlangen können und sollten.

Der Bibelwissenschaftler John Dominic Crossan teilt uns mit, dass Paulus, der erste christliche Theologe und der erste Schriftsteller in der christlichen Bibel, ein vollkommener Mystiker war – und dass man für ihn kein Christ sein kann, wenn man nicht auch Mystiker ist. „Paulus ist ein Mystiker. Er denkt wie ein Mystiker, schreibt wie ein Mystiker, lehrt wie ein Mystiker und lebt wie ein Mystiker. Von anderen Christen erwartet er dasselbe … Heißt das, Paulus glaubt, dass nur Mystiker Christen sein können oder alle Christen Mystiker sein müssen? In einem Wort: Ja."[48] Das ist bemerkenswert, denn ich kenne nicht ein einziges Seminar im Westen, das zukünftige Kirchenführer lehrt, Mystiker zu sein.

Kann man im Rahmen des modernen, anerkannten Bildungssystems der westlichen Welt den Mystiker und Propheten im christlichen Laien erwecken?[49] Das ist eine absolut berechtigte und wichtige Frage. Ich kann dazu so viel sagen: Es ist nicht machbar, wenn man irgendeines der sieben Chakren ignoriert oder wenn man nur vom Hals an aufwärts im blinden Streben nach einer rationalen Akkreditierung lehrt. Bei der Mystik geht es nicht darum, dem Körper zu entfliehen, sondern das Wesentliche und das Herz im Körper zu finden, die moralische Entrüstung im Körper, unsere Verbindung zur Erde durch den Körper, unsere sexuelle Kraft im Körper, unsere Stimme im Körper, die Zusammenarbeit von rechter und linker Hirnhälfte in unserem Körper und unsere Verbindung zum Kosmos, zu den Ahnen und den Geistern im Körper. Ich habe gerade die sieben Chakren benannt. Sie sind heute für eine authentische spirituelle Ausbildung und Führerschaft von wesentlicher Bedeutung.

Darüber hinaus muss eine authentische spirituelle Bildung auch die Wege zu einem prophetischen Bewusstsein und entsprechendem Handeln beinhalten (ja, in Theorie und Praxis). Mit der moralischen Entrüstung des dritten und der dem vierten Chakra innewohnenden Anteilnahme müssen Führer in der Lage sein, die Sünden der Gesellschaft nicht nur analysieren, sondern auch Alternativen dazu erschaffen zu können. Dafür ist es notwendig, die großen Propheten der jüngeren Zeit (Gandhi, King, Romero, Chavez, Dorothy Day, Heschel, Thurman und andere) wie auch jene früherer Zeiten zu studieren. Immerhin entstammte Jesus sowohl der prophetischen als auch der Weisheitstradition Israels, die eng miteinander verbunden sind, da uns die Schriften sagen: „Die Weisheit ist die Freundin der Propheten." Wenn Rabbi Heschel Recht damit hat, dass die Hauptaufgabe der Propheten darin

---

48) Crossan, *In Search of Paul*. Auch Crossan erkennt die Rolle an, die Frauen in der frühen Kirche innehatten.

49) Siehe diesbezüglich auch mein letztes Buch, *Christian Mystics: 365 Meditations and Reflections* (New World Library Press, Novato 2011).

besteht, „sich einzumischen", dann muss die Ausbildung der nächsten Generation von Führern auch vermitteln, wie man sich wirksam einmischt.

Wie wir gesehen haben, ruht ein authentisches Christentum auf zwei verschiedenen Säulen: jener des historischen Jesus (die prophetische und die Weisheitstradition) und jener des Kosmischen Christus (eine überaus bodenständige mystische Tradition, ähnlich der Weisheitstradition). Demzufolge müssen Weisheitslehren klarerweise in der Ausbildung von mystischen und prophetischen Kirchenführern an vorderster Stelle stehen. Die „Schöpfungsspiritualität" lässt sich weitenteils auf die Weisheitstradition Israels zurückführen. Es ist sehr wichtig, die neue Kosmologie sowie die modernen Wissenschaften im Licht jener Ehrfurcht und jenes Staunens zu betrachten, das dem Kern der Weisheitsspiritualität zugrunde liegt. Immerhin heißt es doch: „Ehrfurcht ist der Beginn aller Weisheit." In der Bibel und überall auf der Welt ist die Weisheit weiblich. Deshalb muss die Ausbildung von Führungspersonen in der Kirche auch weibliche Aspekte des Lernens und insbesondere die Kreativität umfassen.

Ich habe in mehr als 30 Jahren der bewussten Bemühungen zur Neuerfindung einer Bildungserziehung, die ermöglicht, dass auch hier Spiritualität unterrichtet werden kann gelernt, dass Kreativität und Kosmologie den Schlüssel zu einer spirituellen Bildung darstellen. Hildegard von Bingen hatte völlig Recht, als sie sagte: „Es ist Weisheit in allen schöpferischen Werken." Was wir „Kunst als Meditation" nennen, ist der Schlüssel zu einer gesunden spirituellen Bildung.[50] Die Weisheitsliteratur, welche die Essenz jener Weisheitstradition enthält, von der Jesus so genährt wurde, muss zum Mittelpunkt der spirituellen Ausbildung werden, anstatt nur am Rande Erwähnung zu finden. Aber wir dürfen auch die *Praxis* der Meditation nicht ignorieren. Und es muss Raum für den Körper geben – nicht nur in körperorientierten Formen der Gottesverehrung, sondern auch in allen Bemühungen zur Ausbildung der Vorstellungskraft.

Denken Sie zum Beispiel an die Rolle von Mantras oder von Sprechgesängen. Es genügt nicht, nur die von der linken Hirnhälfte dominierte Analyse biblischer Texte zu lehren, sondern es ist ebenso wichtig, Sätze aus der Bibel und von gesunden Mystikern in Form des Sprechgesangs zu erleben. Diese Art des Singens versetzt uns in einen meditativen Zustand. Es genügt nicht, unsere heiligen Texte nur zu analysieren – wir müssen sie auch singen. So haben zum Beispiel die Sätze „das Königreich Gottes ist in dir" und „das Königinnenreich Gottes ist in dir" gesungen eine tiefgehende Wirkung auf viele Menschen. Oder der Satz „Liebe deine Feinde." Oder „Gott ist Liebe." Oder „Gehe in Demut, handle gerecht." Oder „Gesegnet sind die Friedensstifter." Oder die Worte von Meister Eckhart: „Gott ist Gerechtigkeit", „Sein ist Gott", oder „Ich bete zu Gott, mich von Gott zu befreien" und so weiter. Sprechgesänge aktivieren eine ganz andere Seite des Gehirns (die rechte

---

50) Siehe Matthew Fox, *Deep Ecumenism, Ecojustice, and Art as Meditation* in Fox, *Wrestling with the Prophets*

Hemisphäre) als die Analyse. Beide sind notwendig – sowohl die rechte als auch die linke Hirnhälfte, Intuition und Intellekt, sprachlich und mehr-als-sprachlich. Aber westliche Christen sind weitaus besser in den Praktiken der linken als der rechten Hirnhälfte bewandert.

Als ich vor einigen Jahren an der Vancouver School of Theology eine Gruppe von etwa 350 Studenten, von denen viele der protestantischen Geistlichkeit angehörten, in der Ausführung solcher Sprechgesänge anleitete, geschah etwas überaus Tiefschürfendes. 80 Prozent der Geistlichen blieben die gesamte Nacht über wach! Wir können die Schriften *singen*, anstatt sie nur zu lesen. Das ist eine Revolution, die bereits in unseren Ausbildungsstätten für die Führungsriege beginnen sollte.

Um offen zu sein, habe ich nicht mehr viel Hoffnung darauf, dass das traditionelle „Seminar" – das anhand von Richtlinien vorgeht, die von akkreditierenden Körperschaften stammen, die weder von Mystik *noch* von Prophetie die geringste Ahnung haben oder denen beides egal ist – in einen Ort des Lernens verwandelt werden kann, an dem sich zum Beispiel Jesus und seine Jünger zuhause gefühlt hätten. Wer akkreditiert die Akkreditoren? Worin bestehen ihre Qualifikationen als Mystiker und Propheten?

Ich vermute, dass sich in der sogenannten Seminarausbildung etwas weitaus Radikaleres ereignen muss. Zum Beginn könnten wir alle Seminare ein Semester lang schließen, um alle dort – Fakultätsmitglieder, Verwaltungsangehörige, Personal und Studenten – die Grundlagen der Spiritualität zu lehren, also Mystik und Prophetentum. Ich weiß, wie man das macht. Ich habe es 29 Jahre lang erfolgreich mit Erwachsenen getan. Wir brauchen Weisheitsschulen schlichtweg mehr als Seminare. Die notwendige Ausbildung und Neubildung kann nicht in den alten Weinschläuchen der akademischen Lehrpläne der westlichen Welt erfolgen. Wie ich in Nummer 77 der von mir im Jahr 2005 an die Tür der Schlosskirche von Wittenberg angeschlagenen Thesen feststelle: „Seminare, wie wir sie kennen, mit ihrer übermäßigen Betonung der linken Hirnhälfte, vernichten und korrumpieren die mystische Seele junger Menschen oft, anstatt das mystische und prophetische Bewusstsein in ihnen zu erwecken. Sie sollten durch Weisheitsschulen ersetzt werden." Amen.

Das ist eine Revolution *sine qua non* für die Zukunft christlicher Gemeinden. Die Zukunft kann nicht ohne eine durchdachte und praktizierte Umwandlung des Bildungssystems genährt und erhalten werden.

XII – Trauern und dann handeln: 25 konkrete Schritte, um das Christentum zukunftsfähig zu machen

Kürzlich war ich mit einem befreundeten Priester zusammen, der in einer Diözese an der Ostküste Priestervikar ist. Er ist ein fähiger Geistlicher Anfang 60 und sagte, er könne es „kaum erwarten", in den Ruhestand zu gehen und von all dem wegzukommen. Überall im Klerus herrsche Zorn und Trauer. „Selbst jene Priester, die bereits im Ruhestand sind, gehen sich gegenseitig an die Gurgel", und die wenigen jungen Geistlichen seien „von einem anderen Planeten", weil sie herumliefen und die Titel ihrer Ämter wie die Frauen von Stepford genössen. Sie verhielten sich, als ob sie nur die Rolle eines Klerikers spielen würden oder Klone der letzten beiden Päpste seien. Auch unter den Laien herrscht eine schlechte Stimmung, was viele von ihnen zum Kirchenaustritt veranlasst. Es ist ein neuer Begriff geprägt worden, und zwar der von den „Had it"-Katholiken.[1] Überall herrscht zügellose Verärgerung, was auch verständlich ist.

Wenn man die dunkle Zeit der seit 30 Jahren andauernden Inquisition betrachtet, die von denselben Kräften inszeniert und ausgeübt worden ist, die auch wegsahen, als die Verbrechen gegen Kinder zum Vorschein kamen bzw. diese Verbrechen entschuldigt, geheim gehalten, verborgen und verschleiert und sogar die sie billigenden Bischöfe und Kardinäle befördert haben – was soll man dann noch sagen?

Was soll man zu diesen Kräften sagen, die auch Spione und Fanatiker überall dazu ermuntern, jeden Hinweis auf Leben oder Kreativität bei theologischen Denkern, Basisgemeinden, lebendigen Gottesdiensten (wie zum Beispiel in den Niederlanden), gesunden Formen geteilter Führerschaft, den Versuchen zur Schaffung von geschlechtlicher Gleichberechtigung und Respekt für Homosexuelle anzuzeigen – und darüber hinaus immer noch genug Zeit haben, um zu jagen, zu verfolgen, zu verurteilen, auszustoßen und all jenen das Leben zur Hölle zu machen, deren Berufung darin besteht, den Menschen die Wirkkraft der Theologie nahezubringen? Was sollen wir dazu sagen? Eine Kirche, die ihrer Denker beraubt ist. Eine Kirche in Händen von Menschen, die zu „neurotischer Orthodoxie" neigen (die Formulierung eines Bischofs) und mit totalitären Diktatoren ins Bett geht. Was sollen wir dazu sagen? Was sollen wir tun?

---

1) Tom Roberts, *The ‚Had It' Catholics* in *National Catholic Reporter*, 11. Oktober 2010. Auf Deutsch in etwa die „bin's leid"-Katholiken. [A.d.Ü.]

Die letzte Begegnung, die ich mit Pater Schillebeeckx hatte, fand im niederländischen Nimwegen im Haus der Dominikaner statt. Ich erinnere mich daran, wie er zu mir sagte: „Ich und viele andere europäische Theologen sind der Ansicht, dass sich das gegenwärtige Pontifikat in einer Kirchenspaltung befindet." Das war etwa 1993. (Lernoux zufolge hat die brasilianische Kirche dieselbe Frage aufgebracht.[2]) Meiner amerikanischen Art getreu antwortete ich sofort: „Was tun wir dagegen?" Daraufhin lächelte er auf eine milde Weise, die mir sagte: „Diese Amerikaner – immer denken sie, man könne etwas tun."

1054 fand das „Papstschisma" statt, als sich die östliche und westliche Kirche voneinander abspalteten. Erst am 7. Dezember 1965 hoben der Ökumenische Patriarch Athenagoras I. und Papst Paul VI. die gegenseitige Ächtung wieder auf. Zwischen 1378 und 1417 ereignete sich das Große Abendländische Schisma, während dessen die westliche Kirche drei Päpste zugleich hatte. Das Konzil von Konstantinopel beendete diese Spaltung, indem es alle drei Päpste feuerte und einen einzigen neuen Papst hervorbrachte. Die protestantische Reformation könnte man durchaus als einen weiteren schismatischen Bruch innerhalb der westlichen Kirche betrachten.

Wie Schillebeeckx gesagt hat, könnte sich bereits ein Schisma – also ein struktureller Bruch – ereignet haben. Die Anhänger der Kurie, die das Zweite Vatikanische Konzil aufgrund ihrer massiven Ängste vereinnahmt haben, befinden sich in einem Schisma, weil der Papst verpflichtet ist, dem Konzil Gehorsam zu leisten (man bemerke, dass es das Konzil in Konstantinopel war, dass die Päpste auf ihren Platz verwiesen hatte). Das Zweite Vatikanische Konzil hat zu klaren Anweisungen bezüglich der Fragen geführt, von denen die Kirche heute gespalten wird. Deshalb muss der Befolgung dieser Anweisungen der Vorrang vor den Kirchenrechtlern der Kurie und den von ihnen erzeugten Sekten eingeräumt werden. Es scheint also, dass sich das Schisma bereits ereignet hat. Die letzten beiden Pontifikate sind unrechtmäßig. Die Evangelien und Lehren Jesu sind das maßgebliche Objekt des Glaubens, nicht die Päpste oder die Kirche. Wir haben jetzt die Möglichkeit, den Katholizismus deutlich zu vereinfachen und den Geist innerhalb wie auch außerhalb der Kirche wieder auferstehen zu lassen.

Der *coup d'eglise* sowie das Schisma, die sich durch die Preisgabe des Zweiten Vatikanischen Konzils ereignet haben, sind mehr als nur eine interne theologische Diskussion innerhalb des römischen Katholizismus. Es geht dabei um die Zukunft des gesamten Christentums und betrifft Protestanten ebenso wie die katholischen Ostkirchen. Man könnte sogar sagen, dass es das Überleben unserer Art und unseres Planeten, wie wir ihn kennen, betrifft, denn es ist schwer vorstellbar, dass wir ohne eine gesunde Spiritualität und Religion überleben können, die sich mutig für Gerechtigkeit einsetzt und bereitwillig die tiefgreifendsten Elemente ihrer Tradition zum Vorschein bringt, um sie mit denen anderer spiritueller Traditionen zu

---

2) Lernoux, *People of God*

vereinen. Liebe kontra Angst, Vertrauen kontra Kontrolle, Hoffnung kontra Verzweiflung, Menschenrechte kontra starrem Legalismus, Gewissen kontra blindem Gehorsam: Diese Themen ziehen sich durch alle menschlichen Entscheidungen und Gemeinschaften.

Das, womit wir es hier zu tun haben, ist kein gewöhnliches Kirchengezänk, keine alltägliche theologische Diskussion und auch kein routinemäßiges Schisma. Hier geht es darum, Zeugnis für Jesus und seine authentischen Lehren abzulegen – und um die Frage, ob diese Lehren auch weiterhin in unserer Geschichte gedeihen und Gestalt annehmen werden. Man könnte diese Frage auch so formulieren: *Braucht Jesus die Kirche? Wenn ja, welche Form oder Formen könnte eine solche Versammlung haben?* Und genauso wichtig: *Welche Teile der gegenwärtigen Gestalt der Kirche würde Jesus sofort ablehnen? Welche Elemente haben sich als so unmoralisch und aspiruell erwiesen, dass Jesus aus Zorn über ihr missbräuchliches Verhalten wieder einmal die Geldverleiher aus dem Tempel (der Vatikanbasilika) vertreiben würde?*

Dem Kummer Aufmerksamkeit schenken

In der Kirche herrscht ein großer Kummer, der anerkannt werden muss. Da Zorn das erste Stadium des Kummers darstellt, kann und muss dieser Zorn in gesunde und lebensspendende Bahnen gelenkt werden. Das nächste Stadium des Kummers ist die Trauer, und auch sie muss anerkannt werden. Wir brauchen Rituale, die uns durch unseren Kummer geleiten, damit wir weitergehen und die Kreativität, die der Geist in dieser Zeit erfordert, fließen lassen können. Menschen können im Kummer steckenbleiben. Wenn das geschieht, wird die Kreativität unterdrückt. Und Ärger, dem man vor sich hin zu schwären erlaubt, führt zu Verbitterung. Das dürfen wir nicht zulassen, denn wenn wir überleben wollen, braucht unsere Art momentan jedes Quäntchen Kreativität, das sie aufbringen kann. Und auch die Religion ist darauf angewiesen, wenn sie Teil der Lösung und nicht nur das Problem sein soll.

Warum herrscht so viel Kummer? Weil so viel Verrat geschehen ist. Verrat löst tiefe Gefühle aus. Verrat ist nie oberflächlicher Natur. Verrat führt zwischen Menschen, die einander einst geliebt haben, zu einem Vertrauensbruch. Ein Schisma ist ein Verrat. Verrat ereignet sich zwischen Freunden – nicht zwischen Fremden oder Feinden. Deshalb reißt er das Herz so weit auf. Doch wenn das Herz bricht, kann der Geist noch freier fließen als zuvor.

Die Menschen fühlen sich durch Dinge wie diese verraten:
* der Verrat der vom Zweiten Vatikanischen Konzil versprochenen Gewissensfreiheit
* der Verrat der vom Konzil versprochenen Kollegialität

- der Verrat des Konzilsbeschlusses, Macht und Entscheidungsbefugnisse mit den nationalen sowie lokalen Bischofssynoden zu teilen, die voraussichtlich die Menschen vertreten sollten
- der Verrat des Konzilsbeschlusses, Entscheidungsbefugnisse mit den lokalen Kirchen und Laien zu teilen (Erinnern Sie sich an die bereits zitierte Formulierung „die Magna Charta des Laienstandes" von Pater Diekmann?)
- der Verrat des Versprechens, eng mit anderen Glaubenstraditionen zusammenzuarbeiten
- der Verrat einer erneuerten Gottesdienstpraxis sowie einer Form der Gottesverehrung, die lokale Künstler, Musiker und Traditionen ehrt und feiert
- der Verrat einer echten Ökumene unter religiösen Körperschaften
- der Verrat des Vorhabens, die Arbeit von Theologen zu respektieren und sie zur intellektuellen Debatte zu ermuntern
- der Verrat der Bedeutung von Heiligsprechungen, indem man eiligst die Kanonisierung eines egomanischen, faschistischen Priesters in die Wege leitete, der Frauen missbraucht und Hitler bewundert hat
- der Verrat der Ermahnung, auf „die Zeichen der Zeit" zu achten
- der Verrat, der davon herrührt, die Kirche nicht als „das Volk", sondern als zentralisierte Bürokratie zu definieren
- der Verrat einer reichhaltigen Tradition mit intellektueller Fülle und spiritueller Tiefe
- der Verrat der Wiedergabetreue von soliden Ergebnissen moderner Bibelwissenschaft und theologischer Forschung
- der Verrat der jungen Menschen, die sexuell missbraucht worden sind
- der Verrat des Versprechens, Laien in kirchliche Führungspositionen einzulassen
- der Verrat an den Märtyrern der Kirche von Lateinamerika
- der Verrat am Evangelium, den Lehren Jesu und der Anrufung seiner Person selbst

Im Wrack des heutigen Katholizismus befinden sich viele gebrochene Herzen. Mütter und Väter, Priester, Schwestern und Laien verlassen die Kirche in Massen. Eine noch nie dagewesene Zahl von Kirchen wird geschlossen (eine kleinere Diözese an der Ostküste ist gerade damit beschäftigt, 42 Kirchen zu schließen). Im Jahr 2009 wurde der Unterrichtsbetrieb landesweit an 174 katholischen Schulen eingestellt, und die Anmeldungen an solchen Schulen sind im vergangenen Jahrzehnt um 20 Prozent zurückgegangen.[3] Kirchen verbluten. In Irland ist letztes Jahr zum ersten

---

3) Kathy Matheson, *One-Time Flagship Philly Catholic School Closing* (YahooNews, 14. Juni 2010). Das war mit 6.000 Schülern einst die größte der katholischen Schulen. Kardinal Dougherty hat sie 2010 geschlossen.

Mal seit Beginn der geschichtlichen Aufzeichnungen kein einziger Priester ordiniert worden.

Der dreifache Verrat – sexuell und die Führung betreffend, finanziell und theologisch/politisch – kann nicht ausgelöscht werden, indem die Haupttäter sich gegenseitig die Beichte abnehmen und lossprechen oder einander hurtig und kritiklos heiligsprechen. Dieser kirchliche Inzest stellt einen Teil der religiösen Perversion dar, die wir in dieser Zeit miterleben. Die skandalösen Enthüllungen über den vatikanischen Katholizismus, die jeden Tag für die ganze Welt sichtbar ans Licht kommen, machen jeden Anspruch auf moralische Legitimität oder spirituelle Wahrheit zunichte.

Deshalb ist es an der Zeit, weiterzuziehen. Dem Geist zu lauschen, der „alles neu macht" und in dieser kritischen Phase der menschlichen sowie planetaren Geschichte eine authentischere Verkörperung des Geistes, der Lehren und Absichten des Jesus von Nazareth sowie der vielen Helden, Propheten, Mystiker und Gläubigen der vergangenen Jahrhunderte zu kreieren, die es verdienen, als Mitarbeiter und Gefährten auf dieser Reise geehrt und in Erinnerung gehalten zu werden. Wir sind heute mit hervorragenden bibelwissenschaftlichen Forschungen gesegnet, die uns den Weg zeigen und bei der authentischen Wiederentdeckung von spirituellen Traditionen der Schöpfung und Befreiung unterstützen können. Und wir sind damit gesegnet, in einer Zeit zu leben, in der uns die Wissenschaft selbst nicht nur eine neue Schöpfungsgeschichte bietet, sondern auch neue Geschichten von unserer gemeinsamen Interdependenz, die uns inspirieren und neue Richtlinien für weises Handeln bieten können. Zugleich ist es eine Zeit, in der Frauen mit neuen und tieferen Fragen für unseren Weg wieder hervortreten.

Es ist an der Zeit, von der Religion zur Spiritualität zu kommen. Alles Wertvolle rasch aus dem brennenden Haus zu holen. Mit leichtem Gepäck zu reisen – leichter, als religiöse Organisationen mitzuführen gewohnt sind. Es gibt viel, was es zurückzulassen gilt.

Es ist sehr wichtig, auf die wertvollen Energien zuzugreifen, die von Kummer und moralischer Entrüstung erzeugt werden können. Zukünftige Generationen erwarten von uns eine mutige und großmütige Antwort. Sollen „die Toten von den Toten begraben werden", während wir weitergehen.

25 konkrete Schritte zur Wiederbelebung christlicher Gemeinschaften

Wir haben nun untersucht, welche Mythen es loszulassen und welche zu verstärken gilt, haben einige der großen Archetypen betrachtet, die wir aus dem brennenden Haus des Christentums retten sollten und auch die Bedeutung eines *wahrhaft* katholischen Christentums erörtert. Jetzt ist es an der Zeit, Schritte aufzuzeigen, mit deren Hilfe wir aus den Überresten des römischen Katholizismus eine spirituelle

Gemeinschaft machen können, die Jesus und der Tradition des Kosmischen Christus würdig ist.

1.   Wir müssen von den Basiskirchen lernen und über den Vatikan hinauswachsen. Es ist wichtig, an der Basis nach Antworten auf die Fragen der Kirchenführung, der Ausrichtung, der Theologie und der spirituellen Praxis zu suchen – und nicht länger von „Big Daddy" in Rom, der von seinen rein männlichen, vollkommen zölibatären (oder angeblich zölibatären) Klerikern umgeben ist, Anweisungen einzuholen. Wäre Jesus mit dieser Art von hierarchischer Entscheidungsgewalt einverstanden? Weit gefehlt. Jesus war ein Fan der Volksbewegung sowie der Basisgemeinden und hat gesagt: „Die Ersten werden die Letzten und die Letzten die Ersten sein." Er hat Führer als „Freunde" und „Diener" bezeichnet. Dem Autoritarismus sowie aufgeblasenen Hierarchien stand er überaus kritisch gegenüber. Die Aussicht auf Päpste als kirchliche Stars wäre bei ihm nicht gut angekommen.
Und es funktioniert auch heute nicht, sondern hat einem winzigen Verwaltungsbeamtenapparat unerträgliche Lasten aufgebürdet, die man nicht aufrechterhalten kann, wenn man auch nur über einen Funken moralischer Integrität verfügt. Das ist eine bewiesene Tatsache. Macht korrumpiert, und absolute Macht korrumpiert absolut, wie der katholische Historiker Lord Acton im 19. Jahrhundert bemerkte, als er vom Dekret der päpstlichen Unfehlbarkeit des Ersten Vatikanischen Konzils hörte.
Jesus hat nichts vom Vatikan gewusst. Während der ersten 16 Jahrhunderte ihrer Existenz war die katholische Kirche keineswegs gleichbedeutend mit den Bernini-Säulen und der riesigen, von Michelangelo entworfenen Kuppel jener Basilika, die wir als den Petersdom kennen. Es ist Zeit, davon Abschied zu nehmen. Lassen wir es gemeinsam mit dem anderen, vorzüglichen Museum im Vatikan für das stehen, was es einmal war: ein prächtiges, mit großem Prunk und Grenzenlosigkeit erbautes Gebäude, das mittlerweile nur noch von echter Spiritualität ablenkt, also davon, ein Leben der Integrität, der Mystik, der Gerechtigkeit und des Prophetentums zu führen. Lasst uns alles an der Basis wieder neu beginnen.
Wenn ihr das „Volk Gottes" seid, wird es Zeit, dass ihr euch auch so verhaltet. Seid euch der Tatsache bewusst, dass die Idee des „Volkes Gottes" im Rahmen von Kirchenstrukturen großen Wert hat, denn sie bringt die Wahrheit zum Ausdruck, dass die Kirche nicht dem Papst oder den Bischöfen, sondern euch gehört. Der Bischof von Sacramento ist ein gutes Beispiel hierfür. Kürzlich sagte er: „Die Kirche – das sind nicht die Priester oder die Bischöfe. Das Volk ist die Kirche." Doch aus der Perspektive der größeren Gemeinschaften, denen wir angehören – und die aus Wesen mit zwei wie auch mehr als zwei Beinen bestehen – ist „das Volk Gottes" ein beleidigender Begriff, denn er impliziert, dass andere Völker, andere Religionen und andere Wesen nicht zu Gottes Volk gehören, was falscher nicht sein kann. Deshalb ist dieser Begriff innerhalb der Kirche zwar nützlich, aber in Bezug auf jene, die

sich außerhalb der Strukturen und Traditionen der Kirche befinden oder in der Tat mehr als zwei Beine haben, müssen wir über ihn hinauswachsen.

2.   Hört auf damit, Geld in die Kassen von Prälaten zu stecken, die gegen den Geist und die Worte des Zweiten Vatikanischen Konzils sowie der Evangelien verstoßen. Schwester Chris Schenk aus Cleveland in Ohio drückt es so aus: „Als Katholiken unterstützen wir mit unserem Geld eine Wand aus Korruption, ob wir es wollen oder nicht ... Das ist der Kern meines Christentums. Jesus hat sich gegen eine ungerechte Obrigkeit erhoben. Wir stemmen uns gegen den Felsen der Ungerechtigkeit in unserer eigenen Kirche. Das Böse wird nicht das letzte Wort haben."[4]

3.   Tut das, was die achtzigjährige Jennifer Sleeman, die Mutter eines Mönchs ist, letzten Monat getan hat: Sie rief zu einem Boykott aller katholischen Kirchen Irlands an Sonntagen auf. Und haltet den Boykott aufrecht, wenn notwendig einmal im Monat, bis man dem Laienstand wieder zuhört. Oder tragt zumindest Protestarmbänder, wenn ihr in die Kirche geht.

4.   Unterstützt jene Laienorganisationen, die versuchen, die Kirche zu den eigentlichen Werten des Evangeliums zurückführen und tretet ihnen unter Umständen sogar bei – Organisationen wie Catholics United, Call to Action, Voice of the Faithful, National Survivors Advocate Coalition, Corpus (eine Vereinigung verheirateter Priester), Catholics United for the Common Good, Gemeinschaften der Schöpfungsspiritualität und so weiter. Diese Organisationen sorgen für eine Zunahme von authentischen Führern, deren Ziel darin besteht, einen echten sozialen wie auch kirchlichen Wandel herbeizuführen.[5]

5.   Anstelle eines „Dritten Vatikanischen Konzils" oder einer sogenannten Laiensynode, die von Geistlichen der Kurie manipuliert wird, sollten die verschiedenen Laiengruppen unter sich nationale und dann internationale Versammlungen abhalten – Synoden, die diesen Namen auch verdienen. Dann sollen sie den Kirchenvertretern Anweisungen erteilen und nicht umgekehrt, damit diese zur Abwechslung mal den Laien zuhören. Lasst die Laienorganisationen entscheiden, welche Theologen (wenn überhaupt) in solchen Synoden als ihre *Periti* dienen sollen.

6.   Besteht darauf, dass jede/r, der/die zum Papst/zur Päpstin gewählt wird, augenblicklich vier Dokumente unterzeichnet, die Folgendes gewährleisten: (1) Verheiratete Menschen können Priester sein. Die frühe Kirche wurde fast ausschließ-

---

4)   Jason Berry, *Render Unto Rome*
5)   Eine Liste entsprechender Organisationen im deutschsprachigen Raum finden Sie im Anhang. [A.d.Ü.]

lich von verheirateten Paaren geführt, auch wenn man diese noch nicht als Priester bezeichnete. (2) Frauen können das Priesteramt ausüben. Zur Führungsebene der frühen Kirche gehörten, wie wir gesehen haben, auch Frauen. (3) Homosexuelle Menschen können – und sind schon immer und werden es auch immer – zur Priesterschaft berufen sein. Wie kann sich irgendeine Tradition „katholisch" nennen, die zehn Prozent der Menschheit – Homosexuelle – aus ihrer Führungsebene ausschließt? Wie kann es spirituelle Tiefe geben, wenn Schwule und Lesben – die oft über eine besondere Wirkkraft und spirituelle Einsicht verfügen – ausgeschlossen werden? (4) Beseitigt die Kurie.

7.   Bittet nicht um Erlaubnis dafür, die Gottesverehrung wieder zum Leben zu erwecken. Tut es einfach. Lernt, wie man Kosmische Messen und Anbetung in Form von ekstatischem Tanz fördert und in das gemeinschaftliche Gebet integriert. Lernt, wie man Einkehr- und Rückzugstage durchführt. Lernt, zu meditieren und unsere christlichen heiligen Texte zu singen. Verlagert den Gottesdienst wieder in private Umgebungen wie das Zuhause und stellt dabei in den Vordergrund, gemeinsam Geschichten und auch Essen miteinander zu teilen sowie füreinander Brot und Wein zu segnen. Lernt von den Basisgemeinden. Aber erneuert auch den öffentlichen Gottesdienst im Sinne der Kosmischen Messe, indem ihr Tanz und moderne Kunstformen bzw. Künstler wie zum Beispiel Disc-Jockeys, Video-Jockeys, Rap und mehr einschließt. Zieht aber auch kontemplative (zum Beispiel buddhistische) Formen der Messe in Betracht, ebenso wie die vielen anderen Ausdrucksformen unterschiedlicher kultureller Charismen (zum Beispiel die Verbindung aus Tanz und Trommeln, die man in den afrikanischen Traditionen und in denen der amerikanischen Ureinwohner antrifft). Beginnt damit, eure eigenen Versionen der Spiritus Christi-Kirche zu schaffen.

8.   Geht strategisch vor. Sucht in eurer eigenen oder in anderen Traditionen nach Verbündeten. Macht euch die Medien zunutze. SNAP – das Survivors Network of those Abused by Priests – macht das im Augenblick ganz hervorragend, und natürlich verankert sich auch *Opus Dei* gerne fest in den Medien. Warum sollte eine gesunde Religion nicht dasselbe tun? Erzählt den Journalisten an eurem Ort, was ihr tut. Nutzt YouTube, das Internet und die sozialen Medien wie Facebook, Twitter und vieles mehr. Protestiert! Habt ein wachsames Auge auf die Häuser und Bischöfe von *Opus Dei* in eurer Umgebung. Lasst sie wissen, dass sie beobachtet werden und habt keine Furcht, vor ihnen zu warnen.

9.   Wenn ihr die Lügen und die theologische Erstarrung der römisch-katholischen Kirche nicht mehr ertragen könnt, dann tut, was Jesus euch gesagt hat: „Schüttelt den Staub von euren Füßen" und findet eine andere Gemeinschaft, die euch nährt und der ihr nicht mehr Energie geben müsst, als ihr zurückbekommt. Es gibt ein Leben nach dem römischen Katholizismus, und sogar jede Menge da-

von. Werdet zu „verdorbenen" Katholiken, wenn euer Gewissen es verlangt. Findet euch nicht mit der Leugnung der Wahrheit dessen ab, was heute in der Vatikankirche tatsächlich geschieht. Verschwendet eure kostbare Zeit oder eure Seele nicht damit, etwas zu reformieren oder wieder aufzubauen, von dem ihr im tiefsten Herzen wisst, dass es nicht mehr reformierbar ist.

Es wird manche geben, die nach intensiver Auseinandersetzung im Gebet den Ruf zu bleiben vernehmen werden, während andere den Ruf zum Gehen erhalten dürften. Unterstützt einander in der über all dem liegenden spirituellen Berufung zur Schaffung einer authentischen spirituellen Erneuerung. Es gibt keinen einzigen Weg zur Wiederbelebung der Kirche. Wenn ihr im Gebet darum bittet, Klarheit darüber zu erhalten, ob ihr bleiben oder gehen sollt, stellt euch die folgenden Fragen: Was hat all das mit Jesus zu tun? Mit seinen Lehren und seinem Leben? Was ermöglicht mir am besten, seine wahren Lehren umzusetzen? Was würde Jesus mich am liebsten tun sehen? Seht euch nicht als „außerhalb der Kirche" an, selbst wenn ihr austretet. Ihr reformiert sie von einem anderen Hebelpunkt aus. Die Kirche ist keine Kiste und noch nicht mal ein Substantiv. Es ist der Ort, an dem der Geist wohnt und lebendig wird.

10.   Ruft jene Priester zurück, die um zu heiraten oder einfach aus Gründen der intellektuellen Integrität aus dem Amt ausgeschieden sind, und lasst euch von ihnen führen. Sorgt aber immer dafür, dass die Führung sowohl von ordinierten als auch nicht ordinierten Menschen geteilt wird. Mischt sie miteinander, wie wir es in der Kosmischen Messe tun.

11.   Sorgt dafür, dass zur Ausbildung von Priestern auch die vollständige Tradition der Schöpfungsspiritualität gehört, die Weisheit, Mystik und Prophetentum umfasst. Lehrt *alle* Geistlichen, auch die bereits ordinierten, Schöpfungsspiritualität und moderne Kosmologie. Wer sich dem nicht anpassen kann, sollte in den Ruhestand gehen.

12.   Fordert alle Bischöfe und Kardinäle, die unter den meiner Ansicht nach schismatischen Päpsten der letzten 30 Jahre ernannt worden sind, dazu auf, ihren Rücktritt einzureichen und lasst jene, die wieder eingesetzt werden wollen, zuerst eine Ausbildung in der Weisheitstradition Jesu sowie in der Tradition des Kosmischen Christus absolvieren.

13.   Sorgt dafür, dass das Zölibat für Kirchenführer und Priester optional ist und bei Mönchen und Nonnen gefördert wird.

14.   Bewegt euch über moralische Erklärungen zur Sexualität hinaus und lehrt die ekstatischen und mystischen Dimensionen der Sexualität. Erkennt, dass Geburtenkontrolle heutzutage eine moralische sowie ökologische Pflicht darstellt, ebenso

wie die AIDS-Prävention. Praktiziert sicheren Sex und lehrt eure Kinder, dasselbe zu tun. Überwindet die Homophobie. Lasst euch von sexueller Vielfalt nicht aus der Fassung bringen, sondern preist sie!

15.   Tiefenökumene – lebt sie! Nehmt an Dialogen, Praktiken, Gebeten oder Märschen für soziale Gerechtigkeit teil, die von verschiedenen Traditionen eures Glaubens oder von anderen Religionen durchgeführt werden. Wenn ihr nichts findet, woran ihr teilnehmen könnt, startet solche Projekte selbst. Zieht das spirituelle Netzwerk von Rabbi Michael Lerner in Betracht. Feiert die unterschiedlichen Traditionen und vielfältigen Ausdrucksformen innerhalb der christlichen Kirche, seien es die des Ostens oder des Westens, des Nordens oder Südens, seien sie protestantisch, katholisch, indigen, keltisch, koptisch, aramäisch, russisch, byzantinisch oder was auch immer. Dazu gehört auch, die Rechtsgültigkeit anderer Traditionen der Priesterweihe zu akzeptieren.

16.   Bringt die 95 Thesen, die im Jahr 2005 an die Tür der Schlosskirche von Wittenberg gehämmert wurden, bei jeder Form der theologischen Bildung zum Einsatz.[6] Ich gebe hier nur einige davon wieder: (I) Gott ist sowohl Mutter als auch Vater; (IV) Gott der strafende Vater verdient keine Verehrung, sondern ist ein falscher Gott und ein Götze im Dienste der Erbauer von Imperien; (XII) „Jesus ruft uns nicht zu einer neuen Religion, sondern zum Leben" (Dietrich Bonhoeffer); (XIX) Nachhaltigkeit ist ein anderes Wort für Gerechtigkeit, denn das Gerechte ist auch nachhaltig, und das Ungerechte ist es nicht; (XX) eine vorzugsweise Option für die Armen, wie sie von den Basisgemeinden gelebt wird, entspricht den Lehren und dem Geist Jesu weitaus mehr als eine vorzugsweise Option für die Reichen und Mächtigen, wie man sie zum Beispiel bei *Opus Dei* antrifft; (XI) ökonomische Gerechtigkeit erfordert die kreative Schaffung eines globalen Wirtschaftssystems, das die Gesundheit und den Wohlstand der Systeme des Planeten respektiert und für alle funktioniert; (XXXVI) der Tanz, der in vielen indigenen Kulturen dieselbe Wortwurzel wie die Begriffe *Atem* oder *Geist* hat, stellt eine uralte und überaus angemessene Form des Gebets dar; (LXI) gegenseitige Abhängigkeit ist nicht nur ein Gesetz der Physik oder der Natur, sondern bildet auch die Grundlage von Gemeinschaft und Mitgefühl – letztere ist nichts anderes, als die Umsetzung unserer gemeinsamen Querverbindungen, sei es in Gestalt unserer gemeinsamen Freude oder unserem geteilten Leid und Kampf um Gerechtigkeit; (LXVIII) Pädophilie ist furchtbar falsch, aber ihre Vertuschung durch die Kirchenhierarchie ist noch abscheulicher; (LXX) Jesus hat nie über Kondome, Empfängnisverhütung oder Homosexualität gesprochen; (LXXI) der Konsumerismus ist die moderne Form der Völlerei und muss angegangen werden, indem man ein Wirtschaftssystem erstellt,

---

6)   Die gesamten 95 Thesen können nachgelesen werden bei Matthew Fox, *A New Reformation*, (Inner Traditions, Rochester, VT 2006).

dass für alle Völker und alle Geschöpfe dieser Erde funktioniert; (XC) Gott ist nur einer von vielen Namen für das Göttliche, es gibt eine unendliche Zahl von Namen für Gott und die Göttlichkeit, und doch „hat Gott keinen Namen und wird niemals einen Namen erhalten"; (XCII) Wir müssen uns um den Kummer im Herzen der Menschen mit Hilfe von Ritualen und Praktiken kümmern, die den Zorn verringern und den Fluss der Kreativität wieder herstellen.

17.   Besteht darauf, dass der Vatikan seine Finanzen offenlegt. (Während dieses Buch in Druck geht, führt die italienische Regierung gerade Ermittlungen gegen die Vatikanbank durch.)

18.   Besteht darauf, dass der Vatikan die in Verruf gekommenen Bewegungen des *Opus Dei*, der *Gemeinschaft und Befreiung* sowie der *Legionäre Christi* abschafft und deren Teilnehmer in Schöpfungsspiritualität, in der neuen Kosmologie und in einer gesunden Bibeltheologie schult, die der Schaffung von Heilung und Gerechtigkeit den Vorrang vor unterwürfigem Gehorsam einräumt.

19.   Beginnt wieder damit, wie vom Zweiten Vatikanischen Konzil empfohlen, die Posten der Kirchenführer (Bischöfe) und Gemeindegremien mit Menschen aus der jeweiligen Region zu besetzen. Haltet Wahlen ab!

20.   Führt eine rituelle Zeremonie durch, in der ihr sowohl den Antisemitismus als auch jegliche imperialistischen Ambitionen, die von den Narben des römischen Reichs übriggeblieben sein mögen, zu Grabe tragt und tut dasselbe mit dem dualistischen Bewusstsein des Heiligen Augustin, einschließlich seiner Abwertung der Frauen, der Sexualität und der „Materie", um sie durch das heutige Verständnis der Position der Frau, der Sexualität sowie der Hochzeit von Materie, Licht und Geist zu ersetzen. Mit anderen Worten: Erweckt die wahre Bedeutung des Wortes „Verkörperung", nämlich des Göttlichen, das Fleisch wird, wieder zum Leben.

21.   Seid euch bewusst, dass jeder Arbeiter wie in meinem Buch *Revolution der Arbeit* beschrieben, selbst einer Priesterschaft angehört, denn wenn ihr gute Arbeit leistet, werdet ihr zu Geburtshelfern der Gnade und damit zu einem Priester oder einer Priesterin. Arbeitet daran, spirituelle Werte wie Mut, Gerechtigkeit und Freude in eure Arbeit einzubringen. Ein Journalist hat bemerkt, dass am Tag, an dem „es die Kirche schafft, sich von ihrer Schande – ihren Sünden und Verbrechen – zu reinigen, eine große Dankbarkeitsschuld gegenüber den Anwälten, den Journalisten und vor allem den Opfern sowie ihren Familien fällig wird, die den Mut hatten, sie trotz all des Widerstands beharrlich weiterhin für ihre Taten verantwortlich zu machen."[7] Ohne die Hingabe dieser Fachkräfte an ihren Beruf „wäre das Leiden

---

7)   Hendrik Hetzberg, a.a.O.

zehntausender von Kindern noch immer ein Geheimnis." Ironischerweise handelt es sich dabei um genau die überaus demokratische und „säkularistische, liberale, pluralistische moderne Welt" gegen die sich die beiden letzten Pontifikate so ereifert haben – doch dank der Priesterschaft dieser Berufstätigen wird die Wahrheit endlich erzählt, und die Heilung kann beginnen. Geht in eurem Denken und Handeln weit über Religion und Kirchenstrukturen hinaus, um unserem Planeten Nachhaltigkeit sowie ökologische Gerechtigkeit zu bringen. Bildet euch und ermuntert eure Kinder dazu, über die Religion hinaus zu denken und sich mit den Realitäten der Gerechtigkeit, des Mitgefühls, des Heilens und Feierns, der Kreativität und des einfachen Lebens auseinanderzusetzen, was in unseren kritischen Zeiten die wirkliche Prüfung für ein authentisches spirituelles Sein darstellt.

22.   Ermutigt die Theologen zum Denken und dazu, einander zu kritisieren sowie der größeren Kirche als lebendiges Magisterium zu dienen – also als jene, von denen die Lehren gedeutet werden. Vertraut ihnen in dieser Funktion. Unterstützt und ermutigt die Denker, anstatt sie zum Schweigen zu bringen – wie es Tyrannen, Bürokraten und kontrollierende Regime schon immer getan haben. Bestärkt sie darin, lebendige Diskussionen zu führen und ihre besten Ideen auch umzusetzen. Es ist eine Beleidigung des Schöpfers, das eigene intellektuelle Leben zu unterdrücken oder zuzulassen, dass andere dies tun. Wie können wir ein Gewissen haben, wenn wir den Geist nicht schulen?

23.   Nennt die Sache beim Namen und sprecht von einem Schisma, einer Kirchenspaltung. Stellt die Schismatiker, die sowohl den Worten als auch dem Geist nach gegen die Lehren des Zweiten Vatikanischen Konzils verstoßen haben, zur Rede. Aber wendet nicht zu viel von eurer Zeit und Kraft für gerechte Empörung auf, sondern widmet euch lieber der großen Aufgabe, ein Christentum für das dritte Jahrtausend zu erschaffen. Pflanzt neue Samen der Gemeinschaft und lebensfroher, aber dennoch tief gehender Formen der Gottesverehrung.

24.   Arbeitet eng mit jungen Menschen zusammen. Hört ihnen zu, achtet auf ihre spirituellen Bedürfnisse und übertragt ihnen Führungsaufgaben. Praktiziert den Austausch von Weisheit zwischen den Generationen. Zeigt den jungen Menschen Elemente aus der mönchischen Praxis.[8] Ermuntert aber auch die Großmütter, sich regelmäßig zum Rat zu treffen, um die Richtungsentscheidungen der jeweiligen Kirche vor Ort zu prüfen und zu kommentieren.

---

8)   Ein kreativer Professor für Religionsstudien an der East Carolina University hat für seine Studenten eine Möglichkeit geschaffen, einen Monat lang das Mönchsleben zu erfahren und dabei erstaunliche Resultate erzielt. Siehe Calvin Mercer, *The Monastic Project: A Manual for Instructors*, 31. Juli 2010, privat veröffentlicht und kostenlos erhältlich. Kontakt: mercer@ecu.edu.

25.   Besteht auf eine Verkleinerung des Vatikans. Verwechselt die Residenz des Bischofs von Rom nicht mit dem Hauptquartier einer Art von Megakirche – vor allem, wenn uns die Wissenschaft in diesen postmodernen Zeiten sagt, dass unser Universum gar keinen Mittelpunkt hat, sondern ein multizentrischer Kosmos ist. Glaubt daran, dass der Heilige Geist die Macht hat, die Situation der Kirche und der Gesellschaft neu zu erschaffen. Vertraut dem Geist, anstatt dem Kontrollimpuls nachzugeben und somit kirchlichen Dogmen oder Bürokratien zu vertrauen. Lasst den Geist aus dem christlichen „Volk" und den Basisgemeinden aufsteigen, damit er den Armen, den Enteigneten und den Leidenden dienen kann – seien diese nun menschlich oder mehr-als-menschlich.

Ermöglicht den Kirchen und Basisgemeinden vor Ort, sich als liebende, prophetische und lebendige Gemeinschaften im Geiste Jesu und der Kreativität zu entfalten – ein Geist, der dort weht, wo er will.

Wenn wir all das erreichen, werden wir wissen, dass die von den beiden letzten Päpsten angerichtete Zerstörung nicht umsonst war. Der Heilige Geist ist eifrig damit beschäftigt, „alle Dinge neu" zu machen und den Weg zu einem authentischen Christentum zu bereiten, das dem Pfad Jesu folgt und auch den nach uns kommenden Generationen eine praktikable Form der Spiritualität bietet.

ANHANG

Die Klagemauer der unter Ratzinger verbannten, vertriebenen oder zum Schweigen gebrachten Theologen und geistlichen Führer

Es ist gut, an jene zu erinnern, die versucht haben, zu dienen und dafür verbannt worden sind. Diese Liste ist keineswegs vollständig und wächst natürlich stetig weiter an. Wie der Redakteur einer katholischen Zeitschrift an mich schrieb: „Manche Theologen werden nicht öffentlich entrechtet, in der Praxis aber dennoch zensiert und ausgegrenzt. Freunde von mir, die in diesen Berufen arbeiten, haben mir gesagt, dass die Moraltheologie in der römisch-katholischen Kirche wegen der daraus resultierenden Mutlosigkeit im Grunde tot ist." Es muss in der Tat eine sehr seltsame Organisation sein, die ihre Denker und Führer feuert, weil sie auf „die Zeichen der Zeit" reagieren.

Die Arbeit der hier aufgeführten Menschen ist ebenso unterschiedlich wie die Strafen, die sie erlitten haben. So hat man einige von ihnen gefeuert, die Redakteure von katholischen Zeitschriften waren. Andere hat man aus ihren Orden ausgestoßen, ihnen ihre Lehrstühle entzogen oder eine Hetzjagd auf sie veranstaltet. Alle sind von den Anschuldigungen aus Rom beschmutzt worden, weshalb sich viele aus dem Pfarramt zurückziehen mussten. Einige wurden infolge der Verurteilung obdachlos; andere sind aufgrund des enormen Drucks an einem Herzinfarkt gestorben. Doch am härtesten sind die Menschen bestraft worden, in deren Dienst sich diese Geistlichen gestellt hatten, weil sie dieser Aufgabe nicht mehr gerecht werden konnten, da sie sich ständig um ihre Verteidigung kümmern mussten und schließlich nicht mehr zur Verfügung standen. Deshalb ist eine Klagemauer nur angemessen – ein Trauerritual, das uns helfen soll, uns an alles zu erinnern, was wir verloren haben, was hätte sein können und um diesen Verlust zu verarbeiten. Und als Dank für den großherzigen Dienst dieser Menschen.

1. Jon Sobrino, SJ (El Salvador, aber in Spanien geboren)
2. Bernhard Häring, CSSR (Deutschland)
3. Schwester Lavinia Byrne, IBMV (UK)
4. Jacques Dupres, SJ (Frankreich)
5. Thomas Reese, SJ (USA)
6. Professor Michael Buckley (USA – Buckley wurde die Vollprofessur verweigert, obwohl er der Präsident der Katholischen Theologischen Gesellschaft von Amerika war)

7. Pater Philip S. Keane, SS (USA)
8. Pater John McNeill, SJ (USA)
9. David Hollenbach, SJ (USA)
10. Anthony de Mello, SJ (Indischer Priester aus Goa)
11. Michael Morwood (Victoria, Australien)
12. Bischof Thomas Gumbleton (Detroit, USA)
13. Erzbischof Paulo Evaristo Arns (São Paulo, Brasilien)
14. José Antonio Pagola (baskisch)
15. Pater Hans Küng (Schweiz)
16. Pater Edward Schillebeeckx, OP (Niederlande)
17. Pater Charles Curran (USA)
18. Pater Leonardo Boff, OFM (Brasilien)
19. Pater Anthony Kosnik (USA)
20. Pater Gustavo Gutiérrez (Peru)
21. Pater Karl Rahner, SJ (Deutschland)
22. Pater Matthew Fox, OP (USA)
23. Schwester Mary Agnes Mansour, RSM (USA)
24. Schwester Elizabeth Morancy, RSM (USA)
25. Schwester Arlene Violet, RSM (USA)
26. Erzbischof Raymond Hunthausen (Seattle, USA)
27. Pater Ernesto Cardenal (Nicaragua)
28. Pater Robert Nugent (USA)
29. Schwester Jeannine Gramick (USA)
30. Schwester Barbara Ferraro, SND (USA)
31. Schwester Patricia Hussey, SND (USA)
32. Miguel d'Escoto, Maryknoll (Nicaragua)
33. Pater Edgar Parrales (Nicaragua)
34. Uriel Molina, OFM (Nicaragua)
35. Jean-Bertrand Aristide (Haiti)
36. Pater Tissa Balasuriya, OMI (Sri Lanka)
37. Pater Eugen Drewermann (Deutschland)
38. Schwester Ivone Gebara, SND (Brasilien)
39. Bischof Jacques Gaillot (Frankreich)
40. Pater Fernando Cardenal, SJ (Nicaragua)
41. Pater Roger Haight, SJ (USA)
42. Schwester Margaret McBride (USA)
43. Pater André Guindon (Kanada)
44. Bischof Remi DeRoo (Kanada, wurde gezwungen, in den Ruhestand zu treten)
45. Bischof Pedro Casaldáliga (Brasilien)
46. Pater Paul Collins (Australien)
47. Schwester Jane Kelly (USA)

48. Bischof Hélder Câmara (Brasilien)
49. Pater Gyorgy Bulanyi (Unganr)
50. Don Luigi Sartori (Italien)
51. Pater Eugenio Melandri (Italien)
52. Pater Paul Valadier, SJ (Frankreich)
53. Don Vittorio Cristelli (Italien)
54. Bischof Bartolomé Carrasco Briseño (Mexiko)
55. Pater Philippe Denis, OP (Frankreich)
56. Bischof Samuel Ruiz (Mexiko)
57. Teresa Berger (Deutschland)
58. Pater Renato Kizito Sesana (Kenya)
59. Don Leonardo Zega (Italien)
60. Pater John Sye Kong-seok (Korea)
61. Pater Paul Cheong Yang-mo (Korea)
62. Pater Edouard Ri Jemin (Korea)
63. Jacques Dupuis, SJ (Belgien)
64. Luigi Lombardi Vallauri (Italien)
65. Pater Jim Callan (USA)
66. Monsignore Luigi Marinelli (Italien)
67. Reinhard Messner (Österreich)
68. Pater Marciano Vidal (Spanien)
69. Josef Imbach, OFM (Italien)
70. Don Franco Barbero (Italien)
71. Pater Cipriano Carini, OSB (Italien)
72. Juan José Tamayo (Spanien)
73. Don Vitaliano Della Sala (Italien)
74. Rev. Mary Ramerman (USA)
75. Rev. Ludmila Javorová (Tschechoslowakei)
76. Bishop Felix Maria Davidek (Tschechoslowakei)
77. Priesterin Christine Mayr-Lumetzberger (Österreich)
78. Priesterin Adelinde Theresia Roitinger (Österreich)
79. Priesterin Gisela Forster (Deutschland)
80. Priesterin Iris Müller (Deutschland)
81. Priesterin Ida Raming (Deutschland)
82. Priesterin Pia Brunner (Deutschland)
83. Priesterin Angela White (Österreich und USA)
84. Pater Edward Cachia (Kanada)
85. Pater Clodovis Boff (Brasilien)
86. Pater Bill Callahan, SJ (USA)
87. Pater Johannes Metz (Deutschland)
88. Pater Pedro Arrupe, SJ (Spanien)
89. Pater Alvaro Arguello (Nicaragua)

90. Pater Jacques Pohier, OP (Frankreich)
91. Erzbischof Óscar Romero (El Salvador)
92. Bischof George Robinson (Australien)
93. Pater John Dear, SJ (USA)
94. Pater Roy Bourgeois, MM (USA)
95. Bischof William Morris (Australien)
96. Elizabeth A. Johnson (USA)
97. Pater Willigis Jäger, OSB (Deutschland)
98. Pater Jose Maria Vigil, CMF (Spanien)
99. Pater Jose Comblin, CMF (Spanien)

Danksagung

Ich möchte den Mut und die Unbescholtenheit meiner Brüder und Schwestern würdigen, die in Kirche und Gesellschaft für die Werte der Gerechtigkeit und Anteilnahme gekämpft haben; darunter insbesondere den Märtyrern von Nord- und Südamerika. Die 99 Menschen auf der Klagemauer sind nur ein Anfang. Hinzu kommen auch die Journalisten, die auf unerschütterliche Weise nicht darin nachgelassen haben, die Wahrheit über die Pädophilie-Fälle und ihre Vertuschung aufzudecken bzw. dies noch immer tun. Dann gilt mein Dank Menschen wie Penny Lernoux, die die Wahrheit über die Vorgänge in Südamerika ans Licht gebracht hat; Jason Berry, Gerald Renner, Gordon Urquhart, Michael Walsh und Maria del Carmen Tapia dafür, Nachforschungen über die unheimlichen Sekten angestellt zu haben, die bei den beiden päpstlichen Administrationen so beliebt waren. Und Garry Wills sowie James Carroll für ihre Bereitschaft, kirchliche Wahrheiten auszusprechen. Denken Sie an George Orwell: „In Zeiten allgemeiner Irreführung ist es revolutionär, die Wahrheit zu sagen."

Ich möchte auch meinem Agenten Steven Hanselman für seinen weisen Rat und seine hartnäckige Entschlossenheit danken. Ebenso den Menschen beim Verlagshaus Sterling Publishing, einschließlich Michael Fragnito und Kate Zimmermann für ihre Unterstützung und Begleitung. Dasselbe gilt für meinen Redakteur Greg Tobin. Sie alle haben mir dabei geholfen, dieses Buch besser zu machen. Darüber hinaus gilt mein Dank David-Roger Gagnon für seine Hilfe bei der Recherche der Fußnoten und Michael Duffy dafür, dass er mich immer wieder mit hervorragenden, kritischen Artikeln versorgt hat. Ich möchte Jim Miller dafür danken, dass er mich mit Schwester Jane bekannt gemacht hat, und Schwester Jane für ihre Zeit und Präsenz in unseren Gesprächen wie auch für den Mut, mit dem sie ihrer Berufung folgt. Dasselbe gilt auch für Ludmila Javorová.

Ich danke auch Margaret Murphy dafür, mich ständig mit Artikeln zu versorgen, die meine Arbeit nähren. Ebenso gilt mein Dank der Episkopalkirche, die mir dann, als ich es am meisten brauchte, religiöses Asyl bot (wie auch meinen niederländischen Dominikanerbrüdern, die mir dasselbe anboten. Mein amerikanischer Dominikaner-Provinzial verbot ihnen jedoch, dieses Angebot weiter zu verfolgen). Desweiteren danke ich Aaron Stern und anderen an der *Academy of Love of Learning*, die mich als Gastdozent ermutigen und unterstützen.

Wie üblich möchte ich auch jene Menschen würdigen, die ich in den Fußnoten zitiert habe und auf deren Arbeit ich aufbaue. Ebenso Debra Martin für ihre Gebete aus dem Ashram und John Congar für seine stete Ermunterung. Ich würdige auch die überlebenden Opfer pädophiler Täter und die Mitglieder von SNAP, die sich dazu verpflichtet haben, dafür zu sorgen, dass die Wahrheit ans Licht kommt, damit die Gnade wieder strömen kann. Dasselbe gilt für all jene, die daran arbeiten, die Lehren und Visionen Jesu in die Welt zu bringen, sei es nun mit oder ohne das, was wir gegenwärtig als unserer kirchlichen Strukturen betrachten.

Über den Autor

Matthew Fox ist spiritueller Theologe und Aktivist. Er gehörte 34 Jahre lang dem Dominikanerorden an. Vom Institut Catholique de Paris ist ihm der Doktortitel in der Geschichte und Theologie der Spiritualität verliehen worden. In dem Bestreben, eine Pädagogik zu schaffen, in der es möglich ist, Spiritualität zu lehren, hat er das Institute in Culture and Creation Spirituality aufgebaut, das seinen Sitz sieben Jahre lang am Mundelein College in Chicago und dann für weitere zwölf Jahre am Holy Names College im kalifornischen Oakland hatte. Während der letzten zehn dieser Jahre hat Kardinal Ratzinger (der jetzige Papst Benedikt XVI.) versucht, das Programm im Rahmen seiner Funktion als Oberster Inquisitor und Oberhaupt der Kongregation für Glaubensfragen zu beenden. 1988 stellte Ratzinger Fox unter ein einjähriges Schweigegebot und zwang ihn, seinen Posten als Direktor des ICCS aufzugeben. Drei Jahre später verstieß er Fox aus dem Orden und brach das Programm ab. Doch anstatt seine erstaunliche, ökumenische Fakultät aufzulösen, die Künstler, Wissenschaftler, Aktivisten und Lehrer aus vielen spirituellen Traditionen der Welt umfasste, baute Fox in Oakland die University of Creation Spirituality sowie einen einzigartigen Studiengang auf, der zu einem Doktorgrad für geistliches Wirken führte und Menschen aus allen möglichen Berufen vereint hat, die eine Vertiefung der Beziehung zwischen der Spiritualität und ihrer Arbeit anstrebten. Neun Jahre lang war er der Präsident dieser Universität.

Fox hat bisher 29 Bücher zum Thema Kultur und Spiritualität veröffentlicht, die viele Auszeichnungen erhalten haben und in insgesamt 44 Sprachen übersetzt worden sind. Er hat von der Peace Abbey den Courage of Conscience Award erhalten (andere Preisträger sind Seine Heiligkeit der Dalai Lama, Mutter Teresa sowie Rosa Parks). Gegenwärtig ist er Gastdozent an der Academy for the Love of Learning in Santa Fe (New Mexico). In Rahmen eines Programms namens YELLAWE arbeitet er mit Jugendlichen in Stadtzentren, um die Bildungserziehung von der Innenstadt aus neu zu erfinden. Dieses Programm basiert auf seinem Buch *The A.W.E. Project: Reinventing Education, Reinventing the Human*. Als Kardinal Ratzinger zum Papst gemacht wurde, begab sich Fox nach Wittenberg und schlug aus Protest 95 Thesen an die Tür der dortigen Schlosskirche, um zu einer „Neuen Reformation" aufzurufen. Fox lebt im kalifornischen Oakland. Er lehrt, schreibt, hält Vorträge und fungiert als Präsident der gemeinnützigen Organisation *Friends of Creation Spirituality*, die er 1984 gegründet hat.

Bei Arun ist sein aktuelles Buch erschienen: *Die verborgene Spirittualität des Mannes. Zehn Anregungen zum Erwecken der eigenen Männlichkeit.*

Seine Homepage finden Sie unter www.matthewfox.org.

Bruce Chilton ist „einer der wirklichen großen neutestamentarischen Gelehrten dieser Welt" genannt worden. Er hat nicht nur viele wissenschaftliche Artikel verfasst, sondern auch Bücher wie *Rabbi Jesus, Rabbi Paul, Mary Magdalene: A Biography* und *The Way of Jesus: To Repair and Renew the World* geschrieben. Er hat die nach Bernard Iddings Bell benannte Professur am Bard College inne und ist in der Freikirche von Saint John in Barrytown, New York als episkopaler Priester tätig.

Kirchenkritische Organisationen

in Deutschland, Österreich und der Schweiz

Initiative Weiheämter für Frauen in der römisch-katholischen Kirche
Bischöfin Christine Mayr-Lumetzberger
Tel: +43-(0)664-1544426
www.priesterinnen.net

KirchenVolksBewegung *Wir sind Kirche*
Postfach 650115
D-81215 München
Tel: +49-(0)8131-260250
www.wir-sind-kirche.de

Arbeitskreis evangelische Erneuerung
www.aee-online.de

aggiornamento – Webseite zum Zweiten Vatikanischen Konzil
www.aggiornamento.de

Aktion ECHO – eine Initiative kritischer KatholikInnen
Thomas Wystrach
Paul-Gerhardt-Straße 1
D-47877 Willich-Anrath
Tel: +49-(0)174-9670256
www.aktion-echo.de

Europäisches Netzwerk „Kirche im Aufbruch"
www.en-re.eu

Ökumenische Arbeitsgruppe Homosexuelle und Kirche (HuK) e. V.
Büro Seehausen & Sandberg
Merseburger Straße 5
D-10823 Berlin
Telefon: 030 78954599
www.huk.org

Initiative „Kirche von unten"
Oscar-Romero-Haus
Heer-Straße 205
D-53111 Bonn
0179-5244075
www.ikvu.de

Arbeitskreis Imprimatur
Nachrichten und kritische Meinungen aus der katholischen Kirche
Walter Gieseking Straße 12
D-66123 Saarbrücken
0681-9102509
www.imprimatur-vatikan.de

Karl Rahner Akademie
Jabachstraße 4-8
D-50676 Köln
Tel: 0221-80 10 78 0
www.karl-rahner-akademie.de

Maria von Magdala
Initiative Gleichberechtigung für Frauen in der Kirche
www.mariavonmagdala.de

Initiative Priester ohne Amt
www.priester-ohne-amt.org

Queergottesdienste für Lesben und Schwule
www.queergottesdienst.de

Verein zur Umwidmung von Kirchensteuern e.V.
www.kirchensteuern.de

Vereinigung katholischer Priester und ihrer Frauen
www.vkpf.de

Virtuelle Diözese
www.virtuelle-dioezese.de

Arbeitsgemeinschaft schwule Theologie e.V.
c/o Dr. Wolfgang Schürger
Marlene-Dietrich-Straße 13
D-80636 München
www.westh.de

women priests
www.womenpriests.org

Unser aktuelles Programm, Vorankündigungen von Neuerscheinungen und Nach-
auflagen, Adressen von Visionssucheseminaren, Termine mit unseren Autoren,
Leseproben, Inhaltsverzeichnisse, Textauszüge, Titelabbildungen und noch vieles
mehr finden Sie auf unserer Homepage. Von dort aus gelangen Sie auch direkt zu
unserem Onlineshop, wo Sie alle unsere Bücher versandkostenfrei (nur BRD)
bestellen können.

www.arun-verlag.de